開智未来高等学校

〈収録内容〉

2024年度 ……………… 第1回（数・英・国）
第2回（数・英・国）

2023年度 ……………… 第1回（数・英・国）
第2回（数・英・国）

2022年度 ……………… 第1回（数・英・国）
第2回（数・英・国）

※第2回国語の大問二は、問題に使用された作品の著作権者が二次使用の許可を出していないため、問題を掲載しておりません。

2021年度 ……………… 第1回（数・英・国）
第2回（数・英・国）

DL 2020年度 ……………… 第1回（数・英）
第2回（数・英）

便利なDLコンテンツは右のQRコードから

解答用紙　過去年度　リスニング ⇒

※データのダウンロードは2025年3月末日まで。
※データへのアクセスには、右記のパスワードの入力が必要となります。 ⇒ 801527

〈合格基準点〉

	【単　願】第1回			【併　願】第1回			【単　願】第2回			【併　願】第2回		
	T未来	S未来	開智	T未来	S未来	開智	T未来	S未来	開智	T未来	S未来	開智
2024年度	140点	130点	115点	150点	140点	125点	142点	135点	118点	150点	145点	128点
2023年度	143点	128点	110点	150点	138点	122点	145点	132点	118点	155点	142点	129点
2022年度	151点	136点	125点	160点	151点	135点	145点	135点	125点	155点	145点	135点
2021年度	145点	136点	114点	156点	145点	124点	150点	130点	120点	160点	150点	140点
2020年度	177点	165点	141点	183点	173点	148点	185点	175点	146点	190点	179点	155点

本書の特長

実戦力がつく入試過去問題集

▶ 問題 …………… 実際の入試問題を見やすく再編集。

▶ 解答用紙 …… 実戦対応仕様で収録。

▶ 解答解説 …… 詳しくわかりやすい解説には、難易度の目安がわかる「基本・重要・やや難」の分類マークつき（下記参照）。各科末尾には合格へと導く「ワンポイントアドバイス」を配置。採点に便利な配点つき。

入試に役立つ分類マーク

基本 確実な得点源！
受験生の90%以上が正解できるような基礎的、かつ平易な問題。
何度もくり返して学習し、ケアレスミスも防げるようにしておこう。

重要 受験生なら何としても正解したい！
入試では典型的な問題で、長年にわたり、多くの学校でよく出題される問題。
各単元の内容理解を深めるのにも役立てよう。

やや難 これが解ければ合格に近づく！
受験生にとっては、かなり手ごたえのある問題。
合格者の正解率が低い場合もあるので、あきらめずにじっくりと取り組んでみよう。

合格への対策、実力錬成のための内容が充実

▶ 各科目の出題傾向の分析、合否を分けた問題の確認で、入試対策を強化！

▶ その他、学校紹介、過去問の効果的な使い方など、学習意欲を高める要素が満載！

解答用紙ダウンロード	解答用紙はプリントアウトしてご利用いただけます。弊社ＨＰの商品詳細ページよりダウンロードしてください。トビラのＱＲコードからアクセス可。
リスニング音声ダウンロード	英語のリスニング問題については、弊社オリジナル作成により音声を再現。弊社ＨＰの商品詳細ページで配信対応しております。トビラのＱＲコードからアクセス可。
UD FONT	見やすく読みまちがえにくいユニバーサルデザインフォントを採用しています。

開智未来高等学校

開智学園の教育開発校
「探究」「世界水準」「ICT」国際社会で
活躍する創造型発信型リーダーを育てる

URL	https://www.kaichimirai.ed.jp

普通科
生徒数　466名
〒349-1212
埼玉県加須市麦倉1238
☎0280-61-2033
宇都宮線・東武日光線栗橋駅
スクールバス　約18分
高崎線鴻巣駅、宇都宮線古河駅、
東武伊勢崎線加須駅・羽生駅・館林駅、
東武日光線南栗橋駅、その他スクールバス拠点駅

プロフィール　3I'Sで国際社会のリーダーを育てる

2011年４月、開智中学・高等学校の教育開発校として開校、14年目を迎えた。開智学園では「国際社会に貢献する心ゆたかな創造型発信型リーダーの育成」が共通理念。その実現にあたり本校では３I'S（探究活動・英語発信力・つなげる知能としてのICT）を柱とし、「知性と人間をともに育てる」様々な取り組みを実践している。特にICT分野では、2017年度より、１人１台のタブレットを導入、先進的な活用を進めている。

カリキュラム　人のために学ぶ「志」を育て学びのスキルを鍛える

習熟度別（「T未来クラス」「未来クラス」「開智クラス」）にクラス編成を行い、高校２年次までクラスの入れ替えを行っている。高校３年次は東大などの旧帝大や早慶、医学部医学科など最難関大学を目指す「難関理系・文系」、難関国公立大学を目指す「国立理系・文系」、難関私立大学を目指す「私立理系・文系」の６コース制で志望大学を目指す。

１年次に、哲学の授業を週に１時間実施している。哲学は開智未来の教育の支柱となるよう、各教科の学習や行事など様々な教育活動と連動し、学びを統合化する。人のために学ぶ「志」を育て、学びのスキルを鍛え、人間の生き方や価値、社会の課題等を幅広く扱う。

学び合い

学校生活　探究 フィールドワーク

登校時間	中学	夏季	8：40	冬季	8：40
	高校		8：40		8：40

いろいろな体験的学習を通して楽しく学び、探究力や科学的な考え方を身につける学校行事があるのも特色のひとつ。１年次には才能発見プログラム、２年次には海外探究フィールドワーク、１・２年の希望者対象には短期海外研修を実施している。他にも、体育発表会、スポーツ大会、未来祭、こいのぼりマラソン、創作ダンス発表会など、学校生活を彩る様々な行事がある。

【運動部】
硬式野球部、陸上部、サッカー部、バスケットボール部、ダンス部、卓球部、バドミントン部、硬式テニス部、剣道部

【文化部】
吹奏楽部、科学部、将棋部、コーラス部、競技かるた部、Art&English、書道部、情報部、探究部、鉄道研究部

創部3年目　吹奏楽

海外探究フィールドワーク

進路　才能発見・能力アップ

始業前はアカデメイア（大教室）での独習、学び合いルームや学習スペースでの学び合い、放課後は部活動後の学習など、生徒は自主的に学んでいる。１・２年次では大学入試を意識した夏期・冬期・春期講習、３年次では長期の夏期講習と冬期講習、直前講習を実施する。また、平日の０時間目、７～８時間目にレベルや志望大学別の進学講習を行うなど、大学受験対策は万全である。

過去３年の主な進学実績は、東京大、京都大、北海道大、東北大、大阪大、名古屋大、東京工業大、お茶の水女子大、早稲田大、慶應義塾大、上智大、東京理科大、学習院大、明治大、青山学院大、立教大、中央大、法政大など。2019年度からの医系コース設置で、医学部医学科の合格実績が急伸している。

2024年度入試要項

試験日　1/22（第１回）　1/23（第２回）
1/25（第３回）

試験科目　国・数・英＋面接（単願）
国・数・英（併願）

2024年度	募集定員	受験者数	合格者数	競争率
第1回	約55/約25	64/94	58/91	1.1/1.0
第2回		30/46	30/44	1.0/1.0
第3回	約5/約5	20/11	18/10	1.1/1.1

※人数はすべて単願／併願
※募集定員は、T未来クラス30名・S未来クラス30名・開智クラス30名

過去問の効果的な使い方

① **はじめに**　入学試験対策に的を絞った学習をする場合に効果的に活用したいのが「過去問」です。なぜならば，志望校別の出題傾向や出題構成，出題数などを知ることによって学習計画が立てやすくなるからです。入学試験に合格するという目的を達成するためには，各教科ともに「何を」「いつまでに」やるかを決めて計画的に学習することが必要です。目標を定めて効率よく学習を進めるために過去問を大いに活用してください。また，塾に通われていたり，家庭教師のもとで学習されていたりする場合は，それぞれのカリキュラムによって，どの段階で，どのように過去問を活用するのかが異なるので，その先生方の指示にしたがって「過去問」を活用してください。

② **目的**　過去問学習の目的は，言うまでもなく，志望校に合格することです。どのような分野の問題が出題されているか，どのレベルか，出題の数は多めか，といった概要をまず把握し，それを基に学習計画を立ててください。また，近年の出題傾向を把握することによって，入学試験に対する自分なりの感触をつかむこともできます。

過去問に取り組むことで，実際の試験をイメージすることもできます。制限時間内にどの程度までできるか，今の段階でどのくらいの得点を得られるかということも確かめられます。それによって必要な学習量も見えてきますし，過去問に取り組む体験は試験当日の緊張を和らげることにも役立つでしょう。

③ **開始時期**　過去問への取り組みは，全分野の学習に目安のつく時期，つまり，9月以降に始めるのが一般的です。しかし，全体的な傾向をつかみたい場合や，学習進度が早くて，夏前におおよその学習を終えている場合には，7月，8月頃から始めてもかまいません。もちろん，受験間際に模擬テストのつもりでやってみるのもよいでしょう。ただ，どの時期に行うにせよ，取り組むときには，集中的に徹底して取り組むようにしましょう。

④ **活用法**　各年度の入試問題を全問マスターしようと思う必要はありません。できる限り多くの問題にあたって自信をつけることは必要ですが，重要なのは，志望校に合格するためには，どの問題が解けなければいけないのかを知ることです。問題を制限時間内にやってみる。解答で答え合わせをしてみる。間違えたりできなかったりしたところについては，解説をじっくり読んでみる。そうすることによって，本校の入試問題に取り組むことが今の自分にとって適当かどうかが，はっきりします。出題傾向を研究し，合否のポイントとなる重要な部分を見極めて，入学試験に必要な力を効率よく身につけてください。

数学

各都道府県の公立高校の入学試験問題は，中学数学のすべての分野から幅広く出題されます。内容的にも，基本的・典型的なものから思考力・応用力を必要とするものまでバランスよく構成されています。私立・国立高校では，中学数学のすべての分野から出題されることには変わりはありませんが，出題形式，難易度などに差があり，また，年度によっての出題分野の偏りもあります。公立高校を含め，ほとんどの学校で，前半は広い範囲からの基本的な小問群，後半はあるテーマに沿っての数問の小問を集めた大問という形での出題となっています。

まずは，単年度の問題を制限時間内にやってみてください。その後で，解答の答え合わせ，解説での研究に時間をかけて取り組んでください。前半の小問群，後半の大問の一部を合わせて50%以上の正解が得られそうなら多年度のものにも順次挑戦してみるとよいでしょう。

英語

英語の志望校対策としては，まず志望校の出題形式をしっかり把握しておくことが重要です。英語の問題は，大きく分けて，リスニング，発音・アクセント，文法，読解，英作文の5種類に分けられます。リスニング問題の有無(出題されるならば，どのような形式で出題されるか)，発音・アクセント問題の形式，文法問題の形式(語句補充，語句整序，正誤問題など)，英作文の有無(出題されるならば，和文英訳か，条件作文か，自由作文か）など，細かく具体的につかみましょう。読解問題では，物語文，エッセイ，論理的な文章，会話文などのジャンルのほかに，文章の長さも知っておきましょう。また，読解問題でも，文法を問う問題が多いか，内容を問う問題が多く出題されるか，といった傾向をおさえておくことも重要です。志望校で出題される問題の形式に慣れておけば，本番ですんなり問題に対応することができますし，読解問題で出題される文章の内容や量をつかんでおけば，読解問題対策の勉強として，どのような読解問題を多くこなせばよいかの指針になります。

最後に，英語の入試問題では，なんと言っても読解問題でどれだけ得点できるかが最大のポイントとなります。初めて見る長い文章をすらすらと読み解くのはたいへんなことですが，そのような力を身につけるには，リスニングも含めて，総合的に英語に慣れていくことが必要です。「急がば回れ」ということわざの通り，志望校対策を進める一方で，英語という言語の基本的な学習を地道に続けることも忘れないでください。

国語

国語は，出題文の種類，解答形式をまず確認しましょう。論理的な文章と文学的な文章のどちらが中心となっているか，あるいは，どちらも同じ比重で出題されているか，韻文(和歌・短歌・俳句・詩・漢詩)は出題されているか，独立問題として古文の出題はあるか，といった，文章の種類を確認し，学習の方向性を決めましょう。また，解答形式は，記号選択のみか，記述解答はどの程度あるか，記述は書き抜き程度か，要約や説明はあるか，といった点を確認し，記述力重視の傾向にある場合は，文章力に磨きをかけることを意識するとよいでしょう。さらに，知識問題はどの程度出題されているか，語句(ことわざ・慣用句など)，文法，文学史など，特に出題頻度の高い分野はないか，といったことを確認しましょう。出題頻度の高い分野については，集中的に学習することが必要です。読解問題の出題傾向については，脱語補充問題が多い，書き抜きで解答する言い換えの問題が多い，自分の言葉で説明する問題が多い，選択肢がよく練られている，といった傾向を把握したうえで，これらを意識して取り組むと解答力を高めることができます。「漢字」「語句・文法」「文学史」「現代文の読解問題」「古文」「韻文」と，出題ジャンルを分類して取り組むとよいでしょう。毎年出題されているジャンルがあるとわかった場合は，必ず正解できる力をつけられるよう意識して取り組み，得点力を高めましょう。

数学

出題傾向の分析と 合格への対策

●出題傾向と内容

本年度の出題数は，第1回，第2回ともに大問が4題，小問数にして22題で例年とほぼ同様であった。

出題内容は，[1]は式の計算，平方根，因数分解，方程式，関数，場合の数，平面・空間図形の計量問題など，[2]は文字式の利用，確率，統計，空間図形の計量問題，図形と関数・グラフの融合問題，[3]は作図やグラフの作成を含む図形と関数・グラフの融合問題，[4]は第1回は証明を含む平面図形の計量問題，第2回は証明を含む空間図形の計量問題であった。

✔学習のポイント

数量・図形などに関する基本的な概念や原理・法則を理解して，習得した知識・技術を組み合わせられるような力をつける。

●2025年度の予想と対策

来年度も，出題数，難易度にそれほど大きな変化はなく，全体的に数学的思考力を試す問題が出題されると思われる。

数量分野では，複雑な形で出題されるので高い計算力をつけておこう。

関数分野では，グラフの作成を含む図形と関数・グラフの融合問題が出題される。問題を読みながら正確にグラフに書き込めるように演習しておこう。

図形分野では，最後の難問に関連付けて小問が出されている。問題の流れを感じながら解いていこう。

難しい問題にも挑戦し，わかるまで考えようとする姿勢を持つことが大事である。

▼年度別出題内容分類表 ……

※第1回をA，第2回をBとする。

		出題内容	2020年	2021年	2022年	2023年	2024年
数と式		数の性質					
		数・式の計算	AB	AB	AB	AB	AB
		因数分解	AB	A	AB	B	AB
		平方根	AB	B	A	AB	AB
方程式・不等式		一次方程式	AB	A	AB	A	AB
		二次方程式	AB	AB	AB	A	B
		不等式					
		方程式・不等式の応用	B	AB	A	A	
関数		一次関数	AB	AB	AB	AB	AB
		二乗に比例する関数	AB	AB	AB	AB	AB
		比例関数	A		AB	A	AB
		関数とグラフ	AB	AB	AB	AB	AB
		グラフの作成	AB	B	AB	AB	B
図形	平面図形	角度	AB	AB	AB	B	AB
		合同・相似	AB	AB	AB	AB	AB
		三平方の定理	AB	AB	AB	AB	A
		円の性質	AB	AB	AB	A	A
	空間図形	合同・相似	A	A	B	B	AB
		三平方の定理	A	B	A		AB
		切断	A			B	
	計量	長さ	AB	AB	AB	AB	AB
		面積	AB	AB	AB	AB	AB
		体積	AB	A	AB	AB	B
		証明	AB	AB	AB	AB	AB
		作図			B		A
		動点	B				
統計		場合の数	AB	A		AB	B
		確率		B	AB	A	A
		統計・標本調査	AB			A	A
融合問題		図形と関数・グラフ	AB	AB	AB	AB	AB
		図形と確率					
		関数・グラフと確率					
		その他					
その他			AB				

開智未来高等学校

英語

出題傾向の分析と合格への対策

●出題傾向と内容

本年度は，第1回・第2回ともに，放送問題，語句選択問題・語句整序問題，広告・グラフを読み取る問題，長文読解問題，条件英作文問題の大問計5題という構成であった。例年と比べて，大問数や出題レベルに大きな変化はなかったが2021年度まで出題されていた発音問題と語彙問題は本年度も出題されなかった。

文法問題のレベルは標準的で，中学で習う範囲内の文法的知識，熟語の知識が求められている。例年出題されている広告やグラフを読み取る問題が特徴的なので，過去問を解いて傾向をつかんでおこう。

長文読解は分量の多い英文を正確に読んで，内容を理解することを求められるものであった。細かな文法能力を問うものから要旨を把握する問題まで多岐にわたる。

学習のポイント

文法は，標準的なレベルの問題は確実に解けるようにしておきたい。また，まとまった量の長文をより速く，より正確に読み取る練習を重ねておこう。

●2025年度の予想と対策

来年度も本年度と比べ，小問数の増減はあっても，大きな傾向の変化はないと予想される。

標準的なレベルの問題がほとんどなので，教科書を中心とした学習が効果的である。

聞き取り問題は，ラジオ講座等を活用して，英語の音を聞くことに慣れておこう。

単語や熟語，文法，構文は例文ごと暗記するようにすれば，整序問題にも対応しやすい。

条件英作文に関しては，口語表現や決まり文句など基本的なものを暗記しておこう。

広告やグラフを読み取る問題は，広告やグラフから正確な情報を素早く読み取る力を養っておこう。長文読解問題に関しては，さまざまなジャンルの英文を読んで慣れておこう。入試用の標準レベルの問題集を用いて，内容理解を中心に何度も学習するとよい。

▼年度別出題内容分類表 ……

※第1回をA，第2回をBとする。

出題内容		2020年	2021年	2022年	2023年	2024年
話し方・聞き方	単語の発音	AB	AB			
	アクセント					
	くぎり・強勢・抑揚					
	聞き取り・書き取り	AB	AB	AB	AB	AB
語い	単語・熟語・慣用句	AB	AB	AB	AB	AB
	同意語・反意語					
	同音異義語					
読解	英文和訳(記述・選択)	B	AB	AB	A	AB
	内容吟味	AB	AB	AB	AB	AB
	要旨把握					
	語句解釈	AB		AB		
	語句補充・選択	A	AB	AB	AB	AB
	段落・文整序					
	指示語		A	B		
	会話文	AB	AB	AB	AB	AB
文法・作文	和文英訳					
	語句補充・選択	AB	AB	AB	AB	AB
	語句整序	AB	AB	AB	AB	AB
	正誤問題					
	言い換え・書き換え					
	英問英答	AB	AB	AB	AB	AB
	自由・条件英作文	AB	AB	AB	AB	AB
文法事項	間接疑問文			AB		
	進行形	B		A	AB	A
	助動詞		AB	AB	AB	AB
	付加疑問文	A				
	感嘆文		B		B	
	不定詞	AB	A	A	B	AB
	分詞・動名詞	AB	AB	AB	AB	AB
	比較	A	AB	B	A	AB
	受動態	B	B	AB	AB	AB
	現在完了	AB	AB	A	A	B
	前置詞		AB	AB	A	AB
	接続詞	A			A	
	関係代名詞	AB		B	B	AB

開智未来高等学校

国語

出題傾向の分析と合格への対策

●出題傾向と内容

本年度も論理的文章と文学的文章が各1題ずつ，古文1題の大問3題構成であった。

現代文の文章は長めで，特に評論は内容の難度も高い。本年度は第1回，第2回ともに哲学がテーマにあった。難しい語句も散見されるのは例年同様。小説は第1回で江戸時代という設定の作品が出ており，受験生によっては難しさを感じただろう。

古文は短めで読みやすいが，語句の漢字表記を問われる，仏教観を前提に解答すべき箇所があるなど，古文常識力も求められた。

記号選択式と記述式の混合で，記述式は字数の指定が設けられていない。ただ，特に現代文ではある程度長く記述しないと満点得点は難しいだろう。

学習のポイント

論説文は，新書を読むなどして少々難しい内容にも対応できる読解力を養っておこう。小説は，設定された時代や作品が成立した時代を問わず，様々なジャンルのものを読もう。古文は，単語や文法を学んでおくだけではやや不足。古文常識も，参考書で身につけておこう。

●2025年度の予想と対策

論説文は，例年長めで本格的な評論が出題されている。読解力もさることながら，ある程度の教養が問われる。新書を一部分だけでもさまざま読んでみることをおすすめしたい。あるいは，公民の教科書を読むこともよい。難解な語も多く，注釈もついていない場合が多いので，語彙力を上げておくことは必須だ。

文学的文章は小説が出題されると予想される。特に人物の心情に注目した設問は多め。台詞だけでなく身体表現からも心情を読解したい。加えて，明治期～昭和初期といった，いわゆる「古くて読みづらい」作品も登場しかねないので，意識的にそのあたりの作品に触れておくこと。

論説文も文学的文章も，長めに記述する必要のある設問が複数出題されるだろう。論説文では要約の練習が，文学的文章では心情や人物像をまとめておく練習が功を奏しそうだ。もちろん，記述をメインとして問題集にも取り組んでおくべきである。

古文は，内容としては難度は低め。ただ上述のように古文常識を身につけておくべきである。また，『徒然草』や『枕草子』，『宇治拾遺物語』といった高校入試頻出の有名な作品には可能な限り目を通しておくとよい。このあたりは書店で全訳注つきのものが販売されているだろう。

▼年度別出題内容分類表 ……

※第1回をA，第2回をBとする。

出題内容			2020年	2021年	2022年	2023年	2024年
内容の分類	読解	主題・表題	A				
		大意・要旨	AB		A		
		情景・心情	AB	A	AB	AB	AB
		内容吟味	AB	AB	AB	AB	AB
		文脈把握	AB	AB	AB	AB	AB
		段落・文章構成			A		
		指示語の問題	A			B	
		接続語の問題					
		脱文・脱語補充	AB	AB	AB	AB	AB
	漢字・語句	漢字の読み書き	AB	AB	AB	AB	AB
		筆順・画数・部首					
		語句の意味	AB	AB	AB	AB	AB
		同義語・対義語					
		熟語	B	B	A	B	AB
		ことわざ・慣用句		A	B	AB	
	表現	短文作成					
		作文(自由・課題)					
		その他					
	文法	文と文節					
		品詞・用法					
		仮名遣い	AB	AB	AB	B	AB
		敬語・その他					
	古文の口語訳		AB				
	表現技法				B		
	文学史					B	
問題文の種類	散文	論説文・説明文	AB	AB	AB	AB	AB
		記録文・報告文					
		小説・物語・伝記	AB	B	AB	AB	AB
		随筆・紀行・日記		A			
	韻文	詩					
		和歌（短歌）					
		俳句・川柳					
	古文		AB	AB	AB	AB	AB
	漢文・漢詩						

開智未来高等学校

2024年度　合否の鍵はこの問題だ!!

(第1回)

数　学　3

(1)　①と②に$x=-3$を代入すると，$y=a\times(-3)^2=9a$，
$y=-(-3)+b=3+b$　　よって，$9a=3+b$…(i)
①と②に$x=2$を代入すると，$y=a\times 2^2=4a$，$y=-2+b$
よって，$4a=-2+b$…(ii)　　(i)−(ii)から，$5a=5$，$a=1$
(ii)に$a=1$を代入すると，$4\times 1=-2+b$　　$b=6$

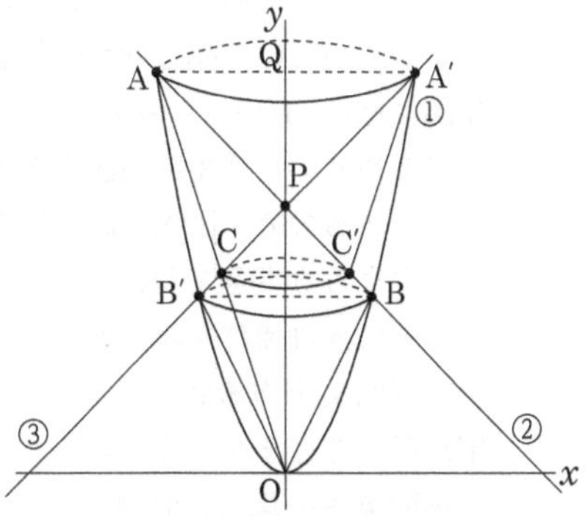

(2)　$\triangle \mathrm{OAB}=\dfrac{1}{2}\times 6\times(3+2)=15$

(3)　②とy軸に関して対称な直線の式は，$y=x+6$…③
A$(-3,\ 9)$より，直線OAの式は，$y=-3x$…④
③と④からyを消去すると，$x+6=-3x$，$x=-\dfrac{3}{2}$
④に$x=-\dfrac{3}{2}$を代入すると，$y=-3\times\left(-\dfrac{3}{2}\right)=\dfrac{9}{2}$　　よって，③と④の交点の座標は，$\left(-\dfrac{3}{2},\ \dfrac{9}{2}\right)$

(4)　右上の図のように，②，③とy軸との交点をPとすると，P$(0,\ 6)$　　(3)で求めた③と④の交点をCとする。点A，B，Cとy軸に関して対称な点をA′，B′，C′とすると，A′$(3,\ 9)$，B′$(-2,\ 4)$，C′$\left(\dfrac{3}{2},\ \dfrac{9}{2}\right)$　　AA′とy軸との交点をQとする。求める立体の見取り図は，底面がBB′を直径とする円で点Oを頂点とする円すいをかき，次に，下面がBB′を直径とする円で上面がCC′を直径とする円の円すい台をかき，それから，下面がCC′を直径とする円で上面がAA′を直径とする円の円すい台をかく。最後に，底面がAA′を直径とする円で高さがPQの円すいが抜けている形になるので，PA，PA′を点線でかく。

◎　問題を読みながら，正確にグラフを作成していくことが，解法への道となっている。しっかり演習しておこう。

国　語　三　問六

人物の性格を記述させる問題は難度が高く，満点も出づらい。満点の解答でなかったとしても，どれだけここで得点できるかが合否の鍵を握ってくる。

まず傍線部が引かれているのはどちらも断りの文句であること，さらにどちらも他人からの施しを断っているということに注目できたかどうかが，得点できたか否かの分け目となるだろう。お彩は苦しい生活状況にありながらも，他人からの施しをすすんで受ける性格ではない。この点に「気丈さ」などを見出してもよいだろう。また，断る際も言葉を濁さずきっぱりと断っている。意志の強さがうかがえる台詞である。

人物の性格は，台詞の内容だけでなくその言い回し，どの程度の反応速度でその台詞を出すか，加えて身体表現にも立ち現れてくる。今回は台詞に注目させたものであるが，表情を含めた身体表現からも人物の性格を読み取れるよう，日頃から意識して読んでみることをおすすめする。

英 語 5

最終問題である5は対話文を完成させる英作文問題である。最終問題の限られた時間で正確な英文を作成するためには，対話の流れを正確に読み取る力と，正確な文法知識が必要となる。求められている文法知識は標準的なレベルのものであるため，スペルミスなど小さなミスに気を付けることで正答にはたどり着きやすい。各3点の配点で5問あるので，小さなミスの重なりが大きな減点となり合否を分ける結果につながるので，細かい部分まで注意しながら英文を作っていこう。

このような問題では，まず場面の状況を把握すること。誰がどのような場面でやり取りをしているのかを頭に入れ流れを読み取っていこう。(1)から(4)までは，文尾に?がついていることからわかるように全て疑問文を作る問題である。直後にある答えとなる返事の文を参考に，何と質問したらこのような返事が返ってくるかを考えよう。

英問英答の場合，原則として答える時には質問文で使われている助動詞や動詞の形をそのまま使う。従って返事の文で使われている助動詞や時制，表現をそのまま使うとよい。時制のミスは大きな減点となるので特に注意が必要である。

(1)の返事には　It' s going to be ～. (2)の返事は It willを使っていることに注目。いずれも未来形だが，(1)　When is the festival going to be held?　　(2)　How long will the festival be?　と使い分けよう。期間をたずねるfor three daysと期間を答えていることから，How long ～と期間をたずねる表現を思い出せるかどうかもポイントとなる。

(5)ではストーリーの内容を具体的に答える。発想は自由だが，really interestingだと思われるような内容になるよう工夫しよう。　a boy[a girl] who can ～, a dog that ～, など主人公となる単語を置き，関係代名詞で修飾する形にすると作りやすい。

対話文での英作文は疑問文を作成することが多い。疑問詞を使った様々な疑問文の形を復習して備えておくことが大切である。

2024年度

★★★★★★★★★★★★★★★★★★★★★★★★★★★

入　試　問　題

2024年度

開智未来高等学校入試問題（第１回）

【数　学】（50分）　＜満点：100点＞

【注意】 コンパス，分度器，その他の定規類は使用しないでください。

1 次の各問いに答えなさい。

(1) $(a^2b^4)^3 \div \dfrac{2}{3}a^3b^5 \times \left(\dfrac{1}{2}ab\right)^2$ を計算しなさい。

(2) $(x+2)(x-3)(x-2)(x+3)$ を展開しなさい。

(3) a^2b+a^2-b-1 を因数分解しなさい。

(4) $\sqrt{3}$ の小数部分を x とするとき，x^2+2x の値を求めなさい。

(5) 連立方程式を $\begin{cases} xy=10 \\ x-y=3 \end{cases}$ を解きなさい。

(6) 関数 $y=\dfrac{a}{x}$ の x が -4 から -2 まで増加したときの変化の割合が2であるような定数 a の値を求めなさい。

(7) 関数 $y=-2x^2\left(-\dfrac{1}{2} \leqq x \leqq 2\right)$ において，y の変域を求めなさい。

(8) 右の図において，点Oを円の中心とするとき，$\angle x$ の大きさを求めなさい。

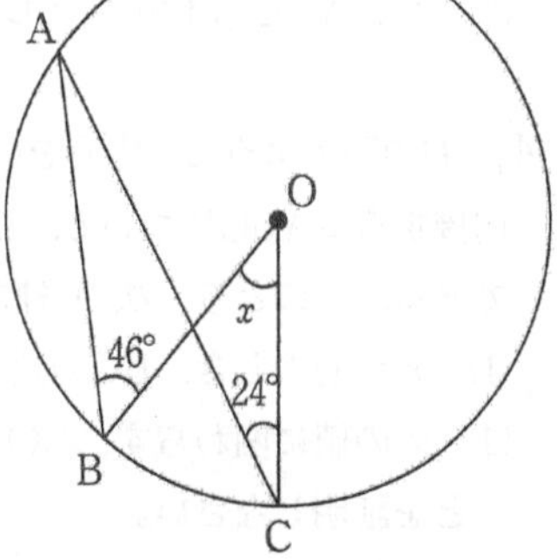

(9) AB＝13cm，BC＝21cm，AC＝20cmである△ABCについて，頂点Aから辺BCに下した垂線の長さを求めなさい。

(10) 底面が長方形である四角すいO－ABCDにおいて，OA＝OB＝OC＝OD＝$2\sqrt{13}$cm，AB＝4cm，AD＝8cmであるとき，四角すいO－ABCDの表面積を求めなさい。

2 次の各問いに答えなさい。

(1) 千の位の数と一の位の数，百の位の数と十の位の数がそれぞれ等しい4けたの整数は，11の倍数であることを証明しなさい。

(2) 大中小のサイコロを同時に投げて，出た目の数をそれぞれ a，b，c とするとき，$a+b=c$ となる確率を求めなさい。

(3)　９個のデータ20，27，39，52，54，56，64，70，72に整数値のデータを１個加えた計10個のデータの中央値として，とりうる値をすべて求めなさい。

(4)　底面の直径が10㎝，高さが12㎝の円すいに球が内接しているとき，球の半径を求めなさい。

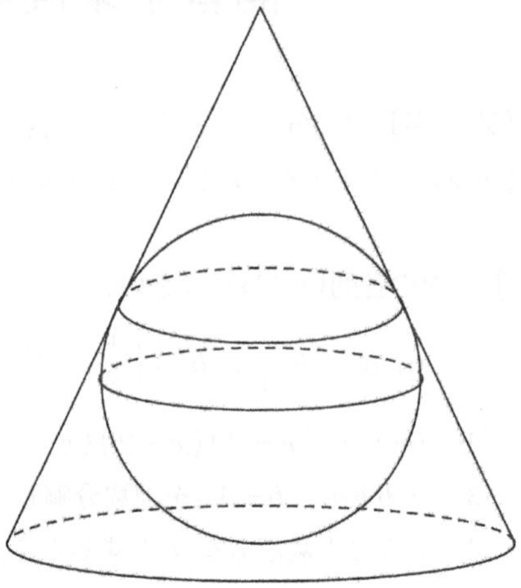

3　Oを原点とするxy座標平面において，放物線$y=ax^2$…①と直線$y=-x+b$…②があり，①，②の２つの交点A，Bのx座標はそれぞれ－３，２である。また，②とy軸に関して対称な直線を③とするとき，次の問いに答えなさい。

(1)　a，bの値をそれぞれ求めなさい。

(2)　△OABの面積を求めなさい。

(3)　直線③と直線OAの交点の座標を求めなさい。

(4)　△OABをy軸を軸として回転させてできる立体の見取り図をかきなさい。

4　右の図のように，中心をOとする半径２㎝の円に内接する△ABCについて，∠OAB＝∠OAC＝$x°$である。このとき，次の各問いに答えなさい。

(1)　$x=45$のとき，BCの長さを求めなさい。

(2)　xの値に関わらず，△OAB≡△OACであることを証明しなさい。

(3)　$x=60$のとき，△ABCの面積を求めなさい。

(4)　$x=15$のとき，△ABCの面積を求めなさい。

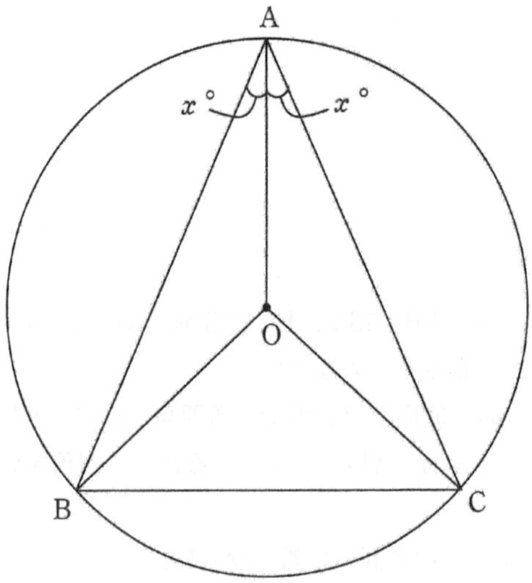

【英　語】（50分）　＜満点：100点＞

※リスニングテストの音声は弊社HPにアクセスの上，音声データをダウンロードしてご利用ください。

1　放送を聞いて，Part 1 ～ Part 3 の問いに答えなさい。途中でメモをとってもかまいません。

Part 1 Conversation Listening

対話を聞き，下の(1)～(2)の質問に対する最も適切な答えをａ～ｃの中から一つ選び，記号で答えなさい。英文は一度だけ読まれます。

(1) Why is Amy traveling?

ａ．To see a sporting event.

ｂ．To meet her grandmother.

ｃ．To enjoy New York's tourist attractions.

(2) Where is Tom traveling to?

ａ．A baseball stadium.

ｂ．A business center in New York.

ｃ．A sporting event in Chicago.

Part 2 Paragraph Listening

下の(1)～(3)の英文が，これから放送される英文の内容と一致している場合はＴ，異なっている場合はＦを解答欄に記入しなさい。英文は二度読まれます。

(1) Jazz is different from European music because it doesn't mix musical styles.

(2) In history, jazz has helped people to dance, have fun and express their freedom.

(3) Jazz has not changed much since it began in the 1920s.

Part 3 Communication Response Questions

これから読まれるNo. 1～3の質問を聞き，それぞれに対する応答として最も適切なものを，放送で読み上げられる選択肢ａ～ｃの中から一つ選び，記号で答えなさい。英文は二度読まれます。

No. 1 ________________________________

ａ．

ｂ．

ｃ．

No. 2 ________________________________

ａ．

ｂ．

ｃ．

No. 3 ________________________________

ａ．

ｂ．

ｃ．

2 次のＡ・Ｂの問いに答えなさい。

Ａ　次の英文の（　）に入れるのに最も適切な語，または語句を，ア～エの中から一つ選び，記号で答えなさい。

(1) There is (　　) water in the glass.

ア few　イ a lot of　ウ many　エ not

(2) We dont go to school (　　) Sunday.

ア at　イ in　ウ on　エ when

(3) The kind man showed (　　) the museum.

ア me the way to　イ the way me to

ウ me the way　エ the way for me

Ｂ　（　）内の語，または語句を並べ替えて，日本語の意味を表す正しい英文を完成させなさい。ただし，文頭に来るべき語もすべて小文字で書かれている。

(1) これは私が探していた本です。

(is / looking / the book / was / this / I) for.

(2) 私がそのゲームに勝つのはとても簡単なことです。

(the game / very / it / for / to / is / win / me / easy).

(3) アヤはいつも図書館で英語を勉強します。

(in / library / studies / always / English / the / Aya).

3 次のＡ・Ｂの問いに答えなさい。

Ａ　次のページのパンフレットは，Riverside Town という町が発行している，外国人居住者向けに英語で書かれたゴミの廃棄ルールの抜粋である。パンフレットを読み，後の(1)～(3)の問いに答えなさい。

(1) When you want to dispose of your old school uniform and leather shoes, what should you do?

ア You should put out the old school uniform as burnable garbage, and put out the leather shoes as non-burnable garbage.

イ You should put them into the city approved clear garbage bag, and put them out at a collection point on Monday.

ウ You should put them into the city approved blue garbage bag, and put them out at a collection point on Tuesday.

エ You should put them into a see-through bag, and put it out at a collection point on the second Wednesday of the month.

(2) When you want to dispose of your broken bicycle, what should you do?

ア You should break it into small pieces and wrap them up with newspaper.

イ You should call River West Clean Center and ask them to visit your house to pick up your broken bicycle.

ウ You should bring it to River East Clean Center between 9:00 to 16:00 on Monday by yourself.

エ You should use pick-up services by electric appliance stores.

Riverside Town

Garbage Disposal Guidelines 2023 for West Area

▶ Items which can be put out at collection points.

・Please put out your garbage by 8:30 a.m. on the collection day. Garbage will be collected on public holidays.

・The city approved blue and clear garbage bags are sold at supermarkets, convenience stores, drug stores, etc. in Riverside Town.

Burnable Items	Kitchen Garbage / Wooden Items and Plants / Unrecyclable Papers / Clothes and Leather Goods / Rubber Items 	These items must be put into the city approved blue garbage bag. 	Every Monday and Tuesday
Non-burnable Items	Tableware and Pottery / Metal Items / Electric Appliances which can be put into the city approved garbage bag 	These items must be put into the city approved clear garbage bag. 	The second Wednesday of every month
Dangerous Items	Spray Cans (must have a hole made first) / Fluorescent Lights / Broken Glass (must be wrapped up with newspaper) 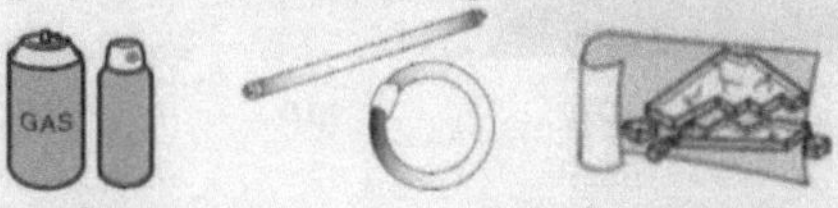	These items must be put into a see-through bag. 	The fourth Wednesday of every month

▶ Items which cannot be put out at collection points.

Large size waste: garbage which cannot be put into the city approved garbage bag 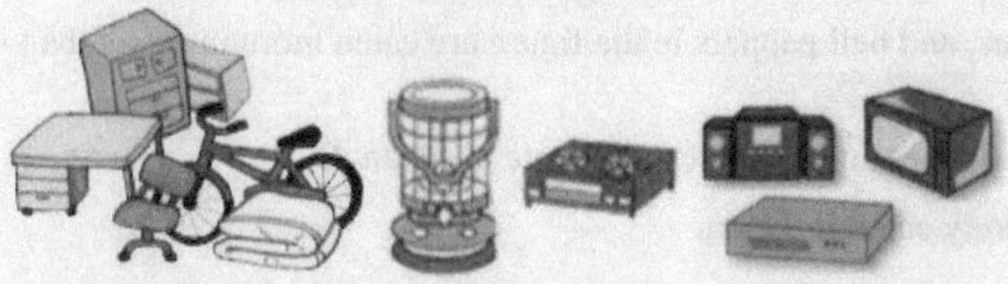 How to dispose: (1) House visit collection (¥500 for each large size waste) Contact: River West Clean Center (Tel: 0123-45-6789) (2) Self-carry disposal (¥150 for 10kg) Place: River East Clean Center (Tel: 0123-45-9876) Opening hours: 9:00-16:00 (closed on Mondays)	Specific recyclable electronics such as the following: **Televisions, Refrigerators, Air conditioners, Washing Machines, PCs**  Disposal of these items can only be done through private disposal companies or through pick-up services by electric appliance stores.

(3) Which is true about “Riverside Town Garbage Disposal Guidelines 2023 for West Area”

ア You shouldn’t put out the non-burnable garbage on public holidays.

イ Fluorescent lights in the city approved garbage bag can be put out at the collection points as non-burnable garbage.

ウ You cannot put out dangerous garbage, such as spray cans or broken glass, at collection points.

エ When you want to dispose of a broken washing machine, you have to make contact with a private disposal company or an electric appliance store.

B 次のグラフは，アメリカと日本の国民一人あたりにおける，一日の野菜摂取量を比較したものである。グラフが示す内容と一致しないものを，次のページの選択肢ア～エから一つ選び，記号で答えなさい。

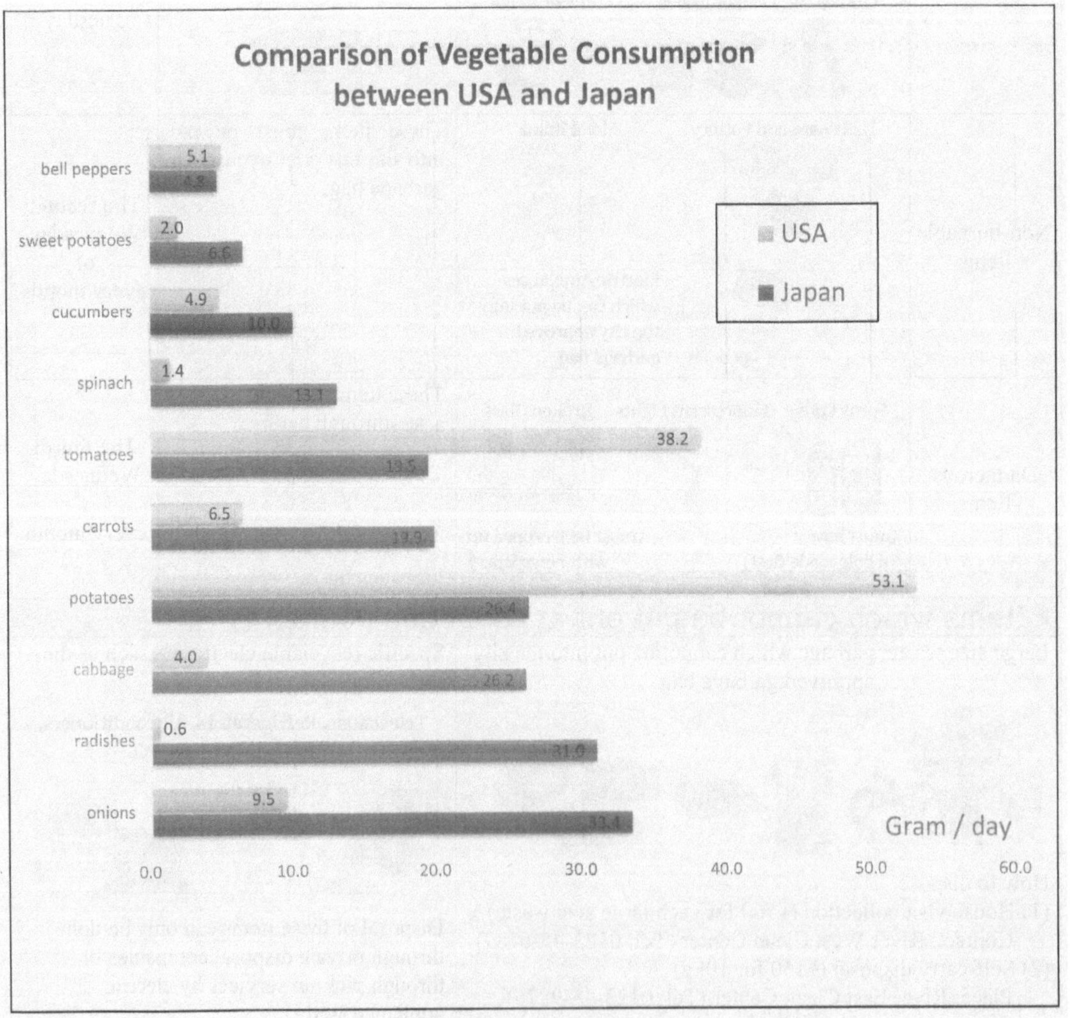

ア Potatoes, tomatoes, and bell peppers are consumed more in the U.S. than in Japan.

イ Other vegetables except for potatoes, tomatoes, and bell peppers in the figure are eaten more in Japan than in the U.S.

ウ People in the U.S. eat nearly twice as many potatoes and tomatoes as people in Japan do.

エ Radishes are one of the vegetables that are rarely eaten in Japan.

4 次の英文を読んで，後の問いに答えなさい。

On September 13, *the USFWS announced that it would protect *tricolored bats. They are now in danger, mainly because of a disease (① call) white-nose syndrome. The USFWS director, Martha Williams said, "② Bats [an / in / play / role / such / keeping / important] a healthy ecosystem, but white-nose syndrome kills *hibemating bat species."

Worldwide, there are more than 1,400 species of bats. In the U.S., there are 47. About half of these hibernate. Most bats are insectivores. It means they eat insects. In a single night, bats can eat them up to half their weight. ③ This is good news for farmers, since bats eat insects that eat crops. According to the USFWS, the animals help U.S. farmers to save more than $3 billion a year for *pest control.

④ White-nose syndrome was first found in New York in 2006. In that year, a cave explorer in New York took a photo of hibernating bats with white powder on their noses. In 2007, biologists found the bats were getting sick and dying. At the time, white-nose syndrome was something that nobody had seen before.

White-nose syndrome is caused by a bacteria. When it appears on a nose or wing of bats, it usually looks like white powder. The bacteria grows in places that are cold, ((5)), and damp, like caves. When it attacks a bat's skin, ⑥ its behavior starts to change. The bat becomes more active than normal, and it finally uses up the energy it needs to survive the winter. Jeremy Coleman, a wildlife biologist explains, "Although the bacteria is known to damage only bats, millions of them have died as a result of the disease."

There is no cure for white-nose syndrome now, but scientists are (⑦ make) strategies (⑧ save) bats. A study in 2018 found that ultraviolet light can kill the bacteria. ⑨ Researchers are testing a bacteria-fighting drug that can be sprayed around areas which bats hibernate in. They're also working on a vaccine. Coleman says, "They're not just a Halloween symbol but an important part of the environment, and we need to understand that."

〔語注〕

*the USFWS：the United States Fish & Wildlife Service （アメリカ合衆国魚類野生生物局）

*tricolored bat：トリコロールコウモリ（北アメリカ東部に生息する小型のコウモリ）

*hibernate：冬眠する　　*pest control：害虫駆除

［設問］

問１　(① call)（⑦ make)（⑧ save）を適切な形に直しなさい。

問２　下線部②が「コウモリは，健全な生態系を維持するうえで非常に重要な役割を果たしている」という意味を表す正しい英文となるように，［　］内の語を並べ替えなさい。

問３　下線部③のように言える理由を，本文の内容に即して30字以内の日本語で説明しなさい。

														15
														30

問４　下線部④の White-nose syndrome に関する記述として正しいものを，次のア～エの中から一つ選び，記号で答えなさい。

ア　研究によって，White-nose syndrome は，2006年以前にも北米に蔓延していたことが明らかになっている。

イ　White-nose syndrome はあるバクテリアが原因となって引き起こされる病気であるため，写真ではその症状を確認することはできない。

ウ　White-nose syndrome に感染したコウモリの顔や翼の皮膚には，白い粉を吹いたような症状が現れる。

エ　White-nose syndrome は，発見当初はコウモリだけに感染する病気であると考えられていたが，その後，他の動物にも感染が広がり，これまでに何百万種もの動物がこの病気のために命を落としている。

問５（⑤）に入る最も適切な語を，次のア～エの中から一つ選び，記号で答えなさい。

ア　dark　　イ　bright　　ウ　warm　　エ　dangerous

問６　下線部⑥の具体的な内容とその結果を説明する文となるように，次の（A）（B）に日本語を入れなさい。ただし，（A）は10字以内，（B）は25字以内の日本語で答えること。

コウモリの行動が（　A　）になり，その結果，（　B　）してしまう。

（A）

									10

（B）

									10					15
				20					25					

問７　下線部⑨を日本語に直しなさい。

問８　本文と内容が一致する文を，次のア～カの中から二つ選び，記号で答えなさい。

ア　About half of all the bat species can be seen in the U.S.

イ　Bats can eat as many insects as half of their weight every day.

ウ　Thanks to bats, farmers in the U.S. can save billions of dollars in a year to kill insects harmful to their agricultural crops.

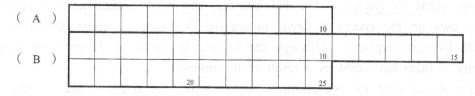

エ　Some scientists discovered a new perfect cure for white-nose syndrome by using ultraviolet light.

オ　In Halloween events, bats are often used as the symbol to show the importance of a healthy environment.

カ　We don't have to understand that bats are an important animal to protect the healthy ecosystem.

5　次の対話は，図書館で本を借りていたAmeliaが図書館のスタッフと話している場面である。（１）～（５）に入れるのにふさわしい英文をそれぞれ５語以上で考え，解答欄に書きなさい。

Amelia: I'd like to return these books. Thanks for letting me borrow them.

Librarian: You're welcome. By the way, did you know we're having a festival soon?

Amelia: A library festival? Sounds fun! (1)?

Librarian: It's going to be on the third weekend of November.

Amelia: (2)?

Librarian: It will be held for three days, from Friday to Sunday.

Amelia: Wow! Three days of activities! (3)?

Librarian: Authors will visit. There will be special classes. And there will be a used book sale.

Amelia: (4)?

Librarian: They're for people to get better at writing short stories and share their ideas. Do you have any ideas for a short story?

Amelia: Yes, actually. My story idea is about (5).

Librarian: I see. That's really interesting. I hope you can come to the festival!

エ　「薄黄蘗の地に、撫子色」や「たとえば梔子や露草の色を混ぜて」などと、色の名称が出てくることによって、「お彩」が幼少時代から色に関心を持ったことを表現し、物語を進めるための重要な役割を担っている。

三　次の文章を読んで、後の問いに答えなさい。

或る山寺に、徳たかく聞こゆる《評価が高い》聖ありけり。年ごろ、堂を建て、仏つくり、さまざま1功徳をいとなみ、Aたふとく行ひけるが、2終りめでたく《素晴らしく》てありければ、弟子もあたりの人も、疑ひなき注1往生人と信じて、過ぎけるほどに、或る人に3彼《か》の聖の霊《りやう》つきて、心得ぬ《理解できない》さまの事ども云ふ。聞けば、はや注2天狗になりたりけり。弟子ども、4思ひの外なるここちして、いみじく5口惜しく思へども、力無くおぼつかなき事などBとひければ、不思議の事ども云ふ中に、我が在世《ざいせ》の間、ふかく名聞に住して《名誉や名声にこだわって》、なき徳を称して人をたぶろかして《だまして》作りし仏なれば、かかる身となりて後は、此の寺を人の拝みたふとぶ日に、我が注3苦患まさるなりとこそ云ひけれ。

（『発心集』による）

（語注）注１　往生人…死後、極楽浄土に行くことができた人。
注２　天狗…妖怪。傲慢な人が、死後これになると言い伝えられた。
注３　苦患《くげん》…地獄に落ちた者が受ける苦痛。

問一　二重傍線部Ａ「たふとく」・Ｂ「とひければ」の読み方をそれぞれ現代仮名遣いのひらがなで答えなさい。

問二　傍線部１「功徳」の読み方を現代仮名遣いのひらがなで答えなさい。

問三　傍線部２「終り」とあるが、この意味を漢字二字で答えなさい。

問四　傍線部３「彼の聖の霊」の発言にあたる部分を探し、始めと終わりの五字をそれぞれ答えなさい。

問五　傍線部４「思ひの外なるここち」とあるが、弟子どもが「思ひの外」としたのはどのようなことか。二十字程度で答えなさい。

問六　傍線部５「口惜しく」のここでの意味として適当なものを次から選び、記号で答えなさい。

ア　残念だと　　イ　安心だと　　ウ　当然だと　　エ　不思議だと

問七　本文の内容に合致するものとして適当なものを次から選び、記号で答えなさい。

ア　聖は、人々や弟子が自分を拝むと、往生して極楽浄土にいけると説いていた。

イ　聖は、弟子に天狗にされたことを恨み、仏像を作ることで自身の苦痛を慰めた。

ウ　聖は、無徳であった自分を偽り、人々に有徳だと吹聴したため、天狗となった。

エ　聖は、名誉や名声のためにお堂を建てたことを、人々や弟子に暴かれてしまった。

問三　傍線部１「こんな夢のような香りを、お彩はもはや振りまけない」とあるが、それはなぜか。その理由として適当なものを次から選び、記号で答えなさい。

ア　幼い頃から父の仕事場で育ち、仕事を失った父の代わりに働いているお彩にとって、現実は優しいものではないため、お伊勢のように誰彼構わず愛想よくすることはできないから。

イ　火事が起こる前は、お彩もお伊勢のように憂いなく生きていたが、火事により生活が一変した今では、周りに気を配る余裕はなくなってしまったから。

ウ　許嫁と破断になってから、生活のために苦心しながら過ごしてきたお彩にとって、お伊勢のように身なりに気を遣っているほど若くはないから。

エ　淡い色が似合うお伊勢に比べ、青竹色という暗い色の半衿しか似合わないお彩にとって、お洒落をしたところで、若いお伊勢の引き立て役にしかならないから。

問四　傍線部２「お彩は少しくらい、右近の話に耳を傾けていいかという気になっていた」とあるが、それはなぜか。その理由として適当なものを次から選び、記号で答えなさい。

ア　人に聞いてまでお彩を探し、色について知りたいと聞いてきた右近にしつこさを感じていたが、他人に変に思われていた金平糖への疑問を笑うことなく、話を聞いてくれたことによって心を開きかけている。

イ　江戸の色について教えてもらいにきた右近の馴れ馴れしい態度に嫌気がさしていたが、疑問に思っていた金平糖の話を楽しそうに聞いてくれたことによって、そこまで悪い人ではないのだと罪悪感が芽生えている。

ウ　許嫁であった卯吉にでさえ相手にしてもらえなかった金平糖への疑問を、すんなり聞き入れてくれた右近に対して、彼の話も聞いてみたいと思うようになっている。

エ　白い金平糖だけではなく色んな色を混ぜて売るというお彩の提案に否定することなく、本心からでた「面白い」という言葉を聞いて、右近と自分は感覚が近しいのだと友好的に感じている。

問五　傍線部３「面白そうだと胸が躍っていたりもする」とあるが、それはなぜか。その理由を説明しなさい。

問六　破線部Ａ「私はいいわ」・Ｂ「お断りします」とあるが、ここから受け取れるお彩の性格はどのようなものか。説明しなさい。

問七　本文の表現の特徴として適当なものを後から選び、記号で答えなさい。

ア　本来子どもが好むような金平糖や、餅菓子、団子などの話を登場人物が食べたり出したりすることによって、人々がいまだ大人になりきれず、精神が幼い状態で身体だけ成長してしまった有様を描き出している。

イ　「お伊勢ちゃん」「お彩ちゃん」「おかみさん」など、人物同士が日常的に使用している呼び名を多用することで、臨場感が生まれ、会話を発する人物が生き生きと表現されている。

ウ　「名前は？」や「独り身なの？」などの疑問の言葉を短く表すことで、会話自体をテンポよく進行させ読者に読みやすく、物語の世界へ入り込ませようとしている。

これまでなら、なにも聞かずに断っていただろう。だが2お彩は少しくらい、右近の話に耳を傾けていいかという気になっていた。

「へぇ、実は来月大きい茶会があるそうで。その主菓子《おもがし》をいくつかの菓子屋に競わせて選ぶことに決まったゆうて、お友達はどういう菓子を作ったらええやろかと、ずっと悩んではりますねや」

大きいお茶会というと、来月なら炉開《ろびら》きか口切りだろう。その程度の知識はあるが、茶会などお彩には縁のない話だ。

「私、上菓子《じょうがし》なんか食べたことがありません」

餅菓子《もちがし》や団子などとは違い、白砂糖をふんだんに使い意匠《いしょう》にも凝った上菓子など、庶民の口には入らない。米ならば今年は豊作らしく一両で八斗《と》ほども買えるところを、ある店の上菓子の色とりどりに詰められた四段重は、なんと六十両もするらしい。

そんな上菓子を数点競わせようというのだから、依頼元はどれほどのお大尽《だいじん》だ。茶の作法すら知らぬお彩に、ますます出る幕はない。

「構しまへん。上菓子で大事なんは、味以上に見た目どす。お彩はんは特に、色について意見してくれはったら充分や」

たかだか金平糖の色についてd言及しただけで、ずいぶん買い被られたものだ。自分には身に余る。そう思う一方で、3面白そうだと胸が躍っていたりもする。

お彩よりも、お伊勢が手を叩いて喜んだ。

「すごい。やってみなよ、彩さん」

「もちろんタダでとは言いまへん。せやなぁ、お友達の菓子が選ばれたe暁には、五十出しまひょ」

当のお彩が黙っているので、右近は金の話まで持ち出した。右近の五指を開き、突き出してくる。

「五十文、ですか」

子供の小遣いに毛が生えた程度のものだ。それでもあればありがたい。たしか醤油の買い置きが切れかけていた。

ところが右近が示した額は、お彩の想像の域を超えていた。

「いいや、銀五十匁《もんめ》どす」

金にすると、一両近い。

ひゅっと喉の奥が鳴る。続いてお彩は激しくむせた。自分が菓子を作るわけでもないのに、銀五十匁なんて馬鹿げている。こんな話に、裏がないはずはない。

「大丈夫でっか」

背中をさすろうと伸ばされた、右近の手を振り払う。お彩は咳が止まるのを待ってから、きっぱりと返事をした。

「Bお断りします」

（坂井希久子『江戸彩り見立て帖　色にいでにけり』による）

（語注）注　卯吉《うきち》…辰五郎の弟子であり、お彩の許嫁。火事で破談になった。

問一　波線部ａ～ｅの漢字の正しい読みをひらがなで答えなさい。

問二　二重傍線部Ｘ「あけすけな」・Ｙ「そつのない」の意味として適当なものを次からそれぞれ選び、記号で答えなさい。

Ｘ「あけすけな」
- ア　遠慮のない
- イ　分かりやすい
- ウ　意地の悪い
- エ　慎み深い

Ｙ「そつのない」
- ア　配慮が足りない
- イ　手際が悪い
- ウ　抜け目がない
- エ　気付かない

る感がある。

　とはいえ今のお彩が気軽に手を出せる値でもない。最後に食べたのは、火事の前。卯吉が少ない給銀の中から、お彩に買って来てくれたっけ。

　口の中で転がすとほんのり甘く、歯を立てるとほろほろと崩れてゆく金平糖。京橋川の畔《ほとり》に二人で並び、儚い甘さを味わった。

「金平糖は、どうして白ばかりなんでしょう」と首を傾げると、「お彩ちゃんは、おかしなことを言うなぁ」と卯吉は笑ったものだった。

「ううん、美味しい」

「甘ぁい！」

　香乃屋の母娘は喜怒哀楽が激しい。金平糖に苦い思い出がなくても、お彩はあんなふうにはしゃげない。

「食べはらへんのですか？」

　金平糖を眺めているだけのお彩に、右近が声をかけてくる。物思いに沈んでいたせいで、唇からぽろりと呟きが洩れた。

「金平糖は、なぜ白いのかしら」

　なにを口走っているのだろう。おかみさんとお伊勢にも声が届いたらしく、二人で顔を見合わせている。

「そりゃあ、白砂糖の色だろ？」

「砂糖を煮溶かしたものを何度も鍋に回しかけて、この形になると聞いたわよ」

　金平糖は平鍋にいれた芥子粒《けしつぶ》に糖蜜を少しずつかけて混ぜ、それを十日ほども繰り返して作られているという。小さな菓子一粒にかけられた手間暇を思えば、値が高いのも頷ける。

　白砂糖が白いのだから、金平糖も白くてあたりまえ。空はなぜ青いのかと尋ねるようなものだ。「おかしなことを言う」と笑った、卯吉の声がよみがえる。

「へぇ。なんでそう思わはったん？」

　思いがけぬ問いかけが聞こえた。ハッとして顔を上げると、右近が興味深そうに手元を覗き込んでくる。お彩はつい、しどろもどろになってしまった。

「その、色はつけられないのかと。最後に加える糖蜜に、たとえば梔子《くちなし》や露草《つゆくさ》の色を混ぜて――」

「つまり、黄色や青の金平糖ができないかってことかい？」

「ええ、まさにそれです」

　おかみさんが助け船を出してくれ、お彩は頷く。

「それをひと色ずつ売るんじゃなく、白、黄、青と混ぜて売ったら――」

「絶対可愛い！」

　金平糖の入った蓋物を見下ろして、黄色い声を上げたのはお伊勢だ。右近が「なるほど」と顎《あご》先を撫でる。

「できるかどうかは職人に聞いてみな分かりませんけども、面白そうですな」

「おかしなこと」が「面白そう」になった。そんなふうに言われたのははじめてで、右近の狐面にまじまじと見入ってしまう。どうやら本心から出た言葉らしい。

「せや、お彩はん。その面白さで、わてのお友達に力添えしてくれまへんやろか」

「力？」

「絵草紙屋のご主人に聞いたら、いろいろと教えてくれましたえ」

なんということ。どこの馬の骨とも知れぬ相手に、よくぞここまで口が軽くなれるものだ。

「いろいろ？」

「涙なしにには語れんことを。あんさん、苦労してきはったんやなぁ」

「そう、そうなんだよ。なのに愚痴一つ零さないこの子が、あたしゃb不憫でねぇ」

おかみさんが着物の袖口を目元に当てて、涙を絞るふりをする。お彩の帰りを待つうちに、こちらもずいぶんいらぬことを喋ってくれたものと見える。

「いったいなにが目的で――」

「だから言うてますやん。江戸の色について、ご教示願いたいんやわ」

「本当にそれだけ？」

「他になにがおますねや」

昨日のお彩の捨て台詞を真に受けたのか、男は渋い江戸茶《えどちゃ》の着物に身を包んでいる。あまり似合ってはいない。昨日とは違い、生地は木綿《もめん》だ。ただし、目玉が飛び出るほど高い唐桟織《とうざんおり》である。

「ねぇねぇ、お兄さんってなにしてる人？」

男に金のにおいを感じたか、お伊勢が上がり口に腰掛けて、馴れ馴れしい口をきく。

「へぇ、上方から下ってきて、ケチな商売をしとります」

「名前は？」

「右近いいます」

なんだか京らしい雅な名だ。本名だとしても、実に胡散臭《うさんくさ》い。

「独り身なの？」

「恥ずかしながら、まだまだ半人前なもんで」

お伊勢のXあけすけな問いかけにも、右近はYそつのない受け答えをする。

相手が独り身と聞いて、お伊勢はなぜお彩を横目に窺《うかが》うのか。おかみさんまでが、うきうきとした目でこちらを見ている。

「お帰りください。そして二度と来ないでください」

「そうそう、昨日はさすがに不躾《ぶしつけ》やったと思いまして、手土産を持ってきましてん」

やっぱり話が通じない。右近はお彩のc剣幕をものともせずに、懐から辛子色《からしいろ》の巾着を取り出した。その中には赤絵の蓋物。蓋を取ってみると、粒の揃った金平糖《こんぺいとう》がぎっしりと詰まっている。

「あら、美味しそう。あんた、ねぇ、あんたさぁ。すぐにお茶を四つ持って来ておくれ」

おかみさんが目を輝かせ、奥に向かって呼びかける。帳場にいないと思ったら、香乃屋の主人は内所にいるようだ。こちらも婿養子なので、おかみさんには頭が上がらない。

「ほら、お彩ちゃんも突っ立ってないでお座り。せっかくだから、皆でいただきましょう」

その「皆」の頭数に、主人は入っていないようだ。否と言う間もなく袖を引かれ、お彩は強く抗うことができなかった。

とげとげの白い金平糖を、指で摘《つ》まんで転がしてみる。まるで星屑のような菓子だ。元は南蛮菓子《なんばんがし》らしいが、今やすっかり江戸に根付いてい

を動かしていただろうに。

「ひどい娘だよ、お前は。こんなになっちまったお父つぁんを、酔わせてもくれないなんて。鬼だ、鬼。血も涙もねぇ鬼だよ！」

そんな風に罵《のの》られていたのを、お伊勢だって聞いたはずだ。

「だったらその余分で、お伊勢ちゃんのをもう一枚買いましょうよ。あの乙女色《おとめいろ》も気になっていたの」

乙女色は恥じらうような乙女椿《おとめつばき》の色である。お伊勢の着物に使われている萩色《はぎいろ》よりずっと淡《あわ》く、襟元に向けてぼかしが入ったように見えるだろう。銀杏柄《いちょうがら》の縫い取りの、糸が白であるところも楚々《そそ》としてよい。

「んもう、彩さんは欲がないんだから」

お伊勢はおかみさんほど無理強いはしない。「じゃあそれも買っちゃおう」と、二枚の半衿を店の手代《てだい》に渡した。真っ直ぐに育っているこの娘はきっと、情けをかけられる者の惨《みじ》めさなど考えたこともないだろう。

お彩だってこの歳ごろには、なんの憂《うれ》いもなかった。辰五郎の評判は上々で、一番弟子の[注]卯吉に幼い憧れを抱いていた。あの幸せな日々は、一夜にして崩れ去ってしまった。

「どうもありがとう」

支払いを済ませた品物を風呂敷に包んでもらい、お伊勢は軽く頭を下げる。その拍子に、甘い髪の香りが強く立ち昇る。手代がうっとりと目を細めたことに、お伊勢だってきっと気づいている。

1こんな夢のような香りを、お彩はもはや振りまけない。昨日もらった匂い袋は、家の柱に浮き出た釘へ引っ掛けてある。丁子《ちょうじ》の香りは辰五郎の饐《す》えた汗や下帯に染み込んだ尿のにおいをごまかしつつ、しだいに褪《あ》せてゆくのだろう。

「ああ、お彩ちゃん。やっと帰ってきた」

お伊勢と連れ立って京橋の半衿屋から戻ってくると、香乃屋のおかみさんが待ちかねたように手を振った。娘ではなく、お彩に用があるらしい。帳場《ちょうば》のある店の間から、往来に身を乗り出している。

「どうしたんですか、おかみさん」

もしや父が騒ぎでも起こしたか。お彩は小走りになって近づき、おかみさんの背後に控える人物に気づいて足を止めた。

「あなた、昨日の！」

なぜこんな所にいるのか。香乃屋の店の間に座り、暢気《のんき》に茶を飲んでいたのは、たしかに南伝馬町《みなみでんまちょう》で出くわした狐面の男だった。

「これはこれは、覚えててくれはっておおきに。嬉しわぁ」

なんとも白々しい。男の笑みは掴みどころがない。あんなふうに声を掛けられて、忘れられるほうがどうかしている。

「ねぇ、誰、誰？」

好奇の虫を抑えきれぬお伊勢が、後ろから袖を引いてくる。浮いた話を心待ちにされても困るのだ。

「知らない人よ」

「ひどいなぁ、お彩はん。わてら、イキな仲ですやん」

「a誤解を招くような言いかたはしないでください」

いつの間にか、名前まで知られている。さっきおかみさんが呼んだからか。まさか、こんなふうにつきまとわれるとは。

「なんです、あなた。どうやってここまでたどり着いたんですか！」

問六　傍線部3「その嘘もまた罪だと考えるのではないだろうか」とあるが、このように言えるのはなぜか。その理由を説明しなさい。

問七　本文の内容に関する説明として適当なものを次から選び、記号で答えなさい。

ア　我々が価値判断をする時、自らの決断はより良いものの選択だと信じているが、その判断に共通の尺度を当てはめることはできず、あくまで比較不可能だという意味で絶対的だと言える。

イ　カントは、価値判断をする時に、例外をつくらないということを自己の信念の一つとしたが、それは例外をつくることでエゴイズムを満たすことを禁止しようとしたものである。

ウ　カントの価値判断の基準の一つには最小の悪を選ぶということがあるが、「善い」か「悪い」かということをはっきりと決め切ることはできず、その度合いも様々である。

エ　我々が価値判断をする時、量的要素をその尺度として、より最小の悪、より大きな善を選んだと錯覚するが、本当の比較の尺度に当てはめたとき、必ずしも最良の判断をしたとは言えない場合がある。

二　**次の文章を読んで、後の問いに答えなさい。**

幼いころから色に興味を持つ主人公のお彩《あや》は、火事により失明してしまった元摺師《すりし》である父の辰五郎《たつごろう》と暮らしている。ある時京から来た右近《うこん》という男に江戸の色を教えてほしいと頼まれるが怪しく思ったお彩は逃げ出した。本文は親交のある油店の香乃屋《かのや》の娘であるお伊勢《いせ》の買い物に付き合っている場面である。

「お伊勢ちゃんは肌が白いから、顔周りに淡い色を持ってくるといいよ。ほら、これとか」

店に入ったときから、お伊勢に似合いそうだと目をつけていた半衿《はんえり》を指差す。薄黄蘗《うすきはだ》の地に、撫子色《なでしこいろ》、白、若葉色《わかばいろ》の小菊《こぎく》が散った、愛らしい柄である。

「そう、じゃあこれにする」

さっきまでどれにするか決めかねて困っていたくせに、お伊勢はあっさりその半衿を手に取った。

「いいの？　そんなすぐ決めちゃって」

「ええ。だって彩さんの色の見立てに間違いはないもの」

そう言ってくれるのは嬉しいが、色について特に学んだわけではない。ただ幼いころから辰五郎の作業場に入り浸《びた》り、錦絵《にしきえ》に命が吹き込まれる様を見てきた。絵《え》草紙の代わりに、色見本に夢中になって育ったのである。世に溢れる色をすくい取り、すべてに名前をつけてあるのが面白かった。

「お礼に彩さんも、一枚選んでちょうだい」

自分のために選ぶなら、青竹色《あおたけいろ》に葡萄《ぶどう》柄が縫《ぬ》い取られた半衿。内心そう思ってはいたが、お伊勢の申し出にお彩は首を振る。

「A私はいいわ」

「どうして。そのつもりでおっ母さんから余分にお小遣いをもらったのよ」

やっぱりおかみさんの手回しだったか。たまには華やいだ場にお彩を連れ出してやらねばと、意気込んでいる母と娘である。お伊勢が誘いに来なければ、穴蔵《あなぐら》のようなあの部屋で、父の恨み言を聞かされながら針

い」と心を決める。ダイヤモンドが欲しくて。eビンボウな婚約者を裏切る女もいる。

すべて「……の方がよい」という選好である。選好する人は比較し商量して「より大なる善」を選んだり、「最小の悪」に甘んじたりしたつもりである。しかし、そこには本当は比較の尺度がない。音楽と相撲について比較できることは時間の長さだろうが、時間の長さは選好の尺度にはならないだろう。ダイヤモンドと婚約者への誠実のどちらが「より大なる善」だと言えるだろう。

われわれは「よりよいものを選んだ」と信じる。本当はわれわれが決断して選んだ方を「より大なる善」と評価して正当化するのである。決断に量的要素はないのに、われわれは「より大なる善を選んだ」と信じる。倫理的選好のほとんどすべてに、比較の尺度がない。それは「非等質的比較」という「木製の鉄」に似た矛盾なのである。

誠実だけではない。あらゆる価値が比較不可能という意味で絶対的なのである。

（加藤尚武『現代倫理学入門』による）

問一 波線部a～eのカタカナを正しい漢字に直しなさい。（楷書でていねいに書くこと）

問二 二重傍線部X「まんまと」・Y「商量」の意味として適当なものを次からそれぞれ選び、記号で答えなさい。

X 「まんまと」

ア わかりやすく　**イ** 素朴な方法で

ウ 見下す様子で　**エ** 非常にうまく

Y 「商量」

ア 深く思索すること　**イ** 分類すること

ウ 考えはかること　**エ** 条件付けすること

問三 傍線部１「暴力から他人の権利を守るための嘘」とあるが、これに関する説明として適当なものを次から選び、記号で答えなさい。

ア カントは、真実を常に語ることを求めて、その結果として生じる出来事は全て善だと考えたが、コンスタンは、真実を語った結果がどうなるかを見極めて、場合によっては嘘を言うべき時もあると考えた。

イ カントは、真実を常に語るべきであり、その結果は偶然的であるとして嘘は許されないと考えたが、コンスタンは、真実とは相手が不誠実である時には必ずしも語らなくてよいとし、嘘も許されると考えた。

ウ カントは、誠実であることを何よりもよいことだとしていたので、その意味で真実は常に語るべきものと考えたが、コンスタンは、真実を言うのが誠実であるかどうかは場合によるので、一義的に判断できないと考えた。

エ カントは、キケロの考えに従って誠実さを求めた結果、常に真実を言うべきだという立場を取ったが、コンスタンは、真実を言うべきなのは相手が誠実な時だけで、もし不誠実であるなら必ずしも真実を言う必要はないと考えた。

問四 傍線部２「自己喪失をごまかしているだけ」とあるが、それはどういうことか。説明しなさい。

問五 本文中の［Ａ］に当てはまる語句として適当なものを次から選び、記号で答えなさい。

ア 絶体絶命　**イ** 二者択一　**ウ** 多種多様　**エ** 右顧左眄

るというカントの思想がある。もしも行為を動機ではなくて、結果で評価したら、行為を「……のために善い」という尺度で測ることになるとカントは考える。普通の人は「……のために善い」ことを「善い」と考えているだろう。たとえば「善い風邪薬」は「健康に善い」のだから、健康が「それ自体として善い」ものである。AはBのために善い、BはCのために善い、CはDのために善いという連鎖を考えた時、二つの考え方がある。一つはどこかに「それ自体として善い」もの＝自己目的が存在すると考えることである。アリストテレス（Aristoteles　前三八四－前三二二）は快楽が自己目的だと考えた。もう一つは、この連鎖がどこまで行っても終わらないと考えるのである。われわれの日常生活はたぶんそのようなものである。「……のために役立つ」と思うと、われわれは安心していられる。本当は「……のために役立つ」という連鎖の途中にいることで、2自己喪失をごまかしてしるだけなのだ。自分が「……の役に立つ」ことで自己満足し、本当の自己充足を知らないというのが現代人である。カントにとっては「善い意志」をもつことが、本当の自己をもつことなのである。

②例外をつくらない。相手をcダマして利益を得る人は、相手の側が誠実であり、自分の側は誠実でないという条件を利用している。自分だけを特別扱いしたり、今日だけは仕方がないと考えたりしない。例外を認めると、「例外を一般化する」という論理的な矛盾を犯すことになる。カントが、禁止していることは、「例外をつくってエゴイズムを満たすこと」なのではない。「例外をつくること」自体を禁止している。

③誠実の義務は絶対的で、状況によって左右されてはならない。義務のdカットウが起きると「最小の悪を選べ」という原則が用いられるが、絶対的な義務には適用できない。カントの場合、「善い」と「悪い」は、オール・オア・ナッシングであって、中間とか、度合とかはない。行為の評価は動機にあり、動機の評価は「理性に従うか、感性に従うか」、「形式的な規則で決定されるか、実質的な内容で決定されるか」、「経験に依存しない絶対的な必然性に基づくか、経験的な偶然性を受け入れるか」、「義務から行為するか、エゴイズムから行為するか」という［　A　］の構造でしか、考えられない。

カントは本当にアンネ・フランクをナチスに引き渡すだろうか。カントだって「ここにユダヤ人はおりません」と言うだろう。しかし、カントはそれが人を助けるためだから許されるとは考えないで、3その嘘もまた罪だと考えるのではないだろうか。

日本では「よど号事件」（一九七〇年三月）、「ダッカ事件」（一九七七年九月）で飛行機の乗客が人質にされた時、犯人側の要求を受け入れたことがある。法律よりも人命を重視した。

正義と人命とどちらが大切か。「最小の悪を選べ」という原則は正しいのだろうか。正義の損傷と人命の損失とをどのような尺度によって測るというのだろうか。

共通の尺度はない。カントが「誠実は絶対的義務だ」と言った時、その「絶対的」という言葉の意味には、「比較不可能」という意味が含まれていたはずである。

われわれの人生にはつねに決断、比較、Y商量、選好がある。テレビのチャンネルを選んで、「音楽よりも相撲がいい」と判断する。レストランでメニューを選んで「一〇〇〇円だすなら、ハンバーグよりも刺身がい

【国　語】（五〇分）〈満点：一〇〇点〉

一　次の文章を読んで、後の問いに答えなさい。

アンネ・フランクの家を調べに来たナチス側の人間に「ユダヤ人はいない」と嘘をついて、ユダヤ人を守ることは、1暴力から他人の権利を守るための嘘だと言っていいだろう。ところが大哲学者のカント(Immanuel Kant 一七二四－一八〇四)が「人の命を救うために嘘をつく」のは、正しくないと主張する。「人間愛からなら嘘をついてもよいという誤った権利について」(一七九七年)で、「われわれの友人を人殺しが追いかけてきて、友人が家のなかに逃げ込まなかったかとわれわれに尋ねた場合、この人殺しに嘘をつくことは罪であろう」と言うのだ。

これに対して、フランスの小説家で政治家のコンスタン(Henri Benjamin Con-stant 一七六七－一八三〇)が「権利のないところに義務はない。真実を言うことは義務である。しかし、けれども、その義務はただ真実に対する権利を持つ人に対してだけである」と言ってカントを批判する。これはキケロの「相手側に不誠実がある時には、約束は守らなくてよい」という考え方と同じである。

カントは「真実は所有物のように、それに対する権利が甲には承認されるが、乙には拒否される、というようなものではない」と主張する。

因果関係についてカントは「いない」と嘘をつけば友人が助かり、「いる」と真実を告げれば友人が殺されるという関係は成り立たないと主張する。「いない」と嘘をついても、犯人と友人が出会い頭にぶつかって友人が殺されてしまうかもしれない。

「いる」と真実を告げても、その人はXまんまと抜け出して不在かもしれない。だから嘘をつけば友人が助かり、真実を語れば殺されるという因果関係はない。

「私が真実を語る→友人が殺される」という出来事があったとしても、このことは「私が友人を殺す」と同じ意味にはならない。私の真実を語るという行為と友人の殺されるという結果との関係は偶然的である。

だから友人の側に私に嘘を言うべきだと主張する権利は発生しない。誰にも真実を語る権利がある。嘘をつけばその結果に責任をとらなければならないが、真実を語ってその偶然的な結果の責任を負うということはない。

「誠実は絶対的な義務であって、契約に基づくあらゆる義務の基礎とみなされなくてはならず、もしこれに少しでも例外を認めさえすれば、義務の法則は動揺して役に立たなくなる。したがってあらゆるaチンジュツにおいて誠実であるということは、神聖で無条件的に命令する理性命令である。この命令はどんな都合によっても制約されない」。カントの言い分をまとめれば、このような趣旨になる。

カントが倫理的判断の特徴として考えていたことは、次のようなことである。

①行為の結果が、自分や他人にとって有利か不利かという判断は「よいか、悪いか」の倫理的判断ではない。「どういう結果になるか」ということを事実上の因果関係に即して調べなくても「よいか、悪いか」は直観的にすぐ分かる。bヨクトクをはなれて義務をひたむきに守ろうとする純粋な動機に道徳性がある。結果は偶然的である。

この考えの背後には「それ自体として善いもの」は「善い意志」であ

MEMO

大切なことはメモしておこうネ！

2024年度

開智未来高等学校入試問題（第２回）

【数　学】（50分）　＜満点：100点＞

【注意】 コンパス，分度器，その他の定規類は使用しないでください。

1　次の各問いに答えなさい。

(1)　$\left(-\frac{1}{2}xy^2\right)^3 \div \frac{3}{4}x^8y^9 \times \left\{-\frac{(x^2y)^3}{3}\right\}$ を計算しなさい。

(2)　$-\frac{7}{5}$，$-\sqrt{2}$，$-\frac{\sqrt{6}}{2}$を小さい順に並べかえなさい。

(3)　$(x^2-2x)^2-5(x^2-2x)-24$ を因数分解しなさい。

(4)　xの方程式$\left(\frac{3}{2}x-6\right)^2=18$ を解きなさい。

(5)　連立方程式$\begin{cases} \frac{1}{x}+\frac{1}{y}=-2 \\ \frac{2}{x}-\frac{3}{y}=3 \end{cases}$ を解きなさい。

(6)　放物線$y=3x^2$について，xの値が-1から3まで変化したときの変化の割合を求めなさい。

(7)　A，B，C，Dの４つのアルファベットをAとBが隣り合うように並べる。このとき，並べ方は何通りあるか答えなさい。

(8)　半径５㎝の半球の表面積を求めなさい。ただし，円周率はπとする。

(9)　右の図の$\angle x$の大きさを求めなさい。

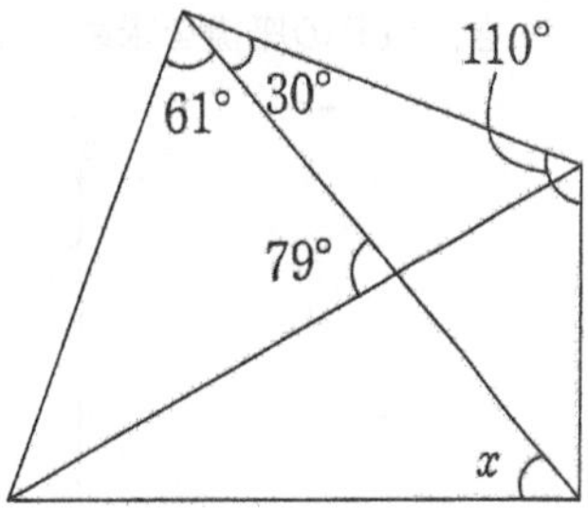

(10)　下の図において，AC∥ED，AD∥EFである。このとき，xの値を求めなさい。

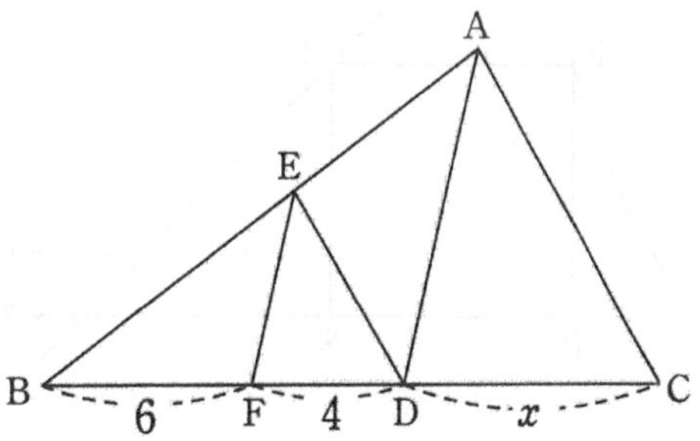

２ 次の各問いに答えなさい。

(1) 半径が r ㎝，母線の長さが ℓ ㎝である円すいの側面積を S，円周率を π としたとき，$S=\pi\ell r$ となることを説明しなさい。

(2) $x^2+\dfrac{1}{x^2}=4$ のとき，$x+\dfrac{1}{x}$ と $x^3+\dfrac{1}{x^3}$ それぞれの値を求めなさい。ただし，$x>0$ とする。

(3) １辺の長さが６㎝の立方体ABCD－EFGHにおいて，辺CDの中点をMとしたとき，線分EMの長さを求めなさい。

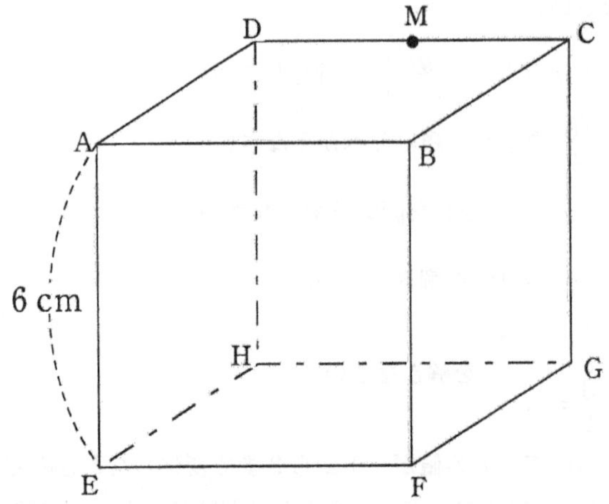

(4) 下の図のように，放物線 $y=\dfrac{1}{2}x^2$ $(x>0)$ と直線 $y=-x+12$ $(x>0)$ があり，それぞれの線上に点P，Qをとる。また，x 軸上に２点R，Sをとる。四角形PQSRが正方形になるとき，点Pの座標を求めなさい。

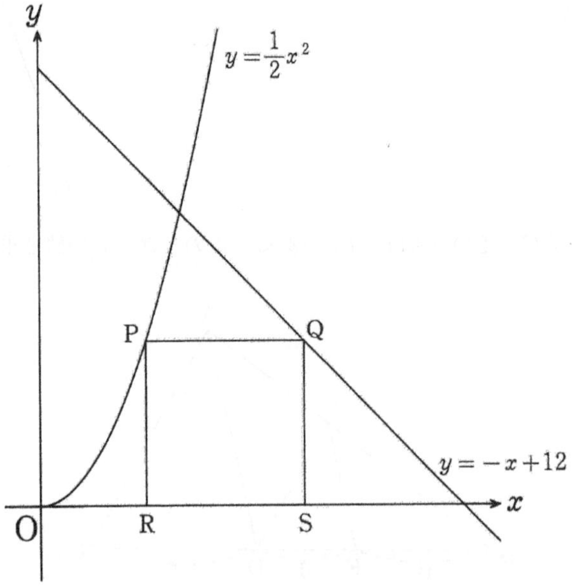

3 Oを原点とする xy 座標平面上に双曲線 $y=-\frac{4}{x}$（…①）と，直線 $y=-\frac{1}{2}x$（…②）があり，双曲線①と直線②の交点を x 座標の小さい方から点A，Bとする。また，y 軸上にC（０，３）をとる。このとき，次の各問いに答えなさい。

(1) 解答欄に，双曲線①と直線②の概形（大まかな形）と３点A，B，Cをかき入れなさい。

(2) ２点A，Bの座標を求めなさい。

(3) △ABCの面積を求めなさい。

(4) 放物線 $y=\frac{1}{2}x^2$ 上に点Dを△ABCの面積と△ABDの面積が等しくなるようにとる。このとき，点Dの座標をすべて求めなさい。

4 下の図のように，縦 a ㎝，横 b ㎝，高さ c ㎝の直方体の各面の対角線を結んで四面体をつくる。このとき，次の各問いに答えなさい。

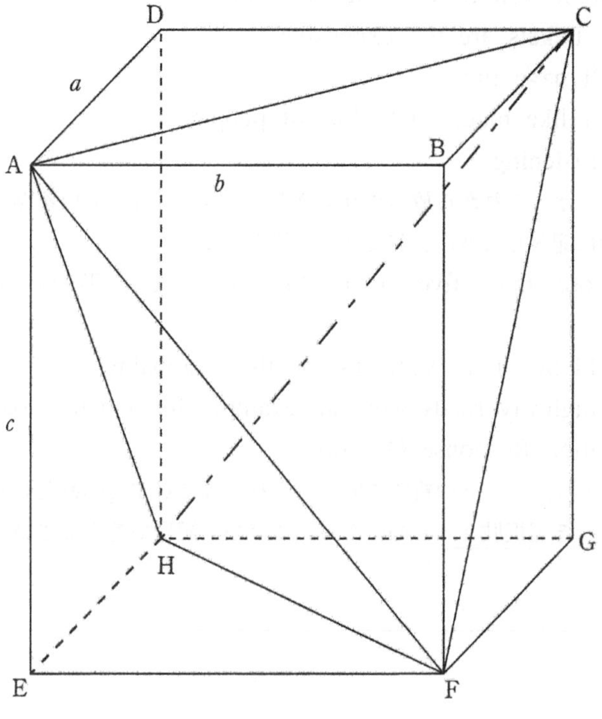

(1) △ACH≡△CAF≡△FHC≡△HFAであることを証明しなさい。ただし，直方体の対面は合同な長方形であることは証明なしに用いてもよい。

(2) 以降AC＝５㎝，AF＝６㎝，FC＝７㎝とする。

(i) $a^2+b^2+c^2$ の値を求めなさい。

(ii) a，b，c の値をそれぞれ求めなさい。

(iii) 四面体ACFHの体積を求めなさい。

【英　語】（50分）　＜満点：100点＞　**※リスニングテストの音声は弊社HPにアクセスの上，音声データをダウンロードしてご利用ください。**

1 放送を聞いて，Part 1 ～ Part 3 の問いに答えなさい。途中でメモをとってもかまいません。

Part 1　Conversation Listening

対話を聞き，下の(1)～(2)の質問に対する最も適切な答えをａ～ｃの中から一つ選び，記号で答えなさい。英文は一度だけ読まれます。

(1) What did John and Mio agree on about the artists?
　ａ．Picasso is better than Monet.
　ｂ．Picasso and Monet are not popular.
　ｃ．They are both great.

(2) Why will John wait to visit the museum?
　ａ．The entry tickets are too expensive.
　ｂ．He doesn't have time.
　ｃ．He doesn't like places with lots of people.

Part 2　Paragraph Listening

下の(1)～(3)の英文が，これから放送される英文の内容と一致している場合はＴ，異なっている場合はＦを解答欄に記入しなさい。英文は二度読まれます。

(1) It takes more than five hours to drive from Tokyo to Kyoto on the expressway.

(2) Drivers could not drive very fast on the Autobahn.

(3) Germany's highway roads were an example for Japan's road system.

Part 3　Communication Response Questions

これから読まれるNo. １～３の質問を聞き，それぞれに対する応答として最も適切なものを，放送で読み上げられる選択肢ａ～ｃの中から一つ選び，記号で答えなさい。英文は二度読まれます。

No. 1 ＿＿＿＿＿＿＿＿＿＿＿＿＿＿＿＿＿＿＿＿
　ａ．
　ｂ．
　ｃ．

No. 2 ＿＿＿＿＿＿＿＿＿＿＿＿＿＿＿＿＿＿＿＿
　ａ．
　ｂ．
　ｃ．

No. 3 ＿＿＿＿＿＿＿＿＿＿＿＿＿＿＿＿＿＿＿＿
　ａ．
　ｂ．
　ｃ．

2　次のＡ・Ｂの問いに答えなさい。

Ａ　次の英文の（　）に入れるのに最も適切な語，または語句を，ア～エの中から一つ選び，記号で答えなさい。

(1) I want to finish (　　　) my report today.

ア writing　イ to write　ウ writes　エ to writing

(2) What languages (　　　) in this country?

ア spoken by　イ are speaking　ウ are spoken　エ is spoken

(3) These are (　　　).

ア Mary made dolls　イ dolls Mary made

ウ Mary making dolls　エ dolls Mary making

Ｂ（　）内の語，または語句を並べ替えて，日本語の意味を表す正しい英文を完成させなさい。ただし，文頭に来るべき語もすべて小文字で書かれている。

(1) その国では毎年，多くの木が切り倒されています。

A lot (every / are / trees / year / cut / down / of) in the country.

(2) サムは何か温かい飲み物を欲しがっていると思うよ。

I (wants / hot / drink / think / to / something / Sam).

(3) そのバスケットボールの試合は，まだ始まっていません。

(has / basketball / started / yet / not / game / the).

3　次のＡ・Ｂの問いに答えなさい。

Ａ　次のページの英会話教室の案内を読み，次の(1)～(3)の問いに答えなさい。

(1) In the Business Class, what can you do?

ア Have casual conversations on various topics.

イ Improve presentation and email skills.

ウ Practice vocabulary for everyday life.

エ Learn how to make contact with the English school.

(2) You are looking for an English class on Saturdays.　How much will you pay for the class for each month?

ア $80

イ $100

ウ $150

エ for free

(3) Which is correct about Silverberry English School?

ア The course for advanced learners is held on Wednesday afternoons.

イ English beginners should take Free Talk & Discussions.

ウ Students in Business Class have to pay 150 dollars every week.

エ To take a trial lesson, you have to send an e-mail.

SILVERBERRY ENGLISH SCHOOL

Come and enjoy English with us!
Challenge yourself in a new world!

Business Class

- Level: Beginners to intermediate
- Course Fee: $150 / month
- Time: 10:00 a.m. - 11:30 a.m. on the second and third Sundays of every month.

You can improve not only English but also presentation and email skills in business settings.

Basic English Class

- Level: English beginners
- Course Fee: $100 / month
- Time: 11:00 a.m. - 11:50 a.m. or 4:00 p.m. - 4:50 p.m. on every Saturday. You may choose the class in the morning or in the afternoon every week.

You can learn essential words and phrases for daily life.

Free Talk & Discussions

- Level: Advanced learners
- Course Fee: $80 / month
- Time: 8:00 p.m. - 8:40 p.m. from Monday to Friday. You can freely attend 4 sessions in a month.

You can enjoy casual conversations on topics which you want to talk about.

Why Choose Us?

*Friendly Teachers
Our experienced teachers will support you all the way.

*Fun Events
Our students can join cultural events for free. These events will make learning English more fun.

Contact Us

Phone: 555-7890-1234
Email: silverberry@englishschool.com
Website: www.silverberryenglishschool.com
↑ If you want to take a trial lesson, please make a reservation on this website.

B　次のグラフは，外国人の好きな日本食のランキングをまとめたものである。グラフが示す内容と**一致しないもの**を，選択肢ア～エから一つ選び，記号で答えなさい。

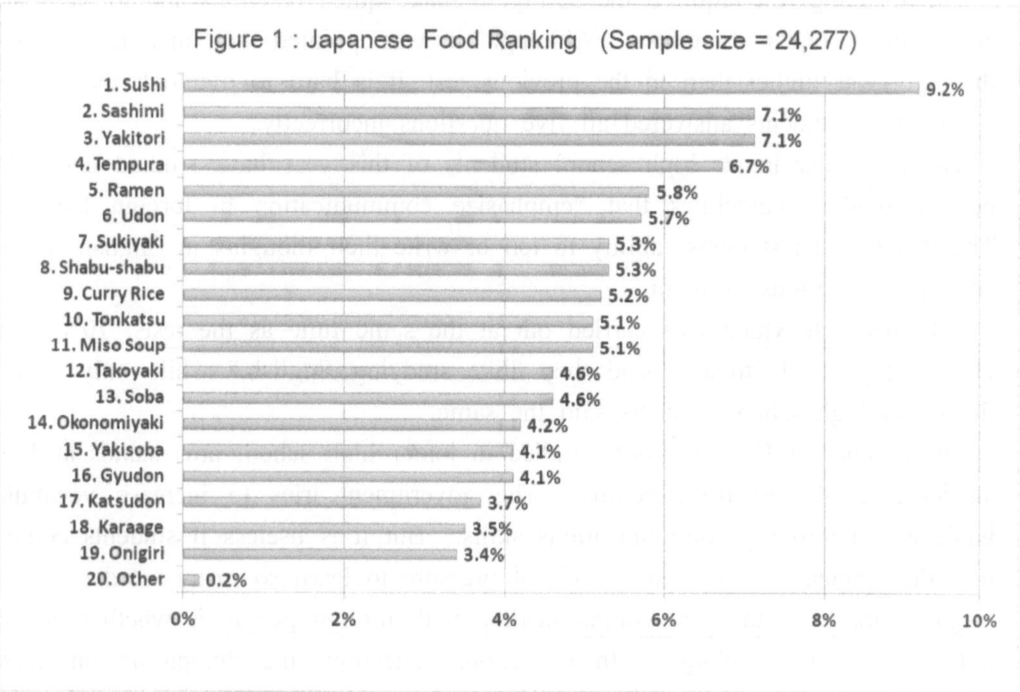

ア　There is no major gap in popularity between sushi and onigiri.
イ　Yakitori is as popular as sashimi at 7.1%.
ウ　Takoyaki and soba are just half as popular as sushi.
エ　There is almost no difference in popularity among sukiyaki, shabu-shabu, curry rice, tonkatsu, and miso soup.

4　次の英文を読んで，後の問いに答えなさい。

Students who have never become good at speaking English even after years of study has been a problem with English education in Japan. ①It [of instruction / necessary / effective methods / to / is / examine] to help students to get practical English skills.

*The Education, Culture, Sports, Science and Technology Ministry has released ②the results of this year's *National Assessment of Academic Ability for elementary school students in the sixth grade and for third-year junior high school students. For the first time in four years, the junior high school students were (③ test) in English *in addition to the yearly given tests in Japanese and mathematics.

On average, students correctly answered over 50% of questions in the English reading and listening comprehension sections, but writing was poor at 24%. In the speaking section, only 12% of answers were correct, much lower than the previous test's result.

The speaking test required the ability to make quick reactions and to summarize and express one's thoughts. Although it was pointed out that the level of difficulty was higher than in the previous test, it is hard to overlook the fact that 6 out of 10 students answered all five questions incorrectly.

The third-year junior high school students of this year have studied under *the new curriculum guidelines that *emphasize communication in foreign languages. The fact that the students' ability to tell or write their thoughts in English was not enough is a serious problem.

④In research which was carried out at the same time as the tests, 70% of the elementary school students said they "like studying English," while only 50% of the junior high school students said the same.

The number of English words studied in junior high school now stands at 1,800, an increase of 600 from before. The government tries to increase vocabulary while also improving communications skills. But it is useless if students come to hate the language (⑤) the result of pressure to learn so many words.

⑥The important thing in communicating with foreign people is whether one can tell opinions and feelings. In classroom education, the *emphasis on correct grammar has perhaps (⑦ make) it difficult for students to speak and made them unable to express themselves freely.

The globalization of society is progressing rapidly, and ⑧ it is essential to educate young people who can play important roles in the world. Students should not worry about small grammatical errors on tests and in the classroom, but more focus should be placed on (⑨ develop) the ability to communicate with people from other countries in a fun and open-minded manner.

［語注］

*The Education, Culture, Sports, Science and Technology Ministry：文部科学省

*National Assessment of Academic Ability：全国学力テスト　*in addition to ～：～に加えて

*the new curriculum guidelines：新学習指導要領　*emphasize：～を強調する　*emphasis：強調

問1　下線部①が「有効な指導法を検討することが必要である」という意味を表す正しい英文となるように，［ ］内の語句を並べ替えなさい。

問2　下線部②の「今年の全国学力テスト」に関する記述として本文の内容と一致するものを，次のア～エの中から一つ選び，記号で答えなさい。

ア　英語の平均正答率では，「読む」は5割を超えたが，「聞く」は5割を超えなかった。

イ　英語の平均正答率では，「書く」は，「話す」と比べて正答率が10%以上低かった。

ウ　英語の「話す」テストでは，文法的に正確に答える力や自分の考えを要約して発表する力が求められた。

エ　英語の「話す」テストでは，5問全問が不正解という生徒が6割もいた。

問３（③ test）（⑦ make）（⑨ develop）を適切な形に直しなさい。

問４　下線部④について，「全国学力テストと同時に実施された調査」の結果を説明する文となるように，次の（　）に15字～20字の日本語を入れなさい。

小学生の７割が「英語の勉強が好き」と答えたが，（　　　　　　　　　　　　　　）。

									10
				15					20

問５　英文中の（⑤）に入る最も適切な語を，次のア～エの中から一つ選び，記号で答えなさい。

ア as　　イ in　　ウ on　　エ by

問６　下線部⑥について，「外国人とのコミュニケーションで大切なこと」は何か，本文の内容に即して簡潔な日本語で答えなさい。

問７　下線部⑧を日本語に直しなさい。

問８　本文と内容が一致する文を，次のア～キの中から二つ選び，記号で答えなさい。

ア We can't find any problems with English education in Japan so far.

イ Both students in the sixth grade of elementary school and the third grade of junior high school take the English test of National Assessment of Academic Ability every year.

ウ It is said that the English speaking test this year was more difficult than the test which was carried out four years ago.

エ The third year junior high school students of this year have excellent ability to communicate in English.

オ There is no point in increasing vocabulary to improve communication skills.

カ Focusing on correct grammar too much may cause students to feel uneasy and unable to express themselves freely.

キ We have to pay a lot of attention to grammar to avoid making mistakes on tests and during classes.

5　次の対話は，Alex と友人の Sam が，その日の予定について電話で話している場面である。（１）～（５）に入れるのにふさわしい英文をそれぞれ５語以上で考え，解答欄に書きなさい。

Alex: Hey Sam, do you want to play outside today?

Sam: Hmm, something outdoors could be cool. What kind of activity sounds fun?

Alex: （ 1 ）.

Sam: I like that idea. But let's check the weather forecast first. Let me see... Ah! It looks like it is going to rain today. Shall we go to a movie instead?

Alex: OK. Let's decide the movie. （ 2 ）?

Sam: I like comedy movies with funny scenes. How about you?

Alex: (3).

Sam: Ok great. Let's go to the movie you like. The movie theater website says it starts at two o'clock.

Alex: That means we have time for lunch before the movie. Do you have any ideas for lunch?

Sam: (4). We can eat it at a restaurant in the food court nearby. Let's meet there first and then eat lunch together.

Alex: OK. Great! (5)?

Sam: I think 12:30 is good.

Alex: Perfect! See you there!

エ　「少年」の言動と「デューク」が好きだったものとを一致させることによって、「私」は気づかないものの、この少年は死んでしまった「デューク」なのではないかと徐々に読者に気付かせる構造になっている。

三　**次の文章を読んで、後の問いに答えなさい。**

丹波に出雲といふ所あり。大社《おほやしろ》をうつして、めでたく造れり。注1しだのなにがしとかや知る所《治めている場所》なれば、秋のころ、聖海上人《しやうかいしやうにん》、その外も、人1あまた誘ひて、「いざ給へ《さあいらっしゃい》。出雲拝みに。注2掻餅せん《ご馳走しよう》。」とて、具しもていき《連れて行った》たるに、おのおの拝みて、ゆゆしく2信おこしたり。

御前なる獅子、狛犬《こまいぬ》、背きて《背中あわせになって》、後ろさまに《後ろ向きに》立ちたりければ、上人いみじく感じて、「あなめでたや。この獅子のA立ちやう、いとめづらし。深き故あらん。」と涙ぐみて、「いかに殿ばら《なんと皆様》、殊勝のことは御覧じとがめずや。むげなり《不思議だと思いませんか。ひどいですね》。」と言へば、おのおのあやしみて、「まことに他に異なりけり。都のつとに語らん《都に戻ったらすぐに話そう》。」など言ふに、上人なほ3ゆかしがり《知りたがって》て、おとなしく物知りぬべき顔したる神官《じんぐわん》を呼びて、「この御社《みやしろ》の獅子の立てられやう、さだめて習ひある《きっと慣例がある》ことに侍《はべ》らん。ちと承らばや。」と言はれければ、「そのことに候《さうら》ふ。さがなき《どうしようもない》童《わらはべ》どもの仕《つかま》りける、奇怪に《ありえないこと》候ふことなり。」とて、さし寄りて、B据ゑなほして去《い》にければ、上人の感涙4いたづらになりにけり。

（『徒然草』第二三六段による）

（語注）　注1　しだのなにがし…人名。志太某。
注2　掻餅《かいもちひ》…ぼたもち。

問一　二重傍線部A「立ちやう」・B「据ゑなほして」の読み方をそれぞれ現代仮名遣いのひらがなで答えなさい。

問二　傍線部1「あまた」は「たくさん」という意味であるが、これを漢字二字で表すとどのようになるか。答えなさい。

問三　傍線部2「信」のここでの意味として最も適当なものを次から選び、記号で答えよ。

ア　過信　**イ**　信仰　**ウ**　信用　**エ**　信頼

問四　傍線部3「ゆかしがり」とあるが、上人は何について知りたがったのか。二十字以内で説明しなさい。

問五　傍線部4「いたづらに」のここでの意味として適当なものを次から選び、記号で答えなさい。

ア　無道に　**イ**　無垢に　**ウ**　無益に　**エ**　無駄に

問六　「獅子」について、なぜこの獅子は珍しい「立ちやう」をしていたのか。その理由を二十字以内で説明しなさい。

銀座に、ゆっくりと夜がはじまっていた。

（江國香織「デューク」による）

問一　波線部a～eの漢字の正しい読みをひらがなで答えなさい。

問二　二重傍線部X「いすくめられて」・Y「酔狂」の意味として適当なものを次から選び、記号で答えなさい。

X「いすくめられて」

ア　強張って立てなくされて
イ　動作に心を奪われて
ウ　強い言葉に緊張させられて
エ　目つきで恐れさせられて

Y「酔狂」

ア　物好き
イ　愚か者
ウ　風流人
エ　個性派

問三　傍線部1「歩きながら、私は涙がとまらなかった」とあるが、ここに至るまでの「私」について説明したものとして適当なものを次から選び、記号で答えなさい。

ア　かわいがっていたデュークが、自分が出かけているうちに死んで冷たくなってしまい、生きていたころを思い返すと悲しく、わざと元気にふるまって家を出たが耐え切れず泣いてしまった。

イ　かわいがっていたデュークが死んでしまったので、そのことを思うと元気が出なくなり、落ち込んだ態度のまま次の日のアルバイトに向かったが、我慢しきれなくなり涙を流すようになった。

ウ　かわいがっていたデュークが死んでしまったが、その次の日もアルバイトに行かねばならないことからかえって明るく家を出たものの、悲しさゆえにすぐに涙が出てきてしまった。

エ　かわいがっていたデュークが、若くして死んでしまい落ち込んだ気持ちでいたが、次の日もアルバイトに行くため無理に明るい態度で家を出たものの、悲しさが溢れて泣き出してしまった。

問四　本文中の［A］に当てはまる語句として適当なものを次から選び、記号で答えなさい。

ア　トーストがたべたいなあ
イ　オムレツもたのんでいい
ウ　サラダが好きなんだ
エ　パンケーキ、おいしそうだな

問五　傍線部2「『じゃあ、きょうは一日ひまなんだ』」とあるが、「少年」がこのように言ったのはなぜか。その理由を説明しなさい。

問六　傍線部3「私はだんだんゆううつになってしまった」とあるが、それはなぜか。その理由を説明しなさい。

問七　本文に関する説明として適当なものを次から選び、記号で答えなさい。

ア　「私」や「少年」に対して、「デューク」と具体的な名前がつけられていることで、読者に「デューク」を具体的に思い浮かべさせる効果をもたらすとともに、「少年」の存在感をあえて低下させている。

イ　擬音語や擬態語を多用することによって、「デューク」を失った「私」の悲しみを読者にも臨場感を持って伝えるとともに、生き物の死という普遍的な悲しみについて読者に考えさせる余地を作っている。

ウ　「私」が「デューク」を失ってから「少年」と過ごすまでの話が時系列を追って展開されており、私がどのような場面で、どのように感じたのかが読者にもわかりやすくなっている。

地下鉄に乗って、私たちは銀座にでた。今度は私が〝いいところ〟を教えてあげる番だった。裏通りを十五分も歩くと、小さな美術館がある。めだたないけれどこぢんまりとした、いい美術館だった。私たちはそこで、まず中世イタリアの宗教画を見た。それから、古いインドの細密画を見た。一枚一枚、たんねんに見た。

「これ、好きだなぁ」

少年がそう言ったのは、くすんだ緑色の、象と木ばかりをモチーフにした細密画だった。

「古代インドはいつも初夏だったような気がする」

「ロマンチストなのね」

私が言うと、少年はてれたように笑った。

美術館をでて、私たちは落語を聴きにいった。たまたま演芸場の前を通って、少年が落語を好きだと言ったからなのだが、いざ中に入ると、3私はだんだんゆううつになってしまった。

デュークも、落語が好きだったのだ。夜中に目がさめて下におりた時、消したはずのテレビがついていて、デュークがちょこんとすわって落語を見ていた。父も母も、妹も信じなかったけれど、ほんとうに見ていたのだ。

デュークが死んで、悲しくて、悲しくて、息もできないほどだったのに、知らない男の子とお茶をのんで、プールに行って、散歩をして、美術館をみて、落語を聴いて、私はいったい何をしているのだろう。

だしものは〝大工しらべ〟だった。少年は時々、おもしろそうにくすくす笑ったけれど、私はけっきょく一度も笑えなかった。それどころか、だんだん心が重くなり、落語が終わって大通りまで歩いたころには、もうすっかり、悲しみがもどってきていた。

デュークはもういない。

デュークがいなくなってしまった。

大通りにはクリスマスソングが流れ、うす青い夕暮れに、ネオンがぽつぽつつきはじめていた。

「今年ももう終わるなぁ」

少年が言った。

「そうね」

「来年はまた新しい年だね」

「そうね」

「今までずっと、僕は楽しかったよ」

「そう。私もよ」

下をむいたまま私が言うと、少年は私のあごをそっともちあげた。

「今までずっと、だよ」

なつかしい、深い目が私を見つめた。そして、少年は私にキスをした。私があんなにおどろいたのは、彼がキスをしたからではなく、彼のキスがあまりにもデュークのキスに似ていたからだった。ぼうぜんとして声もだせずにいる私に、少年が言った。

「僕もとても、愛していたよ」

e淋しそうに笑った顔が、ジェームス・ディーンによく似ていた。

「それだけ言いにきたんだ。じゃあね。元気で」

そう言うと、青信号の点滅している横断歩道にすばやくとびだし、少年は駆けていってしまった。

私はそこに立ちつくし、いつまでもクリスマスソングを聴いていた。

「コーヒーごちそうさせて」

電車からおりると、私は少年に言った。

十二月の街は、あわただしく人が往き来し、からっ風がふいていた。クリスマスまでまだ二週間もあるのに、あちこちにツリーや天使がかざられ、ビルには歳末大売り出しのたれまくがかかっていた。喫茶店に入ると、少年はメニューをちらっと見て、

「朝ごはん、まだなんだ。［　A　］」

ときいた。私が、どうぞ、とこたえると、うれしそうににこっと笑った。

公衆電話からアルバイト先に電話をして、風邪をひいたので休ませていただきます、と言ったのを聞いていたとみえて、私がテーブルにもどると、

2「じゃあ、きょう一日ひまなんだ」

少年はぶっきらぼうに言った。

喫茶店をでると、私たちは坂をのぼった。坂の上にいいところがある、と少年が言ったのだ。

「ここ」

彼が指さしたのは、プールだった。

「じょうだんじゃないわ。この寒いのに」

「温水だから平気だよ」

「水着持ってないもの」

「買えばいい」

自慢ではないけれど、私は泳げない。

「いやよ、プールなんて」

「泳げないの」

少年がさもおかしそうな目をしたので、私はしゃくになり、だまったまま財布から三百円だして、入場券を買ってしまった。

十二月の、しかも朝っぱらからプールに入るようなY酔狂は、私たちのほか誰もいなかった。おかげで、そのひろびろとしたプールを二人で独占してしまえた。少年はきびきびと準備体操をすませて、しなやかに水にとびこんだ。彼は、魚のようにじょうずに泳いだ。プールの人工的な青も、カルキの匂いも、反響する水音も、私にはとてもなつかしかった。プールなど、いったい何年ぶりだろう。ゆっくり水に入ると、からだがゆらゆらして見える。

とつぜんぐんっと前にひっぱられ、ほとんどころぶようにうつぶせになって、私は前に進んでいた。まるで、誰かが私の頭を糸でひっぱってでもいるように、私はどんどん泳いでいた。すっと、糸をひく力が弱まった。あわてて立ちあがって顔をふくと、もうプールのまんなかだった。三メートルほど先に少年が立っていて、私の顔を見てにっこり笑った。私は、泳ぐって、気持ちのいいことだったんだな、と思った。

少年も私も、ひとことも言わずに泳ぎまわり、少年が、

「あがろうか」

と言った時には、壁の時計はお昼をさしていた。

プールをでると、私たちはアイスクリームを買って、食べながら歩いた。泳いだあとの疲れもここちよく、アイスクリームのあまさは、舌にうれしかった。このあたりは、少し歩くと閑静な住宅地で、駅のまわりのc喧噪がうそのようだった。私の横を歩いている少年は背が高く、d端正な顔立ちで、私は思わずドキドキしてしまった。晴れたま昼の、冬の匂いがした。

が、その法則性を超えた事象や一回性の経験は考慮しない。

エ　人は自分の人生を他者に語り肯定することで、偶然生じたかに見えていた出来事が実は偶然でなかったことが分かり、自分自身の人生をよりよく生きていく方法を見つけることができる。

二　次の文章を読んで、後の各問いに答えなさい。

1歩きながら、私は涙がとまらなかった。二十一にもなった女が、びょおびょお泣きながら歩いているのだから、他の人たちがいぶかしげに私を見たのも、無理のないことだった。それでも、私は泣きやむことができなかった。

デュークが死んだ。

私のデュークが死んでしまった。

私は悲しみでいっぱいだった。

デュークは、グレーの目をしたクリーム色のムク毛の犬で、プーリー種という牧羊犬だった。わが家にやってきた時には、まだ生まれたばかりの赤んぼうで、廊下を走ると手足がすべってぺたんとひらき、すーっとお腹ですべってしまった。それがかわいくて、名前を呼んでは何度も廊下を走らせた。（そのかっこうがモップに似ていると言って、みんなで笑った。）たまご料理と、アイスクリームと、梨が大好物だった。五月生まれのせいか、デュークは初夏がよく似合った。a新緑のころに散歩につれていくと、匂やかな風に、毛をそよがせて目をほそめる。すぐにすねるたちで、すねた横顔はジェームス・ディーンに似ていた。音楽が好きで、私がピアノをひくと、いつもうずくまって聴いていた。そうして、デュークはとても、キスがうまかった。

死因は老衰で、私がアルバイトから帰ると、まだかすかにあたたかかった。ひざに頭をのせてなでているうちに、いつのまにか固くなって、つめたくなってしまった。デュークが死んだ。

次の日も、私はアルバイトに行かなければならなかった。玄関で、みょうに明るい声で〝行ってきます〟を言い、表にでてドアをしめたとたんに涙があふれたのだった。泣けて、泣けて、泣きながら駅まで歩き、泣きながら改札口で定期を見せて、泣きながらホームに立って、泣きながら電車に乗った。電車はいつものとおり混んでいて、かばんをかかえた女学生や、似たようなコートを着たおつとめ人たちが、ひっきりなしにしゃくりあげている私をb遠慮会釈なくじろじろ見つめた。

「どうぞ」

無愛想にぼそっと言って、男の子が席をゆずってくれた。十九歳くらいだろうか、白いポロシャツに紺のセーターを着た、ハンサムな少年だった。

「ありがとう」

蚊のなくような涙声でようやく一言お礼を言って、私は座席にこしかけた。少年は私の前に立ち、私の泣き顔をじっと見ている。深い目の色だった。私は少年の視線にXいすくめられてなんだか動けないような気がした。そして、いつのまにか泣きやんでいた。

私のおりた駅で少年もおり、私の乗りかえた電車に少年も乗り、終点の渋谷までずっといっしょだった。どうしたの、とも、だいじょうぶ、とも聞かなかったけれど、少年はずっと私のそばにいて、満員電車の雑踏から、さりげなく私をかばってくれていた。少しずつ、私は気持ちがおちついてきた。

や社会現象のなかに法則性を見つけることで、例えば天気を予報したり、がんの予後や治療薬の効果、感染症の罹患率などの計算が可能になるのだ。統計学は偶然の出来事に正面から直面するのではなく、少し目をそらして外から眺めることで飼いならす。しかし、偶然との出会いから生まれる唯一無二の経験や説明を超えた変化を、統計学は考慮しない。

（村上靖彦『客観性の落とし穴』による）

（語注）注　第3章で引用した…掲載以前の箇所を踏まえている。

問一　波線部ａ～ｅのカタカナを正しい漢字に直しなさい。（楷書でていねいに書くこと）

問二　二重傍線部Ｘ「恣意」・Ｙ「おぞましい」の意味として適当なものを次からそれぞれ選び、記号で答えなさい。

Ｘ「恣意」

ア　思うまま
イ　解放
ウ　だらしなさ
エ　無作為

Ｙ「おぞましい」

ア　あまりに強い
イ　ぞっとする
ウ　不可思議な
エ　はっきりした

問三　傍線部１「似たようなかたち」とあるが、これに関する説明として適当なものを次から選び、記号で答えなさい。

ア　時間と空間は、それぞれ科学においては時空間構造の中の座標軸にマッピングされ、社会科学においては年表と地図にマッピングされるという点で似ている。

イ　科学の世界において、時間は時計で図ることができ、空間は長さを測定できるという性質は、均質に延び拡がる空間にマッピングできるという点で似ている。

ウ　社会科学の世界において、時間は年表の中に位置づけることができ、空間は地図に位置づけることができるという性質は、客観的な拡がりの中にマッピングできるという点で似ている。

エ　科学の世界と社会科学は、ニュートン力学や相対性理論を用いて物事を時空間構造の中にマッピングする点と、物事を年表や地図にマッピングする点で似ている。

問四　本文中の［Ａ］に当てはまる語句として適当なものを次から選び、記号で答えなさい。

ア　空理空論　**イ**　事実無根　**ウ**　自由自在　**エ**　因果関係

問五　傍線部２「そうではない」とあるが、それはどういうことか。説明しなさい。

問六　傍線部３「人が自分の人生を生きるということは、存在すること自体の偶然性に根っこを持つ」とあるが、それはどういうことか。説明しなさい。

問七　本文の内容に関する説明として適当なものを次から選び、記号で答えなさい。

ア　偶然という問題に取り組んだ数多くの近代日本の哲学者の中で、九鬼周造は偶然を定言的偶然、仮説的偶然、離接的偶然、原始偶然という四種類に分けて議論した。

イ　時間や空間と同様に、経験も時空間の中の座標軸に位置づけることができるが、その出来事が偶然に起こったということ自体の生々しさを表現できないという点で、経験と時間や空間とは異なる。

ウ　客観性や普遍性を謳う科学も、一見すると無秩序に生じている出来事の中に法則性を見つけようとするという点で偶然性と縁が深い

らず」、けれど、私はがんになってしまった、ということ。つまり、「にもかかわらず」の反転、逆接こそが、私が乳がんになってしまったというときに偶然として感じる事柄の実体です。

（中略）

私が偶然を問い続け、「にもかかわらずある」を語ろうとするとき、その根っこにあったのは、無に囚われ、必死でそこから抜けようとする生への欲望であり、「にもかかわらずある」と語ることで自らの存在を保とうとする私の執着でした。いま、自らの病を語ろうとするなかでそのＹおぞましいまでの力を感じます。しかし、これが生きるということであり、そして、私は生きるために言葉を紡ごうとするのです。

ならない可能性もあった「にもかかわらず」がんになったという運命を引き受け、人生と思索が思いがけない変化をとげる。「にもかかわらずある」と語るとき、宮野はたまたま存在していることの不思議と出会っている。これを宮野は「生きようとする力」と呼んでいた。

さまざまな偶然にｄホンロウされながら、「にもかかわらず」私が「ある」こと、これが私たちの存在の不思議であり、九鬼が原始偶然と呼んだものだ。そして、このような「にもかかわらず」私が「ある」ことの不思議さが経験の生々しさなのである。３人が自分の人生を生きるということは、存在すること自体の偶然性に根っこを持つ。

がんの治療においてはエビデンスに基づく医療に曝される、検査結果という客観性をもとに医師が「急に具合が悪くなるかもしれない」と告げた場面から始まる宮野真生子と磯野真穂の往復書簡は、がんという偶然の経験と生きることの不思議を際立たせて肯定することで結末を迎える。偶然は誰かに語ることによってのみ定着される。友人の磯野に向けて語る（書く）という行為においてのみ、宮野は病の経験そして自分自身の生という偶然について意味を与えることができたはずだ。

とはいえ、科学が偶然性と無縁であるというわけではない。実は客観性や普遍性を謳う科学も偶然性と縁が深い。近代の学問は、一見するととりとめなくランダムに生じている偶然の出来事をどのように合理的に理解するのか、という観点から発展してきたとさえ言える。現代医学のスタンダードであるエビデンスにもとづいた医療と呼ばれる標準化をはじめとして、客観性と妥当性を重視する近現代の科学は統計学に依拠している。科学哲学者のイアン・ハッキングによると、統計学とは、世の中が偶然の出来事で満ちていることを認めた上で「偶然を飼いならす」ための学問だ。賭け事、船がｅソウナンする確率、都市部での地区ごとの死亡率、といったさまざまな偶然をなんとか取り押さえようとしたのだ。ハッキングは言う。

私は〈偶然の飼いならし〉について、つまりいかにして〈偶然〉あるいは規則的でない出来事が自然法則や社会法則の根底にはっきりと据えられるようになったのか、について書いている。〈偶然〉は、（中略）自然科学と社会科学の中心になった。

統計学は、たくさんのデータを集めて数学的な処理をすることで、出来事という本来偶然かつ個別的に生じるものから法則性を導き出す方法だ。これは学問の重要な成果だ。私たちの生活は、統計学によって偶然を統御することを抜きには成り立たない。一見すると無秩序な自然現象

の六マスの確率を用いて議論している。サイコロを何万回と試してみたら、五のマスが出る確率は限りなく六分の一に近づくだろう。この六分の一という数字が確率である。しかし次の一振りでどのマスが出るのかは、六つの可能性へと枝分かれする偶然なのだ。確率とは人生の偶然を枝分かれに見立てながら多数のサンプルを集めて客観化することで枝分かれの偶然性を飼いならす営みだ。

　最後の原始偶然は、世界がそもそも存在するということ、あるいは私がこのような仕方でそもそも存在するという変えようのない事実のことだ。存在の始まりを予想することもできないし、存在の理由を説明することができない「ただ在る」としか言いようがない存在の事実のことである。例外・出会い・枝分かれという偶然は、「在る」という原始偶然にaユライすると九鬼は考えていた。

　九鬼は、偶然が経験の生々しさに関わると述べている。

　　芸術が偶然を対象内容とすることを好むというのは、偶然が生命感を伴う事実に基《もとづ》いていると思う。（中略）自然現象の偶然性は予知し難いもの、法則に捉え得ないものである。そこには個性と自由とが現れている。生命の放埒とX恣意の遊戯とが現れている。その生命、その遊戯が美しいのである。その溌剌たる逸脱性に対するbキョウイが感動を与えるのである。

　偶然は生命と関わる。法則から逸脱し、cホンポウな結果を選ぶ。そのような遊びのなかに経験の生命感すなわち生々しさは宿る。

私たちの行動はしばしば突発的なものであり、［ A ］では説明できない。予測できない偶然の出来事のもとで、偶然の行動が生まれ、私たちはあと戻りできないしかたで変化する。その理由はしばしばあとづけされ語られる。それゆえに語りは偶然を保存するし、語りのぎくしゃくした表現は経験の生々しさを示す。

　さきにあげた、宮野真生子は死のひと月前に、書簡を交わしていた磯野真穂に向けてこう書いている。

　　なぜ、私はそこまでして偶然を問い、語ろうとするのか。ようやくわかった気がします。そこにこそ「生きている」こと、「生きようとする力」の始まりがあるからです。

　（中略）

　　がんにならずに今日も元気にお酒を飲んでいる可能性もあった。一方にはもちろんがんになる可能性がある。これだけ読むと、私ががんになったという偶然は、サイコロでたまたま6の目がでたような、確率の問題に見えるかもしれません。しかし、もちろん、2そうではない。

「がんにならずに今日も元気にお酒を飲んでいる可能性もあった。一方にはもちろんがんになる可能性がある」。これは九鬼周造が離接的偶然と呼んだサイコロのように枝分かれする偶然の選択肢だ。しかし宮野は、がんになったということは単なる確率の問題ではないという。つまり枝分かれする離接的偶然ではないという。

　重要なのは、「あること」も「ないこと」もありえた「にもかかわ

【国 語】（五〇分）〈満点：一〇〇点〉

一 次の文章を読んで、後の問いに答えなさい。

科学の世界において、時空間構造はニュートン力学や相対性理論によって説明されてきた。科学において時間は時計で測ることができる均質な数値であり、空間は座標軸上で長さを測定できる数値である。時間も空間も均質に延び拡がっていき、数値の連続的な変化によって時空間構造が描かれ、事物はそのなかの座標軸にマッピングされる。

1似たようなかたちで、社会科学では、時間と空間は年表と地図によってマッピングされる。年表はまさに数直線上に出来事を位置づける営みであり、地図は事物や出来事を客観的な平面の拡がりのなかにマッピングする。

しかしながら、経験の時空間は、座標軸上で位置づけることができないし、外から観察することもできない。経験のリアルがもつ時間と空間は、おそらくは偶然性やリズムという切り口から考えるとわかりやすい。

それは、私たちの経験はつねに偶然にさらされているからである。ものが頭の上に落ちてくるかもしれないし、登校中にばったり別れた恋人に会うかもしれない。そもそも恋に落ちるのは偶然の出会いがきっかけだろう。また、いつどのような病気になるのか、障害をもつのかどうかは予想できないし偶然降ってかかるとしか言いようがない。私自身もたまたまの出会いの積み重ねで今まで様々な研究をする機会に恵まれた。

偶然出会う出来事とともに私たちの人生は作られていく。人間が変化するのは、つねに出合い頭の偶然の出来事、一期一会の偶然の出会い、思わず口に出た偶然の言葉をきっかけにしてであろう。

出来事が起きた日時は表のどこかにプロットできるが、出来事がなぜそのとき「たまたま」起きたのかという「たまたま性」は、年表には書き込めない。とはいえ「たまたま」はまぎれもなく時間的な経験だ。

近代日本の哲学者である九鬼周造（一八八八－一九四一）は、偶然という問題に真正面から取り組んだ数少ない人物である。彼は偶然を、定言的偶然、仮説的偶然、離接的偶然、原始偶然という四種類に分けて議論した。

定言的偶然は「法則の裏面に例外としての偶然性」がともなうことである。本書の文脈で考えると、統計的な法則性には収まらない個別性のことを指す。つまり統計的な客観性から私たちの経験はつねに逸脱していく。

仮説的偶然は、「遭遇」のことであり、出会いの偶然性である。もちろんさまざまな因果関係を無限に計算することができるならば、たまたまの出会いは宇宙の物理法則のなかで必然的に生じたということができるかもしれない。しかしそのような計算はまさに「無限」の要素を考慮する必要があるが、それは不可能である。それゆえ出会いは実質的には偶然なのだ。

離接的偶然は、枝分かれの偶然である。「こうなったかもしれないが、そうはならなかった」「この道を選んだが、他の可能性もあった」、そういう偶然である。[注]第3章で引用した、宮野真生子が複数の選択肢からがんの治療法を選ぶことのいきづまりを語ったときに、念頭に置いていたのはこれである（宮野は九鬼周造の専門家だった）。九鬼はサイコロ

MEMO

大切なことはメモしておこうネ！

第1回

2024年度

解 答 と 解 説

《2024年度の配点は解答欄に掲載してあります。》

＜数学解答＞

1 (1) $\frac{3}{8}a^5b^9$　(2) x^4-13x^2+36　(3) $(a+1)(a-1)(b+1)$　(4) 2
(5) $(x,\ y)=(5,\ 2),\ (-2,\ -5)$　(6) $a=-16$　(7) $-8\leqq y\leqq 0$
(8) $\angle x=44^\circ$　(9) 12cm　(10) $80+16\sqrt{3}$ (cm²)

2 (1) 解説参照　(2) $\frac{5}{72}$　(3) 53, 53.5, 54, 54.5, 55
(4) $\frac{10}{3}$cm

3 (1) $a=1,\ b=6$　(2) 15　(3) $\left(-\frac{3}{2},\ \frac{9}{2}\right)$　(4) 右図

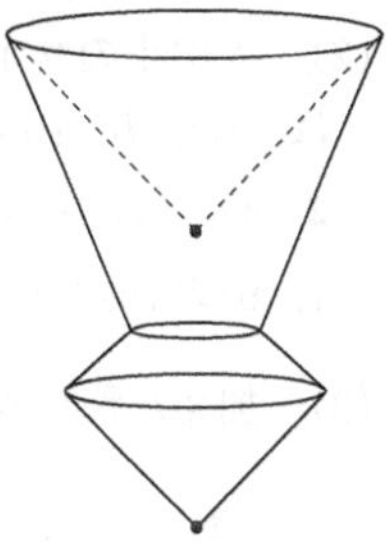

4 (1) BC＝4cm　(2) 解説参照　(3) $\sqrt{3}$ cm²
(4) $2+\sqrt{3}$ (cm²)

○配点○
1 各4点×10　2〜4 各5点×12　計100点

＜数学解説＞

1 (式の計算，式の展開，因数分解，平方根，連立方程式，比例関数の変化の割合，2乗に比例する関数の変域，角度，三平方の定理，表面積)

基本 (1) $(a^2b^4)^3\div\frac{2}{3}a^3b^5\times\left(\frac{1}{2}ab\right)^2=a^6b^{12}\times\frac{3}{2a^3b^5}\times\frac{a^2b^2}{4}=\frac{3}{8}a^5b^9$

基本 (2) $(x+2)(x-3)(x-2)(x+3)=(x+2)(x-2)(x-3)(x+3)=(x^2-4)(x^2-9)=x^4-13x^2+36$

(3) $a^2b+a^2-b-1=a^2(b+1)-(b+1)=(a^2-1)(b+1)=(a+1)(a-1)(b+1)$

(4) $\sqrt{1}<\sqrt{3}<\sqrt{4}$ から，$1<\sqrt{3}<2$　よって，$\sqrt{3}$ の小数部分は$\sqrt{3}-1$　$x^2+2x=x(x+2)=(\sqrt{3}-1)(\sqrt{3}-1+2)=(\sqrt{3}-1)(\sqrt{3}+1)=3-1=2$

基本 (5) $xy=10$…①　$x-y=3$，$x=y+3$…②　②を①に代入して，$(y+3)y=10$，$y^2+3y-10=0$　$(y-2)(y+5)=0$　$y=2,\ -5$　$y=2,\ -5$を②に代入して，$x=2+3=5$，$x=-5+3=-2$　よって，$(x,\ y)=(5,\ 2),\ (-2,\ -5)$

基本 (6) $y=\frac{a}{x}$に$x=-4,\ -2$を代入して，$y=-\frac{a}{4}$，$y=-\frac{a}{2}$　変化の割合から，$\left\{-\frac{a}{2}-\left(-\frac{a}{4}\right)\right\}\div\{-2-(-4)\}=2$，$\left(-\frac{a}{2}+\frac{a}{4}\right)\div 2=2$，$-\frac{a}{4}=4$，$-a=16$，$a=-16$

基本 (7) $y=-2x^2$…①　xの変域に0を含んでいるので，①は$x=0$のとき最大値0をとる。①は$x=2$のとき最小値をとる。①に$x=2$を代入して，$y=-2\times2^2=-8$　よって，求めるyの変域は，$-8\leqq y\leqq 0$

基本 (8) ACとBOの交点をDとする。円周角の定理から，$\angle\mathrm{BAD}=\frac{x}{2}$　$\angle$ADOの関係から，$x+24^\circ=\frac{x}{2}+46^\circ$，$\frac{x}{2}=22^\circ$，$x=44^\circ$

(9) 頂点Aから辺BCへ下した垂線とBCの交点をHとする。BH＝xとすると，CH＝$21-x$　AH²の関係から，$13^2-x^2=20^2-(21-x)^2$，$169-x^2=400-(441-42x+x^2)$，$42x=210$，$x=5$

$AH^2=13^2-5^2=144$，$AH=\sqrt{144}=12$(cm)

(10)　頂点OからABへ垂線OHをひくと，$AH=4\div 2=2$　△OAHにおいて三平方の定理を用いると，$OH=\sqrt{(2\sqrt{13})^2-2^2}=\sqrt{48}=4\sqrt{3}$　よって，$\triangle OAB=\triangle OCD=\frac{1}{2}\times 4\times 4\sqrt{3}=8\sqrt{3}$　頂点OからBCへ垂線OIをひくと，$BI=8\div 2=4$　△OBIにおいて三平方の定理を用いると，$OI=\sqrt{(2\sqrt{13})^2-4^2}=\sqrt{36}=6$　よって，$\triangle OBC=\triangle OAD=\frac{1}{2}\times 8\times 6=24$　したがって，求める表面積は，$4\times 8+8\sqrt{3}\times 2+24\times 2=32+16\sqrt{3}+48=80+16\sqrt{3}$ (cm^2)

2 (文字式の利用，確率，統計，三平方の定理，三角形の相似，球の半径)

(1)　(証明)　千の位と一の位の数をm，百の位と十の位の数をn(m，nは整数)とすると，$1000m+100n+10n+m=1001m+110n=11(91m+10n)$　$91m+10n$は整数だから，$11(91m+10n)$は11の倍数である。

(2)　大中小のサイコロの目の出かたは，$6\times 6\times 6=216$(通り)　そのうち，$a+b=c$となる場合は，$(a, b, c)=(1, 1, 2)$，$(1, 2, 3)$，$(1, 3, 4)$，$(1, 4, 5)$，$(1, 5, 6)$，$(2, 1, 3)$，$(2, 2, 4)$，$(2, 3, 5)$，$(2, 4, 6)$，$(3, 1, 4)$，$(3, 2, 5)$，$(3, 3, 6)$，$(4, 1, 5)$，$(4, 2, 6)$，$(5, 1, 6)$の15通り　よって，求める確率は，$\frac{15}{216}=\frac{5}{72}$

(3)　加えた整数値をxとする。$x\leqq 52$のとき，$\frac{52+54}{2}=53$，$x=53$のとき，$\frac{53+54}{2}=53.5$，$x=54$のとき，54，$x=55$のとき，$\frac{54+55}{2}=54.5$，$x\geqq 56$のとき，$\frac{54+56}{2}=55$　よって，中央値としてとりうる値は，53，53.5，54，54.5，55

重要　(4)　円すいの母線は，$\sqrt{5^2+12^2}=\sqrt{169}=13$　円すいの頂点をP，球の中心をO，底面と球の接点をH，底面の1点をA，PAと球の接点をI，球の半径をrとする。△POI∽△PAHから，PO：PA=OI：AH，$(12-r):13=r:5$，$13r=60-5r$，$18r=60$，$r=\frac{60}{18}=\frac{10}{3}$　よって，求める球の半径は$\frac{10}{3}$cm

3 (図形と関数・グラフの融合問題－面積，回転体の見取り図)

(1)　①と②に$x=-3$を代入すると，$y=a\times(-3)^2=9a$，$y=-(-3)+b=3+b$　よって，$9a=3+b$…(i)　①と②に$x=2$を代入すると，$y=a\times 2^2=4a$，$y=-2+b$　よって，$4a=-2+b$…(ii)　(i)−(ii)から，$5a=5$，$a=1$　(ii)に$a=1$を代入すると，$4\times 1=-2+b$　$b=6$

(2)　$\triangle OAB=\frac{1}{2}\times 6\times(3+2)=15$

(3)　②とy軸に関して対称な直線の式は，$y=x+6$…③　A$(-3, 9)$より，直線OAの式は，$y=-3x$…④　③と④からyを消去すると，$x+6=-3x$，$4x=-6$，$x=-\frac{6}{4}=-\frac{3}{2}$　④に$x=-\frac{3}{2}$を代入すると，$y=-3\times\left(-\frac{3}{2}\right)=\frac{9}{2}$　よって，③と④の交点の座標は，$\left(-\frac{3}{2}, \frac{9}{2}\right)$

重要　(4)　②，③とy軸との交点をPとすると，P$(0, 6)$　(3)で求めた③と④の交点をCとする。点A，B，Cとy軸に関して対称な点をA′，B′，C′とすると，A′$(3, 9)$，B′$(-2, 4)$，C′$\left(\frac{3}{2}, \frac{9}{2}\right)$　AA′とy軸との交点をQとする。求める立体の見取り図は，底面がBB′を直径とする円で点Oを頂点とする円すいをかき，次に，下面がBB′を直径とする円で上面がCC′を直径とする円の円すい台をかき，それから，下面がCC′を直径とする円で上面がAA′を直径とする円の円すい台をかく。最後に，底面がAA′を直径とする円で高さがPQの円すいが抜けている形になるので，PA，PA′を点線でかく。

4 (平面図形の計量問題－円の性質，三角形の合同の証明，面積)

基本　(1)　$\angle BAC=45^\circ\times 2=90^\circ$より，BCは円の直径になる。よって，$BC=2\times 2=4$(cm)

(2) (証明) △OABと△OACにおいて，共通な辺より，OA＝OA…① 同一円の半径より，OA＝OB＝OC…② ②より△OAB，△OACは二等辺三角形であるので，∠OBA＝∠OAB＝x°…③ ∠OCA＝∠OAC＝x°…④ 三角形の内角の和は180°であるので，③，④より，∠AOB＝∠AOC＝180°−$2x$°…⑤ ①，②，⑤より，2辺とその間の角がそれぞれ等しいので，△OAB≡△OAC

(3) x＝60のとき，△OABは正三角形になるので，AB＝OA＝2 AOとBCの交点をHとすると，△ABHは∠BAH＝60°の直角三角形になるから，$AH=\frac{AB}{2}=\frac{2}{2}=1$，$BH=1\times\sqrt{3}=\sqrt{3}$ $BC=2BH=2\sqrt{3}$ よって，$\triangle ABC=\frac{1}{2}\times2\sqrt{3}\times1=\sqrt{3}$ (cm^2)

重要 (4) ∠BAC＝15°×2＝30° 円周角の定理から，∠BOC＝30°×2＝60° △OBCは正三角形になるので，BC＝2 点OからBCへ垂線OIをひくと，$OI=2\times\frac{\sqrt{3}}{2}=\sqrt{3}$ よって，$AI=2+\sqrt{3}$ したがって，$\triangle ABC=\frac{1}{2}\times2\times(2+\sqrt{3})=2+\sqrt{3}$ (cm^2)

★ワンポイントアドバイス★

[2](4)のような問題は，円すいの頂点と底面の中心を通る切断面を作図して，考えよう。

<英語解答>

[1] Part 1 (1) b (2) c Part 2 (1) F (2) T (3) F
Part 3 No.1 c No. 2 a No. 3 b

[2] A (1) イ (2) ウ (3) ア B (1) This is the book I was looking (for.) (2) It is very easy for me to win the game(.) (3) Aya always studies English in the library(.)

[3] A (1) ウ (2) イ (3) エ B エ

[4] 問1 ① called ⑦ making ⑧ to save 問2 (Bats) play such an important role in keeping (a healthy ecosystem.) 問3 コウモリは，農作物を食べてしまう昆虫を食べてくれるから。 問4 ウ 問5 ア 問6 (A) 通常よりも活動的 (B) 冬を越すために必要となるエネルギーを使い果た 問7 研究者たちは，コウモリが冬眠する場所の周りに散布することができる抗バクテリア剤を試しているところである。 問8 イ，ウ

[5] (1) When is the festival going to be held(?) (2) How long will the festival be(?) (3) What can I do in the festival(?) (4) What can I learn in the special classes(?) (5) (My story idea is about) a boy who can speak to ghosts(.)

○配点○

[1] 各2点×8 [2] A 各2点×3 B 各3点×3 [3] 各4点×4
[4] 問1 各2点×3 問3 5点 問7 6点 他 各3点×7 [5] 各3点×5
計100点

＜英語解説＞

1 （リスニング）

Part 1. Conversation Listening「会話の聞き取り」

A: Hi there! Are you waiting for a flight too?

T: Yeah, I am. I' m flying to Chicago. How about you?

A: Oh, I'm going to visit my grandma in New York. I haven't seen her in a very long time.

T: That sounds nice. Family visits are always fun.

A: Yeah, I can't wait to hear her stories. By the way, I'm Amy.

T: Nice to meet you, Amy. I'm Tom.

A: So, Tom. Have you been to Chicago before?

T: Yes. I like to watch NBA basketball games there. That's why I'm going this time, too.

A: That sounds fun! Well, I need to go now. Enjoy the game. Bye Tom.

T: Bye!

(1) Why is Amy traveling?

a. To see a sporting event.

b. To meet her grandmother.

c. To enjoy New York's tourist attractions.

(2) Where is Tom traveling to?

a. A baseball stadium.

b. A business center in New York.

c. A sporting event in Chicago

（全訳） A：こんにちは。あなたも飛行機を待っているの?

T：そう，シカゴまで行く予定。君は?

A：あぁ，ニューヨークの祖母に会いに行くの。長いこと会っていないのよ。

T：いいね。家族の所に行くのはいつでも楽しいよね。

A：そうね。早く祖母の話を聞きたいわ。ところで，私はエイミーよ。

T：初めまして，エイミー。僕はトム。

A：ところでトム，シカゴにはこれまでに行ったことはあるの?

T：うん。そこでNBAバスケットボールの試合を観戦するのが好きなんだ。今回もそれで行くんだ。

A：楽しそうね! もう行かなきゃ。試合を楽しんでね。さようなら，トム。

T：さようなら。

(1) 「エイミーはなぜ旅をしているのですか?」 a「スポーツイベントを見るため」 b「祖母に会うため」 c「ニューヨークの観光名所を楽しむため」

(2) 「トムはどこへ旅をしているのですか」 a「野球場」 b「ニューヨークのビジネスセンター」 c「シカゴのスポーツイベント」

Part 2. Paragraph Listening「文章の聞き取り」

Jazz music started a long time ago in the United States. It is special because it mixes different kinds of music from Africa and Europe. These music styles blend together like a delicious musical soup.

People in New Orleans, a city in the U.S., made jazz popular in the 1920s.

In those times, people danced and had lots of fun listening to jazz. But it did more than just make people dance. In the 1960s, musicians used the power of jazz to show that African Americans should have equal rights and freedoms.

Jazz is still here today, and it keeps changing. Jazz musicians are always trying to discover new ways to play. Some jazz is smooth and calming, and some is really wild and exciting. In the end, jazz is a unique kind of music that makes people happy for many different reasons.

True or false

(1) Jazz is fifferent from European music because it doesn't mix musical styles.

(2) In history, jazz has helped people to dance, have fun and express their freedom.

(3) Jazz has not changed much since it began in the 1920s.

(全訳) ジャズ音楽はずっと昔にアメリカで始まった。それはアフリカとヨーロッパの様々な種類の音楽が混ざっているので特別なのだ。これらの音楽様式がおいしい音楽のスープのように一つに混ぜ合わさっているのだ。

アメリカの都市のひとつであるニューオーリンズの人々が1920年代にジャズを人気あるものにした。当時人々はダンスをし,ジャズ音楽を聴き大いに楽しんだ。しかし,それは人々にダンスをさせるだけにとどまらなかった。1960年代になり,アフリカ系アメリカ人も平等の権利と自由を持つべきだと示すために音楽家たちはジャズの力を使った。

ジャズは今日でも変化し続けている。ジャズ音楽家たちはいつも新しい表現方法を見つけ出そうとしている。スムーズで穏やかなジャズもあれば,とてもワイルドで興奮するようなジャズもある。結果,ジャズは様々な理由で人々を幸せにする独特な類の音楽なのだ。

True or False (1)「ジャズは音楽様式が混ざっていないので,ヨーロッパの音楽とは異なる」

(2)「歴史上,ジャズは人々が踊り,楽しみ,自分たちの自由を表現するのを手助けした」

(3)「ジャズは1920年代に始まってからあまり変わっていない」

Part 3. Communication Response Questions「受け答えを選ぶ問題」

1. When will the movie start?
   a. It was really exciting.
   b. I want to go again next weekend.
   c. In about 15 minutes.
2. Could you open that door for me, please?
   a. Of course. I'll do it.
   b. I'll make sure to close it.
   c. Thanks. That would be nice.
3. How often do you go to the gym?
   a. I love to exercise.
   b. About 3 times a week.
   c. I run at the park on weekends.

(全訳) 1「映画は何時に始まりますか?」 a「とても興奮した」 b「次の週末にもう一度行きたい」 c「およそあと15分で」

2「あのドアを開けていただけませんか?」 a「もちろん。開けますよ」 b「必ず閉めます」

c「ありがとう。それでいいです」

3「ジムにはどのくらいの頻度で行きますか?」　a「運動が大好きです」　b「だいたい週に3回」　c「週末に公園で走ります」

2 **(語句選択補充問題・語句整序問題：慣用句，前置詞，関係代名詞，進行形，不定詞)**

基本 A (1)「コップの中にはたくさんの水が入っている」waterは不可算名詞。不可算名詞に使えるのはイa lot of。　アfew「ほとんどない」可算名詞を伴う。　ウmany「たくさんの」可算名詞を伴う。　エnot waterという形はない。not any waterという形なら可。

(2)「日曜日には学校に行かない」　曜日に用いる前置詞はon。

(3)「親切な男性が私に美術館までの道を教えてくれた」　<show +A+B>で「AにBを教える[見せる]」の意。A=me　B=the way to the museum　the way to ～で「～までの道」

重要 B (1) This is the book I was looking (for.)　This is the book「これが本です」「私が探していた」I was looking forはthe bookを修飾する語句になるので the book which I was looking forと関係代名詞が省略された文を作る。

(2) It is very easy for me to win the game. <It is ～+ for人+to …>「人が…するのは～だ」の構文に当てはめる。～には形容詞が入るのでvery easyを入れる。win the gameで「ゲームに勝つ」。

(3) Aya always studies English in the library.　Aya studies Englishがこの文の<主語＋動詞＋目的語>。alwaysのような頻度を表す副詞は動詞の直前に置く。in the library場所を表す語句は文尾に置く。

基本 **3** **(読解問題・資料読解：内容把握)**

A　リバーサイドタウン　西地区　2023年ゴミ廃棄ガイド

<table>
<tr><td colspan="4">集積所に出せる物
・収集日の8:30a.m.までに出してください。祝日も収集します。
・市指定の青色と透明のゴミ袋はリバーサイドタウンの
スーパーマーケット，コンビニ，ドラッグストアなどで販売。</td></tr>
<tr><td>燃えるゴミ</td><td>台所ゴミ，木・植物，リサイクル不可能な紙製品，衣類・革製品，ゴム製品</td><td>これらの物は市指定青色のゴミ袋の入れること</td><td>毎週月曜日と火曜日</td></tr>
<tr><td>燃えないゴミ</td><td>食器・陶器，金属，市指定ゴミ袋に入る電化製品</td><td>これらの物は市指定透明のゴミ袋に入れること</td><td>毎月第2水曜日</td></tr>
<tr><td>危険物</td><td>スプレー缶(最初に穴をあけること)，蛍光灯，割れガラス(新聞紙で包むこと)</td><td>これらの物は透明袋に入れること</td><td>毎月第4水曜日</td></tr>
<tr><td colspan="4">集積所に出せない物</td></tr>
<tr><td colspan="2">粗大ごみ：市指定ゴミ袋に入らない物
棄て方
(1)　訪問収集(粗大ごみ1つにつき500円)
連絡先：リバーウェストクリーンセンター
(電話：0123－45－6789)
(2)　持ち込み(10キロにつき150円)
場所：リバーイーストクリーンセンター
(電話：0123－45－9876)
開所時間：9:00－16:00(毎週月曜日閉所)</td><td colspan="2">以下のような特定リサイクル可能電化製品：
テレビ，冷蔵庫，エアコン，洗濯機，パソコン
これらの品物の廃棄は民間の廃棄業者または家電量販店の収集サービスを利用</td></tr>
</table>

(1)「あなたの古い学校の制服と革靴を棄てる時，どうすればよいですか?」
　ア「古い制服は燃えるごみとして入れ，革靴は燃えないゴミに入れる」　イ「市指定透明のゴミ袋に入れ月曜日に集積所に出す」　ウ「市指定青色のゴミ袋に入れ火曜日に集積所に出す」(○)燃えるごみの欄参照。　エ「透明の袋に入れ，第2水曜日に集積所に出す」
(2)「壊れた自転車を棄てる時，どうすればよいですか?」ア「細かく砕き，新聞紙に包む」
　イ「リバーウェストクリーンセンターに電話し，家に来てもらい壊れた自転車を収集してもらう」(○)粗大ごみの欄参照　ウ「月曜日の9:00から16:00の間に自分でリバーイーストクリーンセンターに持っていく」　エ「家電量販店の収集サービスを使う」
(3)「リバーサイドタウン西地区の2023年ゴミ廃棄ガイドについて合っているものはどれか?」
　ア「祝日は燃えないゴミは出してはいけない」祝日も収集ありと冒頭に記述あり。　イ「市指定ゴミ袋に入った蛍光灯は燃えないゴミとして集積所に出せる」危険物の欄参照。　ウ「スプレー缶や割れガラスのような危険物は集積所に出せない」危険物の欄参照。　エ「壊れた洗濯機を廃棄したい時，民間の廃棄業者か家電量販店に連絡しなければならない」(○)集積所に出せないゴミの欄参照

B　ア「じゃがいも，トマト，ピーマンは日本よりもアメリカの方が多く消費される」　イ「図表によると，じゃがいも，トマト，ピーマン以外の他の野菜はアメリカよりも日本でより多く食べられている」　ウ「アメリカの人々は日本人の2倍近い量のジャガイモとトマトを食べる」
　エ「大根は日本ではめったに食べられない野菜の1つだ」(○)図表参照。

4 (長文読解問題・論説文：動詞，語句整序，内容把握，適語選択補充，和訳，内容正誤判断)

(全訳)　9月13日，USFWS(アメリカ合衆国魚類野生生物局)はトリコロールコウモリを保護することを発表した。それらは主にホワイトノーズシンドロームと①呼ばれる病気により今危機に瀕しているのだ。USFWSの役員であるマーサ・ウィリアムズは「②コウモリは，健全な生態系を維持するうえで非常に重要な役割を果たしているが，ホワイトノーズシンドロームが冬眠するコウモリ種を殺してしまうのだ」と言う。

　世界中には1,400種以上ものコウモリがいる。アメリカには47種いる。そのうちの半分が冬眠する。ほとんどのコウモリは食虫動物である。つまりそれらは昆虫を食べるのだ。一晩でコウモリは自分の体重の半分量にも及ぶ昆虫を食べる。農作物を食べる昆虫をコウモリが食べるので，③これは農夫たちには良い知らせとなる。USFWSによると，動物たちは1年に30億ドル以上も害虫駆除の節約となりアメリカ農夫たちの助けとなっている。

　④ホワイトノーズシンドロームは2006年にニューヨークで初めて発見された。その年に，ニューヨークの洞窟探検家が鼻に白い粉がついている冬眠中のコウモリの写真を撮ったのだ。2007年に，コウモリが病気にかかり死んでいることを生物学者が発見した。当時は，ホワイトノーズシンドロームは誰も知らないものだったのだ。

　ホワイトノーズシンドロームはバクテリアにより引き起こされる。コウモリの鼻や羽にこれが出現すると，それはたいてい白い粉のように見える。バクテリアは寒くて⑤暗く，湿った場所，洞窟のような場所で繁殖する。それがコウモリの肌を攻撃すると⑥行動が変化してしまうのだ。コウモリは通常よりも活動的になり，その結果，冬を越すために必要となるエネルギーを使い果たしてしまうのだ。野生生物学者であるジェームズ・コールマンは「そのバクテリアはコウモリだけに害を与えるものだと知られてはいるが，結果としてその病気で何百万ものコウモリが死んでしまっている」と説明する。

　今はこのホワイトノーズシンドロームの治療法はないが，科学者たちはコウモリを⑧救うための戦略を⑦立てている。2018年の研究で，紫外線の光がバクテリアを死滅させることがわかった。

⑨研究者たちは，コウモリが冬眠する場所の周りに散布することができる抗バクテリア剤を試しているところである。また,ワクチンにも取り組んでいる。コールマンは言う。「コウモリはハロウィンの象徴だけでなく，環境において重要な役割を持っており，我々はそのことを理解する必要がある。」

問1 ① called white−nose syndromeが直前のa diseaseを後置修飾。「〜と呼ばれる」という受け身の意味になるので過去分詞calledの形にする。 ⑦ are making strategies「戦略を立てている[作っている]」という現在進行形の文。現在分詞makingの形にする。

⑧ to save bats「コウモリを救うために」という意味にする。目的を表す副詞用法の不定詞to saveとする。

重要 問2 Bats play such an important role in keeping a healthy ecosystem. 主語はBats「コウモリ」 play a role in 〜で「〜の役割を果たす」このplayがこの文の動詞。such an important「非常に重要な」でrole「役割」を修飾する。 keep「維持する」は前置詞inに続くので動名詞になっていることに注意。

重要 問3 下線部直後のsinceは「〜だから」という意味で理由を表す接続詞。したがってsince以下の内容をまとめる。thatは関係代名詞でthat以下はinsectsを修飾。最後に「…から」という語を付けること。

問4 ア(×) 第3段落最初の文に不一致。 イ(×) 第3段落第2文に不一致。 ウ(○) 第4段落第2文に一致。 エ(×) そのような記述はない。第4段落最終文にonly batsとあるので不一致。

問5 バクテリアが繁殖する場所の条件としてlike caves「洞窟のような」とあるので，アdark「暗い」が適当。イ「明るい」 ウ「暖かい」エ「危険な」

重要 問6 ⑥の直後の文をまとめる。andの前までがA，後がB。more active than normal「通常よりも活動的」比較級の構文。use up 〜「〜を使い果たす」 the energy (that) it needs 関係代名詞が省略されているので「それが必要とするエネルギー」ということ。to survive「生き延びるために」目的を表す副詞用法の不定詞。survive the winterで「冬を越す」と訳すとよい。

問7 Researchers are testingがこの文の＜主語＋動詞＞。are testingと現在進行形となっているので「試している」と訳す。bacteria−fighting drug「抗バクテリア薬」 thatは関係代名詞なのでthat以下はbacteria−fighting drugを修飾している。can be sprayed「散布できる」主語がdrugなので受け身の形になっているが，和訳する時は「散布できる」と能動的に訳すとよい。areaを先行詞とする関係代名詞節。「コウモリが冬眠する場所」ということ。

重要 問8 ア「コウモリ種のおよそ半分をアメリカで見つけることができる」(×) 第2段落第1，2文参照。アメリカで見られるのは1,400種のうちの47種。 イ「コウモリは毎日自分の体重の半分量の昆虫を食べることができる」(○) 第2段落第5文に一致。 ウ「コウモリのおかげで，アメリカの農夫たちは自分たちの農作物に害のある昆虫を殺すために何十億ドルも節約できる」(○)第2段落最終文に一致。 エ「数名の科学者たちが紫外線の光を使うことで完璧なホワイトノーズシンドロームの新しい治療薬を開発した」(×) 最終段落第1文参照。治療薬はないとあるので不一致。 オ「コウモリは健全な生態系を保護するために重要な動物であることを我々は理解する必要はない」(×) 本文最終文で理解する必要があると言っているので不一致。

重要 5 **(対話文完成：英作文)**

(全訳) アメリア：これらの本を返したいのです。貸してくださりありがとうございます。

司書　　：どういたしまして。ところで，もうすぐお祭りがあるのを知っていますか？

アメリア：図書館祭りですか？ 楽しそうですね！ (1)お祭りはいつ開催されるのですか？

司書　　：11月の第3週末に開催される予定です。
アメリア：(2)お祭りはどのくらいの期間開催されるのですか？
司書　　：金曜日から日曜日までの3日間の予定です。
アメリア：わあ！　3日間のアクティビティ！　(3)お祭りでは何ができるのですか？
司書　　：作家さんがいらっしゃいます。特別授業もあります。中古本のセールもあります。
アメリア：(4)特別授業では何が学べるのですか？
司書　　：これは短編小説をより上手に書けるようになりたい人のためのもので，彼らのアイディアを共有するのです。短編小説のアイディアは何かありますか？
アメリア：実はあります。私の物語のアイディアは(5)幽霊と会話ができる少年についてです。
司書　：わかりました。とても面白そうですね。お祭りに来てもらえたら嬉しいです！

(1)　司書がお祭りの日時を答えているので開催日時をたずねる文を作る。When is the festival going to be held?「お祭りはいつ開催されるのですか?」　司書がIt's going to beとbe going toを使って答えているので質問の文もbe going to を使う。be heldで「開催される」の意味。

(2)　司書が「3日間」と期間を答えているので，期間をたずねる文を作る。How long will the festival be?「お祭りはどのくらいの期間開催されるのですか?」 How long ～? は期間をたずねる表現。司書がwillで答えているのでwillを使って質問する。

(3)　司書が3日間のアクティビティを具体的に答えているので，アクティビティで何ができるのかをたずねる文を作る。What can I do in the festival?「お祭りでは何ができるのですか?」

(4)　司書の答えはアクティビティの中のspecial classesの内容だとわかるので，特別授業の内容をたずねる文を作る。What can I learn in the special classes?「特別授業では何が学べるのですか?」

(5)　My story idea is about ～.「私の短編小説のアイディアは」に続けるので小説のアイディアを具体的に述べる。a boy who can speak to ghosts「幽霊と会話ができる少年」など。司書がreally interestingと続けているので面白い内容を考えてみよう。

★ワンポイントアドバイス★

英文を日本語に訳してまとめる時には，全ての単語の意味が和訳に入っているかを確認しよう。ただし，1語1語の英単語に日本語訳をつけて和文を作っていくと不自然な文になることも多いので，自然な日本語になるよう訳し方を工夫してみよう。

＜国語解答＞

一　問一　a　陳述　b　欲得　c　騙　d　葛藤　e　貧乏　問二　X　エ　Y　ウ
問三　イ　問四　善い意志に基づいて自己の義務を遂行するのが本当の自己充足であるが，現代人がそれを知らないままに，何かの役に立つと思うことで安心していること。
問五　イ　問六　善い意志に基づいて，価値判断に例外を作らずに誠実の義務を果たすべきと考えていたカントにとって，結果的にユダヤ人を守ることになろうとも，嘘を言うことはその信念に反するから。　問七　ア

二　問一　a　ごかい　b　ふびん　c　けんまく　d　げんきゅう　e　あかつき

問二　X　ア　Y　ウ　問三　イ　問四　ア　問五　菓子の見た目を手伝ってほしいという思っても見なかった提案に分不相応だと感じつつも，幼いころから好きだった色に久しぶりに触れる機会が与えられて色への興味を思い出したから。　問六　半衿を買ってもらうことを断ったり，右近の申し出に裏があると思いこんだりと，相手からのお節介や施しを受けとらない気の強い性格。　問七　エ

三　問一　A　とうとく　B　といければ　問二　くどく　問三　臨終[死亡]
問四　我が在世の～まさるなり　問五　往生したはずの聖が，天狗に転生していたこと。
問六　ア　問七　ウ

○配点○

一　問一・問二　各2点×7　問四　6点　問六　8点　他　各4点×3
二　問一・問二　各2点×7　問五　8点　問六　6点　他　各4点×3
三　問一～問三　各2点×4　他　各3点×4　計100点

＜国語解説＞

一　**(論説文─漢字の書き取り，語句の意味，文脈把握，脱語補充，四字熟語，内容吟味)**

問一　a「意見や考えを口で述べること。また，その述べた内容」。　b「貪欲と利得。むさぼり得ようとすること」。　c「うそを本当だと思い込ませること」。　d「心の中に，それぞれ違った方向あるいは相反する方向の欲求や考えがあって，その選択に迷う状態のこと」。　e「まずしいこと。財産や収入が少なくて生計の思うようにならないこと」。「乏」を「之」としないように注意。

問二　X「計略などが非常にうまく，首尾よく行くさま」。　Y「考えはかること」。ただし語義を知っておく必要はなく，「われわれの人生にはつねに……商量，選好がある」としていること，その具体例が「テレビのチャンネルを……女もいる」であること，「選好する人は比較し商量して」であることから，何かを「考えて，はかる」という意味と推測できるとよい。

問三　カントとコンスタンの比較がなされているが，まず記述量の少ないコンスタンの考えについておさえておく。第二段落にあるように，コンスタンは「真実を言うことは……対してだけである」と，カントを「批判」し，それはキケロの「相手側に……守らなくてよい」という考え方と同じ，ということである。この時点で，ア・ウは除外できる。アは「真実を語った結果がどうなるかを見極めて」が誤り。コンスタンは，「その義務は……持つ人に対してだけ」と，結果ではなく相手によって真実を言うかどうかは選択されるということを述べたのである。ウは「真実を言うのが誠実であるかは場合による」が誤り。コンスタンは相手によっては真実を言わなくてもよいという立場であるというだけで，場合によって真実を言うことが不誠実になる，というわけではない。キケロも，不誠実な人には真実を言わなくてもよいとしているだけで，真実を言うこと自体が不誠実になる可能性については言及していない。次にカントの考え方についてであるが，エは「キケロの考えに従って」が誤り。カントを批判した，つまりカントと異なる立場に立ったのがコンスタンで，コンスタンの考え方はキケロと同じ，という構造を把握していれば，つまりカントとキケロは異なる立場だということがわかる。カント⇔コンスタン＝キケロ，ということである。

やや難　問四　まず「自己喪失」という言葉について，傍線部2の次の文で「本当の自己充足を知らない」という記述があるので，ここが言い換えとして成立しそうだと見抜けることが重要。次に，同段落最終文に「カントにとっては『善い意志』をもつことが，本当の自己をもつこと」とあるの

で，〈自己充足＝善い意志をもつこと〉という関係も把握する。ではなぜ「ごまかしている」と言えるかというと，傍線部2直後に「自分が『……の役に立つ』ということで自己満足し」，加えて傍線部2の前文では「『……のために役立つ』と思うと，われわれは安心していられる」とあることから，〈本当の自己充足とは善い意志を持つことと知らないまま〉〈何かの役に立つと思うことで〉〈安心・満足している〉という内容が解答の核となる。加えて，「本当の自己充足」については，前段落の「義務をひたすらに……道徳性がある」から，〈義務を遂行すること〉と加えられるとなおよい。

問五　同じく③の「オール・オア・ナッシングであって，中間とか，度合とかはない」という記述と，動機の評価がすべて〈Aか，Bか〉という形で例示されていることをふまえると，要は〈どちらか一方しか選べない〉という意味と考えられる。その意味にあてはまるイが適当。　ア 「絶体絶命」とは，「逃げることのできない，苦境に立たされること」。あてはまりそうだが，「オール・オア・ナッシングであって，中間とか，度合とかはない」つまり白黒がはっきりしているというだけで，苦境とまでの根拠はないため不適当。　ウ 「多種多様」とは，「さまざまな種類と様相を備えていること」。これは「オール・オア・ナッシングであって，中間とか，度合とかはない」という記述と矛盾するため確実に除外したい。　エ 「右顧左眄」は「うこさべん」と読み，「あたりの情勢をうかがってばかりいて，決断しないこと」。

重要

問六 「その嘘」とは，ユダヤ人がいるのに「『ここにユダヤ人はおりません』と言う」ことであり，その目的としては「人を助けるため」である。この指示語内容を明示しておくことは必要だろう。ただ，第一段落に「カントが『人の命を救うために嘘をつく』のは，正しくないと主張する」とある通り，人助けのためであっても嘘をつくというのはカント自身の信念・主張に反することである。加えてカントは，その「倫理的判断の特徴として考えていたこと」の②では「例外をつくらない」こと，③では「誠実の義務は絶対的で，状況によって左右されてはならない」ことが挙げられている。よって，単に〈カントの信念・主張に反するから〉とだけ記述して終わらせるのではなく，〈例外を作らずに誠実の義務を果たすべき〉というカントの信念・主張の具体的内容も伴うことが必須である。さらに問四の解説通り，カントは「本当の自己充足」を「善い意志を持つこと」こと考えていたのだから，この部分も反映できるとなおよい。

問七　イ 「例外をつくることで」以降誤り。「カントが倫理的判断の特徴として考えていたこと」①～③のうち②に「例外をつくらない」という記述があるが，その②では「カントが，禁止していることは，『例外をつくってエゴイズムを満たすこと』なのではない」と明確にイの記述と矛盾することが述べられている。　ウ　全体誤り。「カントが倫理的判断の特徴として考えていたこと」③によれば，「『善い』と『悪い』は，……中間とか，度合とかはない」と，明確にウの記述と矛盾することが述べられている。　エ 「量的要素をその尺度として」が誤り。第十七段落には「決断に量的要素はないのに，われわれは『より大なる善を選んだ』と信じる」と，明確にエの記述と矛盾することが述べられている。また，「必ずしも最良の判断をしたとは言えない」も誤り。最終段落では「あらゆる価値が比較不可能という意味で絶対的」とあり，これをふまえると「最良」とは比較した結果のことであるから，カントが「比較不可能」と考えることと矛盾してしまう。

二 (小説―漢字の読み，語句の意味，文脈把握，情景・心情，内容吟味)

問一　a 「意味をとり違えること。間違った理解をすること」。　b 「かわいそうに思う，あわれに思うこと」。　c 「怒った恐ろしい顔つき・態度のこと」。　d 「(その事柄に)言い及ぼすこと」。　e 「ある事柄が実現したその時のこと」。

問二　X 「包み隠さないさま」。　Y 「手抜かりやむだがないさま」。

問三　「もはや」とあることから，以前はお彩も「夢のような香り」を振りまくことができたものと考えられる。すると，傍線部直後には「家の柱に……褪せてゆくだろう」と，辰五郎との暮らしの中で香りが失われるということが示唆されている。したがって，辰五郎との暮らしについて言及していないウ・エは除外される。アは「誰彼構わず愛想よく」が誤り。いまお伊勢は店の人間にお礼を言っただけであり，それを持ち出して「誰彼構わず」とするのは無理がある。もとよりお彩とは知り合いなのだから，愛想をよくしていても不思議はない。

重要　問四　「気になっていた」とあることから，お彩の中で右近に対する印象が変化したと考えられる。そもそもお彩は右近について「やっぱり話が通じない」という感触を持っている。「お帰りください」をはじめ，お彩の度重なる拒絶を右近が聞き入れる様子がないということが原因だろう。しかし，金平糖がなぜ白いかというお彩の疑問を，他の人は「空はなぜ青いのかと尋ねるようなもの」と表現するほど「白くてあたりまえ」と考え，さして関心を持たなかったのに対し，右近だけは「なんでそう思わはったん？」と関心を向けている。つまり，〈話が通じそう〉な気配を見せたのである。加えて，「おかしなこと」と思われていた自分の疑問が，右近が関心を向けたことをきっかけに「面白そう」へと変化したことから，お彩は右近と話してみてもいいかもしれない，と，拒絶していた状態から変化して〈心を開き〉かけていると考えられる。この内容に合致するアが適当。

問五　「いたりもする」という記述である以上，「胸が躍って」いる以外の感情についても記述する必要がある。この点は，直前の「自分には身に余る。そう思う一方で」から，まずは〈分不相応だ〉ということを読み取れればよい。そもそも「胸が躍って」いるのは上菓子の色について意見してくれという右近の申し出に対してであるので，そこも記述しておく。なぜ「胸が躍って」いるのかというと，お彩はもともと「幼いころから辰五郎の……面白かった」からもわかる通り色に興味を持っており，ただ辰五郎が失明してからは「罵られていた」ばかりであまり色に触れる機会が持てなかったものと推測される。その色というものに久しぶりに触れられそうな機会が右近の提案だということが重要。「興味を思い出した」要素がなかったとしても，〈色に触れられるのは楽しそうだ〉と読み取れる内容であればよいだろう。

重要　問六　Aの「私はいいわ」は「やっぱりおかみさんの……意気込んでいる母と娘である」ということが，Bの「お断りします」は，「こんな話に，裏がないはずがない」ということが根拠となった発言である。どちらも自分にとって利があることではあるが簡単には乗らない，またその利というのは他人からもたらされそうなものという点から，〈他人からの施しは受けない〉という考え方があることがわかる。またきっぱりと断れる〈気の強さ〉も持っていると考えられる。これらが記述されていることが必須。さらに，「私はいいわ」「お断りします」は具体的に何を断っているのかということ，他人からの施しであるということも併せて記述できるとよい。

問七　ア　全体誤り。そもそも金平糖，餅菓子，団子は「本来子どもが好むような」ものであるという根拠は本文中にはないし，時代背景を考えても不適当である。　イ　「多用することで」以降誤り。確かに会話文ではお互いをそのように呼んでいるが，多用しているとまでは言えない。地の文では「お伊勢」「お彩」などと淡泊に記述されている。また，「人物が生き生きと表現」はされているかもしれないが，その原因が呼び名だけにあるとするのは無理がある。　ウ　「会話自体をテンポよく進行させ」が誤り。特に金平糖がなぜ白いかについてお彩，おかみさん，お伊勢，右近が話す場面では，会話と会話の間に地の文が差し込まれることで，会話のテンポ自体を中断するように読者に印象付けられる。

三　(古文―仮名遣い，漢字の読み，語句の意味，文脈把握，内容吟味)

〈口語訳〉　ある山寺に，徳が高く評価が高い聖がいた。長年，お堂を建て，仏像を作り，さまざまな功徳をなし，尊く仏道修行してきたが，臨終(の様子)が素晴らしかったので，弟子も周辺の人も，疑いなく(聖を)往生人と信じて，時が過ぎるうちに，ある人にその聖の霊がついて，理解できないことなどを言う。(その聖の話を)聞くと，(聖は)もう天狗になっていたのだった。弟子たちは意外に思って，たいへん残念に思うけれどもどうにもならず，気がかりなことなど(がないか)を問うと，(聖は)不思議なことなどを言う中に，自身が生きていた間は，深く名誉や名声にこだわって，無い徳を(あるかのように)自称して人を騙して作った仏像なので，このような(＝天狗の)身となってからは，この寺を人がありがたがって拝む日には，私の苦患は増すのだ，と言ったのだった。

問一　A　古典的仮名遣いでは，語頭を除く「はひふへほ」は「わいうえお」と読む。すると「たうとく」となるが，さらに古典的仮名遣いでは「au」の表記は「オー」と読むので，「とうとく」が適当。　B　Aと同じく，語頭を除く「はひふへほ」は「わいうえお」と読むので「といければ」が適当。

問二　「くどく」と読み，「神仏のめぐみ」または「神仏からよい報いを与えられるような，よい行い」という意味。本文中では後者の意味。

問三　「終りめでたくてありければ，……疑ひなき往生人と信じて」とあるが，「往生人」については語注にある通り「死後」の話なので，つまり「終り」とは人生の終わりということである。その意味にあてはまる漢字二字は「臨終」が適当。

問四　鍵括弧はないが発言・心内表現である箇所を探すには，引用を表す助詞「と」を探すとよい。すると，本文最終文には「とこそ云ひけれ」と「と」があり，さらに「と言った」という意味の言葉があるので，発言の終わりはその直前の「まさるなり」である。では発言の始めはどこかを探すと，「云ふ中に」と「言う中に」つまり「発言の中に」という記述があり，加えて「我」とは聖自身のことを指すため，「我が在世の間」である。

重要　問五　「思ひの外」は現代語の「思いのほか」と同じく「意外」という意味である。意外ということは予想に反する，あるいは予想になかったことと考えられる。すると，聖について弟子たちは「疑ひなき往生人と信じて」いたのに，実際には「天狗になりたりけり」ということが判明したということである。「天狗」については，語注にある通り「傲慢な人が」なるものであり，聖は生前「徳たかく聞こゆる」「功徳をいとなみ」と，傲慢とは言えず真面目な人物と受け取られていたことがわかるので，「往生したはずの聖が，天狗に転生していたこと」が意外だということである。「極楽浄土に行く」ことを「往生」というが，極楽浄土に行けるのは熱心に仏教を信仰した，徳の高い人物であるということも古文学習においては必須知識。

問六　「口惜し」とは「残念」という意味。語義を知らなくても，徳が高いはずの聖が天狗に転生したということからイ・ウは除外すべきである。さらに「惜」という字からアが適当と推測できるとよい。

問七　ア　「自分を拝むと」以降誤り。そのような根拠は本文中にない。聖が往生の方法を説いている場面はない。　イ　「弟子に天狗にされた」が誤り。弟子は，聖が天狗になったことを「思いの外」つまり意外に感じているのだから，弟子のしわざであるはずはない。　エ　「人々や弟子に暴かれてしまった」が誤り。聖が天狗になったことを意外に思う弟子たちに向けて，聖は「我が在世の間，……なき徳を称して……作りし仏なれば，かかる身となりて」と天狗になった理由が名誉や名声のためにお堂を立てたことにある，と自分で解説している。

★ワンポイントアドバイス★

何かについて説明がなされているタイプの論説文では，説明のために用いられている具体例や比較に注目しながら読んでみよう。時代背景が現代より昔に設定されている小説は，人物の状況や心情を，必ずしも現代の価値観だけでは測れないことがある点に注意しよう。古文は，単語や文法だけでなく仏教をはじめとした古文常識も身につけておこう。

第2回

2024年度

解　答　と　解　説

《2024年度の配点は解答欄に掲載してあります。》

＜数学解答＞

1　(1)　$\frac{x}{18}$　(2)　$-\sqrt{2}$，$-\frac{7}{5}$，$-\frac{\sqrt{6}}{2}$　(3)　$(x-4)(x+2)(x^2-2x+3)$

(4)　$x=4\pm2\sqrt{2}$　(5)　$x=-\frac{5}{3}$，$y=-\frac{5}{7}$

(6)　-6　(7)　12通り　(8)　$75\pi\,\mathrm{cm}^2$

(9)　$\angle x=49°$　(10)　$x=\frac{20}{3}$

2　(1)　解説参照　(2)　$x+\frac{1}{x}=\sqrt{6}$，$x^3+\frac{1}{x^3}=3\sqrt{6}$

(3)　EM＝9cm　(4)　$\mathrm{P}\left(3,\ \frac{9}{2}\right)$

3　(1)　右図　(2)　$\mathrm{A}(-2\sqrt{2},\ \sqrt{2})$，$\mathrm{B}(2\sqrt{2},\ -\sqrt{2})$

(3)　$6\sqrt{2}$　(4)　$\left(-3,\ \frac{9}{2}\right)$，(2，2)

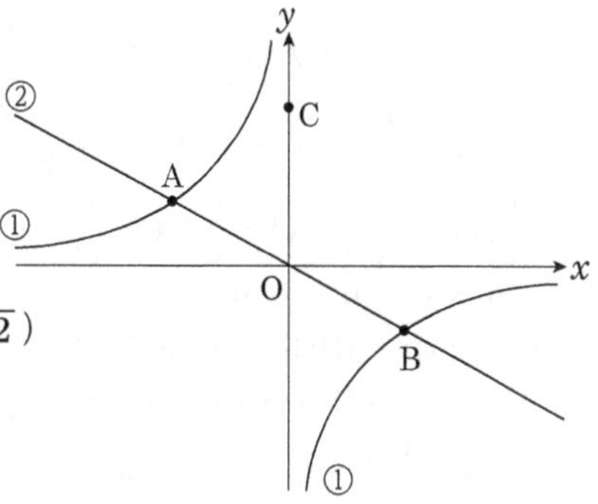

4　(1)　解説参照　(2)　(i)　55

(ii)　$a=\sqrt{19}$，$b=\sqrt{6}$，$c=\sqrt{30}$　(iii)　$2\sqrt{95}\mathrm{cm}^3$

○配点○

1　各4点×10　2～4　各5点×12　計100点

＜数学解説＞

1　(式の計算，平方根の大小，因数分解，2次方程式，連立方程式，2乗に比例する関数の変化の割合，場合の数，半球の表面積，角度，平行線と線分の比の定理)

基本　(1)　$\left(-\frac{1}{2}xy^2\right)^3\div\frac{3}{4}x^8y^9\times\left\{-\frac{(x^2y)^3}{3}\right\}=-\frac{x^3y^6}{8}\times\frac{4}{3x^8y^9}\times\left(-\frac{x^6y^3}{3}\right)=\frac{x}{18}$

基本　(2)　$-\frac{7}{5}=-\sqrt{\frac{49}{25}}$，$-\frac{\sqrt{6}}{2}=-\sqrt{\frac{6}{4}}$　$\frac{6}{4}<\frac{49}{25}<2$から，$-\sqrt{2}<-\sqrt{\frac{49}{25}}<-\sqrt{\frac{6}{4}}$　よって，小さい順に並べると，$-\sqrt{2}$，$-\frac{7}{5}$，$-\frac{\sqrt{6}}{2}$

(3)　$x^2-2x=\mathrm{M}$とすると，$(x^2-2x)^2-5(x^2-2x)-24=\mathrm{M}^2-5\mathrm{M}-24=(\mathrm{M}-8)(\mathrm{M}+3)=(x^2-2x-8)(x^2-2x+3)=(x-4)(x+2)(x^2-2x+3)$

(4)　$\left(\frac{3}{2}x-6\right)^2=18$，$\frac{3}{2}x-6=\pm\sqrt{18}=\pm3\sqrt{2}$，$\frac{3}{2}x=6\pm3\sqrt{2}$，$x=6\times\frac{2}{3}\pm3\sqrt{2}\times\frac{2}{3}=4\pm2\sqrt{2}$

(5)　$\frac{1}{x}=\mathrm{X}$，$\frac{1}{y}=\mathrm{Y}$とすると，$\frac{1}{x}+\frac{1}{y}=-2$から，$\mathrm{X}+\mathrm{Y}=-2$…①　$\frac{2}{x}-\frac{3}{y}=3$から，$2\mathrm{X}-3\mathrm{Y}=3$…②　①×3＋②から，$5\mathrm{X}=-3$，$\mathrm{X}=-\frac{3}{5}$　①に$\mathrm{X}=-\frac{3}{5}$を代入すると，$-\frac{3}{5}+\mathrm{Y}=-2$，$\mathrm{Y}=-2+\frac{3}{5}=-\frac{7}{5}$　よって，$x=-\frac{5}{3}$，$y=-\frac{5}{7}$

基本　(6)　$\frac{-3\times3^2-\{-3\times(-1)^2\}}{3-(-1)}=\frac{-27+3}{4}=\frac{-24}{4}=-6$

(7)　(A，B，C，D)，(A，B，D，C)，(B，A，C，D)，(B，A，D，C)，(C，A，B，D)，(D，A，B，C)，(C，B，A，D)，(D，B，A，C)，(C，D，A，B)，(D，C，A，B)，(C，D，B，A)，

(D，C，B，A)の12通り

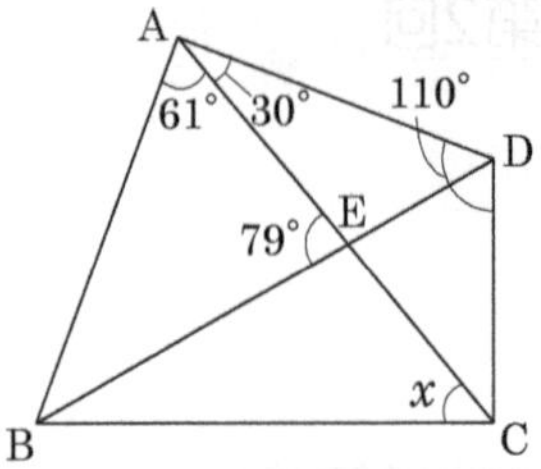

基本　(8)　$\frac{1}{2}\times 4\pi\times 5^2+\pi\times 5^2=50\pi+25\pi=75\pi$ (cm²)

(9)　各点を右の図のように定める。∠ABE＝180°−(61°＋79°)＝40°　∠ACD＝180°−(30°＋110°)＝40°　∠ABD＝∠ACDより，四角形ABCDは円に内接している。よって，∠BDC＝∠BAC＝61°　∠x＝∠ADB＝110°−61°＝49°

(10)　AD//EFより，BE：EA＝BF：FD＝6：4＝3：2
AC//EDより，BD：DC＝BE：EA，10：x＝3：2，$3x=20$，$x=\frac{20}{3}$

2　(扇形の側面積の証明問題，式の値，三平方の定理，図形と関数・グラフの融合問題)

(1)　(証明)　側面の扇形の中心角をxとおくと，側面積は，$\pi\ell^2\times\frac{x}{360}$　$\frac{x}{360}=\frac{2\pi r}{2\pi\ell}=\frac{r}{\ell}$
よって，$S=\pi\ell^2\times\frac{x}{360}=\pi\ell^2\times\frac{r}{\ell}=\pi\ell r$

(2)　$\left(x+\frac{1}{x}\right)^2=x^2+2\times x\times\frac{1}{x}+\frac{1}{x^2}=x^2+\frac{1}{x^2}+2=4+2=6$　$x>0$から，$x+\frac{1}{x}=\sqrt{6}$　$\left(x+\frac{1}{x}\right)\left(x^2+\frac{1}{x^2}\right)=x^3+\frac{1}{x}+x+\frac{1}{x^3}=x^3+\frac{1}{x^3}+x+\frac{1}{x}$　$x^3+\frac{1}{x^3}=\left(x+\frac{1}{x}\right)\left(x^2+\frac{1}{x^2}\right)-\left(x+\frac{1}{x}\right)=\sqrt{6}\times 4-\sqrt{6}=3\sqrt{6}$

基本　(3)　点MからHGへ垂線MNをひくと，MN＝6，HN＝3，$\mathrm{EN}=\sqrt{6^2+3^2}=\sqrt{45}=3\sqrt{5}$　△MENにおいて三平方の定理を用いると，$\mathrm{EM}=\sqrt{6^2+(3\sqrt{5})^2}=\sqrt{81}=9$(cm)

重要　(4)　$y=\frac{1}{2}x^2$…①　$y=-x+12$…②　点Pのx座標をpとすると，$\mathrm{P}\left(p,\ \frac{1}{2}p^2\right)$　点Qのy座標も$\frac{1}{2}p^2$になるから，②に$y=\frac{1}{2}p^2$を代入して，$\frac{1}{2}p^2=-x+12$　$x=-\frac{1}{2}p^2+12$　$\mathrm{Q}\left(-\frac{1}{2}p^2+12,\ \frac{1}{2}p^2\right)$　$\mathrm{PQ}=-\frac{1}{2}p^2+12-p$，$\mathrm{PR}=\frac{1}{2}p^2$　PR＝PQのとき，四角形PQSRは正方形になるから，$\frac{1}{2}p^2=-\frac{1}{2}p^2+12-p$　$p^2+p-12=0$，$(p+4)(p-3)=0$，$p>0$より，$p=3$
$\frac{1}{2}\times 3^2=\frac{9}{2}$　よって，$\mathrm{P}\left(3,\ \frac{9}{2}\right)$

3　(図形と関数・グラフの融合問題－グラフの作成，面積)

基本　(1)　①は，(−1，4)，(−2，2)，(−4，1)を通るなだらかな曲線と(1，−4)，(2，−2)，(4，−1)を通るなだらかな曲線をかく。②は原点と(2，−1)を通る直線をかく。①と②の交点のx座標が小さい方にA，大きい方にB，最後に(0，3)の点にCをかき入れる。

(2)　①と②からyを消去すると，$-\frac{4}{x}=-\frac{1}{2}x$，$4=\frac{x^2}{2}$，$x^2=8$，$x=\pm\sqrt{8}=\pm 2\sqrt{2}$　②に$x=\pm 2\sqrt{2}$を代入して，$y=-\frac{1}{2}\times(\pm 2\sqrt{2})=-\sqrt{2}$，$\sqrt{2}$　よって，$\mathrm{A}(-2\sqrt{2},\ \sqrt{2})$，$\mathrm{B}(2\sqrt{2},\ -\sqrt{2})$

(3)　$\triangle\mathrm{ABC}=\frac{1}{2}\times 3\times(2\sqrt{2}+2\sqrt{2})=\frac{3}{2}\times 4\sqrt{2}=6\sqrt{2}$

重要　(4)　$y=\frac{1}{2}x^2$…③　点Cを通り②に平行な直線の式は，$y=-\frac{1}{2}x+3$…④　③と④の交点をDとすると，△ABD＝△ABCとなる。③と④からyを消去すると，$\frac{1}{2}x^2=-\frac{1}{2}x+3$，$x^2=-x+6$，$x^2+x-6=0$，$(x+3)(x-2)=0$，$x=-3$，2　③に$x=-3$，2を代入して，$y=\frac{1}{2}\times(-3)^2=\frac{9}{2}$，$y=\frac{1}{2}\times 2^2=2$　よって，求める点Dの座標は，$\left(-3,\ \frac{9}{2}\right)$，(2，2)

4　(空間図形の計量問題－三角形の合同の証明，直方体に内接する四面体の体積)

(1)　△ACHと△CAFと△FHCと△HFAにおいて，直方体の対面は合同な長方形だから，AC＝CA＝FH＝HF…①　CH＝AF＝HC＝FA…②　AH＝CF＝FC＝HA…③　①～③より3辺が

それぞれ等しいので，△ACH≡△CAF≡△FHC≡△HFA

重要　(2)　(i)　三平方の定理から，$a^2+b^2=5^2=25$…④　$b^2+c^2=6^2=36$…⑤　$a^2+c^2=7^2=49$…⑥　④＋⑤＋⑥から，$2a^2+2b^2+2c^2=110$，$2(a^2+b^2+c^2)=110$，$a^2+b^2+c^2=55$　(ii)　④－⑤から，$a^2-c^2=-11$…⑦　⑥＋⑦から，$2a^2=38$，$a^2=19$，$a>0$から，$a=\sqrt{19}$　④に$a^2=19$を代入して，$19+b^2=25$，$b^2=6$，$b>0$から，$b=\sqrt{6}$　⑤に$b^2=6$を代入して，$6+c^2=36$，$c^2=30$，$c>0$から，$c=\sqrt{30}$　(iii)　(三角錐A－EFH)＝(三角錐C－FGH)＝(三角錐F－ABC)＝(三角錐H－ACD)＝$\frac{1}{3}\times\frac{1}{2}\times\sqrt{19}\times\sqrt{6}\times\sqrt{30}=\frac{1}{6}\times6\sqrt{95}=\sqrt{95}$　四面体ACFHの体積は，直方体ABCD－EFGHの体積から，三角錐A－EFHと三角錐C－FGHと三角錐F－ABCと三角錐H－ACDの体積をひいたものだから，$\sqrt{19}\times\sqrt{6}\times\sqrt{30}-\sqrt{95}\times4=6\sqrt{95}-4\sqrt{95}=2\sqrt{95}$(cm^3)

★ワンポイントアドバイス★

[1](7)を計算で求めると，A，Bを1つとみて，3つの並べ方は，3×2×1＝6より6通り，それぞれにA，Bの並べ方が2通りあるから，6×2＝12(通り)

＜英語解答＞

[1]　Part 1　(1)　c　(2)　c　Part 2　(1)　T　(2)　F　(3)　T
Part 3　No. 1　a　No. 2　b　No. 3　b

[2]　A　(1)　ア　(2)　ウ　(3)　イ　B　(1)　(A lot) of trees are cut down every year (in the country.)　(2)　(I) think Sam wants something hot to drink(.)　(3)　The basketball game has not started yet(.)

[3]　A　(1)　イ　(2)　イ　(3)　ア　B　ア

[4]　問1　(It) is necessary to examine effective methods of instruction (to help students ～)　問2　エ　問3　③　tested　⑦　made　⑨　developing
問4　中学生では5割しか好きだと答えなかった。　問5　ア　問6　自分の意見や気持ちを伝えられること。　問7　世界の中で，重要な役割を果たすことができる若い人々を教育することが不可欠である。　問8　ウ，カ

[5]　(1)　Let's play soccer in the park(.)　(2)　What kind of movie do you like(?)
(3)　I like action movies a lot(.)　(4)　I feel like eating Chinese food(.)
(5)　What time should we meet there(?)

○配点○

[1]　各2点×8　[2]　A　各2点×3　B　各3点×3　[3]　各4点×4
[4]　問3　各2点×3　問4・問7　各6点×2　問6　5点　他　各3点×5
[5]　各3点×5　計100点

＜英語解説＞

1 (リスニング)

Part 1. Conversation Listening.「会話の聞き取り」

John: Hi, Mio. Did you have a good weekend?

Mio: Yes, John. I did. I went to the new art museum downtown.

John: You did? Nice. I heard it's very good. What did you like about it?

Mio: Well, the art collection was wonderful. They had works from Picasso and Monet which I really like.

John: Yeah. They were great artists. I enjoy their work, too. What was the building like?

Mio: Oh, the building is really interesting. It was designed by a famous building designer and has a unique shape. So some of the rooms are round and not square.

John: That's cool. I want to go there, too. Was it busy?

Mio: Yeah. Lots of people were there for the grand opening.

John: I see. I don't like busy places, so maybe I'll wait a few weeks.

Mio: Good idea. Museums are more relaxing when there are few people.

(1) What did John and Mio agree on about the artists?

a. Picasso is better than Monet.

b. Picasso and Monet are not popular.

c. They are both great.

(2) Why will John wait to visit the museum?

a. The entry tickets are too expensive.

b. He doesn't have time.

c. He doesn't like places with lots of people.

(全訳) ジョン：やぁミオ。週末は楽しかった？

ミオ　：はい，ジョン。下町の新しい美術館に行ったのよ。

ジョン：そうなの？　いいね。とても良いって聞いたよ。どこが良かった？

ミオ　：えぇと，美術コレクションが素晴らしかった。私が大好きなピカソとモネの作品があった。

ジョン：あぁ。彼らは偉大な芸術家だよね。僕も彼らの作品を堪能する。建物はどうだった？

ミオ　：あぁ，建物もとても面白い。有名な建築家が設計して，ユニークな形をしている。だから，四角ではなく丸い部屋もあるのよ。

ジョン：かっこいいね。僕も行きたいな。混んでいた？

ミオ　：えぇ。オープンしたばかりで大勢の人がいた。

ジョン：なるほど。混んでいる場所は好きではないから，数週間待つかもしれない。

ミオ　：いい考えね。美術館はほとんど人がいない時の方がゆっくりできるものね。

(1) 「ジョンとミオは芸術家の何に同意したのですか？」　a「ピカソはモネより優れている」　b「ピカソとモネは人気がない」　c「彼らは二人とも偉大である」

(2) 「ジョンはなぜ美術館を訪れるのを待つのですか？」　a「入場券が高すぎる」　b「彼には時間がない」　c「彼は大勢の人がいる場所が好きではない」

Part 2. Paragraph Listening 「文章の聞き取り」

Japan opened its first expressway, or high-speed road in 1963. Today in Japan a network of roads connects cities both big and small throughout the country. In six hours, you can drive a car from Tokyo to Kyoto using the expressways. The idea for special roads for cars to quickly travel on started in Germany in the 1920s and 1930s. In Germany, this road project was called the Autobahn. It was special for some reasons. One, it did not have traffic signals, meaning drivers didn't have to stop at lights or signs. And two, in some places, there was no speed limit. Drivers could drive as fast as they wanted.

The Autobahn is still in Germany today. And in some places there is still no speed limit. However, now it connects more cities and is a lot safer than it was long ago. The Autobahn has been an example for how to build highways all over the world, including Japan's modern highway system.

True or False

(1) Germany's highway roads were an example for Japan's road system.

(2) Drivers could not drive very fast on the Autobahn.

(3) It takes more than five hours to drive from Tokyo to Kyoto on the expressway.

(全訳) 日本は1963年に初めて高速道路を開通させた。今日の日本では，国中の大きな都市から小さな都市まで道路交通網でつながっている。高速道路を使って東京から京都まで6時間で行くことができる。車が速く旅できる特別な道路は1920年代，1930年代にドイツで始まった。ドイツではこの道路プロジェクトはアウトバーンと呼ばれていた。これはいくつかの理由で特別だった。第一に，信号がない。これは運転手が光や表示で止まる必要がなかったということを意味する。第二に，速度制限がない場所もあった。運転手は好きなだけスピードを出せたのだ。

アウトバーンは現在もドイツにある。そしていまだに速度制限のない場所もある。しかしながら，今では昔よりも多くの都市がつながり，はるかに安全になっている。アウトバーンは日本の近代高速システムを含め世界中で，どのように高速道路を建設するかの例となった。

True or False (1)「ドイツの高速道路は日本の道路システムの例となった」 (2)「アウトバーンでは運転手は高速を出せない」 (3)「東京から京都まで高速道路を使い車で5時間以上かかる」

Part 3. Communication Response Questions 「受け答えを選ぶ問題」

1. How did you find this restaurant?
   a. My friend told me about it.
   b. About a week ago.
   c. It's next to the bookstore.
2. Why was the train late?
   a. I forgot my ticket.
   b. It had a problem with its engine.
   c. It was an express train.
3. Do you need any help with your homework?
   a. I'll help you after school.
   b. Sure. How do I answer this question?

c. I will do three math assignments.

1「このレストランをどのように見つけましたか？」 a「友人がそのことを教えてくれた」 b「およそ1週間前」 c「それは本屋の隣だ」

2「なぜ電車は遅れたのですか？」 a「切符を忘れた」 b「エンジン故障があった」 c「急行電車だった」

3「宿題の手伝いは必要ですか？」 a「放課後に手伝うよ」 b「もちろん。この問題はどうやって答えるの？」 c「私は数学の課題を3つやる予定」

2 (語句選択補充問題・語句整序問題：動名詞，受け身，関係代名詞，慣用句，不定詞，現在完了形)

基本 A (1)「私は今日レポートを書き終えたい」 finishは目的語に動名詞を取るので，アwritingを入れる。

(2)「この国で何語が話されていますか?」 What languagesが主語なので「話されている」と受け身にする。languagesと複数形なのでareで受ける。ウが正解。

(3)「これらはメアリーが作った人形だ」 These areの後に<主語＋動詞>の形は続けられない。dolls (that[which]) Mary madeと関係代名詞が省略された形の文を作る。Mary madeがdollsを修飾。イが正解。

重要 B (1) (A lot) of trees are cut down every year (in the country.) A lot of trees「多くの木」が主語となるので are cut down「切り倒される」は受け身になる。cut down「切り倒す」 every year「毎年」

(2) (I) think Sam wants something hot to drink. I think (that) ~「~だと思う」thatが省略されている。something hot to drink「何か温かい飲み物」 something hotで「何か温かい物」 to drinkはsomething hotを修飾する形容詞用法の不定詞。

(3) The basketball game has not started yet.「まだ…していない」は<has [have] not ＋過去分詞＋ yet>の現在完了形で表す。

基本 **3 (読解問題・資料読解：内容把握)**

<シルバーベリー英語学校>来て一緒に英語を楽しもう!／新しい世界に挑戦してみよう!

○基礎英語クラス

・レベル：英語初心者／・コース費用：月100ドル／・時間：11:00a.m.－11:50a.m. または4:00p.m.－4:50p.m. 毎週土曜日 毎週午前クラスか午後クラスを選択可 日常生活での基本単語やフレーズを学習できる

○ビジネスクラス

・レベル：初心者から中級者／・コース費用：月150ドル／・時間：10:00 a.m.－11:30a.m 毎月第2，3日曜日 英語力だけでなくプレゼンやビジネスシーンでのEメールスキルが向上できる

○自由会話と議論

・レベル：上級者／・コース費用：月80ドル／・時間：8:00p.m.－8:40p.m. 月曜日から金曜日 月に4回自由に参加可 自分が話したい話題で気軽に会話を楽しむことができる

○なぜここを選ぶ？ ※親しみやすい先生たち 経験ある先生たちが常にあなたをサポート ※楽しいイベント 無料で文化イベントに参加可 これらのイベントで英語学習がより楽しくなる

○連絡先 電話：555－7890－1234 Eメール：silverberry@englishschool.com ウェブサイト www.silverberryenglishschoool.com ←体験授業参加希望の場合はこのウェブサイトより予約をしてください

A (1)「ビジネスクラスでは何ができますか？」 ア「様々な話題で気軽に会話する」 イ「プ

レゼンやEメールのスキル向上」(○)ビジネスクラスの案内参照。　ウ「日常生活における単語練習」　エ「英語学校との連絡の取り方を学ぶ」

(1)「土曜日の英語授業を探している。毎月どのくらいの費用を払うことになりますか？」
イ　100ドル　土曜日は基礎英語クラスのみなので費用は100ドル。

(3)「シルバーベリー英語学校で正しいものはどれか？」　ア「上級者のためのコースは水曜日の午後に行われる」(○)　Free Talk and Discussionクラスの内容に一致。　イ「英語初心者は自由会話と議論のコースを取るべきだ」英語初心者が対象となるのはBasic English Class.　ウ「ビジネスクラスの生徒たちは毎週150ドル支払わなければならない」ビジネスクラスの費用は月に150ドルである。　エ「体験授業を受けるためにはEメールを送らなければならない」ウェブサイトから予約するので不一致。

B　ア「寿司とおにぎりには大きな人気の差はない」(○)図表参照。　イ「焼き鳥は7.1%で刺身と同じくらい人気がある」　ウ「たこ焼きとそばは寿司の半分の人気しかない」　エ「すき焼き，しゃぶしゃぶ，カレーライス，とんかつと味噌汁は人気にほとんど差がない」

4 **(長文読解問題・論説文：語句整序，内容把握，動詞，適語選択補充，和訳，内容正誤判断)**

(全訳)　何年も英語を勉強したにもかかわらず英会話が全く上手にならなかった生徒たちは，ずっと日本の英語教育における問題となっている。実践的な英語スキルを得るためには，生徒たちの助けとなるために①有効な指導法を検討することが必要である。

文部科学省が小学校6年生と中学三年生の②今年の全国学力テストの結果を発表した。4年間で初めて毎年行われていた国語と数学に加えて英語の試験も中学生を対象に③行われた。

英語を読むと聞く分野の問題における生徒の正答率は平均して50%だったが，書く分野は24%と低かった。話す分野ではたった12%の正答率しかなく，前回のテスト結果よりもはるかに低かった。

話すテストは素早い応答と自分の考えをまとめて表現する能力が必要とされる。前回のテストよりも難易度は高かったと指摘されていたが，10人中6人の生徒が5問全てが不正解だったという事実は見過ごせない。

今年の中学三年生は外国語でのコミュニケーションを強調する新学習指導要領のもと学習してきた。自分たちの考えを英語で伝えたり書いたりする生徒たちの能力が十分ではなかったという事実は深刻である。

④全国学力テストと同時に実施された調査では，小学生の7割が「英語が好き」と答えたが，中学生ではたった5割がそう答えた。

今では中学生が学習する英単語は以前より600語増え1,800語に達する。政府はコミュニケーションのスキルも向上させつつ，語彙を増やそうとしている。しかし，それほどまでにたくさんの単語を学習することを強制された⑤結果，生徒たちが言語を嫌いになってしまってはそれは無駄になる。

⑥外国人とのコミュニケーションで大切なことは，自分の意見や考えを伝えられるかどうかということだ。授業内での教育で正しい文法を強調することが，もしかしたら生徒たちが話したり，自分たちを自由に表現することを難しく⑦させてきたのかもしれない。

社会のグローバル化は急速に進展しており，⑧世界の中で，重要な役割を果たすことができる若い人々を教育することが不可欠である。生徒たちはテストや教室で小さな文法的な間違いを気にする必要はないが，他の国の人たちと楽しく，柔軟な発想方法でコミュニケーションを取る能力を⑨伸ばすことにもっと焦点を当てるべきだ。

重要　問1　(It) is necessary to examine effective methods of instruction　<It is ~ to …>「…することは~だ」の構文に当てはめる。It is necessary to …で「…することが必要

だ」examine「検討すること」 effective methods of instruction「有効な指導法」

問2　ア(×)　第3段落最初の文に不一致。　イ(×)　第3段落参照。話す方が低いので不一致。 ウ(×)　第4段落最初の文，第8段落第2文参照。正確な文法力は求められていない。　エ(○)　第4段落最終文に一致。

問3　③　studentsがテストするのではなく，テストされるのでwere testedと受け身の形。過去分詞testedにする。　⑦　has (perhaps) madeで現在完了形をつくる。過去分詞madeにする。　⑨　前置詞onの後なので動名詞developingにする。

重要　問4　50%of the junior high school students「中学生の5割」 said the same「同じことを言った」the sameは“like studying English”を指すのでこの部分を訳出しまとめる。

問5　as the resultで「その結果として」という意味。as a result「結果として」熟語表現として覚えておこう。

重要　問6　下線部直後の内容をまとめる。oneはある人や物を指す不定代名詞。opinions「意見」, feelings「気持ち」いずれもがtellの目的語となるので「自分の意見や気持ちを伝えること」などとするとよい。「大切なこと」と説明するので「伝えること」とすることに注意。

重要　問7　<it is ～ to …>「…することは～だ」の構文。essential「不可欠だ」 to educate young people「若い人々を教育する」who以下worldまではyoung peopleを修飾する関係代名詞節。 play important roles「重要な役割を果たす」role「役割」に用いる動詞はplay。playの訳し方に注意。in the world「世界の中で」

問8　ア　「今のところ，日本の英語教育には何の問題も見つけられない」(×)本文最初の文参照。問題があると書かれているので不一致。　イ　「小学校6年生と中学三年生の両方が毎年英語の全国学力テストを受ける」(×)第2段落最終文参照。英語は中学生が受ける。　ウ　「今年の英語を話すテストは4年前に実施されたテストよりも難しかったと言われている」(○)第4段落第2文に一致。本文point out「指摘する」　エ　「今年の中学三年生は英語でのコミュニケーション能力が素晴らしい」(×)そのような記述はない。　オ　「コミュニケーションスキルを向上させるために語彙力を増やすのは無意味だ」(×)そのような記述はない。　カ　「正確な文法に焦点を当てすぎると，生徒たちは居心地の悪さを感じ自分たちのことを自由に表現できなくなる原因となるかもしれない」(○)最後から2段落目最終文に一致。　キ　「授業中にミスをすることを避けるために文法に十分気をつけなくてはならない」(×)最終段落第2文参照。文法の小さなミスを気にする必要はないとあるので不一致。

重要　**5**　**(対話文完成：英作文)**

(全訳)　アレックス：やぁサム，今日外で遊ばない？

サム　　　：うぅむ，外で何かをするのはいいね。何をするのが面白そう？

アレックス：(1)公園でサッカーをしようよ。

サム　　　：いい考えだ。でもまず天気予報を確認しよう。えっと…。あぁ！　今日は雨が降るみたいだ。代わりに映画を観に行かない？

アレックス：いいよ。映画を決めよう。(2)どんな映画が好き？

サム　　　：僕は面白いシーンのあるコメディが好き。君は？

アレックス：(3)僕はアクション映画が大好きなんだ。

サム　　　：すごくいいね。君が好きな映画に行こう。映画館のウェブサイトによると，2時に始まる。

アレックス：ということは，映画の前にお昼を食べる時間があるね。お昼に食べたいものはある？

サム　　　：(4)中華料理を食べたい気分だな。近くのフードコートのレストランで食べられるよ。

そこで待ち合わせて一緒にお昼を食べよう。

アレックス：わかった。すごくいいね。(5)そこで何時に待ち合わせる？

サム　　　：12:30がいいと思う。

アレックス：完璧だ！　そこで会おう！

(1)　外で遊ぶことを提案され，何が良いかを答える場面。Let's play soccer in the park.「公園でサッカーをしよう」など，外で遊べることを答える。5語以上なのでin the parkなど場所を入れるとよい。

(2)　映画を決める場面。続くサムが「コメディーが好きだ」と答えているので，What kind of movie do you like？「どんな映画が好き？」とたずねる文を作る。

(3)　How about you？ に対する答えなので，自分が好きな映画のジャンルを答えればよい。5語以上にするため，a lot，very muchなどを入れる。I like action movies[fantasy movies, horror movies，animation moviesなど] a lot.　moviesは複数形にすることにも注意。

(4)　昼食に食べたい物を聞かれているので，I feel like eating Chinese food.「中華料理を食べたい気分だ」などと答える。I want to eat ….を使ってもよい。他に，Japanese food，a pizza，a hamburgerなど。

(5)　続くサムが具体的な時間を答えているので，待ち合わせの時間をたずねている場面だとわかる。What time should we meet there？「何時に会えばよい？」など時間をたずねる表現を使う。

★ワンポイントアドバイス★

読解問題の内容正誤判断問題では，必ず本文の中から該当する文を見つけて判断するようにしよう。漠然と考えるとミスをしやすい。また本文中に記述がない場合は，不一致となることも覚えておこう。

＜国語解答＞

一　問一　a　由来　b　驚異　c　奔放　d　翻弄　e　遭難　問二　X　ア　Y　イ　問三　ア　問四　エ　問五　宮野ががんになったということは，がんにならずに済んだかもしれないのに偶然がんになったという離接的偶然ではなく，がんになることもならないこともあり得たのにがんになったという，変えようのない事実としての原始偶然であるということ。　問六　人は，様々な可能性がある中で生じた変えようのない現状を根源として，それを引き受けることで人生と思索を変化させ，自分自身の生に意味を与えることができるということ。　問七　ウ

二　問一　a　しんりょく　b　えんりょえしゃく　c　けんそう　d　たんせい　e　さび　問二　X　エ　Y　ア　問三　ウ　問四　イ　問五　私がアルバイト先に欠席の連絡をしたのを聞いて，私と一緒に一日を過ごしたいと考えたから。

問六　少年と過ごすことでデュークを失った悲しみを一時は忘れることができていたが，デュークも好きだった落語を聞いたことでデュークの死を思い出し，悲しくなると同時に，見知らぬ男性と過ごしていることへの罪悪感が芽生えたから。　問七　エ

三　問一　A　たちよう　B　すえなおして　問二　数多　問三　イ　問四　獅子のたた

ずまいが普段と違う理由。　問五　エ　問六　童が獅子にいたずらをしていたから。

○配点○

一　問一・問二　各2点×7　問五・問六　各7点×2　他　各4点×3

二　問一・問二　各2点×7　問五　6点　問六　8点　他　各4点×3

三　問一・問二　各2点×3　問三・問五　各3点×2　他　各4点×2　計100点

＜国語解説＞

一　(論説文―漢字の書き取り，語句の意味，文脈把握，脱語補充，四字熟語，内容吟味)

問一　a「もともと」。もしくは「古くからある物事が今までに経て来た筋道」。　b「非常に驚くべきこと。また，その驚き」。　c「伝統や世間のしきたりを無視し，思うままにふるまうこと」。　d「思うままにもてあそぶこと」。　e「特に登山・航海などで，命を失うような災難にであうこと」。

問二　X「しい」と読み，「自分の思うまま」という意味。　Y「ぞっとする」という意味。漢字では「悍ましい」。

問三　〈AとBは似ている〉とするときは，A・Bそれぞれの特徴をおさえることが重要である。第一段落で説明された「科学」について，第二段落で「社会科学」が持ち出されているので，この二点に言及することが必要。この時点で，どちらか一方にしか言及していないイ・ウは除外できる。時空間構造について，第一段落では「時間は時計で測ることができる」「空間は……長さを測定できる」と，どちらも客観的数値で表せるということが述べられている。第二段落では，時間が年表に，空間が地図になるものの，どちらも「客観的な」拡がりのなかにマッピングされると述べられている。エは「物事」と曖昧な書き方をしているので不適当。比較されているのは「時間と空間」である。

問四　直後に「予測できない偶然の出来事のもとで……」とあることから，空欄には〈原因と理由の結びつき〉を表す「因果関係」が当てはまる。因果関係があれば，偶然とは言えなくなる。

やや難　問五　次段落最終文では，「つまり……離接的偶然ではない」とあるので，この部分は必須。さらに「離接的偶然」が「こうなったかもしれないが，そうはならなかった」偶然であることをふまえると，宮野の場合は「がんにならずに済んだかもしれないのにがんになった」が離接的偶然である。「そうではない」のだから実際どうなのかというと，宮野の言葉にある通り「けれど，私はがんになってしまった」というところに注目しているのである。それについて筆者は「運命を引き受け」ることと表現している。ここから，偶然の種類でいうと「変えようのない事実」としての「原始偶然」と言うことができる。この点をまとめて記述することが必要。

問六　「存在すること自体の偶然性」とは，問五の解説で述べたように，「原始偶然」であり，「変えようのない事実」である。宮野の例でいうと「運命を引き受け，人生と思索が思いがけない変化をとげ」たことに筆者は注目しており，さらにそれによって「自分自身の生という偶然について意味を与えることができたはず」と総括している。そこから，傍線部3とは〈変えようのない現状〉を〈引き受けること〉，それによって導かれるのは〈人生と思索の変化〉であり，〈自分自身の生に意味を与えること〉であるとまとめて記述できればよい。

問七　ア「数多くの」が誤り。筆者が第七段落で「数少ない人物」と記述していることと矛盾する。イ「経験も……位置づけることができる」が誤り。第三段落で「経験の時空間は，座標軸上で位置づけることができない」と記述していることと矛盾する。　エ　全体誤り。「他者に語り肯定することで」は，例示された宮野がたまたま人に語っていただけで，筆者が注目しているのは宮野の気付きそのものであって，他者に語ったことではない。また「実は偶然でなかった」とする根拠も本文中にはない。筆者が注目しているのは偶然の「飼い慣らし方」である。

二 (小説―漢字の読み，語句の意味，情景・心情，脱文補充，文脈把握，内容吟味)

問一　a「晩春や初夏の若葉のこと」。 b「つつましく控え目にして，他人のことを思いやること」。 c「人声や物音で騒がしいこと」。 d「行儀や姿などが整っていて立派なこと。乱れた所がなく見事なこと」。 e「寂しい」という表記もあるので覚えておこう。

問二　X「いすくめる」とは，「相手を見据えてこわがらせ，身が縮むようにすること」。そもそも「すくめる」とは「からだの一部などを縮まらせる，またはおさえつける」ことであるので，「すくめられる」というのは，「縮まるようにさせられる，おさえつけられる」ことをいう。 Y「普通は人のしないようなことを，好んですること」。

問三　ア「冷たくなって」が誤り。「冷たくなっ」たのは，「私がアルバイトから帰ると，まだかすかにあたたかかった」とあることから，「出かけているうちに」ではない。　イ「落ち込んだ態度のまま」が誤り。「玄関で，みょうに明るい声で」という記述と矛盾する。　エ「若くして」が誤り。「死因は老衰で」という記述と矛盾する。

問四　まず「私」は「コーヒーごちそうさせて」と言って少年を誘ったので，コーヒーを注文することは確定している。加えて，空欄直後には「私が，どうぞ，とこたえると」とあることから，空欄では何かを「私」に頼んでいるはずである。したがって，依頼する言い方になっているイが適当。

やや難 問五　言葉のうえでは事実の確認であるが，その後に少年がとった行動は坂の上のプールに「私」を誘うことと，「私」に「いいところ」を教えてもらうこと，最後には落語を聴きにいくことと，「私」と一日を過ごしていることがわかる。したがって，傍線部2の真意としては，〈アルバイトを休むのなら，一日一緒に過ごしたい〉ということである。

重要 問六「だんだん」とあることから，ゆううつさを感じたポイントを段階的に説明する必要がある。まず，「悲しみがもどってきていた」という記述からも，少年と過ごしたことでデュークの死という悲しみからは一時的に離れていたと考えられる。しかし，落語をきっかけとしてゆううつになってきている。その理由としては，落語はデュークも好きだったものなのでデュークとその死を思い出したということもあるが，「悲しくて，悲しくて，……私はいったい何をしているのだろう」と，デュークは死んでしまったのに知らない少年と楽しく過ごしたことについての罪悪感，あるいは自分への落胆というものも含まれていると考えられる。これらをまとめて記述できていればよい。

問七　ア「『少年』の存在感を」以降誤り。少年と出かけている記述は多く，喫茶店やプールでの振る舞いなど，存在感が低いとは言えない。　イ「生き物の死という」以降誤り。あくまでも「私」が注目しているのは，ほかでもないデュークというひとりの犬のことであり，この作品から「生き物の死という普遍的な悲しみ」を想起させるというのは少々無理がある。　ウ「時系列を追って」が誤り。まず第一文目が「歩きながら」であり，その後で涙が止まらなかった理由であるデュークの死について説明されている時点で，時系列を追っていない。

三 (古文―仮名遣い，漢字の書き取り，語句の意味，文脈把握)

〈口語訳〉 丹波の国に出雲という所がある。出雲大社の神霊をうつして，立派に作ってある。しだのだれそれとかが治めている所であるから，秋のころ，聖海上人，その他(の人たち)も，人を大勢誘って，「さあいらっしゃい，出雲のお社の参拝に。ぼたもちでもごちそうしましょう。」と言って，連れて行ったところ，各々が拝んで，大いに信仰心を起こした。(社殿の)御前にある獅子・狛犬が背中合わせになって後ろ向きに立っていたので，聖海上人は非常に感動して，「ああすばらしいなあ。この獅子の立ち方はたいそう珍しい。深いわけがあるのだろう。」と涙ぐんで，「なんと皆様，このありがたいことをご覧になって，不思議だとは思いませんか。(思わないなどとは)ひどいですね。」と言ったので，各人は不思議がって，「ほんとうに，他と違っていることだ。都に戻ったら(みやげ話として，人に)すぐ話そう。」などと言うので，上人はいっそう(わけを)知りたがって，年配の物をわきまえているにちがいないような顔をしている神宮を呼んで，「この御社の獅子の立てられ方は，きっと慣例があることでございましょう。ちょっとお聞かせいただきたい。」とおっしゃったところ，「そのことでございます。どうしようもない(＝いたずら好きの)子供たちがしたことで，ありえないこと(＝けしからぬこと)でございます。」と言って，近寄って，(獅子・狛犬を正しい位置に)据え直して立ち去ったので，上人の感動の涙は無駄になってしまった。

問一　A　古典的仮名遣いでは「au」の表記は「オー」と読むので，「たちよう」が適当。　B　古典的仮名遣いでは「ゑ」は「え」，語頭を除く「はひふへほ」は「わいうえお」と読むので「すえなおして」が適当。

問二　「あまた」の漢字表記は「数多」である。これは知識問題。

問三　出雲大社に参拝しているという状況から，イが適当。

重要
問四　「知りたい」というからには知らないことでなければならない。ここでは，出雲大社にいた獅子が狛犬と背中合わせになっていたことを，「不思議だと思いませんか」「きっと慣例がある」と上人は言っているのだから，知りたいのは〈獅子が狛犬と背中合わせになっている理由〉である。

問五　「いたづらに」はナリ活用形容動詞「いたづらなり」の連用形。「いたづらなり」には「無駄だ，つまらない」などの意味がある。この時点でウ・エに絞られるが，上人が涙を流すというのは何かの利益があってのことではなく，単に獅子と狛犬の立ち姿に感動したということ，そしてそれがただのいたずらであったことが判明したということなのでエが適当。

問六　上人が神官を呼んで獅子の立ち姿について質問したが，神官は「さがなき童どもの……奇怪に候ふことなり」と言って，位置をもとに戻してしまった。このことから，獅子が狛犬と背中合わせになっていたのは何か宗教的理由があるわけではなく，単なる子供のいたずらであったということがわかる。

★ワンポイントアドバイス★

論説文は，比較が登場する場合に注意。「AとBの比較」は，AとB双方に言及しないと成り立たない。小説は，人物の心情が時間を追って変化するということに注意。ただしきっかけなく変化することは少ないので，何がきっかけとなってどのような変化が起きているかに注目しよう。古文は，単語一つをとってもそこにいたるまでの流れがある。局限的にではなく，全体の流れとして内容を把握しよう。

2023年度

★★★★★★★★★★★★★★★★★★★★★★★

入　試　問　題

2023年度

開智未来高等学校入試問題（第１回）

【数　学】（50分）　＜満点：100点＞

【注意】 コンパス，分度器，その他の定規類は使用しないでください。

1 次の各問いに答えなさい。

(1) $\frac{2a-b}{2}+\frac{a+2b}{3}-\frac{a-b}{4}$ を計算しなさい。

(2) $\sqrt{6}(\sqrt{2}+\sqrt{3}+\sqrt{5})(\sqrt{2}+\sqrt{3}-\sqrt{5})$ を計算しなさい。

(3) $x+y=2$，$xy=-4$ のとき，$\frac{1}{x}+\frac{1}{y}$ の値を求めなさい。

(4) ２次方程式 $3x^2-24x+36=0$ を解きなさい。

(5) 放物線 $y=\frac{1}{2}x^2$ と直線 $y=-x+6$ の交点のうち，x 座標が正である点の y 座標を求めなさい。

(6) y は x に反比例し，$x=-3$ のとき $y=-8$ である。このとき，x の値が４から８まで変化するときの変化の割合を求めなさい。

(7) あるカフェにドリンク１杯とケーキ２つのセットメニューがある。ドリンクはコーヒーか紅茶の中から，ケーキはショートケーキ，チョコレートケーキ，フルーツタルトの中から好きなものを注文する。セットを注文するときの組み合わせは全部で何通りあるか答えなさい。ただし，ケーキは同じものを２つ注文してもよいものとする。

(8) ある学年の生徒100人に数学のテストを行ったときの結果を右のヒストグラムにまとめた。中央値を含む階級の階級値を答えなさい。

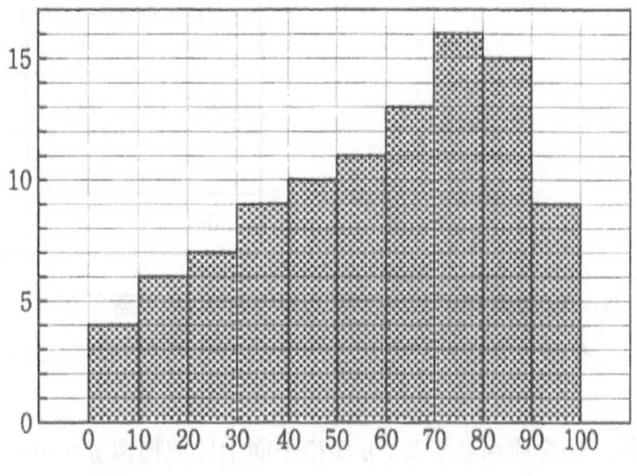

(9) 直径６㎝の球の体積を求めなさい。ただし，円周率は π とする。

(10) AB＝２㎝，BC＝$2\sqrt{3}$㎝，CA＝４㎝の△ABCがある。△ABCの辺BCを軸として１回転させてできる立体の表面積を求めなさい。ただし，円周率は π とする。

2 次の各問いに答えなさい。

(1) x の２次方程式 $x^2+2ax+b=0$ について，a，b の値を大小２つのサイコロの目の数によって決定する。大きいサイコロの目の数を a，小さいサイコロの目の数を b とするとき，２次方程式が整数の解をもつ確率を求めなさい。

⑵　下の図のように，連続する奇数を１から順に７個ずつ並べる。縦，横２個ずつの数を線で囲み，枠の中の４つの数を小さいほうから順に a，b，c，d とする。たとえば，下の図において，$a=49$，$b=51$，$c=63$，$d=65$である。

枠をどこにとっても $bc-ad=28$となることを証明しなさい。

1	3	5	7	9	11	13
15	17	19	21	23	25	27
29	31	33	35	37	39	41
43	45	47	49	51	53	55
57	59	61	63	65	67	69
71	73	75	77	79	81	83
85	87	89	91	93	95	…

⑶　100名の生徒に数学と英語の５点満点の小テストを行い，その結果を下の表にまとめた。太枠内の数字は数学が４点で英語が２点の生徒が３人いることを示している。英語の平均点が2.7点であったとき，a，b の値を求めなさい。

英語＼数学	5点	4点	3点	2点	1点	0点
5点	2	2	7	3	1	1
4点	5	4	a	0	3	2
3点	4	6	b	1	5	1
2点	0	3	4	1	0	6
1点	3	1	6	5	3	0
0点	2	4	3	2	0	0

⑷　縦の長さが３㎝，横の長さが５㎝，高さが４㎝の直方体がある。直方体の各面の対角線の交点を線分で結んでできる八面体の体積を求めなさい。

3　Oを原点とする xy 座標平面上に放物線 $y=ax^2$（…①）と，２本の直線 $y=-2x+5$（…②），$y=x-4$（…③）があり，２直線の交点Aが放物線①上にある。また，y 軸と直線②，③との交点をそれぞれ点B，Cとするとき，次の各問いに答えなさい。

⑴　a の値を求めなさい。

⑵　解答欄に，放物線①と直線②，③及び点A，B，Cをかき入れなさい。

⑶　△ABCの面積を求めなさい。

⑷　△ABCを y 軸を軸として１回転させたときの立体の体積を求めなさい。ただし，円周率は π とする。

4 下の図のように，半径３㎝の円Ｏと半径１㎝の円O’が点Ａで接しており，直線BCと直線ADは円Ｏと円O’に共通する接線である。また，線分ABと線分ODの交点をＥ，線分ACと線分O’Dの交点をＦとする。このとき，次の各問いに答えなさい。

⑴　線分BCの長さを求めなさい。

⑵　△OABの面積を求めなさい。

⑶　△OAD∽△ODO’を証明しなさい。ただし，∠ODB＝∠ODA，∠O’DA＝∠O’DCであることは証明なしに用いてもよい。

⑷　四角形AEDFの面積を求めなさい。

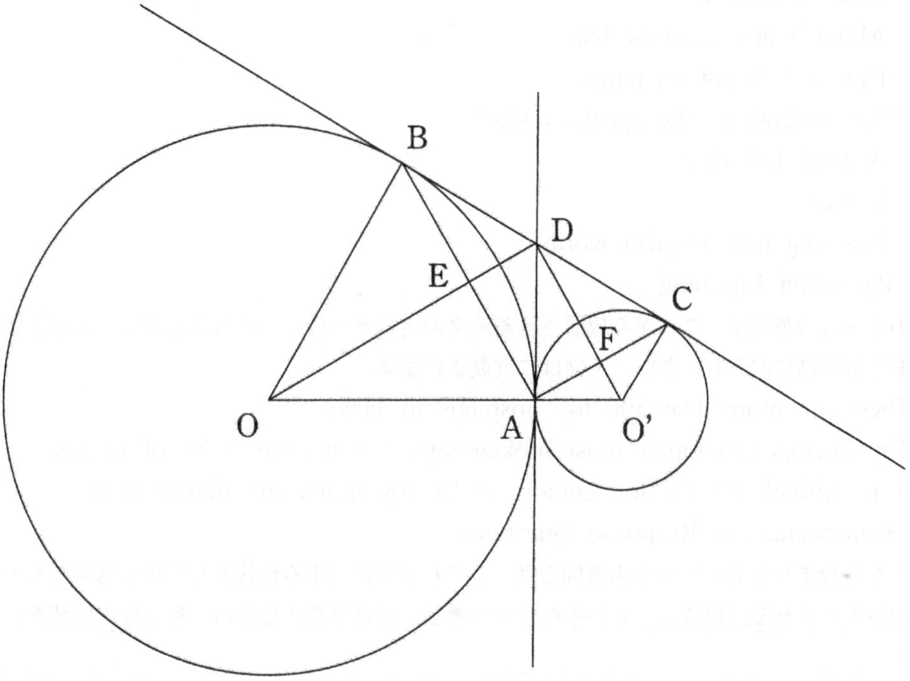

【英　語】（50分）　＜満点：100点＞　**※リスニングテストの音声は弊社HPにアクセスの上，音声データをダウンロードしてご利用ください。**

1　放送を聞いて，Part 1 ～ Part 3 の問いに答えなさい。途中でメモをとってもかまいません。

Part 1 Conversation Listening

対話を聞き，下の⑴～⑵の質問に対する最も適切な答えをａ～ｃの中から一つ選び，記号で答えなさい。英文は一度だけ読まれます。

⑴ What do the speakers learn in the conversation?

ａ．How to cook fish.

ｂ．About a new kind of fish.

ｃ．How a fish got its name.

⑵ What do both of the speakers like?

ａ．A fried fish dish.

ｂ．Horses.

ｃ．Learning new English words.

Part 2 Paragraph Listening

下の⑴～⑶の英文が，これから放送される英文の内容と一致している場合はＴ，異なっている場合はＦを解答欄に記入しなさい。英文は二度読まれます。

⑴ There are more than 500 toy hospitals in Japan.

⑵ Toy doctors can repair most broken toys, but it costs a lot of money.

⑶ It is difficult for the toy doctors to fix toy trains and plastic dolls.

Part 3 Communication Response Questions

これから読まれる No.1 ～ 3 の質問を聞き，それぞれに対する応答として最も適切なものを，放送で読み上げられる選択肢ａ～ｃの中から一つ選び，記号で答えなさい。英文は二度読まれます。

No. 1 ____.

ａ.

ｂ.

ｃ.

No. 2 ____.

ａ.

ｂ.

ｃ.

No. 3 ____.

ａ.

ｂ.

ｃ.

2 次のA・Bの問いに答えなさい。

A 次の英文の（ ）に入れるのに最も適切な語，または語句を，ア～エの中から一つ選び，記号で答えなさい。

(1) How ( ) will the concert start? — In a few minutes.
ア soon イ often ウ long エ much

(2) We have been busy ( ) last Wednesday.
ア for イ from ウ on エ since

(3) My aunt always says the sunset ( ) from the beach near her house looks very beautiful.
ア to see イ saw ウ seeing エ seen

B （ ）内の語，または語句を並べ替えて，日本語の意味を表す正しい英文を完成させなさい。ただし，文頭に来るべき語もすべて小文字で書かれている。

(1) どうして彼は昨日学校を休んだのですか。
(him / made / from / what / school / absent) yesterday?

(2) 私の息子は，今週末の海水浴を楽しみにしています。
My son (in / is / to / forward / swimming / looking / the sea / this weekend).

(3) その問題は，私が解けるくらい簡単でした。
(I / it / so / was / that / easy / solve / could / the question).

3 次のA・Bの問いに答えなさい。

A 次のページの自然公園の案内パンフレットを読み，次の(1)～(3)の問いに答えなさい。

(1) You will visit Bird Island Park with your father and mother. You will stay at a cabin for two nights. All members of your family will take a boat tour and rent bicycles for one day. How much will the total cost be?
ア $140 イ $240 ウ $270 エ $370

(2) Your family is choosing one of the areas for an overnight trip. Your mother wants to go hiking. Your father wants to go fishing in a river. You want to play tennis. Which area on the map is the best for your family's plan?
ア Cabin Area A
イ Cabin Area B
ウ Cabin Area C
エ A Tent Camping Site

(3) Which is true about swimming at Bird Island Park?
ア You can swim in a pool in each cabin area.
イ You may only swim in a special area.
ウ You can swim in the river, but not near Bird Island.
エ You cannot swim anywhere in the park.

Bird Island Park Visitor's Guide

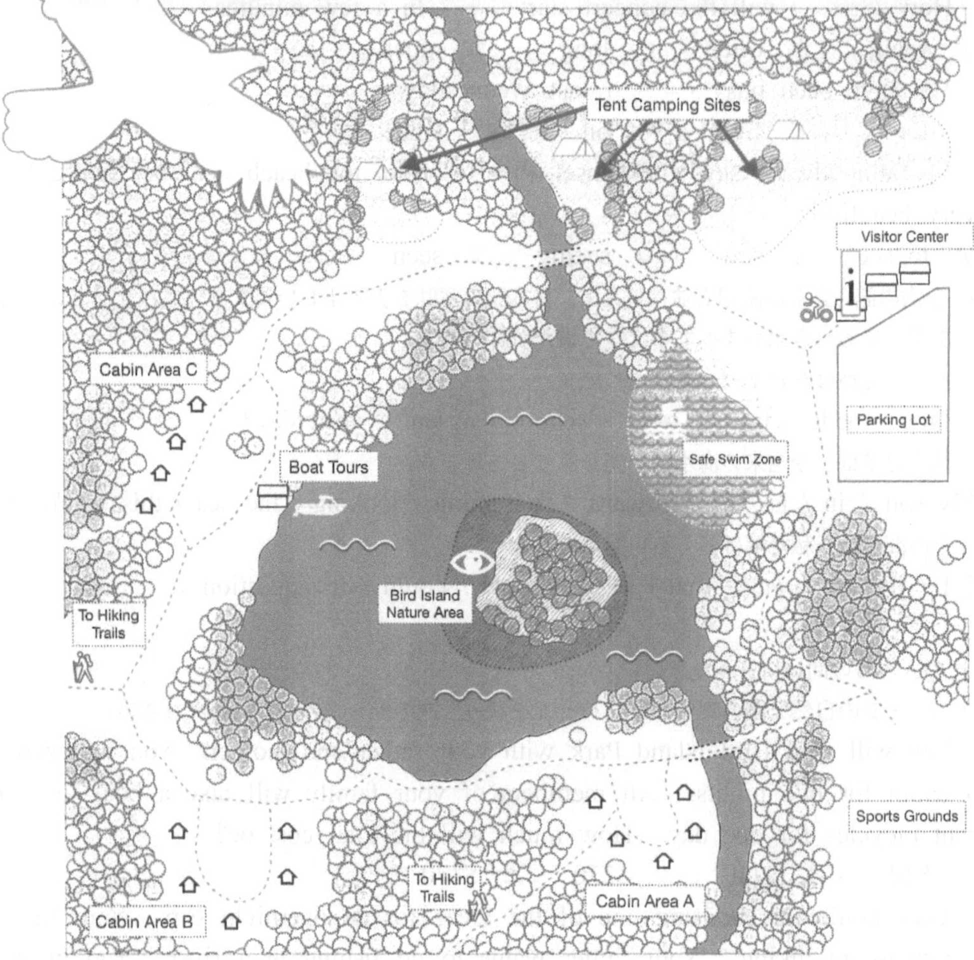

Experience beautiful nature and outdoor activities at Bird Island Park. At the Visitor Center learn about rare birds that visit Bird Island every year. Then take a boat tour around the island for a chance to see these beautiful animals. Enjoy hiking, swimming, fishing, cycling, and many other sports. Visit for a day trip, or stay overnight at one of the campsites or cabins. Reservations for services can be made at the Visitor Center or by calling 142-2126-9034.

Rental Information

Service	Cost	
Tent Camp Site (1 to 8 people)	$20 a night for each site	
Cabin (1 to 4 people)	$120 a night for each cabin	
Bicycle	$1 an hour or $5 a day **Available at the Visitor Center*	
Bird Island Boat Tours	$5 dollars for each person's ticket **Children age 2 and under FREE*	*Tickets for sale at the Visitor Center or Boat Tours Station.

!

No fishing, no boats allowed in the Safe Swim Zone. Swimming hours are from 8 am to 6 pm. Swimming outside of the Safe Zone is dangerous and not allowed.

B　次のグラフは，2016年から2020年の５年間における，熱中症 (heat stroke) のために救急車 (ambulance) で病院へ救急搬送された患者 (patient) の人数と，その総数に対する年齢属性別の割合を表すグラフである。グラフが示す内容と一致しないものを，選択肢ア～エから一つ選び，記号で答えなさい。

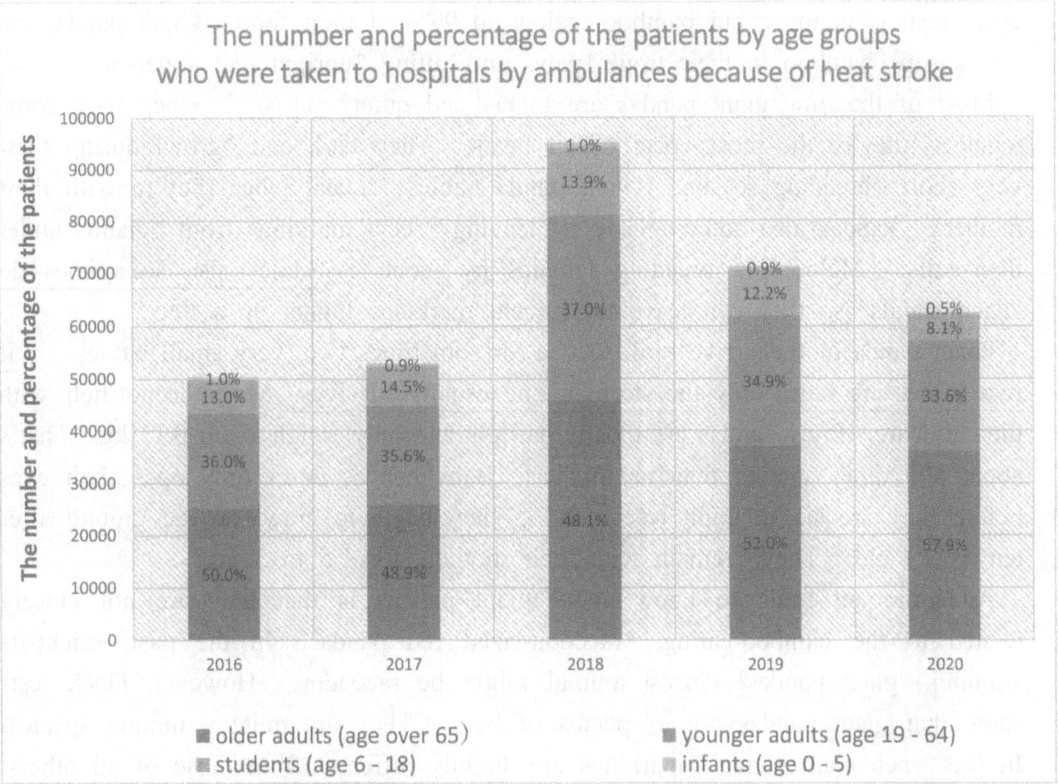

ア During these five years, the smallest number of people was taken to the hospital by ambulances in 2016.

イ From 2016 to 2020, infants were the minority of the heat stroke patients who were taken to the hospital by ambulances.

ウ The percentages of the students taken to hospitals by ambulances continued to decrease from 2017 to 2020.

エ In 2020, about four times as many older adults as students were taken to the hospital by ambulances.

4　次の英文を読んで，後の問いに答えなさい。

①Black and white giant pandas［a / by / of / are / all / lot / over / loved / people］the world. Sadly, however, they're an endangered animal. Farms, roads, railroads, and other development have (②destroy) much of the forest they live in. Wild giant pandas live in cool and *damp mountains which have a lot of bamboo and old growth forest. The forest is the best place for their homes.

When giant pandas aren't sleeping, they're looking for and eating food. In fact, they spend 12 hours a day eating! What do they eat? The bamboo in the forests, and a lot of it — 11 to 18 kg every day! Giant pandas must eat more than one kind of bamboo because the plants are low in *nutrients. They will eat other plants, and even meat sometimes, but bamboo makes up 99% of their food. Giant pandas eat by (③grip) bamboo in their front *paws and sitting *upright like a person.

Most of the time giant pandas are loners and quiet. (④), when they come together, they're the most vocal of all bears. They bark and *growl during their very short *breeding season. Giant panda babies *squeal when they're with their mothers. Pandas also communicate by leaving *scent markings from *glands under their tails. Males find breeding females by scent. ⑤Males also sometimes do "hand stands" so they can leave their scent markings higher up a tree.

Giant panda mothers give birth to one, or sometimes two, very small babies. ⑥If two babies are born, only the stronger one usually survives. Males do not help with the childcare. Baby pandas are mostly hairless and only weigh about 0.11 kg. That's about 800 times smaller than its mother! Baby pandas don't fully open their eyes before they are six to eight weeks old. They begin to crawl on the ground after ten weeks old. They *remain with their mothers for 1.5 to 3 years.

An important thing to know about giant pandas is that they are not closely related to the bamboo-eating, *raccoon-sized red panda. In the past, scientists (⑦think) giant pandas' closest animal might be raccoons. However, DNA tests show that giant pandas are a species of bear. They are quite a unique species! In fact, each giant panda's markings are slightly different from those of all others.

〔語注〕 *damp：にめじめした　*nutrient：栄養素　*paw：哺乳動物の足
*upright：まっすぐ直立して　*growl：うなり声をあげる　*breeding season：繁殖期
*squeal：キーキーと鳴く　*scent marking：臭いのしるし　*gland：分泌腺
*remain：（ある場所に）とどまる　*raccoon-sized：アライグマの大きさの

問１　下線部①が，文意が通る正しい英文となるように，［　］内の語を並べ替えなさい。

問２　（②destroy）（③grip）（⑦think）を適切な形に直しなさい。

問３　第２段落で述べられている，ジャイアントパンダの食習慣に関する説明として本文の内容と**一致しないもの**を，次のア～エの中から一つ選び，記号で答えなさい。

ア　ジャイアントパンダは，一日のうち，およそ半分の時間を，エサとなる笹を探したり，それを食べたりすることに費やす。

イ　ジャイアントパンダが大量，かつ複数の種類の笹を食べなければならないのは，笹の栄養価が低いからである。

ウ　ジャイアントパンダのエサの99％は笹，残りの１％は笹以外の植物であり，ジャイアントパンダが植物以外のエサを食べることはない。

エ　ジャイアントパンダが笹を食べる姿は，人間がものを食べるときの姿と似ている。

問４　空所 (④) に入る最も適切な語を，次のア～エの中から一つ選び，記号で答えなさい。

ア　For example　　イ　Therefore　　ウ　Moreover　　エ　However

問５　オスのジャイアントパンダが，下線部⑤で述べられている行動をとる理由を，20字以内の日本語で説明しなさい。

									10										20

問６　下線部⑥を日本語に直しなさい。

問７　本文の内容に即して，ジャイアントパンダの赤ちゃんが，(ア)生後６～８週ごろからできるようになること，(イ)生後10週ごろからやり始めることを，それぞれ10字以内の日本語で答えなさい。

(ア)										10
(イ)										10

問８　本文と内容が**一致しない文**を，次のア～キの中から二つ選び，記号で答えなさい。

ア　Some people are afraid that giant pandas may completely disappear from the Earth, because their population is so small.

イ　The scent markings released from giant pandas' bodies are very important to keep its population.

ウ　After a female giant panda gives birth to a baby, its father plays an active role in the childcare.

エ　When female giant pandas give birth to their babies, the average weight of the mother pandas is about 90 kg.

オ　Some child giant pandas begin to leave their mothers after they become one and half years old.

カ　Giant pandas' closest animal is the bamboo-eating, raccoon-sized red panda.

キ　We can't find a pair of giant pandas whose markings on their bodies are perfectly the same.

5　次の対話は，生花店に花を買いに来た中学３年生の生徒 (Student) と，生花店の店員 (Clerk) が話している場面である。（１）～（５）に入れるのにふさわしい英文をそれぞれ５語以上で考え，解答欄に書きなさい。

Clerk:　Good afternoon, how may I help you?

Student: Hi, I'd like to order some flowers.

Clerk:　(　1　)?

Student: To our homeroom teacher at my junior high school.

Clerk:　Why are you going to give them to your teacher?

Student: (　2　). We decided to give him some flowers to thank him.

Clerk:　That sounds wonderful!　(　3　)?

Student: I'm not sure what flowers he likes, and I don't know too much about flowers.

What flowers do you recommend?

Clerk: Today, we have very fresh tulips, lilies, pansies, marigolds, and roses.

Student: Oh, Great! So, could you arrange a bouquet with tulips, lilies, and roses? Our budget is 4,000 yen.

Clerk: Of course! That will be a good combination. You can put a message card for your teacher for free. We can type on it the name of your teacher and your short message for him within 10 words.

Student: Oh, that's good! I'm sure he will be very pleased with it.

Clerk: (4)?

Student: His name is Fujii Hitoshi.

Clerk: And could you make your short message for him within 10 words?

Student: One moment please... OK, I've decided. My message is this. (5).

Clerk: Perfect! I'll arrange your card and bouquet in 15 minutes.

問七 本文に関する説明として適当なものを次から選び、記号で答えなさい。

ア 一貫して真志喜の視点から古書や祭りのエピソードが描かれ、多様な人物との関わりを通して真志喜の考えが変化する様子が表現されている。

イ セリフを多く用いながら各登場人物のあり様が描かれ、古書にまつわるエピソードを通して、瀬名垣と真志喜の友情が感じられる構成である。

ウ 本を愛する真志木・瀬名垣と、本をものとしか捉えない男、という対比を通じて、古書に関わるものの葛藤という普遍的な話題を展開している。

エ 真志喜と瀬名垣の小さなすれ違いや、みすずとの大きなすれ違いなど、人物間のすれ違いを際立たせることで真志喜の孤独を醸し出す作風である。

三 次の文章を読んで、後の問いに答えなさい。

漢朝に元啓《げんけい》といふ者ありけり。年十三の時、父、妻が言葉につきて、1年たけたる親を山に捨てむとす。元啓、しきりにいさむれども用ゐずして、元啓と二人、あからさまに注手輿を作りて、持ちて、深山《みやま》の中に捨てつ。

元啓、「輿を持ちて帰らむ」と言ふに、A父、「今はいかにせむぞ、（今さらどうしようというのか）2捨てよ」と言ふ時、「B父の年老い給ひらむ時、また持ちて3捨てむずるためなり」と言ふ。その時、C父、心づきて、「わがD父を捨つること、まことに悪しきわざなり。4これを学びて、われを捨つることありぬべし。5よしなきことをしつるなるべし」と思ひ返して、E父を具して帰りて、養ひける。

このこと、天下に聞こえて、6父を教へ、祖父を助けぬる孝養者なりとて、孝孫とぞ言ひける。

（『沙石集』第三の四による）

（語注）

注 手輿…人を乗せる道具の一つ。

問一 傍線部1「年たけたる親」と同じ人物を表すものを、二重傍線部A～Eの「父」の中からすべて選び、記号で答えなさい。

問二 傍線部2「捨てよ」・3「捨てむずる」とあるが、それぞれ何を捨てるのか。適当なものを次からそれぞれ選び、記号で答えなさい。

ア 元啓　**イ** 手輿　**ウ** 元啓の父　**エ** 元啓の祖父

問三 傍線部4「これを学びて」の主語を、本文中から抜き出して答えなさい。

問四 傍線部5「よしなき」の意味として適当なものを次から選び、記号で答えよ。

ア 趣深い　**イ** 意味がない　**ウ** 不思議な　**エ** つまらない

問五 傍線部6「父を教へ」とあるが、どのようなことを教えたのか。簡潔に説明しなさい。

「どんな？」

「所有欲も愛着も、本当はものすごくあることを自覚してる。いつまでだって撫でくりまわしてじっくり味わいたいし、だれにも渡すもんかと、いつもいつも思ってるんだ」

　ちょうどリンゴ飴をかじっていた真志喜は、甘さのためか、眉を寄せた。

　みすずが、「ねえ、見て」と呼ぶ声がした。

「月が出てる！」

　見上げると、空には白い真円が浮いていた。

　さざめきと熱気、食べ物のにおい、夜のはじまりに溶けていく笛の音。そして、それらの中に等しく身を預けている、近しいひとたち。名づけられない大切なものが、そこにはたしかにあった。しばし立ち止まって月を眺めていた真志喜は、しかめっ面を作って瀬名垣に視線を戻した。

「で、いまのはなんの話だ？」

と、真志喜は聞いた。瀬名垣は笑った。

4「まだまだ修行が足りないって話さ」

（三浦しをん「名前のないもの」による）

問一　波線部a～eの漢字の正しい読みをひらがなで答えなさい。

問二　二重傍線部X「ほうぼうの」・Y「愕然とした」の意味として適当なものを次から選び、記号で答えなさい。

X　「ほうぼうの」

ア　あちこちの場所の　**イ**　目立たない場所の

ウ　古めかしい場所の　**エ**　由緒正しい場所の

Y　「愕然とした」

ア　絶望した　**イ**　がっかりした

ウ　怒りがわいた　**エ**　非常に驚いた

問三　傍線部１「本田真志喜は番台に座って頬杖をつき、考えごとをしているようだった」とあるが、ここでその理由を瀬名垣はどのように考えたか。それを次のようにまとめる場合、空欄に当てはまる適当な語句を本文中から抜き出し、十字程度で答えなさい。

［　　　　　　　　］から。

問四　傍線部２「私はすごく好意的に、そう考えることにした」とあるが、ここでの「好意的」とはどのような点か。その説明として適当なものを次から選び、記号で答えなさい。

ア　男が黒い布の袋に本を詰め込んだのを見て、男が売りに来た本は盗品だと分かったのに、それをあえて追及しないようにした点。

イ　男が『古書飛鳥』から本を盗んだのは分かっていたが、今売りに来ている本はそれではないと考えることにしたという点。

ウ　男は盗品を売りに来たのかもしれないとは思ったものの、それは男が自分で買ったものなのだと考えることにしたという点。

エ　男が盗んだ古書を売りに来ていることに衝撃を受けた余り、男が黒い布の袋に本を詰め込んでも見て見ぬふりをした点。

問五　傍線部３「古書を物としてしか扱わなかった男は、古書の世界から逆襲を受ける」とあるが、ここではどういうことを表しているか。説明しなさい。

問六　傍線部４「『まだまだ修行が足りないって話さ』」とあるが、このセリフに込められた瀬名垣の意図を説明しなさい。

「明日、市に行ってみんなにその男の人相風体を伝える。たぶん偽名だろうけれど、彼が台帳に記入した名前と住所も。これで、少なくとも関東では、彼は『商売』できなくなるだろう」

狭い業界だ。店についてでも客についてでも、悪い噂はすぐに広まる。3古書を物としてしか扱わなかった男は、古書の世界から逆襲を受けるのだ。永遠に閉め出され、甘い蜜を吸うことは二度とできなくなる。

「私が衝撃を受けたのはね、瀬名垣」

真志喜はひそやかに言った。「男の本性を見抜けず、まんまと騙されていたということももちろんあるけれど、それ以上に、うちの本が袋に詰めこまれるのを見た瞬間、すごく傷ついたんだ。傷ついた自分に、とても驚いた」

瀬名垣は煙を吐き、煙草を持たないほうの手で、真志喜の背中を軽く叩いた。

「傷ついて当然だろ。おまえの大切にしている本が盗まれるところを、目撃しちゃったわけなんだから」

「『無窮堂』にある本は、正確に言えば私の本じゃない。ふさわしいひとの手に渡るまで、私が預かっているだけだ。いつも自分にそう言いきかせていたはずなのに、いつのまにか愛着を抱いてしまっている自分に気づいて、Y愕然とした」

「どうにも、本にd囚われてるからなあ、おまえも俺も」

瀬名垣は苦笑いした。

神社の鳥居が見え、砂が鳴るような人々のざわめきが聞こえだした。鳥居の手前に設置された赤い灰皿に、瀬名垣は吸いさしをつっこむ。

「ほら、みすずちゃんのご登場だ」

人でごった返す参道から、外山みすずが駆け寄ってくる。彼女の後ろには、焼きそばやらリンゴ飴やらヨーヨーやら射的の景品やらを両手に持った秀郎が、うやうやしく付き従っていた。

「真志喜ちゃん、遅ーい。なにしてたの。たいっちゃんが呼ばないと動かないんだから。そのうち古本と一緒にあの店で土になっちゃうよ？」

まさか祭りに行く約束自体を忘れていたとも言えず、「ごめん、お客さんが引かなくて」と真志喜は謝った。

みすずは真志喜の腕を引っぱるようにして、屋台の建ち並ぶ参道へ導いた。

「真志喜ちゃん、金魚すくい得意でしょ？　赤くて可愛いのがいるのよ。秀郎は出目金ばかり狙っちゃって駄目なの」

「やりたくないな。金魚屋のおやじが首をくくりかねない」

「しょってるわね」

みすずは笑った。「リンゴ飴をあげるから、やってちょうだい」

秀郎がすかさず、真志喜にリンゴ飴を差し出す。赤い果実を砂糖で封じこめた菓子を、真志喜はしぶしぶ受け取った。

「ほらほら、早く！」

半ば小走りになったみすずを、秀郎が追う。真志喜と瀬名垣は屋台をe覗きながら、二人の後をゆっくりとついていった。

「今夜、泊まっていってもいいか？」

おもむろに、瀬名垣が真志喜に尋ねた。真志喜が、「いいけど」と答えると、彼はさっそく屋台でカップの日本酒を買った。思う存分飲むことにしたのだ。

「実はな、真志喜。俺はさっき、ちょっと嘘をついた」

真志喜がちょっと振り返る。瀬名垣はほとんど条件反射で、かがんで地面で煙草を消し、パラフィン紙で手製した小さな封筒に吸い殻を入れた。これでもう文句はないだろうと、真志喜の横に並ぶ。

「本を愛するひととは」

と、真志喜は話しはじめた。「所有欲が強いんだそうだ」

「うん？」

「おまえ、そういう自覚があるか？」

「……どうかな」

なにかを試されてるのか？　とわずかに動揺しながら、瀬名垣は答えた。

「私はある」

と真志喜は言った。「本当はすべての本を店に留めておきたいところだが、本の幸せを願って、断腸の思いで売りに出しているんだ。『すごく女性が好きなのに置屋の主人になってしまった男』みたいな気持ちだ」

「あのな。そのたとえは、なんか違うと思うぞ」

と、瀬名垣は言った。「そしておまえはいったい、なにを言いたいんだ」

二人のあいだに、しばらく沈黙が落ちた。雑木林の周辺には薄闇が漂い、その向こうから、a提灯の赤い火と物悲しくも華やかなb祭囃子が、かすかに透けて届く。ぬるい空気は、肌に触れるとそのままじっとりとした汗に変わった。

真志喜は小さくため息をつき、意を決してことの次第を語りだした。

「『無窮堂』に、よく本を売りにくる男がいるんだ。四十代ぐらいかな。いつもパリッとした服を着ている。うちで本を買っていくことはないが、持ってくるものは面白くて変わった本ばかりだ」

「いいお得意さんだな」

「ああ。私は高い値で買っていたよ。だけどこの前、気づいてしまったんだ。そのとき男が持ってきた十五冊の本が、神田の『古書飛鳥』の棚に並んでいたものと、そっくり同じだってことに」

「……どういうことだ」

瀬名垣は真志喜の表情をうかがった。真志喜はうつむきがちに、下駄の音を響かせた。

「『古書飛鳥』で買った本を、うちに売りにきたんだろう。2私はすごく好意的に、そう考えることにした。棚一段に並んでいる本を、ごっそり十五冊も買うなんてことはほとんどあり得ない、とわかっていたのに」

「そいつは、盗んだ本を売りさばいていたんだな？」

「そう。今日もその男が本を売りにきた。私はなにくわぬ顔で買い取りをし、その後、店内を見てまわっている男を注意深く監視した。男は棚の陰で手早く、うちの本を黒い布の袋に十冊ばかり詰めこんだよ」

「酷いな、そりゃ」

瀬名垣はc憤りを鎮めるために、再び煙草を吸うことにした。真志喜も今度ばかりはそれを黙認する。

「Xほうぼうの古本屋で本を万引きして、それを別の古本屋に売って暮らす、か。いじましくて汚い手を使いやがる。真志喜、そいつをどうした。警察に突きだしたのか？」

真志喜は首を振った。

「私は番台から下りていって、本を棚に戻すように言ったよ。それから、二度と来ないでくれと店から放り出した」

「甘いんじゃねえの」

記号で答えなさい。

ア　海域世界という歴史把握の方法について、それが歴史研究のみならず幅広い分野で応用されていることが示された後、一つの分野に視座を限定し、その具体例から海域世界という手法の定義が帰納的に述べられ、最後に、その手法の持つ意義が示されることで、海域世界の手法の重要性が示されている。

イ　海域世界という歴史把握の方法について、文献を引用しつつ従来の海域世界の発想を批判し、筆者独自の海域世界の見方が示された後、筆者の海域世界に対する独自の見方も弱点を持つ可能性が述べられ、最後に、筆者独自の海域世界の手法の定義が再確認され、より主張の独自性が強調されている。

ウ　海域世界という歴史把握の方法について、それが歴史研究に与えた影響の大きさや成果の例が詳細に紹介された後、めざましい功績をもたらした海域世界という方法が現代においては有効でないことが述べられ、最後に、海域世界という方法を退け、一国史的歴史観に回帰すべきだと主張されている。

エ　海域世界という歴史把握の方法について、これまでの歴史認識を相対化する可能性があるという主張が述べられた後、そのような可能性をはらむ海域世界という方法も弱点を持ちうることが述べられ、最後に、その弱点を乗り越える視座が提示され、海域世界という方法の重要性が再度確認されている。

二　次の文章を読んで、後の問いに答えなさい。

いつものように瀬名垣太一が「無窮堂」を訪れたとき、1本田真志喜は番台に座って頬杖をつき、考えごとをしているようだった。

「よう、真志喜」

と声をかけると、

「なにか用か」

と素っ気なく返される。

「おいおい、早くもボケたんじゃねえのか？　今日は神社の祭りに行くって言ってただろ。鳥居のところでいつまで待っても来ないから、迎えにきたんだよ」

「ああ、そうだっけ……」

真志喜は明らかに心ここにあらずといった感じで立ち上がった。「母屋の戸締まりをしてくる」

瀬名垣は店内を見回し、棚を確認した。真志喜がこんなふうにぼんやりするのは、たいてい、納得のいかない商いをしたときなのだ。

真志喜の愛する古本たちは、わずかな埃のにおいを纏わせながら、今日もひっそりと棚に並んでいた。変わった様子は特にない。ただ、棚が少しすいているようだ。本の補充や入れ替えをきちんとする真志喜にしては珍しい。瀬名垣はポケットから煙草を取り出し、火をつけないまま一本くわえた。

やがて真志喜が母屋から戻ってきた。瀬名垣の煙草にも気づかずに、

「待たせた。行こうか」と下駄を履く。これはやはり尋常ではないぞ、と瀬名垣は思った。

夕暮れの道を連れ立って歩く。瀬名垣は真志喜のほうに煙が行かないよう、半歩遅れた位置から尋ねた。

「なんかあったのか？」

数の海域世界が互いに重なり合って存在し、それらが最終的には世界史を形作っている、つまり、各海域世界はそれぞれまったく別の独立した存在ではない、と答えることによって、この批判に応えることができるだろうと考える。海域世界史の可能性は、それぞれの海域世界史を研究し、描こうとする人たちが、それ自身で完結した閉鎖的な空間ではなく、常に外に開かれている空間を思い描けるかどうかにかかっている。

大事なことは、従来からの固定された歴史の見方をeイッタン白紙に戻してみるという姿勢である。私たちは、これまで日本や中国という「国家」を中心にした一国史的歴史観にあまりに慣れ親しんできた。現実に国家が存在するわけだから、この見方が必要ないとは言えない。しかし、この見方が絶対でもないはずだ。国民国家史を寄せ集めた世界史ではなく、一体としての世界史を新しく構想する際には、国民国家史を相対化した過去の捉え方がどうしても必要になる。その意味で、4海域世界という実験場を設定することには十分な意義がある。

（羽田正『新しい世界史へ――地球市民のための構想』による）

問一　波線部a～eのカタカナを正しい漢字に直しなさい。（楷書でていねいに書くこと）

問二　二重傍線部X「市民権を獲得している」・Y「大家」の意味として適当なものを次からそれぞれ選び、記号で答えなさい。

X「市民権を獲得している」

ア　限られた場所でのみ認められている
イ　一般的なものとして周知されている
ウ　世間からの支持を得られないでいる
エ　古くから人々に広く認知されている

Y「大家」

ア　多くの研究資料を持っている人
イ　歴史研究により生計を立てる人
ウ　その道ですぐれた業績のある人
エ　従来にはない視点で研究する人

問三　傍線部1「海域世界という過去の把握方法」とあるが、これと同じ内容を表す語句を本文中から十五字程度で抜き出して答えなさい。

問四　傍線部2「この問題」とあるが、これはどのような問題か。六十字以内で説明しなさい。

問五　傍線部3「海域世界史は従来の歴史叙述が有する制約から解放されるだろう」とあるが、そのためにどのようなことが必要だと筆者は述べているか。その説明として適当なものを次から選び、記号で答えなさい。

ア　海域世界が重層的に重なり合ってできるものが、世界史であるという認識をもつこと。
イ　海域世界がそれぞれの海域で独立したもので、常に外に開かれていると認識すること。
ウ　海域世界が国民国家同様に、歴史叙述の視座として限界を持つことを受け入れること。
エ　海域世界がこれまでにない視点である以上、批判されるのは仕方ないと我慢すること。

問六　傍線部4「海域世界という実験場を設定することには十分な意義がある」とあるが、それはなぜか。その理由を説明しなさい。

問七　本文の構成・展開に関する説明として適当なものを次から選び、

という語を用いる場合、その空間は他の「B世界」や「C世界」とは区別されるある種の特徴とまとまりを持っているということが想定され了解されている。「イスラーム世界」や「ヨーロッパ（世界）」を想起すれば、このことは容易に了解できるだろう。海域世界の場合も事情は変わらない。実際、チョドリーや家島彦一といった海域世界史研究のY大家は、「地中海海域世界」とは別の特徴を持つ空間として「インド洋海域世界」を設定し、その歴史を論じている。この二つの海域世界は「違う！」のである。皮肉なことに、国民国家という閉じた枠組みで歴史を理解し叙述することを批判するための概念であるはずの海域世界が、国民国家の領域より広いとはいえ、また別の閉じた空間を新たに作り出していることになる。これは一種のパラドックスである。

新しい世界史叙述を実現するためには、私たちは、2この問題を解決しなければならない。そこであらためて考えてみると、海を中心に置いた空間を想定するとき、何を特徴や関連性と捉えるかによって、ひとまとまりとして把握すべき空間の範囲は異なり、海の周囲の陸地をそこにどれだけ含むかも変わってくることに気づく。これが問題解決の鍵である。

例えば、日本列島、朝鮮半島、それに中国大陸に囲まれた東シナ海という海を中心に置いた空間を想定して説明しよう。かつてこの海では、しばしばジャンク船が使用された。この船が航行する範囲を一つの空間として設定することができるだろう。同様に、絹織物、高麗人参、銀などこの海とその周辺で取り引きされた個々の商品が流通した範囲も、一つの空間と考えることができる。また、海を越えて禅宗がcルフした範囲、航海の神である媽祖の信仰が広がった空間なども、ひとまとまりの空間である。醤油が使われる空間、箸が使用される空間などを想定することもできるだろう。ある一つの政治社会（清王朝、江戸幕府など）の変容が海を越えてそれとは別の政治社会に影響を及ぼす範囲、キリスト教が禁止された空間、漢字で意思dソツウが図れる範囲などなど、ひとまとまりの空間を想定するための要素はいくらでもある。東シナ海を中央に置くとき、これらの空間はすべてこの海の上に広がっているが、周縁部分がどのあたりに位置するかは空間によって様々である。

地理的な海の上にこのような多様な仮想空間（コンピューター・グラフィックスで使われるレイヤーと同じようなものだと考えればよい）が層をなして複数重なった総体を、「海域世界」と呼べばどうだろう。レイヤーの大きさと広がりは均一ではない。例えば、一八世紀にジャンク船が航行した範囲（おおよそ、東シナ海と南シナ海）とキリスト教が禁止された空間（日本、朝鮮、清朝）とは、当然一致しない。したがって、海域世界の周縁部分の境界ははっきりとしない。

このように、海域世界を地理的に境界の定められた空間とは捉えないことによってはじめて、3海域世界史は従来の歴史叙述が有する制約から解放されるだろう。

もちろん、この方法を採用しても、批判は起こりうる。それは、「境界がはっきりしないとは言っても、複数の海域世界を想定するならば、それぞれの海域世界の歴史は異なっているはずであり、その点では違いを強調する従来の世界史理解と変わりがないではないか」という意見である。しかし、私は、世界全体をいくつかの地理的な海域世界に分けるのではなく（言い方を変えれば、海域世界というピースを何枚か合わせれば、世界という一つのジグソーパズルが完成するというのではなく）、複

【国　語】（五〇分）〈満点：一〇〇点〉

一　次の文章を読んで、後の問いに答えなさい。

　歴史の叙述において、「海域世界」という術語が最近よく用いられ、高校の世界史教科書にまで採用されている。通常、海域世界とは、海を真ん中においてその周囲の陸地を含むひとまとまりの空間のことを意味する。陸地中心に歴史を構想しようとすると海はほとんど視界に入らないが、海域世界を設定すると、海こそが視界の中心になる。海とその周辺の陸地を一体のものと捉え、その空間内での人やモノ、それに情報の動きと相互の関連性に注目して歴史を描くことによって、陸地を主たる領域とする諸国家の間の国境線が絶対の境界ではないことが分かる。人・モノ・情報が、国と国との境界を越えてダイナミックに連動して動いているさまが明らかになるからだ。このように、海域世界という枠組みで歴史を考えることは、国民国家とその国境を自明とし、その地理的な枠組みによって過去を理解しようとする態度を相対化することにつながる。その意味で、[1]海域世界という過去の把握方法は、確かに新しい世界史への方向性を持っている。

　海域世界という発想の起源は、フランスの歴史学者、フェルナン・ブローデルの『フェリペ二世時代の地中海と地中海世界』という著作にある（日本語訳書名は『地中海』）。彼は、地中海を中央に置いて、海とその周囲の歴史を全体として把握し叙述しようと試みた。また、歴史を理解する際には、「地理的な時間（[a]カンキョウと人間との関係の歴史）」「社会的な時間（様々な人間集団の歴史）」「個人の時間（出来事の歴史）」という三つの異なった時間の流れを意識する必要があると主張した。そして、地中海とその周辺の自然地理やカンキョウがこの地域の歴史の展開に果たした役割を強調し、これを長期的に持続する構造として捉え、著書の冒頭で詳細に説明した。一九四九年に出版された彼のこの著作は、人類の過去をフランスやドイツのような国民国家の枠組みで把握して理解することが当たり前だった当時の歴史学界に衝撃を与え、その後の歴史研究に大きな影響を与えた。

　海を中心に置いた歴史理解の方法は、その後、インド洋や東南アジア、さらには東・南シナ海などについても応用され、多大な成果を挙げている。日本の歴史学界においても、「地中海（海域）世界」はもちろん、「大西洋（海域）世界」「インド洋（海域）世界」といった空間を設定してその歴史を論じる手法は、すでに相当程度の[X]市民権を獲得している。海域世界という概念を用いることで、新しい世界史へ向かう道は、すでにかなりの程度[b]カイタクされている。

　しかし、私は海域世界という概念にも、新しい世界史を構想するうえで無視できない弱点があると考えている。それは、この概念が、新たに地理的に閉じた枠組みないし空間を歴史研究に持ち込む危険性を持っているという点である。もう少し詳しく説明してみよう。海域世界という概念は、一般に地中海やインド洋などの具体的な海とその周囲の陸地を含む地理的な空間を指す。一つの海域世界を想定するにあたっては、その空間に他と区別できる共通の特徴があることか、その空間の中で生じる出来事に何らかの関連性が見出せることが前提となるだろう。

　これは確かに、国民国家の国境を超えたより広い空間における歴史事象の共通性や関連性を見出し、国民国家史的な歴史理解の限界を指摘するためにはきわめて有効な空間設定である。しかし、一般に「A世界」

2023年度

開智未来高等学校入試問題（第２回）

【数　学】（50分）　＜満点：100点＞

【注意】コンパス，分度器，その他の定規類は使用しないでください。

1　次の各問いに答えなさい。

⑴　$(x^2-3x+4)(x^2+3x+4)$ を展開しなさい。

⑵　$a^2b+ac-ab^2-bc$ を因数分解しなさい。

⑶　$x=\dfrac{\sqrt{3}+1}{\sqrt{3}-1}$，$y=\dfrac{\sqrt{3}-1}{\sqrt{3}+1}$ のとき，x^2+y^2 の値を求めなさい。

⑷　関数 $y=ax+b(-1 \leqq x \leqq 2)$ の y の変域が $-3 \leqq y \leqq 3$ であるとき，定数 a，b の組をすべて求めなさい。

⑸　A，B，C，Dの４チームでリーグ戦を行う。試合は全部で何試合行われるか答えなさい。

⑹　半径２㎝の円Oを，右の図の△ABCの辺にそって，すべることなく転がして１周させる。点Oが動いてできる線と三角形の辺で囲まれた部分の面積を求めなさい。ただし，円周率は π とする。

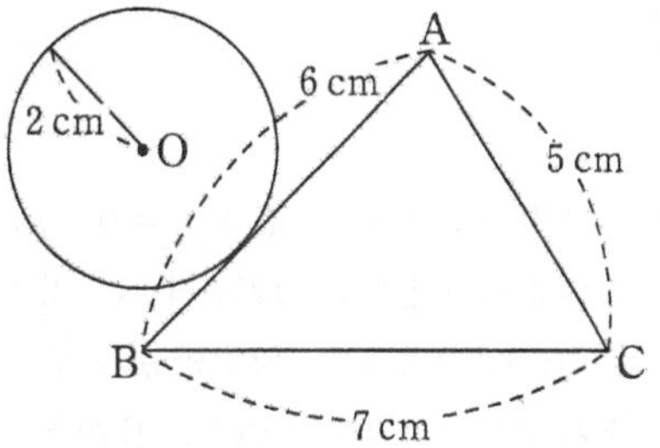

⑺　右の図において，円Oは△ABCの内接円であり，３点P，Q，Rは，それぞれ辺BC，CA，AB上の接点である。辺CAの長さを求めなさい。

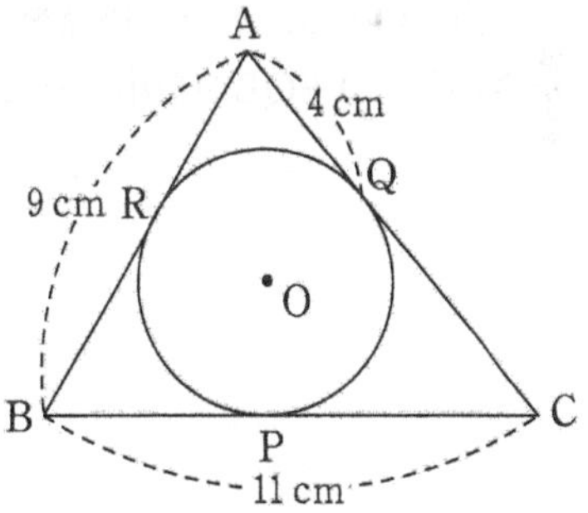

⑻　右の図において，印をつけた角の大きさの和を求めなさい。

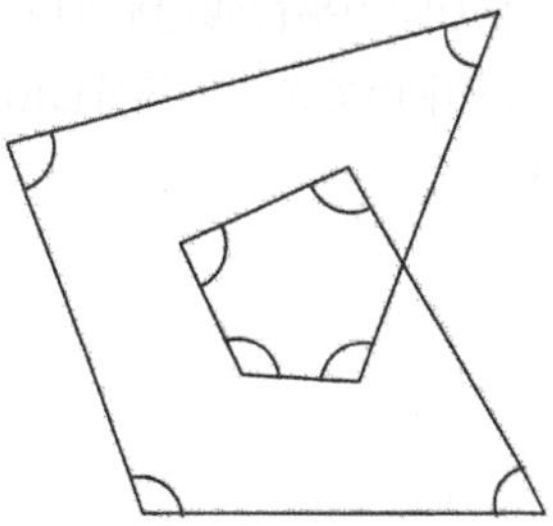

⑼　次のページの図において，直線ABは円O，O'に，それぞれ点A，Bで接している。円Oの半径が５㎝，円O'の半径が２㎝のとき，線分ABの長さを求めなさい。

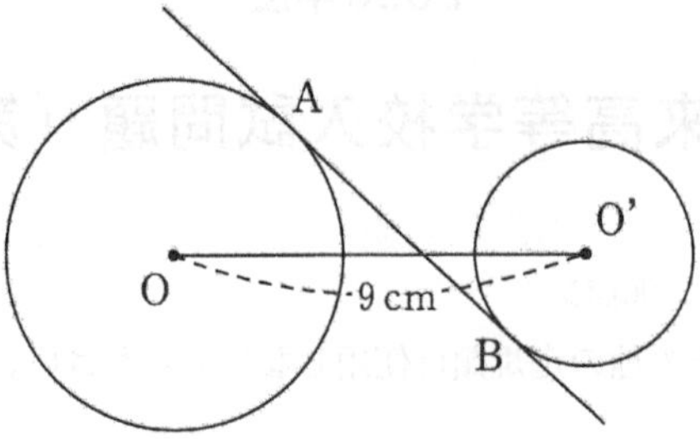

⑽　体積が$54\pi\,\text{cm}^3$の円すいを，底面に平行な平面で，高さが３等分されるように３つの立体に分けた。このとき，真ん中の立体の体積を求めなさい。ただし，円周率はπとする。

2　次の各問いに答えなさい。

⑴　右の図において，△ABCと△CDEは正三角形である。このとき，△BCE≡△ACDであることを証明しなさい。

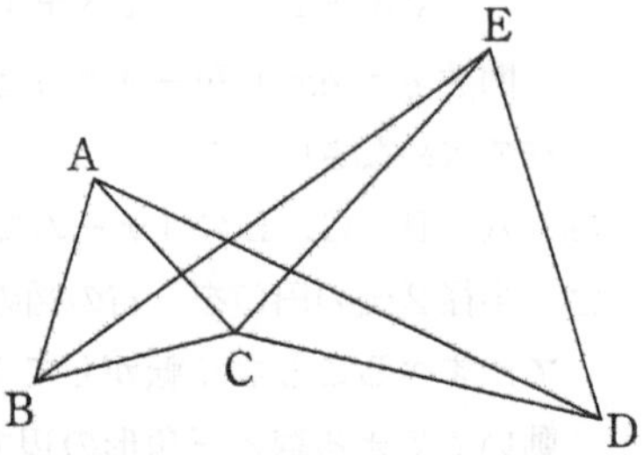

⑵　３直線$\ell : x+3y+1=0$，$m : 3x-y+3=0$，$n : ax-y+5=0$が三角形をつくらないような定数aの値をすべて求めなさい。

⑶　右の図のように，放物線$y=\dfrac{1}{4}x^2$……①上にx座標がそれぞれ２，４の２点A，Bがある。また，x軸上を動く点をQとし，そのx座標をsとする。２つの線分の長さの和AQ＋QBが最小となるときのsの値を求めなさい。

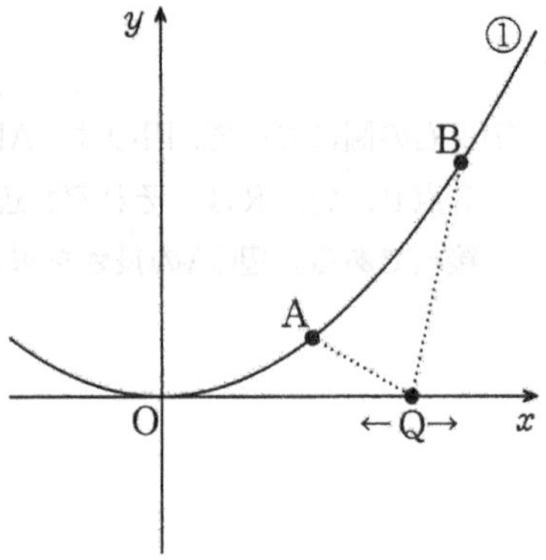

⑷　下の図の平行四辺形ABCDにおいて，AE：EB＝２：１，BF：FC＝３：１であり，点Gは辺CDの中点である。線分DEとAF，AGとの交点をそれぞれH，Ｉとするとき，EH：IDを求めなさい。

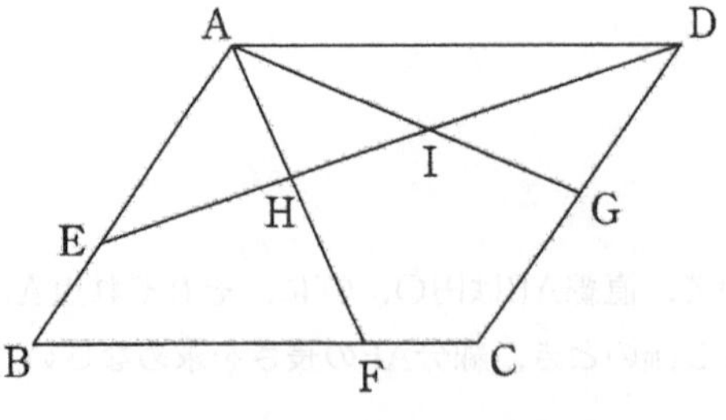

3 放物線 $y=\frac{1}{2}x^2$（…①）と，直線 $y=x+4$（…②）がある。①，②の交点のうち，x 座標が負である点をA，正である点をBとする。このとき，次の各問いに答えなさい。

⑴ 解答欄に，放物線①，直線②，点A，点Bをかき入れなさい。

⑵ 点A，点Bの座標をそれぞれ求めなさい。

⑶ △OABの面積を求めなさい。

⑷ 点Oを通って△OABの面積を２等分する直線の式を求めなさい。

⑸ 直線②と y 軸との交点をCとする。点Cを通り△OABの面積を２等分する直線の式を求めなさい。

4 下の図のように，１辺の長さが６㎝の立方体がある。各面の対角線の交点を頂点とする正八面体をつくる。次の各問いに答えなさい。

⑴ 正八面体の体積を求めなさい。

⑵ 正八面体の表面積を求めなさい。

⑶ 四面体BDEGの体積を求めなさい。

⑷ 四面体BDEGの各辺に接する球の半径を求めなさい。

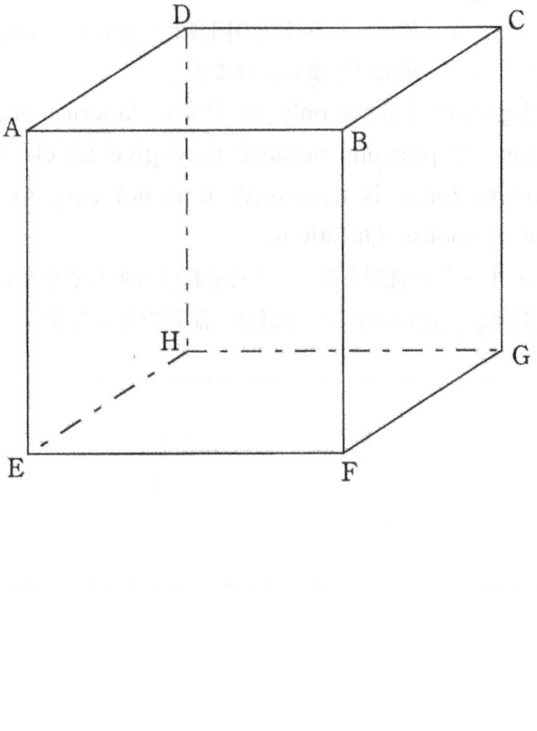

【英　語】（50分）　＜満点：100点＞

※リスニングテストの音声は弊社HPにアクセスの上，音声データをダウンロードしてご利用ください。

1　放送を聞いて，Part 1 ～ Part 3 の問いに答えなさい。途中でメモをとってもかまいません。

Part 1 Conversation Listening

対話を聞き，下の⑴～⑵の質問に対する最も適切な答えをａ～ｃの中から一つ選び，記号で答えなさい。英文は一度だけ読まれます。

⑴ What is Sam's plan for this weekend?

ａ．Go shopping.

ｂ．Watch his favorite TV show.

ｃ．Play basketball with some classmates.

⑵ What activity did Mona recently start doing?

ａ．Working as an actor.

ｂ．Playing a sport.

ｃ．Watching TV.

Part 2 Paragraph Listening

下の⑴～⑶の英文が，これから放送される英文の内容と一致している場合はＴ，異なっている場合はＦを解答欄に記入しなさい。英文は二度読まれます。

⑴ We can find old-growth forests only in North America and Asia.

⑵ Old-growth forests are precious because they give us clean air and water.

⑶ When an old-growth forest is destroyed, it is not easy to grow it again.

Part 3 Communication Response Questions

これから読まれる No. 1 ～ 3 の質問を聞き，それぞれに対する応答として最も適切なものを，放送で読み上げられる選択肢ａ～ｃの中から一つ選び，記号で答えなさい。英文は二度読まれます。

No. 1 ＿＿＿＿＿＿＿＿＿＿＿＿＿＿＿＿＿＿＿＿＿＿＿＿.

ａ．

ｂ．

ｃ．

No. 2 ＿＿＿＿＿＿＿＿＿＿＿＿＿＿＿＿＿＿＿＿＿＿＿＿.

ａ．

ｂ．

ｃ．

No. 3 ＿＿＿＿＿＿＿＿＿＿＿＿＿＿＿＿＿＿＿＿＿＿＿＿.

ａ．

ｂ．

ｃ．

2 次のＡ・Ｂの問いに答えなさい。

Ａ 次の英文の（ ）に入れるのに最も適切な語，または語句を，ア～エの中から一つ選び，記号で答えなさい。

(1) (　　) you lend me a dictionary?
ア Will　イ Are　ウ Have　エ Shall

(2) (　　) beautiful flowers these are!
ア What　イ How　ウ Why　エ Which

(3) I decided (　　) him the truth.
ア tell　イ to tell　ウ telling　エ have told

Ｂ （ ）内の語，または語句を並べ替えて，日本語の意味を表す正しい英文を完成させなさい。ただし，文頭に来るべき語もすべて小文字で書かれている。

(1) 「ステーキはどう焼きましょうか。」「レアにしてください。」
"(would / steak / how / you / cooked / your / like)?" "Rare, please."

(2) 木のてっぺんにとまっている鳥を見てごらんなさい。
Please look at the bird (the top / on / of / the tree / sitting).

(3) 父は私に，彼が買った本を読むように言いました。
My father (that / me / he / told / read / bought / to / the book).

3 次のＡ・Ｂの問いに答えなさい。

Ａ 次のページのプログラミング教室の募集案内を読み，次の(1)～(3)の問いに答えなさい。

(1) You are interested in taking the Leveled Up! Coding Course. What are two things you must do to take the course?
ア You must be 10 years old and have no experience with coding.
イ You must finish the Beginner's Course and pay $10 for each lesson.
ウ You must have a lot of coding experience and pay $12 or more for each lesson.
エ You must have little coding experience and scan the QR code.

(2) Which of these activities is not something you can do at Kids Can Code?
ア Use games to learn easy coding ideas.
イ Learn about AI.
ウ Meet people who like computers.
エ Build your own computer.

(3) Your brother wants to take a programming course. He is 11 years old. He has never learned coding before. He goes to swimming school every Saturday morning. Which course is best for him?
ア A Leveled Up! Course on weekdays.
イ A Beginner's Course on Saturdays.
ウ A Beginner's Course on weekdays.
エ He cannot take any courses.

{LEARN TO CODE}

with Kids Can Code

Open the door to your future at **Kids Can Code**!

At Kids Can Code, students from 6 to 14 years old can learn basic to advanced computer programming skills in a fun and supportive classroom. By learning to code, kids can gain ICT skills, learn to solve problems, and make friends who also enjoy learning about computers. Get ready for the future with **Kids Can Code**!

Beginner's Course (For students with little or no experience.)

In this course you will use the popular game, *Minecraft*, to learn basic coding ideas. Then you will create animations, interactive stories and games with *Scratch*, an easy-to-learn programming language.

Leveled Up! Coding Course (For students who have finished our Beginner's Course or have a lot of coding experience.)

In this course you will make applications and websites using the *Python* programming language. You can also learn how to program robots and learn about *artificial intelligence* (AI).

// Pricing and Scheduling

	Weekdays 4 to 5 p.m.	Saturdays 9 to 11 a.m.
Beginner's Course	$10 per lesson	$15 per lesson
Leveled Up! Course	$12 per lesson	$18 per lesson

Kids Can Code is a two minutes' walk from the north side exit of Mid-Town Station.

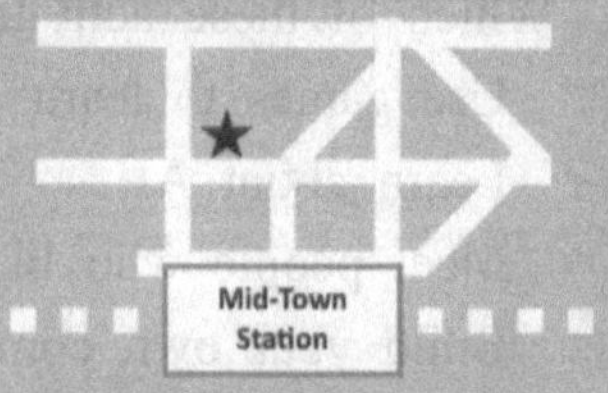

The first lesson is **FREE** if you sign up before April 1, 2023.

To **sign up** for a course, or for more information, scan this QR code or call the number below.

phone: 623 - 0892 - 6242

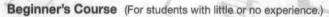

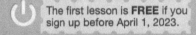

B　次の２つの円グラフは，ある自動車メーカーが行った，新しい車を購入する際に最も重視する項目が何であるかについてのアンケートに対する回答を性別ごとにまとめたものである。グラフが示す内容と一致しないものを，選択肢ア～エから一つ選び，記号で答えなさい。

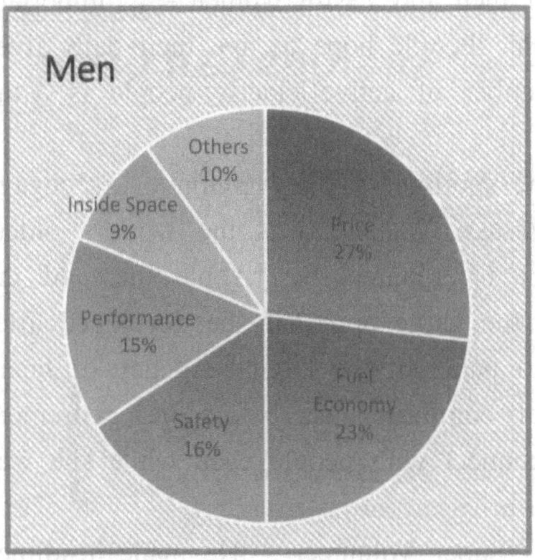

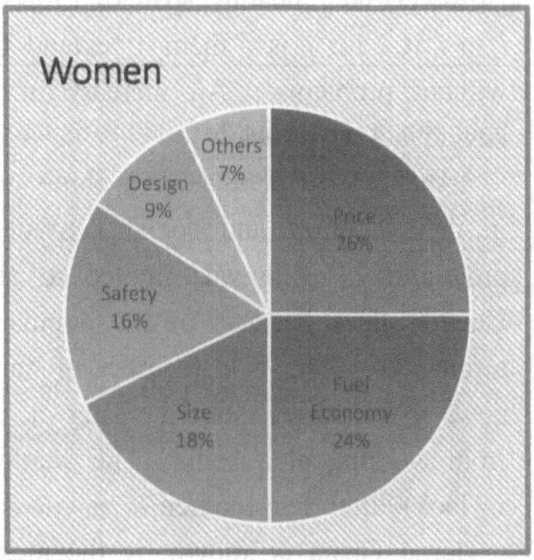

ア “Price” is the most important point in choosing a new car both for men and women.

イ “Size” and “Design” are not as important for women as they are for men.

ウ The percentage of the men who think “Price” is the most important is three times as high as the percentage of the men who think “Inside Space” is the most important.

エ The percentage of the women who chose “Design” as their first priority and the percentage of the men who chose “Inside Space” as their most important point are the same.

4　次の英文を読んで，後の問いに答えなさい。

①Marine adventurer, Kenichi Horie, succeeded in crossing the Pacific Ocean on a yacht at the age of 83. Many people were (②) by his challenge even in old age. Horie finished the solo trip from the United States to Japan in 69 days without visiting any ports. He said that he had bad weather but overcame it by using his skills and his years of experience. “If you live long, you’re blessed with good things in life,” he said after finishing the trip.

Horie first sailed across the Pacific on a yacht when he was 23 years old. The lamp, radio, and compass that he carried with him at that time were now switched with an LED light, smartphone, and GPS. In this way, new technology helped him to become the world’s oldest person to sail across the ocean.

Yuichiro Miura climbed to the summit of Mt. Everest in 2013 at the age of 80. He is also special. Miura said that after setting this goal, he stopped his unhealthy lifestyle and changed his physical condition. ③[on / always / he / challenging / keeps]. For example, he recently became *a torchbearer for the Tokyo Olympics.

*The average life expectancy for both Japanese men and women is over 80. However, their healthy span of life is 72 for men and 75 for women. ④[important / to / it / for / is / them] *extend the span. People hope to live their daily lives without problems. An increase in the number of active elderly people is ⑤the key to activate society.

Some elderly people have come under the spotlight as they continue to *engage in their hobbies and social activities. Masako Wakamiya is the world's oldest programmer. She was invited to an event (⑥organize) by *Apple Inc. of the United States because of the popularity of the game app that she developed after turning 80. She is a member of *an expert panel of the Digital Agency of Japan now. Wakamiya started using a personal computer just before her retirement from working at a bank. She wanted to connect with people even while she was (⑦look) after her mother.

Haruo Obata is known by the nickname, "Super Volunteer". He made headlines four years ago at 78, after he (⑧find) a missing child. Obata went through a lot of hardships in his childhood. Many people helped him a lot in those days. When he was 50, ⑨he took up volunteer activities. He wanted to give back to society.

In today's super-aging society, people who join in social activities or use the Internet are likely to feel happy. Many elderly people who are pleased to engage with society can also help to support the younger generation.

〔語注〕 *a torchbearer：聖火ランナー　*the average life expectancy：平均寿命
*extend：～を延ばす　*engage in ～：～に従事する　*Apple Inc.：アップル社
*an expert panel of the Digital Agency：デジタル庁の有識者会議

問１　下線部①の「海洋冒険家の堀江謙一さん」について，本文の内容と一致するものを次のア～エの中から一つ選び，記号で答えなさい。

ア　日本で初めてヨットによる太平洋横断に成功した。
イ　世界最高齢で，ヨットによる太平洋横断の快挙を成し遂げた。
ウ　天候に恵まれたおかげで，ヨットによる米国から日本への単独無寄港の航海に成功した。
エ　LED照明やスマートフォン，GPSを使わず，83歳でヨットによる太平洋横断に成功した。

問２　空所（②）に入る最も適切な語を，ア～エの中から一つ選び，記号で答えなさい。

ア　encouraged　イ　discouraged　ウ　angered　エ　bored

問３　下線部③と下線部④の［　］内の語を，意味が通る正しい英文となるように並べ替えなさい。ただし，文頭に来るべき語もすべて小文字で書かれている。

問４　下線部⑤について，社会を活性化させるカギは何か，本文の内容に即して次の（　）に５字～10字の日本語を入れなさい。

（　　　　　　　　　　　　　　　　　　）を増やすこと。

				5					10

問５　（⑥ organize）（⑦ look）（⑧ find）を適切な形に直しなさい。

問６　下線部⑨について，スーパーボランティアの異名を取る尾畠春夫さんが50歳でボランティアを始めた理由は何か，本文の内容に即して次の（　）に５字～10字の日本語を入れなさい。

（　　　　　　　　　　　　　　　　　　　　　　　　）と考えたため。

				5					10

問７　本文と内容が一致する文を，次のア～キの中から二つ選び，記号で答えなさい。

ア　Thanks to new technology, Mr. Horie set the new world record in his early eighties.

イ　Mr. Miura was the oldest gold medalist in the Tokyo Olympics.

ウ　Japanese men and women look younger for their age.

エ　Japanese people cannot live happily with so much worry at the age of over 80.

オ　Japanese elderly people aren't interested in participating in social activities.

カ　Ms. Wakamiya is the oldest programmer at Apple Inc. now.

キ　Mr. Obata experienced many difficulties when he was a child.

５　次の対話は，Aya と Mariko の姉妹が，夏休みの予定について父親と話している場面である。（１）～（５）に入れるのにふさわしい英文をそれぞれ５語以上で考え，解答欄に書きなさい。

Mariko: Summer vacation has started!　We have a month to enjoy.　Aya, (　1　)?

Aya: I'm looking forward to visiting our grandparents in Sendai soon.

Father: Sorry, but (　2　).　I've just started a new important project at my company.

Aya: I'm so shocked to hear that.　Mariko, are you busy, too?

Mariko: Yes, actually.　(　3　).　I have an important tennis match at the end of August.

Aya: I see.　That's too bad, and I feel so sad...

Father: Aya, I know you haven't visited your grandparents for about two years. I understand how you feel.　So, I have a proposal.　(　4　)?

Aya: Yes, I can do that!　I can get there easily if I take the Shinkansen.

Father: (　5　)?

Aya: I'll be in Sendai for a week.

Father: OK, I hope you'll have a wonderful time in Sendai with your grandparents. Please say hello to Grandfather and Grandmother for us.

ア　人の死は若くしてくるものである。
イ　人の死は不可避である。
ウ　人の死は予定されたものである。
エ　人の死は予想不可能である。

問三　傍線部2「たちまちに」の本文中での意味を答えなさい。

問四　傍線部3「速やかにすべきことをゆるくし」とあるが、具体的に何をどのようにすることか。簡潔に説明しなさい。

問五　傍線部4「その時」とあるが、これはどのような時か。本文中から十五字程度で抜き出して答えなさい。

問六　本文は、鎌倉時代の終わりごろに、兼好法師によって書かれた随筆の一節である。この作品名を漢字で答えなさい。

活力を十分に取り戻し、高校でも吹奏楽を続ける気持ちを持った。

エ　はじめ、千学の吹奏楽部の部長を務めるのが気の強い玲於奈だったため、基は吹奏楽を続ける気にはならなかった。しかし、その玲於奈をも圧倒するほどの気概を持ったＯＢである不破がコーチとしてやって来たことで、玲於奈に干渉されずに吹奏楽ができるのではないかと思い、吹奏楽を続けようという意思を強固なものにした。

問七　本文に関する説明として適当なものを次から選び、記号で答えなさい。

ア　音楽室を訪れた基と堂林は、自分たちの後ろに人が立っていることに気づかなかった。この描写からは、周囲が見えなくなるほどに、二人がかつて憧れていた吹奏楽部の部室の雰囲気に浸っていることが示唆されている。

イ　作品冒頭で基がチャペルで出会った人物は、幽霊かのように、また、真っ黒な衣服を身に着けていることが描写されるが、これらの暗い色彩の描写は、今後の展開に暗雲が立ち込めていることが間接的に示されている。

ウ　音楽室の壁がくすんでいたり、天井に雨漏りがあったりする様子が描写される。この描写により、千学がかつての活気をすっかり失い、破損個所を修繕できないほどまでの苦境に置かれていることがほのめかされている。

エ　キリスト教系の学校である千学に、それらしいものがチャペルくらいしかないことが描写されているが、その描写によって、基が長い間思い描いていたような高校生活を送れそうにないことを暗示するものとなっている。

三　次の文章を読んで、後の問いに答えなさい。

老い来たりて、初めて道を行《ぎやう》ぜむ[注1]と待つことなけれ。1古き墳[注2]、多くはこれ少年の人なり。はからざるに病をうけて、2たちまちにこの世を去らむとする時にこそ、はじめて過ぎぬるかたのあやまれる事は知らるなれ。あやまりといふは、他のことにあらず、3速やかにすべきことをゆるくし、ゆるくすべきことを急ぎて、過ぎにしことの悔しきなり。4その時悔ゆとも、かひあらむや。人はただ無常[注3]の身に迫りぬることを心にひしとかけて、つかのまも忘るまじきなり《忘れてはならないのだ》。さらば、などか《どうして》、この世の濁り[注4]も薄く、仏道をつとむる心もまめやかならざらむ《真面目でないことがあろうか》。

（語注）
注１　道を行ぜむ…仏道修行をしよう。
注２　墳《つか》…墓。
注３　無常…死ぬこと。
注４　濁り…欲望や雑念。

問一　二重傍線部「行ぜむ」の読み方を現代仮名遣いのひらがなで答えなさい。

問二　傍線部１「古き墳、多くはこれ少年の人なり」とあるが、ここで作者は人の死についてどのような考えを表しているか。適当なものを次のページから選び、記号で答えなさい。

「はい」

4 全身を震わせるようにして、基は頷いた。（額賀澪『風に恋う』による）

（語注）

注１　あの動画…基が高校に入学する前の春に、公園で玲於奈のためにアルトサックスの演奏を披露した。玲於奈によって、その時の動画が無断でインターネットにアップロードされ、基のクラスの中で話題になっている。

注２　ＯＢ…オールドボーイの略で、卒業生を意味する。

問一　波線部ａ～ｅの漢字の正しい読みをひらがなで答えなさい。

問二　二重傍線部Ｘ「魂胆」・Ｙ「黄色い声」の意味として適当なものを次からそれぞれ選び、記号で答えなさい。

Ｘ　「魂胆」

ア　遠慮　**イ**　情熱　**ウ**　根性　**エ**　計画

Ｙ　「黄色い声」

ア　子供の調子はずれの声　**イ**　女性のかわいらしい声

ウ　女性や子供の甲高い声　**エ**　子供たちの騒々しい声

問三　傍線部１「溜め息をぐっと堪えた」とあるが、このときの基に関する説明として適当なものを次から選び、記号で答えなさい。

ア　憧れだった吹奏楽部が弱体化し、千学が予想以上に廃れたことに寂しさを感じている。

イ　吹奏楽を始める契機となった千学でこれから過ごすことに、特別な思いを抱いている。

ウ　千学に入学したが、新入生を迎える楽器の音すら聞こえてこないことに落胆している。

エ　中学生の時のようには吹奏楽部に入らず、異なる道を歩むことへの決意を固めている。

問四　傍線部２「息を呑んだ」とあるが、それはなぜか。その理由を説明しなさい。

問五　傍線部３「その口が、にいっと半月状に吊り上がる」とあるが、玲於奈がそのようにしたのはなぜか。その理由を説明しなさい。

問六　傍線部４「全身を震わせるようにして、基は頷いた」とあるが、ここに至るまでの基の心情を説明したものとして適当なものを次から選び、記号で答えなさい。

ア　はじめ、中学で吹奏楽に全力を注ぎ、燃え尽きたと感じていただけでなく、かつて憧れたものとは大きく異なる千学の吹奏楽部では吹奏楽を続ける気にはなれなかった。しかし、黄金時代の部長だった不破がコーチとして戻って来たことで、かつての憧れを思い出し気持ちが高揚するとともに、吹奏楽を続けようと思い直している。

イ　はじめ、中学時代にエネルギーを使い果たしたと感じていた上に、千学の吹奏楽部員の大半が女子であったため、基は吹奏楽を続ける気にはなれなかった。しかし、憧れの先輩であった男性の不破がコーチとしてやって来たことで、男子の少ないこの雰囲気に馴染めるかもしれないと思うと同時に、失った活力を取り戻しつつある。

ウ　はじめ、吹奏楽部が弱体化したことに伴ってすっかり活気を失った千学では、吹奏楽を続ける気にはならなかった。しかし、実際に吹奏楽部の部員の様子を見ると思いのほか活発であり、憧れの不破がコーチとしてやってきたことも相まって、吹奏楽をやることへの

基達が音楽室に足を踏み入れた瞬間、そんな声が飛んできた。「二人も来た！」「男子来たー！」「やったー！」という、まさしくY黄色い声が。

パイプ椅子や楽器で雑然とした音楽室で、玲於奈の姿はすぐに目に入った。オーボエパートの彼女は、指揮台の近くからこちらを見ていた。3その口が、にいっと半月状に吊り上がる。

基は一瞬、ここに来た目的を忘れた。

そこにあったのは、九歳のときに見たあの音楽室だったから。くすんだクリーム色の壁も、雨漏りの跡のある天井も。

隣では、堂林がガラス玉のような瞳を忙《せわ》しなく動かしていた。この場所を隅から隅まで見たい。記憶したい。そんな必死さが伝わってくる。ああ、彼も一緒だ。彼も今、僕と同じように《千学吹奏楽部》という場所に、空気に、かつての強烈な憧れに、溺れている。

だから、気づかなかった。

「そこの二人」

自分の背後に、誰かが立ったことに。

「入るなら入る、入らないならちょっとどいてくれないか」

自分よりずっと落ち着きのある声が、飛んでくる。音楽室の入り口で突っ立っていたことに気づいて、慌てて振り返った。すみません、と言いかけて、今度は本当に息が止まった。

「……ゆっ」

やっとのことで、声が出る。

「幽霊……」

朝、チャペルで見た幽霊がそこにいた。

かつて、ドキュメンタリー番組の中で活躍していた高校生。強くて、格好良くて、鮮烈で、激烈だった千間学院高校吹奏楽部の部長。その人が、自分の目の前にいる。

「幽霊じゃない。ここのＯＢ[注2]だ」

腰に手をやって彼は基を見下ろす。平均身長にわずかに届かない基を、高い場所から見つめてくる。ステンドグラスからこぼれる光のように、その瞳は青みがかって見えた。

「今朝、チャペルで会ったな。君、新入生だったんだ」

基の右胸にある「祝・御入学」と書かれたリボンと花を見て彼は言う。長い指が、花びらをたわわにつけた赤い花を突いた。

基から視線を外し、彼は音楽室を見回す。

「今日から吹奏楽部のコーチをする、不破瑛太郎《ふわえいたろう》だ」

まるで、指揮棒でも振るうように。

「君達を全日本吹奏楽コンクールに出場させるために、千学に戻ってきた」

どうぞよろしく。彼が言い終えないうちに、音楽室中から今度は悲鳴が聞こえた。当たり前だ。そんなの、冷静でいろという方が無茶だ。

弱体化した千学吹奏楽部に、黄金世代の部長が帰ってきたのだから。

視界の隅で、玲於奈がすっと立ち上がるのが見えた。自分のオーボエを握り締めて、口を真一文字に結んで、じっと、基と不破瑛太郎を見つめるのが。

「入部希望？」

騒がしさなど意にも介さず、不破瑛太郎は口元にほんのり笑みを浮かべて基に聞いてくる。

吹奏楽部の練習場所は、一般教室棟から渡り廊下を抜けた特別棟四階の奥にある。古びた建物独特の埃っぽい匂いと茶渋のような薄暗さが積み重なった先の、第一音楽室だ。
「当たり前だけど、テレビで見てた通りだな」
「堂林君も見てたの？　『熱奏　吹部物語』」
「近くにある高校があれだけ取り上げられてたら、そりゃあ見るだろ」
　全国ネットのテレビ局がドキュメンタリー番組で吹奏楽部を大々的に取り上げたのは、基が小学三年生の頃だ。あれがきっかけで吹奏楽の世界そのものが盛り上がって、全日本コンクールのチケットの争奪戦が繰り広げられるようになった。
　全国のさまざまな吹奏楽部に番組は密着した。全日本コンクールに出場するような強豪校から、部員集めにe奔走する弱小吹奏楽部まで。そして、この千間学院高校吹奏楽部にも。
　当時、千学は男子校だった。吹奏楽部といえば女子生徒が圧倒的に多い中、「男子だけの吹奏楽部が全日本コンクール初出場を目指す」と千学はお茶の間に紹介された。しかもその年、本当に全日本コンクールに出場した。
　その過程を基は視聴者として見ていた。万年県大会止まりだった千学が西関東大会へ出場する。強豪校がひしめく中、全日本への切符を掴む。それはあまりにもドラマチックで、鮮烈だった。音楽になど縁のなかった少年に、吹奏楽を始めさせてしまうくらい。
　全国の視聴者もそうだった。千学吹奏楽部は瞬く間に大人気となり、縁もゆかりもない土地に住む人がコンクールで千学を応援した。定期演奏会にやってきた。
「千学があの頃のままだったら、吹奏楽を続けてたかな」
　木製の両開きの扉を前に、基はそんなことを呟いていた。「第一音楽室」というプレートを見つめながら、堂林がこう聞いてくる。
「茶園は、本当に吹奏楽部には入らないの？　上手いのにさあ……」
「中学で、燃え尽きちゃったんだ」
　吹奏楽部に入りたいという思いは、もう基の胸になかった。中学三年間で、音楽に注ぐべきエネルギーが尽きてしまった。一生分、使い果たしてしまった。
　ただ、千学がかつて憧れたような場所だったら、自分は吹奏楽を続けたかもしれない。千学に来たからこそ、《あの頃》と《今》の落差を思い知らされる。
「僕の目的はただ一つ。玲於奈に注1あの動画を削除してもらうことだ」
　結局、玲於奈はネットにアップした動画を消してくれなかった。「消してほしかったら、放課後に音楽室においで」とにっこり笑って、基と堂林を教室から追い出した。
「音楽室に行ったら最後、入部届に名前を書かされるのは運命づけられる気がするが……」
　苦笑いしながら、堂林は第一音楽室の扉を開けた。古びた木製のドアは、ぎいぎいと歯軋《ぎし》りのような音をたてた。
　玲於奈のX魂胆など承知の上だ。あの手この手で彼女は基を吹奏楽部に入れようとするだろう。昔と比べたら見る影もなくなった千学吹奏楽部の部長として、玲於奈は必死なのだ。わかっている。基が、一番わかっている。
「わー！　一年生来た！」

れた場所だから。憧れた人が通っていた高校の門をくぐり、今日から三年間を過ごすから。

風に舞い上がる花びらの群れの向こうに、古びたチャペルが見えた。基が今日から通うことになる私立千間学院高校はキリスト教系の学校だ。といっても、それらしい建物は正門と校舎の間にあるチャペルくらいしかない。鉛色の石を組み上げて作られたチャペルは重厚感があり、三角屋根の上から十字架が基を見下ろしていた。

登校時刻までまだ余裕がある。生徒の流れから外れて、基はチャペルへ近づいていった。

昔、ここで吹奏楽部の演奏を聴いた。基は小学三年生で、玲於奈は五年生だった。

あの頃と何ら変わっていない木製の扉を、基はゆっくりと引いた。真っ先に、ステンドグラスが視界に飛び込んできた。

「……一緒だ」

整然と並ぶ椅子とテーブル。柱には花の彫刻がa施され、ドーム型の天井からは照明が吊されているが、今は仕事をしていない。青色を基調としたステンドグラスを通して朝日が差し込み、青い光が通路に伸びている。チャペルの周囲に立つ木々が風に揺れて光を遮ったり通したりするから、青色の光もb絨毯の上をリズミカルに踊っていた。

誘い込まれるように、基は通路を進んで行った。

かつて、千学の吹奏楽部は全日本吹奏楽コンクールで金賞を受賞し、その姿はテレビにも取り上げられた。このチャペルで行われた定期演奏会も満員だった。九歳の基からすれば、吹奏楽部の部員達は雲の上の存在で、自分が彼等と同じ年齢になることも同じ学校に通うことも想像できなかった。

ただ確かなことは、基がこの場所で彼等の演奏を聴いて、吹奏楽を始めたことだ。

溜め息をこぼしそうになったその瞬間、前方の座席からガタンと乾いた音がした。

「……え？」

視界のc隅で影がうごめいて――誰かが、すっと立ち上がる。基は喉の奥で悲鳴を上げた。

立ち上がったその人は、高校生ではなかった。大学生くらいに見えた。ステンドグラスから差し込む光が逆光になって、目鼻立ちや表情までは見えないけれど、背が高く、肩幅も広く、青みがかった影の向こうから落ち着いた雰囲気が漂ってくる。

相手は何も言わずこちらに歩いてきた。大学生が就職活動で着るような真っ黒なスーツを着ている。すれ違い様に小さくd会釈をされ、やっと顔を見ることができた。

もう一度、2息を呑んだ。

扉が閉まるのを背後でしっかり感じてから、基は勢いよく振り返った。

あの人がここにいるわけがない。あの人が千学にいたのは、何年も前だ。

「幽霊……いや、生き霊？」

誰もいないチャペルでやっと出た声は、誰にも届かない。当然、誰も答えてくれない。

（中　略）

Ｙ 「盲従」

ア ひたすら従うこと　**イ** 学問が苦手なこと

ウ 判断を間違うこと　**エ** 理性的に生きること

問三 傍線部１「面白い随想」とあるが、どのような点を指して「面白い」と述べているのか。その説明として最も適当なものを次から選び、記号で答えなさい。

ア 日本人は人骨投棄を嫌悪するのに、ユダヤ人はそうではないということから、人種による特性差が理解できる点。

イ 日本人とユダヤ人とで、人骨投棄をした時に受ける影響が異なることから、「空気」の醸成に関する示唆が得られる点。

ウ 人骨投棄で日本人は「おはらい」を必要とすることから、ユダヤ人とは異なる日本人の宗教上の特徴が垣間見える点。

エ 人骨投棄という極端な実例を通して、日本人は情緒的でユダヤ人は合理的だという認識が普遍化されている点。

問四 本文中 [Ａ] に当てはまる語句として適当なものを次から選び、記号で答えなさい。

ア 事実誤認　**イ** 即断即決　**ウ** 否定棄却　**エ** 自問自答

問五 傍線部２「その人は私に一冊の相当に部厚い本を差し出して言った」とあるが、ここで「本」を「差し出し」たのはなぜか。その理由を説明しなさい。

問六 傍線部３「臨在感的把握」とあるが、これはどのようなものか。説明しなさい。

問七 本文に関する説明として適当なものを次から選び、記号で答えなさい。

ア 筆者は、自分の体験を直接会話文で表現し、硬質で難解な内容を読者にも身近なものにすることを通じて、読者にも同様の問題意識を持つように働きかけている。

イ 筆者は、福沢諭吉の提唱した啓蒙的科学的教育の例と、自らの考えとに共通点を見出すことで、明治以降の啓蒙家の功績とともに、その不十分な点を明確化させている。

ウ 筆者は、人骨投棄や『福翁自伝』、自らの体験などの様々な例を示しつつ、日本人をとりまく「空気」の成立過程やそれが何なのかを明らかにしようと試みている。

エ 筆者は、明治時代の啓蒙家の例を挙げることで、「空気」という日本における現代的な問題が、実は近代以降の日本が抱えていた課題であることを明かしている。

[二] 次の文章を読んで、後の各問いに答えなさい。

茶園基《ちゃえんもとき》（基）は、この春、「私立千間学院高校《せんげんがくいん》」（千学《せんがく》）に入学した高校一年生である。基の幼馴染の玲於奈《れおな》は、千学で吹奏楽部の部長を務める高校三年生である。堂林《どうばやし》慶太《けいた》（堂林）は基と同じクラスの生徒である。以下の場面は、基が千学に初めて登校する場面と、その日の放課後に、玲於奈に音楽室に来るように言われ、基と堂林が音楽室を訪れる場面である。

桜の木の枝先が風に揺れ、粉雪のように花びらが落ちてくる。そのうちの一枚が、基のつむじのあたりにのっかった。それを指先で摘み上げて、1溜め息をぐっと堪《こら》えた。

ただの花を特別なものに感じてしまうのは、きっと、ここがかつて憧

と、もちろん何でもございませんよ。私はナメて見せましたよ。無知と言いますか、何といいますか……」

「アハハ……そりゃ面白い、だがそれは無知じゃない。典型的な3臨在感的把握だ、それが空気だな」

「あの、リンザイカンテキ、と申しますと……」

「そりゃちょっと研究中でネ」

といったような妙なdモンドウとなった。記者を無知だといったこの人でも、人骨がざらざら出てくれば、やはり熱を出すであろう。彼はカドミウム金属棒に、何らかの感情移入を行なっていないから、その背後に何かが臨在するという感じは全く抱かないが、イタイイタイ病を取材してその悲惨な病状を目撃した記者は、その金属棒へ一種の感情移入を行ない、それによって、何かが臨在すると感じただけである。この人は、すべての日本人と同じように、福沢諭吉的伝統の教育を受けたので、諭吉がお札を踏んだように、〝無知〟な新聞記者を教育しその蒙を啓くため、カドミウム金属棒をナメて見せたわけである。ナメて見せることは、たしかに啓蒙的ではあって、のけぞって「ムチ打ち症」にならないためには、親切な処置かも知れぬが、4この態度は科学的とはいいがたい。というのは、それをしたところで、次から次へと出てくる何らかの〝金属棒的存在〟すなわち物質への同様の態度は消失しないからである。

一体なぜわれわれは、人骨、車、金属棒等に、また逆の形で戦艦大和といった物質・物体に、何らかの臨在感を感じ、それに支配されるのであろうか。それを究明して、「空気の支配」を断ち切ることの方が、むしろ科学的であろう。

余談になるが、この奇妙な本はまだ私のところに死蔵されている。故児玉隆也氏が、イタイイタイ病について立派なルポを書かれたとき、私はこれを自分が死蔵すべきでないと感じ、氏に差し上げようと思った。ある会合でお目にかかる予定になっていたので、そのとき差し上げようと思っていた矢先に、氏の訃報に接した。氏ならおそらく、これを活用し、これをキイにして、さらに実体に迫り得ただろうと思い、またそれを細かく参照すれば、臨在感的把握のさまざまな形態と、それがどのように空気を醸成していくかの種々の過程と、それがどのように最終的結末に結びつくか、が明らかになったであろうと思い、かえすがえすも残念に思っている。

臨在感の支配により人間が言論・行動等を規定される第一歩は、対象の臨在感的な把握にはじまり、これは感情移入を前提とする。感情移入はすべての民族にあるが、この把握が成り立つには、感情移入を絶対化して、それを感情移入だと考えない状態にならねばならない。従ってその前提となるのは、感情移入の日常化・無意識化eナイシは生活化であり、一言でいえば、それをしないと、「生きている」という実感がなくなる世界、すなわち日本的世界でなければならないのである。

（山本七平『「空気」の研究』による）

問一 波線部a～eのカタカナを正しい漢字に直しなさい。（楷書でていねいに書くこと）

問二 二重傍線部X「向き」・Y「盲従」の意味として適当なものを次からそれぞれ選び、記号で答えなさい。

X「向き」

ア 極端な思想　**イ** 向いている方角

ウ 適切であること　**エ** ある考えを持つ人

私がある雑誌に「いわゆる超能力は存在しない」と記したところ、「お前がそんな科学Y盲従の男とは思わなかった」といった投書がきた。超能力なるものをたとえ感じても感じていないことにすること、いわば「福沢的啓蒙主義」をこの人は科学と考え、この啓蒙主義への盲従を科学への盲従と考え、それに反発しているのである。従って多くの人のいう科学とは、実は、明治的啓蒙主義のことなのである。しかし啓蒙主義とは、一定の水準に〝民度〟を高めるという受験勉強型速成教育主義で、「かく考えるべし」の強制であっても、探究解明によるbチョウコクではない。従って、否定されたものは逆に根強く潜在してしまう。そのため、現在もなお、潜在する無言の臨在感に最終的決定権を奪われながら、どうもできないのである。

ではここで、上記を証明するに足る、まことに現代的な臨在感支配の一例を記そう。考えてみれば三年前のことである。何やらややこしい紹介経路を経て、ある人と会うことになった。用件はよくわからないが、なんでもこの広い日本で、もう私以外に話す相手はなくなったと、その人は思い込んでいるのだそうである。私に会って話したって、別に、何かが解決することはあり得ないが、面会を拒否する理由は全くないから、会った。2その人は私に一冊の相当に部厚い本を差し出して言った。

「いまの時点で、このことはこのように、はっきりわかっています。そしてわかっていたことを、後日の証拠とするため、これをお預かりいただきたい」

と。開いてみると、イタイイタイ病はカドミウムに関係ないと、克明に証明した専門書である。だが私は専門家でないから、内容は、批判どころか十分に理解することもできない。理解すらできないものを私は何とも評価できない。従って私が預かっても無意味だし、第一、本を出版せずに預けておくという態度に驚いた。そこで言った。

「発表すりゃ、いいじゃないですか」

彼は言った。

「到底、到底、いまの空気では、こんなものを発表すればマスコミに叩かれるだけ、もう厚生大臣にも認定されましたし、裁判も負けましたし、この時点でこれを発表すれば、『居直り』などといわれて、会社はますます不利になるだけです。従って、せっかく出来たのですが、トップの決断で全部廃棄することになりました。しかしあまりに残念です。今の時点で、すでに事実はこれだけ明らかなのだということを、後日の証拠に、どなたかに一部だけお預けしたいと、私は個人としてはそう思っていたのですが……『文春』を拝読しまして、これは山本さん以外にはいないと思い……」

「ヘエー、だけどネ、私はおしゃべりだから、見知らぬ人から預かったことも、この内容も、平気で書くかも知れませんよ」

「どうぞ、それはcイッコウにかまいません……」

「では、あなたが発表すればよいでしょう」

「いえ、いえ、到底、到底。いまでは社内の空気も社外の空気も、とても、とても……第一トップが、『いまの空気では破棄せざるを得ない』と申しまして回収するような有様で……（「破棄」を「出撃」と変えれば、戦艦大和出撃時の空気と同じだ）。無理もありません。何しろ新聞記者がたくさん参りまして『カドミウムとはどんなものだ』と申しますので、『これだ』といって金属棒を握って差し出しますと、ワッといってのけぞって逃げ出す始末。カドミウムの金属棒は、握ろうとナメよう

【国語】（五〇分）〈満点：一〇〇点〉

一　次の文章を読んで、後の問いに答えなさい。

　大畠清教授が、ある宗教学専門雑誌に、1面白い随想を書いておられる。イスラエルで、ある遺跡を発掘していたとき、古代の墓地が出てきた。人骨・髑髏がざらざらと出てくる。こういう場合、必要なサンプル以外の人骨は、一応少し離れた場所に投棄して墓の形態その他を調べるわけだが、その投棄が相当の作業量となり、日本人とユダヤ人が共同で、毎日のように人骨を運ぶことになった。それが約一週間ほどつづくと、ユダヤ人の方は何でもないが、従事していた日本人二名の方は少しおかしくなり、本当に病人同様の状態になってしまった。ところが、この人骨投棄が終ると二人ともケロリとなおってしまった。この二人に必要だったことは、どうやら「おはらい」だったらしい。実をいうと二人ともクリスチャンであったのだが――またユダヤ人の方は、aシュウシ、何の影響も受けたとは見られなかった、という随想である。

　骨は元来は物質である。この物質が放射能のような形で人間に対して何らかの影響を与えるなら、それが日本人にだけ影響を与えるとは考えられない。従ってこの影響は非物質的なもので、人骨・髑髏という物質が日本人には何らかの心理的影響を与え、その影響は身体的に病状として表われるほど強かったが、一方ユダヤ人には、何らの心理的影響も与えなかった、と見るべきである。おそらくこれが「空気の基本型」である。

　といえば不思議に思われるX向きもあるかもしれないが、われわれが俗にいう「空気」とこの「空気の基本型」との差は、後述するように、その醸成の過程の単純さ複雑さの違いにすぎないのである。従って、この状態をごく普通の形で記すと、「二人は墓地発掘の『現場の空気』に耐えられず、ついに半病人になって、休まざるを得なくなった」という形になっても不思議ではない。

　物質から何らかの心理的・宗教的影響をうける、言いかえれば物質の背後に何かが臨在していると感じ、知らず知らずのうちにその何かの影響を受けるという状態、この状態の指摘とそれへの抵抗は、『福翁自伝』にもでてくる。しかし彼は、否彼のみならず明治の啓蒙家たちは、「石ころは物質にすぎない。この物質を拝むことは迷信であり、野蛮である。文明開化の科学的態度とはそれを［A］すること、そのため啓蒙的科学的教育をすべきだ、そしてそれで十分だ」と考えても、「日本人が、なぜ、物質の背後に何かが臨在すると考えるのか、またなぜ何か臨在すると感じて身体的影響を受けるほど強くその影響を受けるのか。まずそれを解明すべきだ」とは考えなかった。まして、彼の目から見れば、開化もせず科学的でもなかったであろう〝野蛮〟な民族――たとえばセム族――の中に、臨在感を徹底的に拒否し罪悪視する民族がなぜ存在するのか、といった点は、はじめから見逃していた。無理もない。彼にとっては、西欧化的啓蒙がすべてであり、彼のみでなく明治のすべてに、先進国学習はあっても、「探究」の余裕はなかったのである。従ってこの態度は、啓蒙的といえるが、科学的とは言いがたい。従ってその後の人びとは、何らかの臨在を感じても、感じたといえば「頭が古い」ことになるから感じても感じていないことにし、感じないふりをすることを科学的と考えて現在に至っている。このことは超能力ブームのときに、非常に面白い形で出てきた。

MEMO

大切なことはメモしておこうネ！

第1回

2023年度

解 答 と 解 説

《2023年度の配点は解答欄に掲載してあります。》

＜数学解答＞

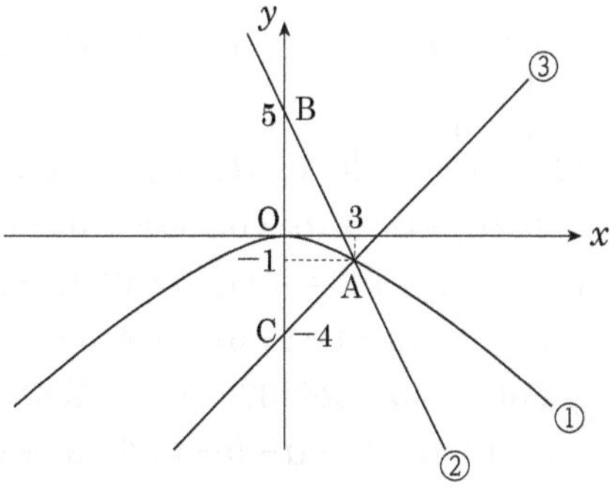

1 (1) $\dfrac{13a+5b}{12}$ (2) 12 (3) $-\dfrac{1}{2}$

(4) $x=2,\ 6$ (5) $7-\sqrt{13}$

(6) $-\dfrac{3}{4}$ (7) 12通り (8) 65

(9) $36\pi\,\mathrm{cm}^3$ (10) $12\pi\,\mathrm{cm}^2$

2 (1) $\dfrac{1}{9}$ (2) 解説参照

(3) $a=7,\ b=3$ (4) $10\mathrm{cm}^3$

3 (1) $a=-\dfrac{1}{9}$ (2) 右図 (3) $\dfrac{27}{2}$

(4) 27π

4 (1) $\mathrm{BC}=2\sqrt{3}\,\mathrm{cm}$ (2) $\dfrac{9\sqrt{3}}{4}\mathrm{cm}^2$ (3) 解説参照 (4) $\dfrac{3\sqrt{3}}{4}\mathrm{cm}^2$

○配点○

1 各4点×10 2～4 各5点×12 計100点

＜数学解説＞

基本 1 (式の計算，平方根の計算，式の値，2次方程式，関数，場合の数，統計，体積，表面積)

(1) $\dfrac{2a-b}{2}+\dfrac{a+2b}{3}-\dfrac{a-b}{4}=\dfrac{6(2a-b)+4(a+2b)-3(a-b)}{12}=\dfrac{12a-6b+4a+8b-3a+3b}{12}$ $=\dfrac{13a+5b}{12}$

(2) $\sqrt{6}(\sqrt{2}+\sqrt{3}+\sqrt{5})(\sqrt{2}+\sqrt{3}-\sqrt{5})=\sqrt{6}\{(\sqrt{2}+\sqrt{3})^2-(\sqrt{5})^2\}=\sqrt{6}(2+2\sqrt{6}+3-5)$ $=\sqrt{6}\times2\sqrt{6}=12$

(3) $\dfrac{1}{x}+\dfrac{1}{y}=\dfrac{y+x}{xy}=\dfrac{2}{-4}=-\dfrac{1}{2}$

(4) $3x^2-24x+36=0$ $x^2-8x+12=0$ $(x-2)(x-6)=0$ $x=2,\ 6$

(5) $y=\dfrac{1}{2}x^2\cdots$① $y=-x+6\cdots$② ①と②からyを消去すると，$\dfrac{1}{2}x^2=-x+6$ $x^2=-2x+12$ $x^2+2x-12=0$ 二次方程式の解の公式から，$x=\dfrac{-2\pm\sqrt{2^2-4\times1\times(-12)}}{2\times1}=\dfrac{-2\pm\sqrt{52}}{2}=\dfrac{-2\pm2\sqrt{13}}{2}=-1\pm\sqrt{13}$ $x=-1+\sqrt{13}$を②に代入して，$y=-(-1+\sqrt{13})+6=1-\sqrt{13}+6=7-\sqrt{13}$

(6) $y=\dfrac{a}{x}$に$x=-3$，$y=-8$を代入すると，$-8=\dfrac{a}{-3}$ $a=(-8)\times(-3)=24$ $y=\dfrac{24}{x}$ よって，求める変化の割合は，$\left(\dfrac{24}{8}-\dfrac{24}{4}\right)\div(8-4)=(-3)\div4=-\dfrac{3}{4}$

(7) ドリンクの選びかたは，コーヒーか紅茶の2通り。ケーキの選びかたは，(シ，シ)，(シ，チ)，(シ，フ)，(チ，チ)，(チ，フ)，(フ，フ)の6通り。よって，求める組み合わせは，$2\times6=12$(通り)

(8) 点数が低い方から数えて50番目と51番目が含まれている階級は，60以上70未満だから，求め

る中央値を含む階級の階級値は，$\frac{60+70}{2}=65$

(9)　半径rの球の体積は$\frac{4}{3}\pi r^3$で表されるから，$\frac{4}{3}\pi\times3^3=36\pi$ (cm³)

(10)　AB：BC：CA＝2：$2\sqrt{3}$：4＝1：$\sqrt{3}$：2から，△ABCは∠ABC＝90°の直角三角形である。求める立体の表面積は，底面が半径2の円で母線が4の円錐の表面積になる。よって，$\pi\times2^2+\pi\times4^2\times\frac{2\pi\times2}{2\pi\times4}=4\pi+8\pi=12\pi$ (cm²)

2　**(確率，文字式の利用，連立方程式の応用問題，体積)**

(1)　2つのサイコロの目の出かたは全部で，6×6＝36(通り)　そのうち，2次方程式が整数の解をもつ場合は，$(a,\ b)=(1,\ 1),\ (2,\ 3),\ (2,\ 4),\ (3,\ 5)$の4通り　よって，求める確率は，$\frac{4}{36}=\frac{1}{9}$

(2)　(証明)　b，c，dをaを用いて表すと，$b=a+2$，$c=a+14$，$d=a+16$　$bc-ad=(a+2)(a+14)-a(a+16)=a^2+16a+28-a^2-16a=28$

(3)　英語の平均点から，$5\times(2+2+7+3+1+1)+4\times(5+4+a+3+2)+3\times(4+6+b+1+5+1)+2\times(3+4+1+6)+1\times(3+1+6+5+3)=2.7\times100$　$80+56+4a+51+3b+28+18=270$　$4a+3b=37$…①　数学の生徒の人数の合計から，$(2+5+4+3+2)+(2+4+6+3+1+4)+(7+a+b+4+6+3)+(3+1+1+5+2)+(1+3+5+3)+(1+2+1+6)=100$　$16+20+a+b+20+12+12+10=100$　$a+b=10$…②　①－②×3から，$a=7$　$7+b=10$から，$b=3$

重要　(4)　求める八面体の体積は，底面が2つの対角線が3cm，5cmのひし形で高さが2cmの四角錐の2つ分になるから，$\frac{1}{3}\times\frac{1}{2}\times3\times5\times2\times2=10$ (cm³)

3　**(図形と関数・グラフの融合問題－グラフの作成，面積，回転体の体積)**

基本　(1)　②と③からyを消去すると，$-2x+5=x-4$　$3x=9$　$x=3$　$x=3$を③に代入して，$y=3-4=-1$　よって，A(3，－1)　点Aの座標を①に代入して$-1=a\times3^2$　$a=-\frac{1}{9}$

基本　(2)　①の比例定数は負の数だから，y軸を対称の軸として線対称で，原点を通る放物線をx軸の下側に(3，－1)を通るようにかく。②の切片は5だから，(0，5)と(3，－1)を通る直線をかく。③の切片は－4だから，(0，－4)と(3，－1)を通る直線をかく。①と②と③の交点をA，(0，5)をB，(0，－4)をCとする。

(3)　BC＝5－(－4)＝9　点Aからy軸へ垂線AHをひくと，AH＝3　よって，$\triangle ABC=\frac{1}{2}\times9\times3=\frac{27}{2}$

重要　(4)　求める体積は，底面が半径3の円で高さがBHの円錐の体積と底面が半径3の円で高さがCHの円錐の体積の和になる。よって，$\frac{1}{3}\times\pi\times3^2\times BH+\frac{1}{3}\times\pi\times3^2\times CH=\frac{1}{3}\times9\pi\times BC=3\pi\times9=27\pi$

4　**(平面図形の計量問題－2つの円と接線，三平方の定理，面積，三角形の相似の証明)**

(1)　点O′からBOへ垂線O′Hをひくと，OH＝3－1＝2　OO′＝3＋1＝4　△OO′Hにおいて三平方の定理を用いると，$BC=HO'=\sqrt{OO'^2-OH^2}=\sqrt{4^2-2^2}=\sqrt{12}=2\sqrt{3}$ (cm)

(2)　OO′：OH＝4：2＝2：1から，△OO′Hは∠O′OH＝60°の直角三角形である。よって，△OABは頂角が60°の二等辺三角形から正三角形である。したがって，$\triangle OAB=\frac{1}{2}\times3\times3\times\frac{\sqrt{3}}{2}=\frac{9\sqrt{3}}{4}$ (cm²)

(3)　(証明)　△OADと△ODO′において，共通な角より，∠AOD＝∠DOO′…①　接線と半径は垂直に交わるので，∠OAD＝90°…②　仮定より，∠ODB＝∠ODA，∠O′DA＝∠O′DC

また，$\angle BDC=180^\circ$より，$\angle ODO'=\frac{180^\circ}{2}=90^\circ$…③　②と③より，$\angle OAD=\angle ODO'$…④
①，④より2組の角がそれぞれ等しいので，$\triangle OAD \backsim \triangle ODO'$

重要 (4) $\angle DEA=\angle DFA=\angle EDF=90^\circ$から，四角形AEDFは長方形である。DB=DA=DCより，$DB=\frac{BC}{2}=\frac{2\sqrt{3}}{2}=\sqrt{3}$　△OBDにおいて三平方の定理を用いると，$OD=\sqrt{3^2+(\sqrt{3})^2}=\sqrt{12}=2\sqrt{3}$　$OE=3\times\frac{\sqrt{3}}{2}=\frac{3\sqrt{3}}{2}$　よって，$ED=2\sqrt{3}-\frac{3\sqrt{3}}{2}=\frac{\sqrt{3}}{2}$　$EA=\frac{3}{2}$　したがって，(四角形AEDF)$=\frac{\sqrt{3}}{2}\times\frac{3}{2}=\frac{3\sqrt{3}}{4}$(cm²)

★ワンポイントアドバイス★

2(4)で，直方体の各面に接している八面体の体積は，直方体の体積の$\frac{1}{6}$になることを利用すると，$3\times5\times4\times\frac{1}{6}=10$(cm³)

＜英語解答＞

1 Part 1 (1) c　(2) a　Part 2 (1) T　(2) F　(3) F
Part 3 No.1 c　No.2 b　No.3 a

2 A (1) ア　(2) エ　(3) エ　B (1) What made him absent from school　(2) is looking forward to swimming in the sea this weekend　(3) The question was so easy that I could solve it.

3 A (1) ウ　(2) ア　(3) イ　B エ

4 問1 are loved by a lot of people all over　問2 ② destroyed　③ gripping　⑦ thought　問3 ウ　問4 エ　問5 木の高い位置に自分の臭いを残すため。　問6 もし2匹の赤ちゃんが生まれれば，ふつうは，より強いほうの1匹だけが生き残る。　問7 (ア) 目を完全に開くこと。　(イ) 地面をはうこと。
問8 ウ，カ

5 (例) (1) Who are you going to give the flowers to?　(2) Because we are going to have our graduation ceremony tomorrow.　(3) What flowers do you want?　(4) What is the name of your teacher?　(5) Thank you for teaching us a lot of things.

○配点○
1 各2点×8　2 A 各2点×3　B 各3点×3　3 各4点×4
4 問2 各2点×3　問5 5点　問6 6点　他 各3点×7　5 各3点×5
計100点

＜英語解説＞

1 (リスニング)

Part 1 Conversation Listening「会話の聞き取り」

A: What are you and your family going to eat for dinner tonight?

B: We usually have fish on Wednesdays.

A: Do you eat a lot of sushi then?

B: Well, sometimes we have sushi. But more often we have dishes like baked salmon, or my favorite, fried horse mackerel.

A: Fried horse mackerel?

B: Yeah. The Japanese name is uhh, アジフライ.

A: Oh, right. I Iike that dish, too. But why is it called horse mackerel?

B: Good question! I know that mackerel is a kind of fish. But I don't know about the horse part. Let's search it.

A: Ok. We can use my phone. …Hmm… That's interesting. This website says that the original name for this fish comes from a Dutch word that sounds like 'horse' in English.

B: Does it have any connection to real horses?

A: No. It doesn't. I understand when languages mix, the meanings of words can change a lot.

B: That's true.

(1) What do the speakers leam in the conversation?

a. How to cook fish.

b. About a new kind of fish.

c. How a fish got its name.

(2) What do both of the speakers like?

a. A fried fish dish

b. Horses

c. Learning new English words

(全訳) A：今夜，君と君の家族は夕食に何を食べるの？

B：僕たちはふつう水曜日に魚を食べるよ。

A：ではたくさん寿司を食べるの？

B：うーん，寿司を食べる時もある。でも焼き鮭や僕の大好きな フライド・ホース・マカレルのような料理を食べることのほうが多いよ。

A：フライド・ホース・マカレル？

B：そう。日本語では，えーと，アジフライ。

A：ああ，なるほど。私もその料理が好きよ。でもなぜそれはホース・マカレルと呼ばれるんだろう？

B：いい質問だね！　僕はマカレルは魚の一種だと知っているよ。でもホース(馬)の部分については知らない。調べてみよう！

A：うん。私の電話を使えるわよ。うーん，おもしろいな。このサイトによると，この魚の元々の名前はオランダ語から来ていて，それが英語のホースのように聞こえるのよ。

B：実際の馬と関係があるの？

A：いいえ，ないわ。言語が混ざると，言葉の意味が大きく変わるとわかったわ。

B：そのとおりだね。

質問

(1)　会話の中で話者たちは何を学ぶか。

a　魚の調理方法。　b　新しい種類の魚について。　c　ある魚がその名前になった経緯。

(2)　話者2人ともが好きなものは何か。

a　魚を揚げた料理。　b　馬。　c　新しい英単語を学ぶこと。

Part 2　Paragraph Listening「文章の聞き取り」

When we get sick or have an accident, we go to the hospital. If our pets get sick or hurt, we take them to an animal doctor. But what happens if your favorite toy breaks? Actually you can take it to a hospital, too-a toy hospital.

Since 1996, The Japan Toy Hospital Association has fixed a lot of broken toys and returned them to their owners. Across Japan, there are about 650 Toy Hospitals, and about 1,700 toy "doctors" volunteer to repair broken toys. The toy doctors do this for free because they enjoy fixing the broken toys.

Toy hospital volunteers are very good at fixing the broken toys, so over 90% of the toys that people bring to toy hospitals can work again. Many different kinds of toys are repaired at these toy hospitals. The most common kinds of broken toys are model trains and plastic dolls. It only takes about two hours for a toy doctor to repair these broken toys.

(1) There are more than 500 toy hospitals in Japan.

(2) Toy doctors can repair most broken toys, but it costs a lot of money.

(3) It is difficult for the toy doctors to fix toy trains and plastic dolls.

(全訳)　私たちは具合が悪くなったり事故に遭ったりすると，病院へ行く。私たちのペットが病気になったり怪我をしたら，私たちは彼らを獣医へ連れて行く。しかし，もしお気に入りのおもちゃが壊れたらどうするか？　実はそれも病院へ連れて行くことができるのだ。おもちゃ病院へ。

1996年以来，日本おもちゃ病院協会はたくさんの壊れたおもちゃを修理し，それを持ち主へ返却してきた。日本中に，およそ650のおもちゃ病院があり，約1,700人のおもちゃドクターがボランティアで壊れたおもちゃの修理をする。おもちゃドクターたちは壊れたおもちゃを修理するのが楽しいので，これを無料で行う。

おもちゃ病院のボランティアたちは壊れたおもちゃを修理するのが非常に得意なので，人々がおもちゃ病院に持ち込むおもちゃの90％以上がまた動くようになる。これらのおもちゃ病院では，様々な種類のおもちゃが修理される。壊れたおもちゃで最もよくある種類は，電車の模型とプラスチック製の人形だ。おもちゃドクターがこれらの壊れたおもちゃを修理するのに，約2時間しかかからない。

(1)　日本には500以上のおもちゃ病院がある。

(2)　おもちゃドクターたちはほとんどの壊れたおもちゃを修理できるが，多額の費用がかかる。

(3)　おもちゃドクターたちにとっておもちゃの電車やプラスチックの人形を修理することは難しい。

Part 3　Communication Response Questions「受け答えを選ぶ問題」

1. Where should I put these flowers?

a. It's OK. You can open them.

b. Oh! They smell very nice.

c. Over there by the window would be great.

2. Have you ever played the guitar?

a. Recently I listen to music every morning
b. I tried once, but I stopped playing soon.
c. My friend is a good guitarist.

3. When is the best time to call you back?
a. I'm free after 7pm.
b. I enjoyed meeting with you today.
c. Sorry, but I'm busy at that time.

(1) 「僕はこれらの花をどこに置くべきでしょうか」
a いいですよ。それを開けてもいいです。 b わあ！ とても良い香りですね。
c 向こうの窓際が良いでしょう。

(2) 「あなたはギターを弾いたことがありますか」
a 最近僕は毎朝音楽を聴きます。 b 1度やってみましたが，すぐに演奏するのをやめました。
c 僕の友人はギター演奏が得意です。

(3) 「あなたに電話をかけなおすのはいつが最も都合がいいですか」
a 私は午後7時以降は暇です。 b 私は今日，あなたに会えて楽しかったです。
c 申し訳ありませんが，私はその時間は忙しいです。

2 **(語句補充・選択，語句整序：疑問詞，現在完了，前置詞，分詞，構文，進行形，熟語，接続詞)**

A (1) 「あとどのくらいでコンサートが始まりますか」「数分後です」 How soon は「この後どのくらいで，この後いつ」と尋ねる。

(2) 「私たちはこの前の水曜日からずっと忙しい」 継続を表す現在完了の文。since「～以来(ずっと)」

(3) 「私のおばはいつも，彼女の自宅の近くの海岸から見られる夕日はとても美しいと言う」 形容詞的用法の過去分詞句 seen from ～「～から見られる」が sunset を後ろから修飾する。

B (1) 疑問詞 what が主語の疑問文で，「昨日，何が彼を学校から不在にさせたのか」とする。<make ＋目的語＋形容詞>「～を…にする」 absent from ～「～を欠席して」

(2) look forward to ~ing「～することを楽しみにする」 この熟語は進行形で用いられることが多く，この文も現在進行形で My son is looking forward to swimming ～ となる。「海水浴」は swimming in the sea「海で泳ぐこと」と表す。

(3) so … that ～「とても…なので～」の構文を使って「その問題はとても簡単なので私はそれを解くことができた」とする。

重要 **3** **(長文読解・資料読解：英問英答，内容吟味)**

(全訳) バード・アイランド・パーク 利用者ガイド

バード・アイランド・パークで美しい自然とアウトドア活動を経験してください。ビジターセンターで，毎年バード・アイランドに来る珍しい鳥たちについて学びましょう。その後，これらの美しい動物たちを見る機会のために，島の周りのボートツアーに参加しましょう。ハイキング，水泳，釣り，サイクリング，その他のスポーツなどをお楽しみください。日帰り旅行で，またはキャンプ場やキャビンで宿泊してください。サービスの予約はビジターセンターで，または142－2126－9034に電話してください。

レンタル情報

サービス	費用
テントキャンプ場(1～8名)	1か所につき1晩20ドル
キャビン(1～4名)	各キャビンにつき1晩120ドル

自転車	1時間1ドルまたは1日5ドル　＊ビジターセンターで利用可
バード・アイランド・ボートツアー	各自5ドル　＊2歳以下の子供無料　　＊チケットはビジターセンターかボートツアーステーションで販売

！　安全水泳ゾーンでは釣りやボートは禁止です。遊泳時間は午前8時から午後6時です。安全ゾーンの外での水泳は危険であり，許可されません。

A　(1)「あなたは父母とバード・アイランド・パークを訪問する予定だ。キャビンに2泊する。家族全員がボートツアーに参加し，自転車を1日借りる。合計の費用はいくらになるか」　キャビン2泊代120ドル×2，ボートツアー代5ドル×3，自転車代5ドル×3で，計270ドル。

(2)「あなたの家族は1泊旅行のためにエリアを選んでいる。母はハイキングに行きたい。父は川に釣りに行きたい。あなたはテニスがしたい。地図のどのエリアがあなたの家族の計画に最適か」　地図を参照する。キャビンエリアAは，ハイキングトレイルが近く，すぐ横に川があり，川の向こうにスポーツグラウンドがあるため，最適。

(3)「バード・アイランド・パークにおける水泳について正しいのはどれか」イ「特別なエリアでしか泳げない」　水泳は安全ゾーンのみ可能である。

B　ア「この5年間で，2016年に救急車で病院へ搬送された人々の数が最小である」(○)　イ「2016年から2020年で，乳幼児は救急車で病院へ搬送された熱中症の患者のうちで少数派である」(○)　ウ「救急車で病院へ搬送された学生の割合は2017年から2020年にかけて減少している」(○)　エ「2020年に，学生の約4倍の高齢者が救急車で病院へ搬送された」(×)

4　(長文読解・論説文：語句整序，受動態，語形変化，現在完了，動名詞，時制，内容吟味，語句補充・選択，英文和訳，接続詞，比較，内容一致)

(全訳)　①黒と白のジャイアントパンダは世界中で多くの人々に愛されている。しかし悲しいことに，彼らは絶滅の危機にある動物だ。畑，道路，鉄道，その他の開発が彼らの住む森の多く②を破壊してしまった。野生のジャイアントパンダは，たくさんの笹や原生林のある涼しくてじめじめした山に住む。その森が彼らの住処に最適な場所なのだ。

ジャイアントパンダは眠っていない時，食べ物を探して食べている。実は，彼らは1日に12時間も食べて過ごす。彼らは何を食べるのか。森にある笹，それを大量に，毎日11～18キロも！ジャイアントパンダは1種類より多くの笹を食べなくてはならない，なぜならその植物は栄養が乏しいからだ。彼らは他の植物を食べ，時には肉さえも食べるが，笹が彼らの食事の99％を占める。ジャイアントパンダは笹を前足で③握り，人間のようにまっすぐに座ることで，食事する。

ほとんどの時間，ジャイアントパンダは1匹を好み，静かだ。④しかし，彼らが集まると，全てのクマの中で最も声が大きい。彼らは非常に短い繁殖期の間，吠えてうなり声をあげる。ジャイアントパンダの赤ちゃんは母親と一緒にいる時，キーキーと鳴く。パンダは，しっぽの下の分泌腺から出るにおいのしるしを残すことによって，コミュニケーションをする。オスはにおいによって繁殖期のメスを見つける。オスは木の高い位置に自分のにおいを残すため，⑤時々「逆立ち」もする。

ジャイアントパンダの母親は非常に小さな赤ちゃんを1匹，または時には2匹生む。⑥もし2匹の赤ちゃんが生まれれば，ふつうは，より強いほうの1匹だけが生き残る。オスは育児の手伝いをしない。赤ちゃんパンダはほとんど毛がなく，重さがおよそ0.11キロしかない。それは母親の約800分の1だ。赤ちゃんパンダは生後6～8週になる前は目を完全に開けない。生後10週を過ぎると，地面を這うようになる。彼らは1年半から3年の間，母親と一緒に過ごす。

ジャイアントパンダについて知っておくべき重要なことは，彼らは笹を食べる，アライグマほどの大きさのレッドパンダとは近い関係性がないことだ。過去には，科学者たちはジャイアントパンダが最も近い動物はアライグマかもしれないと⑦考えた。しかしDNA検査は，ジャイアントパンダがクマの一種であると示している。彼らはかなり独特な種だ。実は，それぞれのジャイアントパンダの模様は，他のすべてのジャイアントパンダの模様と微妙に異なっている。

問1　受動態<be 動詞＋過去分詞>「～される」の文。all over the world「世界中で」

問2　②　現在完了<have ＋過去分詞>の文。ここでは「破壊してしまった」と完了を表す。
③　前置詞 by の後ろなので動名詞 ~ing にする。by ~ing「～することによって」　⑦　過去形にする。think - thought - thought

問3　第2段落第6文参照。ジャイアントパンダは肉を食べることもあるので，ウは一致しない。

問4　however「しかしながら」

重要　問5　下線部⑤の直後の文参照。<so(that)＋主語＋ can ～>「－が～できるように」 leave「～を残す」 higher up a tree「木の高い所に」

重要　問6　if「もし～なら」 be born「生まれる」 the stronger one は「2匹のうちで，より強いほう」を表す。survive「生き残る」

問7　(ア)　第4段落第6文参照。　(イ)　第4段落第7文参照。crawl on ～「～を這う」

やや難　問8　ア 「ジャイアントパンダが地球から完全にいなくなるかもしれないと心配する人もいる，なぜなら彼らの個体数はとても小さいからだ」(○)　イ 「ジャイアントパンダの体から発せられるにおいはその個体数を維持するのに非常に重要である」(○)　ウ 「メスのジャイアントパンダが赤ちゃんを産んだ後，その父親は育児に積極的な役割を果たす」(×)　エ 「メスのジャイアントパンダが赤ちゃんを生む時，その母パンダの平均体重は約90キロだ」(○)　オ 「ジャイアントパンダの子供は1歳半を過ぎると母親から離れだす」(○)　カ 「ジャイアントパンダの最も近い動物は笹を食べる，アライグマの大きさのレッドパンダだ」(×)　キ 「体の模様が全く同じ2匹のジャイアントパンダを見つけることはできない」(○)

重要 5 **(会話文読解：英作文，疑問詞，助動詞，前置詞，接続詞，動名詞)**

(全訳)　店員：こんにちは，いかがいたしましょうか。

生徒：こんにちは，花を何本か注文したいです。

店員：(1)その花をどなたにあげるのですか。

生徒：中学校の担任の先生です。

店員：どうしてそれらを先生にあげるのですか。

生徒：(2)明日，私たちは卒業式があるからです。先生にお礼をするため花を贈ろうと決めました。

店員：それは素晴らしいですね。(3)どの花がほしいですか。

生徒：私は先生がどの花が好きか知らないし，花についてあまりよく知りません。どの花がおすすめですか。

店員：今日は，とても新鮮なチューリップ，ユリ，パンジー，マリーゴールド，バラがございます。

生徒：わあ，すごい！　それではチューリップ，ユリ，バラでブーケをアレンジできますか。予算は4,000円です。

店員：もちろんです！　それはよい組み合わせになりますね。先生へのメッセージカードを無料で入れることができます。先生のお名前と，先生宛ての短いメッセージを10単語以内で，タイプすることができます。

生徒：それはいいですね！　先生はきっと喜びます。

店員：(4)あなたの先生のお名前は何ですか？

生徒：先生の名前はフジイ・ヒトシです。
店員：先生宛ての短いメッセージを10単語以内でできますか。
生徒：ちょっと待ってください。はい，決めました。私のメッセージはこうです。(5)私たちにたくさんのことを教えてくれてありがとうございます。
店員：完璧ですね！　カードとブーケを15分でご用意いたします。

(1)　次に生徒が To our homeroom teacher「担任の先生に」と答えていることに着目し,「あなたはその花を誰にあげるつもりですか」とする。<give ＋もの＋ to ＋人>「(もの)を(人)にあげる」という構文を使い，人の部分を疑問詞 Who にするので，Who are you going to give the flowers to? となる。この to は「(人)に」を表す。

(2)　先生に花をあげる理由を答える。この生徒は中学3年生なので，「明日，卒業式があるから」とすると自然だろう。graduation ceremony「卒業式」

(3)　次に生徒が I'm not sure what flower he likes と言っていることから，ここには What flower does he like? または What flower do you want? が適切。

(4)　次に生徒が先生の名前を答えているので，先生の名前を尋ねる文 What is your teacher's name? または What is the name of your teacher? が適切。

(5)　卒業式に先生に贈るメッセージなので，感謝の言葉が適切。10単語以内という条件を守ること。Thank you for ~ing「~してくれてありがとう」解答例の他に We enjoyed your class very much. Thank you.「私たちは先生の授業をとても楽しみました。感謝します」などでもよいだろう。

★ワンポイントアドバイス★

5は会話が成立するよう，空所にふさわしい英文を考えて作文する問題で難度が高い。

＜国語解答＞

一　問一　a　環境　b　開拓　c　流布　d　疎通　e　一旦　問二　X　イ　Y　ウ　問三　海を中心に置いた歴史理解の方法　問四　海域世界が国民国家という閉じた概念を批判しているのに，海域世界も一つの閉じた空間を想定する概念になりかねないという問題。　問五　ア　問六　海域世界という新しい概念で歴史をとらえなおすことで，国家やその国境線という枠組みを中心とする従来までの国民国家という歴史観を相対化し，全体としての世界史を把握することができると考えられるから。　問七　エ

二　問一　a　ちょうちん　b　まつりばやし　c　いきどお　d　とら　e　のぞ
問二　X　ア　Y　イ　問三　納得のいかない商いをした　問四　ウ
問五　古書に愛着を持つことなく，売り買いするだけのものだと考えている男は，狭い古書の業界の中でその悪行や容姿を噂されて知れ渡ることで，二度と古書の世界でものを売り買いできなくなるということ。　問六　瀬名垣も，真志喜同様自分の所有する古書は預かっているだけのものだと知りつつ愛着を持ってしまっていると伝えることで，本への愛着に関する真志喜の衝撃を和らげようという意図。　問七　イ

三　問一　D・E　　問二　2　イ　　3　ウ　　問三　元啓　　問四　エ
問五　親を捨てることは間違った行為であるということ。

○推定配点○

一　問一・問二　各2点×7　　問三　3点　　問四　6点　　問六　9点　　他　各4点×2
二　問一～問三　各2点×8　　問四・問七　各4点×2　　他　各8点×2
三　問一～問三　各3点×4　　他　各4点×2　　計100点

＜国語解説＞

一　(論説文―漢字の読み書き，慣用句，語句の意味，文脈把握，内容吟味)

問一　a 「環境」は「境」も王へんにしないよう注意。 b 「開拓」とは，もとは荒野を開いて田畑とすることであるが，一般には「新分野をきり開くこと」。 c 「流布」とは「世間に知れわたること」。 d 「意志疎通」とは「互いに考えていることを相手に伝え，理解を得ること」。 e 「一旦」とは「一度」という意味。「一部分」という意味の「一端」と混同しないように注意。

問二　X 「市民権を獲得する(得る)」とは，一般には「ある行為や考え方が広く知られ，一般的なものとして根付く」という意味。 Y この「大家」は「たいか」と読み，「学芸のその分野で特にすぐれ，ある年輩に達している人」という意味。

問三　「海域世界」「過去の把握方法」の両方の言い換えが成立している箇所を探す必要がある。すると，「海域世界」は「海を中心に置いた」，「過去の把握方法」は「歴史理解の方法」と言い換えられる。第一段落より，「海域世界」は海中心であることがわかる。また，「歴史」とはつまり過去，「把握」とはつまり理解のことである。「海域世界」「歴史理解」という語がどちらか片方でもそのまま登場している箇所は言い換えとしては成立しないので注意。

問四　指示語の内容をたどっていく必要のある設問。「この問題」は全段落「一種のパラドックス」を指す。「パラドックス」の内容としては「国民国家という～作り出していることになる」の部分であるため，ここから「閉じた」ことに対する批判をするはずの海域世界が，自身も「閉じた」空間を作ってしまう，といった内容を記述できていればよい。「パラドックス」から「～矛盾という問題。」としてもよい。

問五　まず「従来の歴史叙述が有する制約」とは何かということを明らかにしていく。傍線部直前には「地理的に境界の定められた空間とは捉えないことによってはじめて」とあるので，「従来の歴史叙述が有する制約」とは「地理的に境界の定められた空間」を想定するものであるとわかる。したがって，「独立したもの」「国民国家同様」と境界を有することが前提となっているイ・ウは不適当。次に，第九段落「このように」の内容を明らかにしていく。第八段落の内容をまとめると，要は「海域世界」を複数の空間が重なった総体として捉えるということである。したがって，「複数の空間」という点を無視しているエも不適当。

重要　問六　「意義がある」は「価値がある」とほぼ同じ意味。「その意味で」の「その」の内容は，直前の「国民国家史を寄せ集めた～必要になる」である。したがって，「海域世界」が「国民国家史を相対化する」ということ，また，「一体としての世界史を新しく構想する」ということから，「海域世界」が国家や国境を中心とせず「一体」あるいは「全体」として世界史を捉える，「新しい」概念であることを明らかにしながらまとめる必要がある。

問七　アは「歴史研究のみならず幅広い分野で応用されていることが示された」が誤り。本文中では，海域世界という歴史把握の方法についてのみ焦点を絞って記述されており，他分野への言及はない。イは「文献を引用しつつ～批判し」が誤り。海域世界についての批判は第五段落で展開されているが，文献を引用しつつ批判している箇所はない。「文献の引用」とは著者名，書名を明示しつつ書籍の内容の一部をそのまま記すことであるが，チョドリーや家島彦一については人名が紹介されたのみであり，これを「文献の引用」とは言えない。ウは「一国史的歴史観に回帰すべき」が誤り。最終段落「大事なことは，～絶対でもないはずだ。」より，筆者は一国史的歴史観を白紙に戻すべきと主張している。

二 (小説―漢字の読み書き，語句の意味，脱文・脱語補充，文脈把握，情景・心情)

問一　a 「提灯」とは祭りのときだけでなく，飲食店の入り口などにもぶら下げられている照明のこと。　b 「祭囃子」とは祭りの際に演奏される音楽のジャンル。　c 「憤り」とは「怒り」とほぼ同義であるが，多くの場合は表出されない，心の内に秘めた感情としての怒りを指す。
d 「囚われる」とは，「つかまえられて自由がなくなること」。やり方や考え方について使われることが多い。　e 「覗く」とは「物陰やすきま，小さな穴などから見ること」。「加えない」という意味の「のぞく」は「除く」。

問二　X 「ほうぼう」は漢字では「方方」あるいは「方々」と書き，「あちこち」という意味。
Y 「愕然とする」とは「非常に驚くさま」。

問三　「ここで」つまり傍線部1の時点では，瀬名垣は盗みの話を知らないため盗みに絡めた解答は不適当。何かあったのだろうとは思っているが，それについてはいつもの真志喜について「真志喜がこんなふうに～商いをしたときなのだ。」とあることから，「納得のいかない商いをした」からぼんやりしているのだろう，と瀬名垣は予想していると考えられる。

問四　「すごく好意的」から，もともとは悪い方に考えていたが，意識的に良い方に考えたのだということを見抜く必要がある。したがって，「良い」「悪い」という対比が成立していないア・エはこの時点で不適当。イと迷うが，真志喜は「『古書飛鳥』で買った本を，うちに売りにきたんだろう」と発言していることから，男が持って来たのは「古書飛鳥」の本であることは確信しているため「それではないと考えることにした」というのは無理があり，不適当。

重要　問五　「古書を物としてしか扱わなかった」「古書の世界から逆襲を受ける」それぞれの内容を具体化することが重要。「古書を物としてしか扱わなかった」については，その後の真志喜の発言「いつのまにか愛着を抱いてしまっている自分」にもある通り，「愛着を持たない」ことだとわかる。加えて，男が盗品を売っていることを瀬名垣は「商売」と揶揄的に表現しているため，「自分が儲けるための道具」あるいは「売り買いするだけのもの」といった要素もあるとよい。「古書の世界から逆襲を受ける」については，傍線部3直前「店についてでも～広まる」および直後「永遠に締め出され」から，男がその悪行および容姿を古書業界中に広められ，二度と客として古書店で扱ってもらえなくなる，あるいは物を売ったり買ったりできなくなるという内容をおさえられればよい。

やや難　問六　ここは本を盗まれたことに関して，「『無窮堂』にある本は，～」からわかるように，真志喜が古書は預かりものとわかっているはずなのに愛着を持っている自分に衝撃を受けたことを話し，それに対する返答として瀬名垣が自分も所有欲や愛着を持っていることを打ち明ける場面である。「～さ」と軽やかな語り口になっている点，「修行が足りない」と盗んだ人物ではなく自らの問題としている点が重要。つまり，瀬名垣は自分も真志喜も同じだと伝え，自分たちは未熟だと軽い調子で伝えることで真志喜が考え込みすぎないようにしたものと思われる。「古書は預かりものと知っている」「しかし愛着を持ってしまっている」という点が真志喜と瀬名垣に共通しており，かつ瀬名垣の意図として「真志喜の受けた衝撃を和らげる」ようなものであることが記述できるとよい。

問七　アは「一貫して真志喜の視点から」が誤り。例えば「真志喜がこんなふうにぼんやりするのは,」から始まる一文は瀬名垣の視点から描かれている。ウは「普遍的な話題」が誤り。真志喜も瀬名垣も本に対する強い所有欲があるが，それが「普遍的」つまり誰にでも当てはまることとは言いがたい。エは「すれ違い」が誤り。特にみすずは真志喜を急かしているのみであり，すれ違いは起こっていない。「すれ違い」とは一般に考え方や感じ方に違いがあり，それがもとでぎくしゃくした関係になってしまうことを指す。

三 (古文―文脈把握，語句の意味)

〈口語訳〉 漢朝に元啓という者がいた。(元啓が)十三歳の時，父が，妻の言葉に従って，年老いた親を山に捨てようとした。元啓は，しきりに(父を)諫めたけれども(父は)聞き入れないで，元啓と二人で，すぐに手輿を作って，(父の親を手輿に乗せて)持って行って，深い山の中に捨てた。

元啓は，「手輿を持って帰ろう」と言うので，父は，「今さらどうしようというのか。(手輿を)捨てていけ」と言った時，元啓は「父上が年老いなさった時，また(父上を手輿に乗せて)持って行って捨てようと思うためです」と言う。その時，父は，はっと気が付いて，「私の父を捨てたことは，本当に悪いことである。これ(年老いた親は捨てるものだということ)を学んで，(わが子である元啓は)私を必ずや捨てることがあるだろう。(私は)つまらないことをしたものだ」と思い返して，(父の)父を連れて帰って，(その後ずっと)世話をした。

このことは，世間で噂になって，父を教化し，祖父を助けた孝行者であるということで，(元啓のことを)孝孫と言った。

問一 「年たけたる」とは「年老いた」という意味である。父が「年たけたる親」を捨てようとしたということなので，「年たけたる親」は父の親，つまり元啓にとっては祖父にあたる。すると，父の発言の中で「わが父」としているD，および父の行動として「父を具して」としているEが適当。「具す」は「連れていく」という意味。

問二 2では元啓が「輿を持ちて帰らむ」つまり「手輿を持って帰ろう」としたことに対しての「捨てよ」なので，手輿のことである。3では手輿を持って帰る理由について，元啓の発言の中で「父の年老いたらむ時，捨てむずるため」としていることから，手輿の利用目的として将来的に父が老いた際に乗せて行き，山中に捨てるためだと説明しているため，父のことである。

問三 父の発言の中で「われを捨つることありぬべし」としていることから，学んだ結果父を捨てるという行動に出る可能性があるのは元啓である。

問四 「よしなし」は「つまらない，理由・方法がない，関係がない」などの多義語であるが，辞書的な意味を知らなくても解答できる。元啓は，祖父を捨てたら(年老いた親は捨てるものだと学んで)父もまた元啓の手によって捨てられるだろう，ということを示唆することで，父の行いを遠回しに非難している。よって，好意的な意味のアは不適当。辞書的にはイの可能性もあるが，親を捨てるということは「自分の行いがいつか自分に返って来る」という示唆を元啓がしている点で意味のある行動なので不適当。ウは，父が結局祖父を連れて帰っていることから反省したと考えられるため，「不思議」と思っているだけでは反省につながらないので不適当。

重要 問五 元啓はもともと祖父を捨てることについてしきりに父を諫めていたということ，および「父上も年老いたら捨てる」旨の発言をしていること，それを聞いた父は自分が捨てられることを想像し，祖父にひどい仕打ちをしたと反省して祖父を連れ帰ったと思われることから，「親を捨てることは間違っている」という方向で説明できるとよい。

★ワンポイントアドバイス★

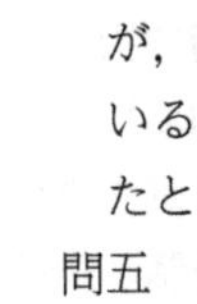

論説文は，対比関係にある二つのものについてそれぞれの特徴をおさえながら筆者の主張したいポイントをつかもう。小説は，登場人物の言動ひとつひとつの裏にどのような意図があるのかも考えながら読み進めよう。古文は，明言されていなくとも教訓のある作品もある。文脈から内容の核心を読み取ろう。

第2回

2023年度

解 答 と 解 説

《2023年度の配点は解答欄に掲載してあります。》

＜数学解答＞

1 (1) x^4-x^2+16 (2) $(a-b)(ab+c)$ (3) 14 (4) $(a,\ b)=(2,\ -1),\ (-2,\ 1)$ (5) 6試合 (6) $36+4\pi$(cm²)
(7) CA＝10cm (8) 720度
(9) AB＝$4\sqrt{2}$cm (10) 14πcm³

2 (1) 解説参照 (2) $a=-\frac{1}{3}$, 3, 5
(3) $s=\frac{12}{5}$ (4) EH：ID＝7：9

3 (1) 右図 (2) A(−2, 2), B(4, 8)
(3) 12 (4) $y=5x$ (5) $y=-2x+4$

4 (1) 36cm³ (2) $36\sqrt{3}$cm² (3) 72cm³
(4) 3cm

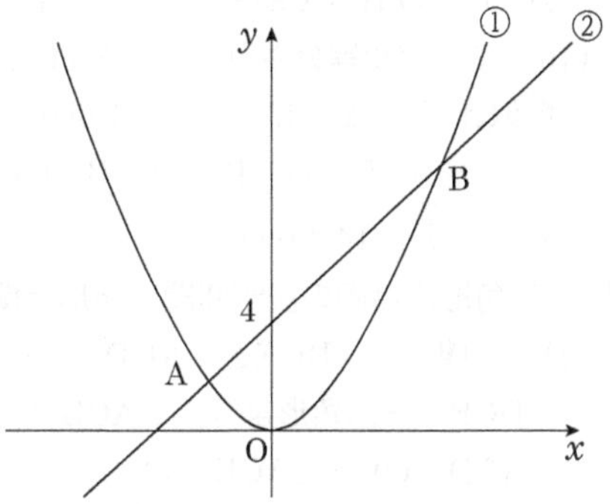

○配点○
1 各4点×10　2 各5点×4　3 各4点×5　4 各5点×4　計100点

＜数学解説＞

基本 1 **(式の展開，因数分解，式の値，1次関数の変域，場合の数，平面・空間図形の計量問題)**

(1) $(x^2-3x+4)(x^2+3x+4)=(x^2+4-3x)(x^2+4+3x)=(x^2+4)^2-(3x)^2=x^4+8x^2+16-9x^2=x^4-x^2+16$

(2) $a^2b+ac-ab^2-bc=a^2b-ab^2+ac-bc=ab(a-b)+c(a-b)=(a-b)(ab+c)$

(3) $x+y=\frac{\sqrt{3}+1}{\sqrt{3}-1}+\frac{\sqrt{3}-1}{\sqrt{3}+1}=\frac{(\sqrt{3}+1)^2+(\sqrt{3}-1)^2}{(\sqrt{3}-1)(\sqrt{3}+1)}=\frac{3+2\sqrt{3}+1+3-2\sqrt{3}+1}{3-1}=\frac{8}{2}=4$
$xy=\frac{\sqrt{3}+1}{\sqrt{3}-1}\times\frac{\sqrt{3}-1}{\sqrt{3}+1}=\frac{3-1}{3-1}=\frac{2}{2}=1$　よって，$x^2+y^2=(x+y)^2-2xy=4^2-2\times1=14$

(4) $y=ax+b$…①　$a>0$のとき，①のグラフは右上がりになるから，(−1, −3), (2, 3)を通る。$a=\frac{3-(-3)}{2-(-1)}=\frac{6}{3}=2$　$y=2x+b$に(2, 3)を代入して，$3=2\times2+b$　$b=-1$　$a<0$のとき，①のグラフは右下がりになるから，(−1, 3), (2, −3)を通る。$a=\frac{-3-3}{2-(-1)}=-\frac{6}{3}=-2$　$y=-2x+b$に(−1, 3)を代入して，$3=-2\times(-1)+b$　$b=1$　よって，$(a,\ b)=(2,\ -1),\ (-2,\ 1)$

(5) リーグ戦とは，競技に参加したチームが他のすべてのチームと対戦する競技形式である。よって，(A, B), (A, C), (A, D), (B, C), (B, D), (C, D)の6試合。

(6) 求める面積は，縦が2cmで横が6cmの長方形の面積と，縦が2cmで横が5cmの長方形の面積と，縦が2cmで横が7cmの長方形の面積と，半径が2cmの円の面積の和になる。よって，$2\times(6+5+7)+\pi\times2^2=2\times18+4\pi=36+4\pi$(cm²)

(7) 円の外部の1点からその円にひいた2本の接線の長さは等しいから，AR＝AQ＝4, BP＝BR＝9−4＝5　CQ＝CP＝11−5＝6　よって，CA＝CQ＋QA＝6＋4＝10(cm)

(8)　五角形の角の和は，$180° \times (5-2)=540°$　右の図のように，補助線をひくと，印をつけた角の大きさは，五角形の角の和からcをひいたものと四角形の角の和から$(a+b)$をひいたものの和になる。$(a+b+c)$は三角形の内角の和になるから，$(540°-c)+\{360°-(a+b)\}=900°-(a+b+c)=900°-180°=720°$

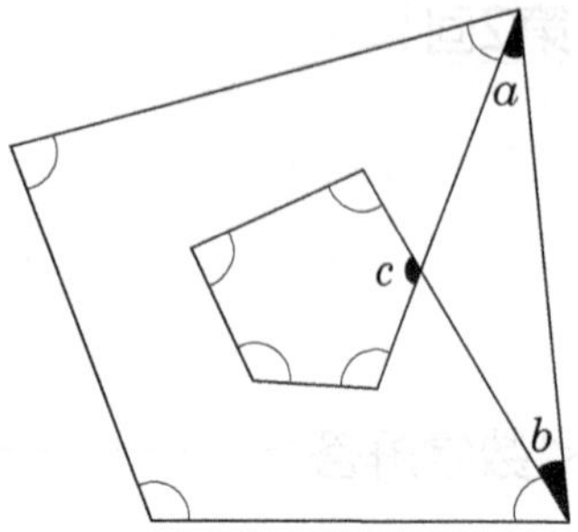

(9)　$\angle \mathrm{OAB}=\angle \mathrm{O'BA}=90°$　点Oを通りABに平行な直線へ点O′から垂線O′Hをひくと，四角形AOHBは長方形になるから，BH＝AO＝5，O′H＝2＋5＝7，△O′OHにおいて三平方の定理を用いると，$\mathrm{AB}=\mathrm{OH}=\sqrt{\mathrm{OO'}^2-\mathrm{O'H}^2}=\sqrt{9^2-7^2}=\sqrt{32}=4\sqrt{2}$ (cm)

(10)　高さが3等分された3つの立体を上からA，B，Cとすると，A∽(A＋B)∽(A＋B＋C)となり相似比は1：2：3だから，体積比は$1^3:2^3:3^3=1:8:27$　Bの体積は(A＋B)からAをひいたものになるから，B：(A＋B＋C)＝(8－1)：27＝7：27　よって，真ん中の立体の体積は，$54\pi \times \frac{7}{27}=14\pi$ (cm^3)

2　(三角形の合同の証明問題，図形と関数・グラフの融合問題，平面図形の計量問題)

(1)　(証明)　△BCEと△ACDにおいて，仮定より，BC＝AC…①　CE＝CD…②　△ABC，△DCEは正三角形より，∠ACB＝∠ECD＝60°…③　③より，∠BCE＝60°＋∠ACE…④　∠ACD＝60°＋∠ACE…⑤　④，⑤より，∠BCE＝∠ACD…⑥　①，②，⑥より，2辺とその間の角がそれぞれ等しいので，△BCE≡△ACD

重要　(2)　$x+3y+1=0$，$3y=-x-1$，$y=-\frac{1}{3}x-\frac{1}{3}$…①　$3x-y+3=0$，$y=3x+3$…②　$ax-y+5=0$，$y=ax+5$…③　①と②からyを消去すると，$-\frac{1}{3}x-\frac{1}{3}=3x+3$　$\frac{10}{3}x=-\frac{10}{3}$　$x=-1$　$y=3\times(-1)+3=0$　よって，①と②の交点の座標は(－1，0)　③がこの交点を通るときのaは，$0=-a+5$　$a=5$　2直線が平行となるときと3直線が1点で交わるとき，3直線は三角形をつくらないので，求めるaの値は，$a=-\frac{1}{3}$，3，5

(3)　①の式に$x=2$，4を代入して，$y=\frac{1}{4}\times 2^2=1$，$y=\frac{1}{4}\times 4^2=4$　よって，A(2，1)，B(4，4)　点Aのx軸に関する対称点をA′とすると，A′(2，－1)　点Qが直線A′B上にあるとき，AQ＋QB＝A′Q＋QB＝A′Bとなり，AQ＋QBは最小となる。直線A′Bの傾きは，$\frac{4-(-1)}{4-2}=\frac{5}{2}$　直線A′Bの式を$y=\frac{5}{2}x+b$として点A′の座標を代入すると，$-1=\frac{5}{2}\times 2+b$　$b=-6$　よって，直線A′Bの式は，$y=\frac{5}{2}x-6$　点Qのy座標は0だから，$0=\frac{5}{2}x-6$　$\frac{5}{2}x=6$　$x=6\times\frac{2}{5}=\frac{12}{5}$　よって，$s=\frac{12}{5}$

やや難　(4)　AB＝DC，AE：EB＝2：1，DG：GC＝1：1，比の和は3，2より3と2の最小公倍数6でそろえると，AE：EB＝4：2，DG：GC＝3：3　EI：ID＝AE：DG＝4：3…①　直線AFとDCの交点をJとすると，AB：CJ＝BF：FC＝3：1＝6：2　EH：HD＝AE：DJ＝4：(6＋2)＝4：8＝1：2…②　①と②の比の和は7，3より7と3の最小公倍数21でそろえると，EI：ID＝12：9，EH：HD＝7：14　よって，EH：ID＝7：9

3　(図形と関数・グラフの融合問題－グラフの作成，面積)

基本　(1)　①の比例定数は正の数だから，y軸を対称の軸として線対称で，原点を通る放物線をx軸の上側にかく。②の傾きは正の数で，切片が4だから，(0，4)を通り，右上がりの直線をかく。①と②の交点でx座標が負である方をA，正である方をBとする。

基本 (2) ①と②からyを消去すると，$\frac{1}{2}x^2=x+4$　$x^2=2x+8$　$x^2-2x-8=0$　$(x+2)(x-4)=0$　$x=-2,\ 4$　②の式に$x=-2,\ 4$を代入して，$y=-2+4=2$，$y=4+4=8$　よって，A$(-2,\ 2)$，B$(4,\ 8)$

(3) ②とy軸との交点をCとすると，$\triangle OAB=\triangle OAC+\triangle OBC=\frac{1}{2}\times4\times2+\frac{1}{2}\times4\times4=12$

(4) 線分ABの中点をDとすると，直線ODは△OABの面積を2等分する。$\frac{-2+4}{2}=1$，$\frac{2+8}{2}=5$から，D$(1,\ 5)$　直線ODの傾きは，$\frac{5}{1}=5$より5だから，求める直線の式は，$y=5x$

重要 (5) 点Cを通り△OABの面積を2等分する直線とOBとの交点をEとすると，$\triangle OCE=\frac{\triangle OAB}{2}-\triangle OAC=6-4=2$　点Eのx座標をeとすると，$\frac{1}{2}\times4\times e=2$　$e=1$　直線OBの式は，$\frac{8}{4}=2$より，$y=2x$　点Eは直線OB上の点だから，$2\times1=2$より，E$(1,\ 2)$　求める直線の式を$y=px+4$として点Eの座標を代入すると，$2=p\times1+4$　$p=-2$　よって，求める直線の式は，$y=-2x+4$

4 (空間図形の計量問題－正多面体，体積，表面積，球の半径)

(1) 4つの側面の対角線の交点を結んでできる正方形の面積は，$\frac{1}{2}\times6\times6=18$　求める正八面体の体積は，底面が18で高さが3の四角錐の体積の2つ分になるから，$\frac{1}{3}\times18\times3\times2=36(\text{cm}^3)$

(2) この正八面体の一つの面は，一辺が$3\sqrt{2}$の正三角形になるから，求める表面積は，$\frac{1}{2}\times3\sqrt{2}\times3\sqrt{2}\times\frac{\sqrt{3}}{2}\times8=36\sqrt{3}\ (\text{cm}^2)$

(3) E−ABD＝G−CBD＝B−FEG＝D−HEG＝$\frac{1}{3}\times\frac{1}{2}\times6\times6\times6=36$　四面体BDEGの体積は，立方体の体積から，4つの三角錐の体積をひいたものになるから，$6\times6\times6-36\times4=216-144=72(\text{cm}^3)$

重要 (4) 四面体BDEGの各辺に接する球は，立方体の各面にも接している。よって，立方体の内接球になっているので，求める球の半径は，$6\div2=3(\text{cm})$

★ワンポイントアドバイス★

4では，1辺の長さがaの立方体の各面の対角線の交点を頂点とする正八面体の体積は，$a^3\times\frac{1}{6}$となり，各面の対角線を結んだ正四面体の体積は，$a^3\times\frac{1}{3}$となることを覚えておくとよいだろう。

＜英語解答＞

1 Part 1 (1) b　(2) b　Part 2 (1) F　(2) T　(3) T
Part 3 No.1 a　No.2 c　No.3 c

2 A (1) ア　(2) ア　(3) イ　B (1) How would you like your steak cooked?　(2) sitting on the top of the tree　(3) told me to read the book that he bought

3 A (1) ウ　(2) エ　(3) ウ　B イ

4 問1 イ　問2 ア　問3 ③ He always keeps on challenging.

④ It is important for them to　問4 活動的な高齢者の数
問5 ⑥ organized　⑦ looking　⑧ found　問6 社会に恩返しがしたい
問7 ア，キ

5 (例) (1) what do you want to do this summer?　(2) I'm too busy to go there with you.　(3) I have to practice tennis every day.　(4) How about visiting your grandparents alone?　(5) How long are you going to stay there?

○配点○

1 各2点×8　2 A 各2点×3　B 各3点×3　3 各4点×4
4 問1・問4・問6・問7 各4点×5　他 各3点×6　5 各3点×5　計100点

＜英語解説＞

1 (リスニング)

Part 1 Conversation Listening「会話の聞き取り」

Mona: Hi Sam, what are you doing this Saturday?
Sam: I was going to go shopping, but I don't have any money. So I think I will stay home and watch my favorite TV series instead.
Mona: What's it called?
Sam: "Danger Zone." It has action, suspense and the actors are so cool.
Mona: Nice! That sounds interesting.
Sam: How about you, Mona? Any plans?
Mona: Well, some of our classmates are going to a park to play basketball. I might join them.
Sam: That sounds great! I didn't know you played basketball.
Mona: Yeah. I just started last week. I'm not very good yet, but I enjoy playing. Hey, do you want to come, too?
Sam: No, thanks. I'm really looking forward to watching the show.
Mona: OK, Sam. But if you change your mind, let me know.
Sam: Sure!

(1) What is Sam' s plan for this weekend?
a. Go shopping.
b. Watch his favorite TV show.
c. Play basketball with some classmates.

(2) What activity did Mona recently start doing?
a. Working as an actor.
b. Playing a sport.
c. Watching TV.

(全訳) モナ：こんにちは，サム。あなたは今度の土曜日に何をする？
サム：買い物に行くつもりだったけれど，お金がまったくないんだ。だから，その代わりに，家にいて大好きなテレビシリーズを見るよ。
モナ：それはどういう名前？

サム：『デンジャー・ゾーン』だよ。アクションあり，サスペンスありで俳優たちがとても格好いいんだ。
モナ：いいわね！　おもしろそう。
サム：君はどう，モナ。何か予定は？
モナ：クラスメートの何人かがバスケットボールをするために公園へ行く予定なの。私も参加するかもしれない。
サム：それはすばらしいね！　君がバスケットボールをするとは知らなかったよ。
モナ：うん。先週始めたばかりよ。まだあまり上手ではないけれど，やっていて楽しいわ。ねえ，あなたも来たい？
サム：いや，いいよ。僕は番組を見るのをとても楽しみにしているんだ。
モナ：わかったわ，サム。でももし心変わりしたら，知らせてね。
サム：もちろん！
質問
(1)　サムの今週末の計画は何か。
a　買い物に行く。　b　お気に入りのテレビ番組を見る。
c　クラスメートたちとバスケットボールをする。
(2)　モナが最近やり始めた活動は何か。
a　俳優として働くこと。　b　スポーツをすること。　c　テレビを見ること。

Part 2　Paragraph Listening「文章の聞き取り」

About 30 percent of the earth's land is forests. Some of these are a special kind of forest called, old-growth forests. Old-growth forests have lived for a long time and have not been changed by humans. They can be found in many parts of the world, including North America, Europe, and Asia. In these forests, you can find very old trees, sometimes hundreds of years old. These trees are the main reason why old-growth forests are so unique.

Old-growth forests are also important to the earth's environment. For example, trees take in CO2 and release oxygen, which is important for all living things to breathe. In addition, trees help to filter water and help to keep our environment clean.

Unfortunately, many old-growth forests were destroyed by human activities such as cutting trees down for wood, or for space to build cities. This is a problem because once an old-growth forest is gone, it is very difficult to replace it. It takes hundreds of years for a new forest to grow and become as healthy as an old-growth forest.

(1) We can find old-growth forests only in North America and Asia.
(2) Old-growth forests are precious because they give us clean air and water.
(3) When an old-growth forest is destroyed, it is not easy to grow it again.

(全訳)　地球の土地のおよそ30%が森林である。これらのうちのいくつかは，原生林と呼ばれる，特別な種類の森だ。原生林は長い間生きていて，人間によって変えられていない。それらは北米，ヨーロッパ，アジアを含む，世界の多くの場所で見られる。これらの森では非常に古い木，時には樹齢数百年のものが見つかる。これらの木は，原生林が非常に独特であることの主な理由である。

原生林は地球環境にとっても重要である。例えば，木は二酸化炭素を吸収し，酸素を放出し，それは全ての生き物が呼吸するために重要である。さらに，木は水をろ過するのに役立ち，私たちの環境をきれいに保つのに役立つ。

不幸にも，多くの原生林は，木材のため，または都市を建設するための場所を作るために，木を切り倒す等の人間の活動によって破壊された。これは問題である，なぜなら一度原生林がなくなってしまえば，それを別のものと置き換えるのは非常に困難だからだ。新しい森が成長し，原生林と同じくらい健康になるには，何百年もかかる。

(1) 原生林は北米とアジアにしか見つからない。

(2) 原生林は貴重である，なぜなら私たちにきれいな空気と水を与えてくれるからだ。

(3) 原生林が破壊されると，それを再び育てることは簡単ではない。

Part 3 Communication Response Questions「受け答えを選ぶ問題」

1. How many guests will join the party tonight?
 a. I guess 25 to 30 people will come.
 b. There are 12 rooms in this hotel.
 c. It will take about 4 hours.

2. What kind of fruits do you like?
 a. No thank you. I don't like oranges.
 b. I would like a salad, please.
 c. Actually, I like all of them.

3. Did you watch the soccer match last night?
 a. No. Unfortunately l couldn't play.
 b. Of courses! I love watching tennis games.
 c. I saw the second half. It was really exciting!

(1) 「今夜のパーティーには招待客が何人来ますか」
 a 25〜30人が来ると思います。 b このホテルには部屋が12あります。
 c およそ4時間かかります。

(2) 「あなたはどんな果物が好きですか」
 a いいえ，結構です。私はオレンジが好きではありません。 b サラダをお願いします。
 c 実は，私は果物が全部好きです。

(3) 「あなたは昨晩のサッカーの試合を見ましたか」
 a いいえ。不幸にも私はプレーできませんでした。
 b もちろん！ 私はテニスの試合を見ることが大好きです。
 c 私は後半戦を見ました。とてもわくわくしました！

2 **(語句補充・選択，語句整序：疑問詞，感嘆文，不定詞，口語表現，助動詞，分詞，関係代名詞)**

A (1) 「私に辞書を貸してくれませんか」 Will you ～？「～してくれませんか」

(2) 「これらは何て美しい花でしょう！」 感嘆文<What ＋形容詞＋複数名詞＋主語＋動詞！>「何て…な(名詞)でしょう」

(3) 「私は彼に真実を話すことに決めた」 <decide to ＋動詞の原形>「～することに決める」

B (1) How would you like your steak cooked?「あなたは自分のステーキをどのように調理されるのが好きですか」 How would you like your ～？は「あなたは～をどうするのが好きですか」という意味で，相手の好みを尋ねる言い方。

(2) 形容詞的用法の現在分詞句 sitting on the top of the tree「木のてっぺんにとまっている」が bird を後ろから修飾する。

(3)　<tell ＋人＋ to ＋動詞の原形>「(人)に～するように言う」の構文で，My father told me to read the book とする。その後ろに関係代名詞を使い，that he bought「彼が買った」が後ろから book を修飾する。

重要 3 (長文読解・資料読解：英問英答，内容吟味)

(全訳)　キッズ・キャン・コードでプログラミングを学ぼう

キッズ・キャン・コードで未来の扉を開こう

キッズ・キャン・コードでは，6歳から14歳の学生たちが，楽しく面倒見の良い教室で，基礎から応用までのコンピュータプログラミング技術を学びます。プログラミングを学ぶことで，子供たちはICTスキルを身に着け，問題解決を学び，コンピュータについて楽しく学ぶ他の子供たちと友達になれます。キッズ・キャン・コードで未来に備えよう！

{ 初心者コース(経験の少ない，または全く未経験の生徒向け)
このコースでは，基礎的なプログラミングのアイデアを学ぶため，人気のゲーム『マインクラフト』を使います。そして，簡単に学べるプログラミング言語のスクラッチを使って，アニメーション，インタラクティブストーリー，ゲームを作ります。 }

{ レベルアップ！　プログラミングコース(初心者コースを修了した生徒，またはプログラミング経験が豊富な生徒向け)
このコースでは，プログラミング言語のパイソンを使って，アプリやウェブサイトを作ります。ロボットをプログラムする方法や人工知能(AI)についても学ぶことができます。 }

価格とスケジュール

	平日 午後4時～5時	土曜日 午前9時～11時
初心者コース	1レッスン10ドル	1レッスン15ドル
レベルアップコース	1レッスン12ドル	1レッスン18ドル

キッズ・キャン・コードはミッド・タウン駅北口から徒歩2分

2023年4月1日より前に申し込みをすれば，初回レッスン無料

コースの申し込み，または詳しい情報はこのQRコードを読み取るか下の番号にお電話ください。
電話：623－0892－6242

A　(1)「あなたはレベルアップ・プログラミング・コースに興味がある。そのコースを取るためにあなたがしなくてはならない2つのことは何か」ウ「プログラミング経験が豊富で，各レッスンに12ドル以上支払わなくてはならない」

(2)「これらの活動のうち，キッズ・キャン・コードでできないものはどれか」エ「自分自身のコンピュータを作る」

(3)「あなたの弟がプログラミングコースを受けたがっている。彼は11歳だ。彼はプログラミングを今までに習ったことがない。彼は毎週土曜日の午前にスイミングスクールに行く。彼にとって最適なコースはどれか」ウ「平日の初心者コース」

B　ア「男女両方にとって，『価格』は新車を選ぶ際に最も重視する項目である」(○)　イ「『大きさ』と『デザイン』は女性にとって，男性ほどには重要ではない」(×)　ウ「『価格』が最も重要と考える男性の割合は，『内部の広さ』が最も重要と考える男性の割合の3倍である」(○)
エ「『デザイン』を最優先に選ぶ女性の割合と，『内部の広さ』を最重要項目に選ぶ男性の割合は同じだ」(○)

4 (長文読解・紹介文：内容吟味，語句補充・選択，受動態，語句整序，熟語，不定詞，語形変化，分詞，進行形，熟語，時制，内容一致)

(全訳) ①海洋冒険家の堀江謙一は，83歳で太平洋ヨット横断に成功した。多くの人は，彼が高齢にもかかわらず挑戦したことに②勇気づけられた。堀江はアメリカから日本までの単独渡航を69日間でどこへも寄港せずに達成した。彼は，悪天候もあったが，自分の技術と長年の経験を使って乗り越えた，と言った。「長生きすると，人生で良いことに恵まれるのです」と彼は渡航を終えた後に言った。

堀江は23歳の時に初めて太平洋をヨットで横断した。当時彼が携帯したランプ，ラジオ，コンパスは今やLEDライト，スマートフォン，GPSに変わった。このように，新しい技術のおかげで，彼は太平洋を横断した最高齢の人物になった。

三浦雄一郎は2013年，80歳でエベレスト山に登頂した。彼もまた特別だ。三浦は，この目標を定めた後，彼は不健康な生活をやめ，体のコンディションを変えた。③彼は常にチャレンジし続けている。例えば，彼は最近，東京オリンピックの聖火ランナーになった。

日本人の男女両方の平均寿命は80を超えている。しかし人生において健康的な期間は男性は72年，女性は75年だ。④彼らにとってその期間を延ばすことが大切である。人々は毎日の生活を問題なく過ごすことを望む。活動的な高齢者の数が増えることは⑤活動的な社会への鍵だ。

高齢者の中には趣味や社会活動に取り組むことによって注目を浴びる人たちもいる。若宮正子は世界最高齢のプログラマーだ。彼女は，80歳になってから開発したゲームアプリが人気なので，アメリカのアップル社によって⑥組織されたイベントに招待された。彼女は今，デジタル庁の有識者会議のメンバーである。若宮は銀行での仕事を退職する直前にパソコンを使い始めた。彼女は母親の⑦世話をしている間も人々とつながりたかった。

尾畠春夫は「スーパーボランティア」の愛称で知られる。彼は4年前，78歳の時に行方不明の子供⑧を発見した後に，大きく報道された。尾畠は子供時代に様々な苦労を経験した。当時，たくさんの人が彼を助けた。彼は50歳の時に，⑨ボランティア活動を始めた。彼は社会に恩返しがしたかった。

現在の超高齢化社会では，社会活動に参加したりインターネットを使ったりする人は幸せを感じやすいようだ。喜んで社会に参加する多くの高齢者は若い世代をサポートすることができる。

問1 第1段落参照。 ア「日本で初めて」とは書かれていない。 ウ he had bad weather とあるので誤り。 エ LED，スマートフォン，GPSを使ったので誤り。

問2 encourage「～を勇気づける，励ます」を過去分詞にし，受動態の文にする。

問3 ③ always は一般動詞の前に置く。keep on ~ing「～し続ける」 ④ <It is +形容詞+ for +人+ to +動詞の原形>「(人)にとって～することは…だ」

重要 問4 下線部⑤の直前の部分を参照する。an increase in ～「～の増加，～が増えること」 the number「数」

問5 ⑥ 直後の by ～「～によって」に着目し，過去分詞にする。 ⑦ look after ～「～の世話をする」 直前に was があるので過去進行形の文にする。 ⑧ 他の文と時制を合わせて過去形にする。

重要 問6 下線部⑨の直後の文参照。give back は「返す」という意味で，give back to society は「社会に恩返しをする」という意味の決まった言い方。

やや難 問7 ア「新しい技術のおかげで，堀江氏は80代の初めに新しい世界記録を打ち立てた」(○) イ「三浦氏は東京オリンピックで最高齢の金メダリストだった」(×) ウ「日本人の男女は年齢のわりに若く見える」(×) エ「日本人は80歳を超えると心配事が多すぎて幸せに暮らせない」(×)　オ 「日本の高齢者は社会活動に参加することに興味がない」(×)　カ 「若山氏は現在，アップル社の最高齢のプログラマーだ」(×)　キ 「尾畠氏は子供の時に多くの困難を経験した」(○)

重要 5 (会話文読解：英作文，疑問詞，不定詞，助動詞，熟語，動名詞)

(全訳) マリコ：夏休みが始まったね！ 1か月間楽しめるわ。アヤ，(1)今年の夏は何をしたい？

アヤ　：もうすぐ仙台のおじいちゃんおばあちゃんのところに行くのが楽しみよ。

父　　：悪いが，(2)私は忙しすぎて一緒にそこへ行けないよ。会社で新しく重要なプロジェクトを始めたばかりなんだ。

アヤ　：そう聞いてすごくショックよ。マリコ，あなたも忙しいの？

マリコ：そう，実はね。(3)私は毎日テニスを練習しないといけないわ。8月末に大切なテニスの試合があるの。

アヤ　：わかった。すごく残念で，とても悲しいわ。

父　　：アヤ，お前は2年くらいおじいちゃんおばあちゃんのところに行っていないよね。お前がどんな気持ちかわかるよ。だから私に提案がある。(4)一人でおじいちゃんおばあちゃんのところに行くのはどうかな。

アヤ　：うん，私，やれるわ！ 新幹線に乗れば簡単にそこに着くから。

父　　：(5)向こうにどのくらい滞在するつもり？

アヤ　：私は仙台に1週間いるわ。

父　　：わかった。私はお前が仙台でおじいちゃんおばあちゃんと素晴らしい時間を過ごすことを願っているよ。おじいちゃんおばあちゃんに，私たちからよろしく伝えてね。

(1) 会話全体の流れから，夏休みに何がしたいか尋ねるのが適切。

(2) 直前で Sorry「ごめん」と言っており，直後で新しい仕事について言っていることから，父は忙しくて仙台の祖父母宅へ行けないとわかる。解答例の他に，I can't take you to Sendai.「私はお前を仙台に連れていけない」などもよい。

(3) 直後でテニスの試合について話していることから，テニスの練習をしなくてはならない，という文を入れる。

(4) 父もマリコも仙台に行けないので，アヤに一人で行くのはどうかと提案する。How about ～ing?「～してはどうですか」 解答例の他に，Can you go to Sendai alone?「お前は一人で仙台に行けるか」なども可。

(5) 次にアヤが「1週間いるつもりだ」と答えているので，How long「どのくらい長く」を使って，滞在期間を尋ねる。

★ワンポイントアドバイス★

4は活躍する日本の高齢者について述べた文章。高齢化社会については，社会的関心の高いテーマの1つである。

＜国語解答＞

一 問一 a 終始 b 超克 c 一向 d 問答 e 乃至 問二 X エ Y ア 問三 イ 問四 ウ 問五 イタイイタイ病はカドミウムと関係ないという証明を今発表すれば批判されるが故に廃棄することになったのが残念で，せめて後日の証拠として残したいと考えたから。 問六 物質に無意識的に感情移入し，その物質の背後に何らかの無形の存在を感じ取った結果，人が心理的・身体的な影響を与えられるというもの。 問七 ウ

二 問一 a ほどこ b じゅうたん c すみ d えしゃく e ほんそう
問二 X エ Y ウ 問三 イ 問四 千学の吹奏楽部が強かった頃の部長はすでに卒業しているはずなのに，その部長と思しき人を千学で見かけたことに驚いたから。
問五 基が音楽室に来たため，思惑通り彼を入部させることができると思ったから。
問六 ア 問七 ア

三 問一 ぎょうぜん 問二 エ 問三 突然に 問四 仏道修行を後回しにすること。
問五 たちまちにこの世を去らむとする時 問六 徒然草

○配点○

一 問一・問二 各2点×7 問三・問四・問七 各4点×3 他 各7点×2
二 問一・問二 各2点×7 問三・問六・問七 各4点×3 他 各7点×2
三 問一～問三・問六 各3点×4 他 各4点×2 計100点

＜国語解説＞

一 **(論説文―漢字の読み書き，語句の意味，脱文・脱語補充，四字熟語，文脈把握，内容吟味)**

やや難 問一 a「終始」とは「始めから終わりまでずっと」。 b「超克」は難問。意味は「困難を乗り越え，それにうちかつこと」。 c「一向に」とは「ひたすら，まったく」。多くは下に打消の語を伴い，「まったく」という意味で使われる。 d「問答」とは，「問いと答えのやりとり」。 e「乃至」は難問。意味としては「もしくは」「あるいは」とほぼ同義。

問二 X「向き」とは，方角のほか「関心・希望などの向かう傾向」。 Y「盲従」とは，「分別なくひたすら言うままになること」。「盲」には「視力を失う」という意味がある。

問三 第一段落では随想の内容を要約し，第二段落では随想について「と見るべきである」と筆者の見解を記している。第二段落最終文では「おそらくこれが『空気の基本形』である」と結論付け，続く第三段落では「空気」の醸成に関して述べていることから，筆者は随想から「空気」の醸成に関するヒントを得たと考えられる。したがってイが適当。

問四 石ころという物質を拝むことについて，明治の啓蒙家たちは「迷信であり，野蛮である」と批判していることから，空欄Aには「否定する，拒絶する」といった方向の語が入ると考えられるため，ウが適当。また「迷信」と「科学」が逆の関係を持つということにも気付けるとよい。「事実誤認」とは「事実を誤って認識すること」。「即断即決」とは「その場ですぐに決めること」。「自問自答」とは「自らに問いかけて，自ら答えをいうこと。あるいは，自分であれこれ思い悩むこと」。

問五 「その人」は本を出版せず筆者に預けるのみにとどめたが，その理由を問う設問である。まず本の内容は「イタイイタイ病とカドミウムは無関係」という内容であること，そして筆者の発表を勧める発言に対し「その人」は「到底，到底，いまの空気では～」と解答しているので，そ

こから「発表しても批判される，したがって廃棄することになった」「廃棄を残念に思い，後日の証拠として残したいと考えた」という内容をまとめて記述できればよい。「筆者が託す先として適任と考えた」と着地させてもよいだろう。

重要 問六 「臨在」とはもとはキリスト教用語であり，「見えない神がそこに存在すること」という意味。カドミウム金属棒に関しても，金属棒自体には何も有害なことは存在しないのに記者は怯えているということから「背後に無形の存在を感じ取っている」「目に見えないものを感じている」という内容は必須。加えて，カドミウム金属棒に対して「その人」と記者との間で把握の仕方に違いがあるが，その原因を筆者は「彼はカドミウム金属棒に～臨在すると感じただけ」と「感情移入」の問題として論じている。また，「臨在感的把握」について「人骨がざらざら出てくれば，やはり熱を出すだろう」としていることから，「心理的・身体的に影響を及ぼす」ものだということも明示しつつ記述できるとよい。

問七 アは「読者にも同様の問題意識を持つように働きかけている」が誤り。確かに会話文で表現はされているが，それは内容をわかりやすくする効果を持つものにすぎず，読者に何か働きかけるような表現はない。イは「福沢諭吉の提唱した～自らの考えとに共通点を見出す」が誤り。第五段落では「『福沢的啓蒙主義』をこの人は～超克ではない」としていることから，筆者は福沢諭吉の考えを科学ではないと評価しているとわかる。筆者の考える科学とは，第四段落「彼にとっては，西欧化的啓蒙がすべてであり～科学的とは言いがたい」からもわかるとおり，「探究」に基づくものである。したがって，筆者と福沢諭吉の考えに共通点はないと言える。ちなみに『福翁自伝』は福沢諭吉による著書である。エは「実は近代以降の日本が抱えていた課題」が誤り。本文全体を通して，「空気」が近代以降の日本の問題として特筆されている箇所はない。また，第四段落によれば明治の啓蒙家たちは石ころを拝むことを迷信，野蛮などと批判しているが，石ころを拝むことは臨在感的把握によるものであり「空気」のなせるものと考えられるため，「空気」の問題は近代以前から日本に存在していたものと思われる。

二 (小説―漢字の読み書き，語句の意味，慣用句，情景・心情，文脈把握)

問一 a「施す」とは，ごく端的に言えば「何かをなすこと」。ここでは「飾りや補いのために何かを付け加える」という意味。 b「絨毯」は日常あまり見かけない字だが，この機に覚えておこう。 c「隅」は「偶然」などの「偶」とは異なるので注意。書き問題でもよく出題される。 d「会釈」とは「軽いあいさつや礼の所作」。「かいしゃく」と読まないよう注意。
e「奔走」とは「あちこち忙しく走り回ること」。

問二 X「魂胆」とは「心中に隠されたたくらみ」。 Y「黄色い声」とは「女性や子供などの甲高い声」であり，主に歓喜や声援といった文脈で使われる。

問三 「溜め息」からネガティブな意味だと断定しないよう注意。溜め息自体は感動したときや緊張がとけた時にも出るものである。傍線部1の直後に「ただの花を特別なものに感じてしまう」とあり，その理由について「きっと，ここがかつて憧れた場所だから」と説明しているため，憧れの場所に自分がいるということの感動からの溜め息と考えられるため，イが適当。

重要 問四 「息を呑む」とは，驚きや緊張などで思わず呼吸が止まるさまを表現した言葉。傍線部2の後に「あの人がここにいるわけがない。～何年も前だ」とあることから，基は千学を卒業したはずの人物を見かけて驚いたのだとわかる。さらに，その人物というのは本文終盤にあるように「かつて，ドキュメンタリー番組の中で～吹奏楽部の部長」と明らかにされているため，その点にも言及して記述できるとよい。

問五 「にいっと半月状に吊り上がる」から，玲於奈は笑顔になったのだということをまず読み取る必要がある。笑顔になる理由として，堂林の「音楽室に行ったら最後，～」という発言，および「玲於奈の魂胆など～入れようとするだろう」という記述から,「基が音楽室に来たことで,当初の思惑通り基を入部させられると思った」という方向で記述できればよい。

問六　基は当初吹奏楽部に入るつもりはなかったが,黄金時代の部長である不破がコーチを務めることがわかり,さらには彼に入部希望かと尋ねられて「はい」と答えている。また,基はかつて千学吹奏楽部のドキュメンタリーを見て憧れを抱き,吹奏楽を始めたことが「その過程を基は視聴者として見ていた。」から始まる段落で述べられている。これらのことから,不破の存在によって憧れと吹奏楽へのモチベーションを持ち直したと考えられるため,アが適当。イは男子の少なさに言及している点が誤り。性別ではなく,憧れの人物の存在によって活力を取り戻したということである。ウは吹奏楽部員の活発さも入部のきっかけになっているとしている点が誤り。音楽室に来た時点では,基はかつての憧れを思い出したのみであり,部員の活発さには意識を向けていない。エは吹奏楽を続ける気がなかった原因を玲於奈としている点が誤り。「中学三年間で,音楽に注ぐべきエネルギーが尽きてしまった」とあるように,玲於奈とは無関係に基が活力を使い果たしたことで入部を考えていなかったということである。

問七　イは「幽霊かのように」が誤り。そもそも幽霊が黒い服を着ているものというイメージは一般的ではないうえ,黒い服とはスーツのことであり,本文終盤からもわかる通り不破は卒業生ゆえスーツを着ていただけである。基が「幽霊」と感じたのは,単に不破がここにいるはずがないという思いからであり,実際に不破が幽霊のような人物というわけではない。ウは千学の内装についてネガティブに捉えている点が誤り。音楽室については「そこにあったのは,九歳のときに見たあの音楽室だった」「この場所を隅から隅まで見たい」など,かつての憧れの場所がそのままになっているという文脈でくすんだ色や雨漏りも登場しているため,基にとっては素晴らしいものに映っていると考えられる。また「かつての活気をすっかり失」ったことで雨漏りがそのままになっているわけではなく,活気があった頃も雨漏りがあったとわかる。エは「思い描いていたような高校生活を送れそうにない」が誤り。本文終盤では基が憧れた人物である不破が登場し,不破がコーチを務める吹奏楽部に基が入部するという場面が描かれるが,このことから高校生活への希望が連想される。また,キリスト教系の学校なのにチャペルしかないという点に基が落胆しているような描写もない。むしろ,チャペルについてはその美しさが強調されている。

三 **(古文―仮名遣い,文脈把握,語句の意味,指示語の問題,文学史)**

〈口語訳〉 年老いてから,初めて仏道修行をしようと待つことはない。古い墓は,多くは若い人のものである。予想だにせず病気になり,突然にこの世を去ろうとする時に,初めて過ぎ去った過去の過ちを知るものだ。過ちというのは,他のことではなく,すぐにすべきことを後回しにし,後回しにすべきことを急いで,過ぎてしまったことの後悔である。その時に後悔しても,甲斐があるだろうか,いやない(後悔しても遅いのだ)。人はただ死が身に迫っているということを心にしっかりと意識し,つかの間も忘れてはならないのだ。そうしていれば,どうしてこの世の煩悩も薄くなり,仏道修行も真面目でないことがあろうか,いや真面目になるはずだ。

問一　古典的仮名遣いでは,語頭を除く「む」は「ん」と読む。

問二　「老い来たりて～なけれ」および「はからざるに～知らるなれ」より,予想だにせず病に倒れることもあるのだから年老いるのを待たずに仏道修行をしたほうがよい,と筆者は考えていると思われるので,エが適当。アと迷うが,アでは「若いうちに必ず死ぬ」という文脈になってしまい,無理がある。

問三　「たちまちに」は現代語同様「すぐに」という意味であるが,ここでは予想だにせず病気になって「たちまちに」この世を去る,という文脈上「すぐに」では不自然なので,「突然に」あるいは「急に」とするとよい。

問四　筆者の主張は「老い来たりて～なけれ」であり，要はすぐに仏道修行を始めたほうがよいということなので，「仏道修行」という語は必須。「速やかに」つまり「すぐに」の対義語として「ゆるく」としていると考え，「後回しにする」「遅らせる」などと記述できればよい。

重要　問五　傍線部4直前の「速やかにすべきことを～悔しきなり」は文頭に「あやまりといふは，」とあるように「あやまり」の具体的な説明である。すると，「たちまちにこの世を～知らるなれ」と「あやまり」について気付くタイミングに言及があるため，この部分の「たちまちにこの世を去らむとする時」が適当。

問六　鎌倉時代に兼好法師(吉田兼好)が書いた随筆といえば『徒然草』である。『方丈記』との混同が多いと思われるが，それは鎌倉時代に鴨長明が書いた随筆である。

★ワンポイントアドバイス★

論説文は，筆者独自の語がどのように定義され，どのような特徴を持つのかを正確に把握しよう。小説は，細かい描写から登場人物の心情をとらえ，かつ心情の変化についても流れを追って読み解こう。古文は，知らない単語があっても全体の内容から意味を推測して解読しよう。

MEMO

大切なことはメモしておこうネ！

2022年度

★★★★★★★★★★★★★★★★★★★★★★★★

入　試　問　題

2022年度

開智未来高等学校入試問題（第１回）

【数　学】（50分）　＜満点：100点＞

【注意】 コンパス，分度器，その他の定規類は使用しないでください。

1　次の各問いに答えなさい。

(1)　$\left(-\dfrac{4}{\sqrt{2}}\right)^2 \div (\sqrt{3})^5 \div \left(\dfrac{2}{\sqrt{3}}\right)^3$ を計算しなさい。

(2)　$(x^2 + x - 1)(x^2 + x - 2)$ を展開しなさい。

(3)　x，y の連立方程式

$$\begin{cases} x + 2y - 1 = 0 \\ 3x - ay + 5 = 0 \end{cases}$$

が解を持たないとき，a の値を求めなさい。

(4)　２次方程式 $2x^2 + \sqrt{7}x - 7 = 0$ を解きなさい。

(5)　$x^2y - xy - 6y$ を因数分解しなさい。

(6)　$x = 1 - \sqrt{2}$，$y = 1 + \sqrt{2}$ のとき，$\dfrac{x^2 + y^2}{xy}$ の値を求めなさい。

(7)　右図の点Ａから点Ｉは円周を９等分する点であるとき，$\angle x$ を求めなさい。

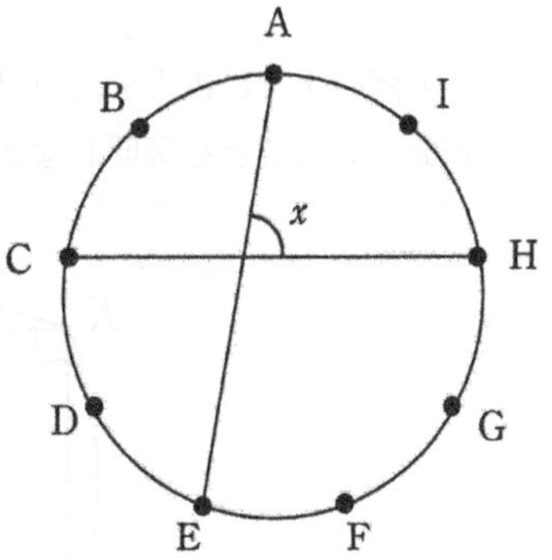

(8)　右の図で，$\angle \mathrm{A} = 90^\circ$ の直角三角形ABCの頂点Ａから辺BCへ引いた垂線とBCとの交点をＤとするとき，ADの長さを求めなさい。

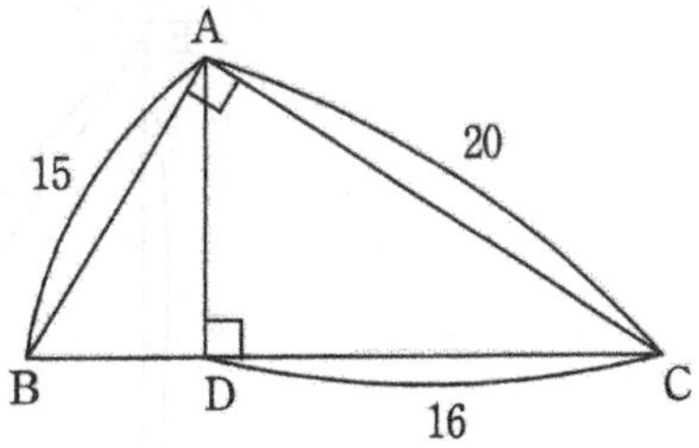

(9)　１つのサイコロを３回振るとき，出た目の数の最大値が４になる確率を求めなさい。

(10)　右の図で，△ABCを直線lを軸として１回転させてできる立体の体積を求めなさい。
ただし，円周率をπとする。

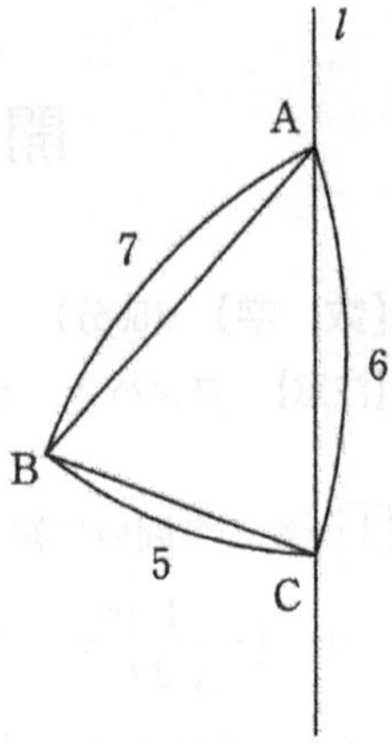

2　次の各問いに答えなさい。

(1)　下図のように∠AOB＝120°，OA＝OB＝２である△OABを点Oを中心に１回転させたときの線分ABが通過してできる図形の面積を求めなさい。ただし，円周率をπとする。

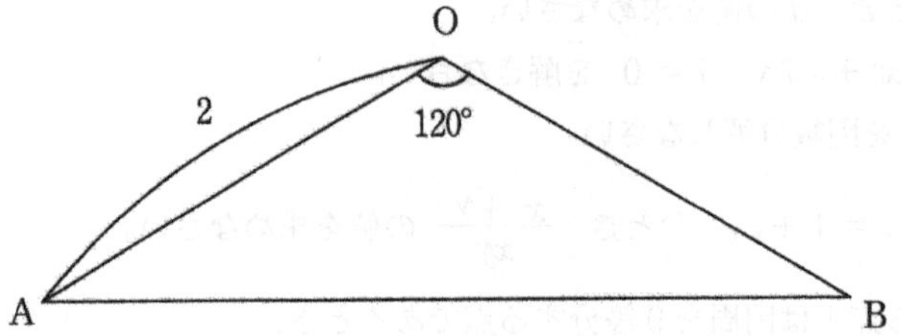

(2)　下図のように正方形ABCDの中に正方形EFGHをつくる。このとき三平方の定理$a^2+b^2=c^2$が成り立つことを証明しなさい。

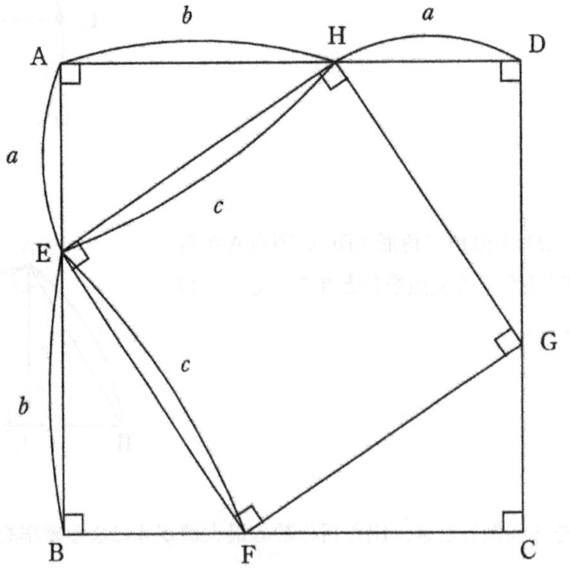

(3)　x％の濃度の食塩水Ａ500ｇとy％の濃度の食塩水Ｂ200ｇがある。食塩水Ａから300ｇ取り出し，食塩水Ｂにいれてよくかき混ぜると，10％の食塩水になった。次に，残りの食塩水Ａの水を

蒸発させると24 g の食塩が残った。

このとき x，y の値を求めなさい。

(4)　7^{2022} の１の位の数を求めなさい。

3　座標平面上に放物線 $y = ax^2$…①と①上の点A（４，８）がある。また，①上を動く点Pを考え，Pの x 座標を t とし，$-4 \leqq t < 0$ を満たすものとするとき，次の各問いに答えなさい。

(1)　a の値を求めなさい。

(2)　$t = -2$ のとき解答欄の図の中に①，および点A，点P，線分APをかきいれなさい。

(3)　△OAPの面積を t を用いて表しなさい。

(4)　∠AOP＝90°になる t の値を求めなさい。

4　図のように１辺の長さが１の正五角形ABCDEのそれぞれの対角線の交点をF，G，H，I，Jとおく。このとき次の各問いに答えなさい。

(1)　∠BACの大きさを求めなさい。

(2)　△ABE∽△FBA を証明しなさい。

(3)　BEの長さを求めなさい。

(4)　正五角形ABCDEの面積を S，五角形FGHIJの面積を T とするとき，T を S を用いて表しなさい。

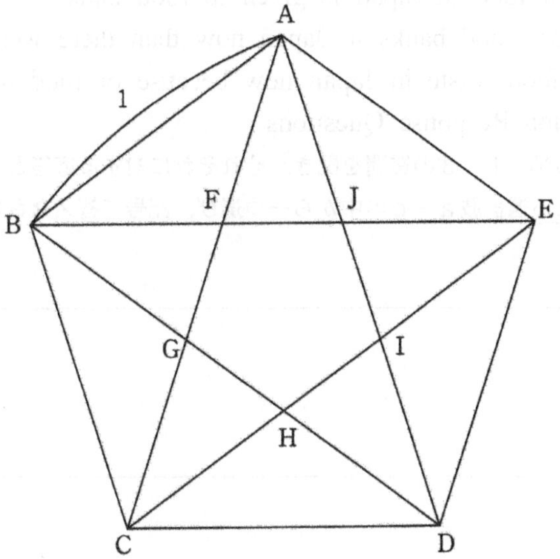

【英　語】（50分）　＜満点：100点＞

※リスニングテストの音声は弊社HPにアクセスの上，音声データをダウンロードしてご利用ください。

1 放送を聞いて，Part 1 ～ Part 3 の問いに答えなさい。途中でメモをとってもかまいません。

Part 1 Conversation Listening

対話を聞き，下の(1)～(2)の質問に対する最も適切な答えをａ～ｃの中から一つ選び，記号で答えなさい。英文は一度だけ読まれます。

(1) What kind of homework does Yuna have to do this summer?

ａ．Learn about the history of her hometown.

ｂ．Learn outdoor skills like hiking and camping.

ｃ．Research a topic for science class.

(2) Why does Yuna thank Andy in the end?

ａ．She will help him with his history project.

ｂ．He gave her a helpful idea for her homework.

ｃ．He gave her flowers.

Part 2 Paragraph Listening

下の(1)～(3)の英文が，これから放送される英文の内容と一致している場合はＴ，異なっている場合はＦを解答欄に記入しなさい。英文は二度読まれます。

(1) About 20% of food in Japan is given to food banks.

(2) There are more food banks in Japan now than there were in 2008.

(3) There is no food waste in Japan now because of food banks.

Part 3 Communication Response Questions

これから読まれるNo. 1 ～ 3 の質問を聞き，それぞれに対する応答として最も適切なものを，放送で読み上げられる選択肢ａ～ｃの中から一つ選び，記号で答えなさい。英文は二度読まれます。

No. 1 ＿＿＿＿＿＿＿＿＿＿＿＿＿＿＿＿

ａ．

ｂ．

ｃ．

No. 2 ＿＿＿＿＿＿＿＿＿＿＿＿＿＿＿＿

ａ．

ｂ．

ｃ．

No. 3 ＿＿＿＿＿＿＿＿＿＿＿＿＿＿＿＿

ａ．

ｂ．

ｃ．

2 次のＡ・Ｂの問いに答えなさい。

Ａ 次の英文の（ ）に入れるのに最も適切な語，または語句を，ア～エの中から一つ選び，記号で答えなさい。

(1) (　　　) Nick written his report yet?

ア Did　イ Was　ウ Has　エ Is

(2) She is going to visit her grandmother (　　　) the end of this month.

ア at　イ with　ウ since　エ to

(3) The (　　　) is Takuya.

ア boy who eating lunch　イ boy eating lunch

ウ lunch eating boy　エ boy lunch eating

Ｂ （ ）内の語，または語句を並べ替えて，日本語の意味を表す正しい英文を完成させなさい。ただし，文頭に来るべき語もすべて小文字で書かれている。

(1) 私は，ヒトシがどんなスポーツをするのが好きなのか知りません。

I don't know (to / what / play / sport / likes / Hitoshi).

(2) 私の生徒たちに，放課後，扉を開けたままにしておくように頼んでおいてください。

Please (to / ask / open / keep / my students / the door) after school.

(3) 私たちは，そのジャーナリストによって発表されたニュースに驚きました。

(by / we / at / were / announced / surprised / the news / the journalist).

3 次のＡ・Ｂの問いに答えなさい。

Ａ 次のページのボランティア活動の募集案内を読み，次の(1)～(3)の問いに答えなさい。

(1) You are going to do a volunteer activity that gives you the chance to work outdoor as often as possible. Which is the best program for you?

ア Tree Planting　イ City Cleanup

ウ Book Reading　エ Teaching Japanese

(2) Which is true about the Book Reading volunteer program?

ア You must be 4 or 5 years old to help.

イ You must be able to help on Thursdays and Sundays.

ウ You must work at a bookstore.

エ You must be between the ages of 12 and 18 to help.

(3) To join a volunteer program, what should you do?

ア Meet new people and have great experience in River City.

イ Buy some trees and flowers to plant along the river.

ウ Call a city office before April of 2023.

エ Check the website and get more information after April of 2023.

River City

Volunteer Programs

2022 ~ 2023

Meet new people!

Get great experience!

Help your town!

Tree Planting

Help make River City green!
Volunteers of all ages are needed to plant trees and flowers along the river.

・Three times a year

City Cleanup

Help keep our city clean!
Volunteers of all ages are needed to pick up trash in the parks and streets of town.

・Once or twice a month for each area.

Book Reading

Read fun stories!
Volunteers ages 12 to 18 are needed to read books to 4 and 5 year olds at the town library.

・Every Saturday and Sunday

Volunteers can join from January 2022 to March 2023

To join volunteer activities and get more information, check our website, or call your area's office.

www.rivercitylife.com/volunt/all

Contact Numbers

River City North Area City Office
032 - 182 - 0429

River City South Area City Office
032 - 164 - 7281

B　次のグラフは，ある大学で行われた，学生たちがインターネットを閲覧する際に最もよく利用している機器を調査したアンケートに対する回答をまとめたものである。グラフが示す内容と一致しないものを，選択肢ア～エから一つ選び，記号で答えなさい。

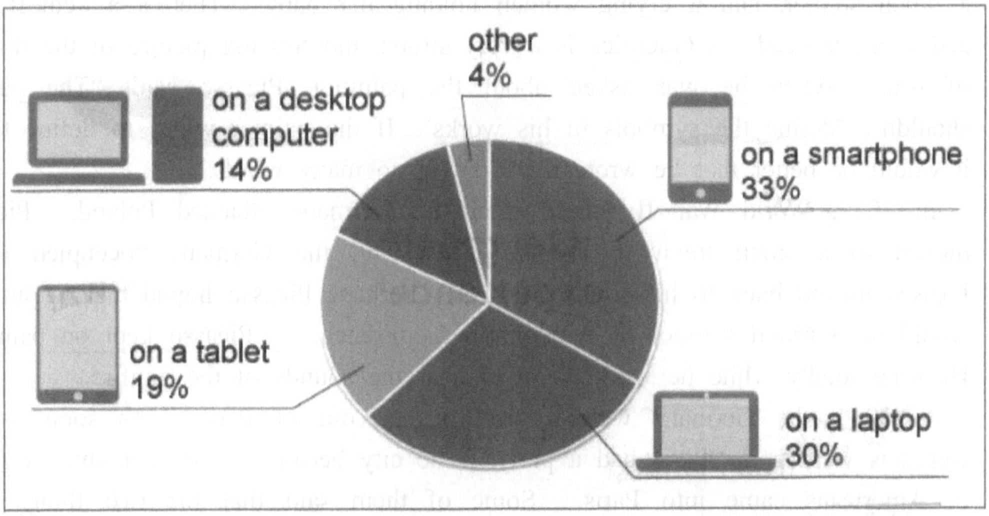

（出典：https://preply.com/en/blog/charts-graphs-and-diagrams-in-the-presentation）

ア　The students answered four main tools: a smart phone, a laptop, a tablet, and a desktop computer, and only a few students like to use other tools.

イ　Of the four main tools, the most unpopular tool for the students to access the Internet is a desktop computer.

ウ　There is a nineteen percent difference between the percentage of the students who like to use a smartphone and that of the students using a desktop computer.

エ　If you add the percentages of a laptop and a desktop computer, it's bigger than the total percentage of a smart phone and a tablet.

4　次の英文を読んで，後の問いに答えなさい。

Many artists work on one idea and in one style. But Picasso changed them all the time. Picasso's paintings were about not only what was (① go) on in his personal life but also what was happening in the outside world. In 1939, the Spanish *Civil War broke out. Picasso was living in Paris then, but he deeply thought about the war in Spain. He was a *Spaniard after all.

In Spain, *General Francisco Franco controlled Spain until his death in 1975. Because of Franco, Picasso never returned to his home country. In April 1937, the town of Guernica in northern Spain was (② attack) by *the Germans who were helping Franco and his army. ③Guernica [so / not / far / was / from / hometown / Picasso's]. The *bombs (④ fall) on market day. More than sixteen hundred people were killed. Almost nine hundred more were injured. There was no special reason for the attack.

Picasso was very angry at the killing of all these *innocent people. With all his feeling, he painted a very large twelve-foot-high by twenty-six-foot-long picture. He finished it in just three weeks. The picture shows a shouting horse, a fallen soldier, and a crying woman holding her baby. There's a *cutoff arm and a cutoff head. ⑤Guernica is a very strong and moving picture of the horrors of war. When he was asked about the painting, Picasso said, "The painter shouldn't *define the symbols in his works. If the painter wants to define them, it would be better that he wrote them out in so many words."

In 1939, World War II started after the Germans attacked Poland. Picasso moved to a small town in France. In 1940, the Germans *occupied Paris. Picasso moved back to his studio in Paris. Perhaps Picasso hoped that he himself would be a proud symbol of freedom to the French. ⑥Picasso kept on painting. He sang loudly while he worked not to hear the sounds of the gunfire.

In 1944, the Germans were at last pushed out of Paris. As soon as the Germans were gone, Paris had a party. The city became (⑦) again. ⑧A lot of Americans came into Paris. Some of them said that the two things they wanted to do the most were to see *the Eiffel Tower and to meet Picasso! Picasso was pleased to give tours of his studio. Everyone was welcome. They arrived so tired that some of them slept there.

World War II was over. ⑨Picasso knew how important it was to work for peace. In 1948, he went to *the Peace Congress in Poland. The next year, he made a poster of a *dove for the Peace Congress. Because of Picasso, the dove has become a symbol for peace all over the world.

〔語注〕*Civil War：内戦　* Spaniard：スペイン人
* General Francisco Franco：フランシスコ・フランコ総統（独裁的な政治を行ったスペインの政治家）　*the Germans：ドイツ人　*bomb：爆弾　*innocent：罪のない
*cutoff：切り落とされた　*define：～を明確に説明する　*occupy：～を占領する
*the Eiffel Tower：エッフェル塔　*the Peace Congress：平和集会　*dove：ハト

（出典："Who was Pablo Picasso?" by True Kelley, Grosset & Dunlap 一部改変）

問１（① go）（② attack）（④ fall）を適切な形に直しなさい。

問２　下線部③が「ゲルニカは，ピカソの故郷の街からそれほど離れてはいなかった。」という意味を表す正しい英文となるように，[　] 内の語を並べ替えなさい。

問３　下線部⑤のピカソが描いた「ゲルニカ」とはどのような絵であったか，次のア～エの中から最も適切なものを一つ選び，記号で答えなさい。

ア　ピカソの故郷であるゲルニカの戦争前の姿を描いたスペインらしさにあふれている絵で，縦12フィート，横26フィートにも及ぶ巨大な絵であった。

イ　ゲルニカの惨劇を生んだ体制に激怒し，戦争の恐ろしさを力強い筆致で描き出していた。

ウ　破壊された市場のあったゲルニカが復興することへの希望を込めて，ピカソが３週間以上の時間をかけて丁寧に描き上げた絵であった。

エ　いななく馬や負傷した兵士，赤ん坊を抱いたまま泣き叫ぶ女性，切り落とされた人間の頭部や腕などが生々しく描かれており，人々はその絵を鑑賞したがらなかった。

問４　下線部⑥について，ピカソがどのように絵を描き続けていたのかを説明する文となるように，次の（　）に15字～20字の日本語を入れなさい。

大砲の音が（　　　　　　　　　　　　　　　　　　）絵を描き続けていた。

									10
				15					20

問５　下線部⑦に入る最も適切な語を，ア～エの中から一つ選び，記号で答えなさい。

ア　dangerous　　イ　dirty　　ウ　clean　　エ　free

問６　下線部⑧について，パリを訪れた一部のアメリカ人の間で人気が高かった旅先での行動を，本文の内容に即して簡潔な日本語で二つ答えなさい。

問７　下線部⑨を日本語に直しなさい。

問８　本文と内容が一致する文を，次のア～キの中から二つ選び，記号で答えなさい。

ア　Picasso's way of painting was not different from that of other artists in its style and idea.

イ　Picasso was strongly against General Francisco Franco and his killing over 1,600 people in Spain.

ウ　The picture of Guernica was made out of Picasso's personal interest in the events happening in his hometown.

エ　Picasso believed that he should explain the good points in the picture of Guernica with words clearly.

オ　Picasso was originally from Poland, but he lived in Spain, France, and Germany in his life.

カ　Some visitors to Picasso's studio in Paris began to sleep soon because his studio was very boring.

キ　A poster drawn by Picasso for the Peace Congress made the dove a symbol for peace.

５　次の対話は，友人であるMasakiの家を訪問していた中学生のTakuyaが，夕方に帰宅して母親と話している場面である。（１）～（５）に入れるのにふさわしい英文をそれぞれ５語以上で考え，解答欄に書きなさい。

Takuya:　I'm home, Mom!

Mother:　Welcome home, Takuya!　Where did you go this afternoon?

Takuya:　I visited Masaki's house. He has a female dog, and she gave birth to babies last week.　He invited me to show me the babies.

Mother:　That's great!　（　1　）?

Takuya:　There were four.

Mother: What did you think of them?

Takuya: They looked really cute. The life with a pet must be very happy. (2).

Mother: I understand your feeling, but I can't allow you to have a pet at our home.

Takuya: I'm so sad to hear that. (3)?

Mother: Because pets need a lot of care. For example, (4). You have to keep their toilets clean. Moreover, you have to take them to an animal hospital when they get sick.

Takuya: Hmm... It is true that keeping pets gives us a lot of pleasure, but it also makes our life busy.

Mother: Yes. It's better for you to give up having a pet this time. But, of course, I love animals, too.

Takuya: (5)?

Mother: I like rabbits the best. Their way of moving is so lovely!

ある文体となっている。

ウ　現在の場面よりも回想場面の方に会話文が多いことから、当時の様子をできるだけ正確に伝えようとする作者の意図が明確に表れた構成になっている。

エ　現在から過去の出来事を回想するという構成であり、たびたび移り変わる過去と現在の間に情景描写が差し挟まれるという構成になっている。

三　次の文章を読んで、後の問いに答えなさい。

久しく《長い間》隔たりて《離れていて》逢ひたる人の、我が方にありつること《出来事を》、かずかずに残りなく語りつづくるこそ、あいなけれ《おもしろくない》。隔てなく慣れぬる人も、ほど経て見るは、恥づかし《恥ずかしい》からぬかは。注つぎさまの人は、あからさまに《ちょっと》立ち出でても、今日ありつることとて、息もAつぎあへず語り興ずるぞかし。よき人の物語するは、人あまたあれど、ひとりに向きて言ふを、1おのづから人も聞くにこそあれ。よからぬ人は、誰ともなく、あまたの中にうち出でて、見ることのやうに語りなせば、皆同じく笑ひののしる《大騒ぎする》、いとBらうがはし《騒々しい》。2をかしきことを言ひても、3いたく興ぜぬと、興なきことを言ひても、よく笑ふにぞ、品《人の品格》のほど計られぬべき。

（『徒然草』第五十六段による）

（語注）
注　つぎさま…一段劣っていること。ここでは教養や身分においてのこと。

問一　二重傍線部Ａ「つぎあへず」・Ｂ「らうがはし」の読み方をそれぞれ現代仮名遣いで答えなさい。

問二　傍線部１「おのづから」・２「をかしき」・３「いたく」の本文中での意味をそれぞれ答えなさい。

問三　教養がある人と教養がない人の話し方を、本文を踏まえてそれぞれ二十字程度で説明しなさい。

問四　本文の主旨として適当なものを次から選び、記号で答えなさい。

ア　長い間会わなかった人と再会したときの楽しさ
イ　話をする際や話を聞く際の作者が理想とする形
ウ　話し方によって人の品位を判断する際の注意点
エ　教養があり身分の高い人がする話のおもしろさ

ア　注目や関心がなくなり　　イ　活力を失い衰え
ウ　下降の一途をたどり　　エ　静まり返り

Y　「たけなわ」
ア　荒々しいこと　　イ　たけだけしいこと
ウ　突然強まること　　エ　最もさかんであること

問三　傍線部１「大丈夫。逃げてない。そこで足踏みして、手で水を掻きまわせ。絶対捕まえるから」とあるが、この場面における「わたし」についての説明として適当なものを次から選び、記号で答えなさい。

ア　苦心して釣り上げた鯉をなんとしても捕まえるという使命感の下、すでに鯉に逃げられた可能性もあったが、「鈴」を安心させるとともに自らを鼓舞するために力強い言葉を発している。
イ　釣り上げた鯉を逃がしてしまったが、濁った水の中でも正確に鯉の位置が分かっていたことから、鯉を捕まえられることを確信し揺るぎない自信をもっている。
ウ　逃げた鯉を捕まえることに何度か失敗しながらも、経験から鯉の行動が推測できたため、水が濁り魚の姿を視覚的に捉えられなくても、捕まえることができると考えている。
エ　鯉を捕獲することには失敗したが、下流まで一気に泳いでいく魚ではないと分かっていたため、濁った水の中にいても逃げられることはないという余裕を見せている。

問四　本文全体を通して読み取れる「姉」の人物像として適当なものを次から選び、記号で答えなさい。

ア　激しい雨や雷の中、釣りに出かけたまま帰ってこない「わたし」と「鈴」を心配し、迎えに来てくれる優しさがある一方、自己主張を押し通そうとする融通の利かない人物である。
イ　危険な状況の中で釣りを続けていた「わたし」と「鈴」を連れ戻すために、多少手荒い行動を取ってでも、二人の身の安全を確保しようとする、頼もしく責任感のある人物である。
ウ　「わたし」と「鈴」の身の安全のために釣りを中止させ、二人に自分の不安が伝わらないよう叱責して強い気持ちを保とうとする、年長者としての振る舞いを心がけている人物である。
エ　雷雨の中釣りを続ける「わたし」や「鈴」に対して厳しく接する一方、二人が濡れないよう自分の傘を差しだし、自分は釣り道具を手にする冷静で物静かな人物である。

問五　傍線部２「あのときは姉に頭上を指さされるまで、雷が鳴っていることにも気がつかなかった」とあるが、この部分から「わたし」のどのような様子が読み取れるか。そのような様子になっている理由も含めて説明しなさい。

問六　傍線部３「見た？見たよね。おねえちゃんが帰ってきたのよ」とあるが、ここで鈴が「おねえちゃんが帰ってきた」と考えたのはなぜか。その理由を説明しなさい。

問七　本文の表現の特徴を説明したものとして適当なものを次から選び、記号で答えなさい。

ア　「わたし」の子どもの頃の場面は過去に起きたことを端的にまとめており、意図して語られなかった部分について読者が自由に想像する余地が残されている。
イ　姉が亡くなった日の出来事が詳細に語られ、臨場感を感じさせる文章になっており、複数の人物の視点から語られることで客観性の

した。

雷が近づいてくる。落雷の音が大気を引き裂きながら轟いてくる。

2あのときは姉に頭上を指さされるまで笛が鳴っていることにも気がつかなかった。ふだんは雷嫌いだった鈴まで同じ、鯉のことしか眼中になかったのだ。姉は怒ったときの母そっくりの怖い声でやめなさいといった。それでも聞き入れないでいると、d襟首をつかんで力ずくで引きずりあげられた。姉は六年生だったから、わたしより躰も大きければ力も強かった。まして抵抗していたらぶたれていたにちがいない。怒ったときの姉は怖かった。わたしも、鈴も、泣きべそをかいていた。泥だらけで、ずぶ濡れで、みじめで、歯ががちがち鳴るのをとめられないくらい寒かった。わたしは力つきて泣きだしてしまい、鯉を釣りあげたこと、逃げられたこと、あとすこしで捕まえられそうだったことを訴えたが、姉は聞きいれてくれなかった。たしかに向こうが見えなくなるほど雨が強まり、稲光が間断なく光って、落雷の音がまぢかで聞こえていたのだ。鈴も手放しで泣いていた。

姉はわたしたちを急きたて、散らばっていた釣り道具を拾い集めた。蛇の目傘をさしていたが、傘は一本しかなかった。姉は傘をわたしにさしだし、鈴と一緒に入るよう命じた。そして自分は釣り竿やバケツを持ち、先に立つと、ついてきなさいと走りだした。わたしは右手で傘をさし、左手で鈴を引いて、あとを追いかけた。雷雨はYたけなわと思われ、顔に受ける雨粒が痛いほど大きかった。鈴の足が遅かった。わんわん泣いているため足のほうがお留守になってしまうのだ。わたしもそれを叱りつけながら一緒に泣いていた。姉はときどき振りかえり、足の遅いわたしたちを叱りつけてはまた先に立った。踏切を越え、雨宿りができるお宮まで、あと二、三百メートルというところだった。姉が肩にかついでいた釣り竿が揺れていたのをいまでもはっきりおぼえている。

目の前で黄色い光がはじけた。躰が裂けたかと思う衝撃と音響が炸裂し、つぎの瞬間、なにもわからなくなってしまった。わたしも、鈴も、地べたに叩きつけられて気を失ってしまったのだ。気がついたときは病院にいた。そして姉の持っていた釣り竿に落雷したことを知らされた。

光った。

突然目の前が真っ白になった。空からおりてきたe閃光が地上とつながったのをはっきり見た。雷鳴がつんざき、耳がぐゎんと鳴ると、なにも聞こえなくなった。庭の松の木の向こうに水煙が立っていた。それは白い影のようにふわっと揺れ、人の歩むほどの早さで木立のなかへ消えていった。

「おねえちゃん！」

鈴が立ちあがってさけんだ。わたしのほうに向けた顔が泣きだしそうになっていた。鈴は手をふるわせながら庭を指さした。

「3見た？見たよね。おねえちゃんが帰ってきたのよ」

わたしは首でゆっくりうなずいてみせた。

たしかになにかを見たように思った。少女の立像のような白い影。こちらを向いた。そして向こうへ歩いて行った。姉が帰ってきた。姉はいまでも十二歳だった。

（志水辰夫「五十回忌」による）

問一　波線部a～eの漢字の正しい読みをひらがなで答えなさい。

問二　二重傍線部X「ほとぼりがさめ」・Y「たけなわ」の意味として適当なものを次からそれぞれ選び、記号で答えなさい。

X「ほとぼりがさめ」

何度か魚体に手をかけたものの、そのつど逃げられた。鯉のような魚をどうつかんだらいいか、まったくわからなかったのである。

b稲光が光り、雷がc轟きはじめた。水はさらに増し、せっかくつくった障害物も押し流してしまった。今度逃がしたらもう捕まえられなくなる。それがはっきりわかった。わたしは追い詰められてしまい、最後は水路に坐りこんで自分の躰を障害物にした。それ以外に水路をふさぐ方法を思いつかなかったのだ。そして前に向かって腰を落とし、すこしずつ、すこしずつ、いざるようにして上流へ追って行った。向かいでは鈴が、わたしと同じように水のなかへ腰を落としていた。両手で懸命に突っ張っているが、水の勢いに押されて流されそうになっている。鈴はひーひーいいながらそれに耐えていた。

もうすこしで捕まえられるところだった。今度こそ絶対に逃がさないつもりだった。逃げ場を失った鯉の背びれがすぐ目の前に見えていたのだから。あと二、三分。せめて一分。しかしそのとき、はげしく叱りつける声が上から聞こえてきた。心配した姉がわたしたちを探しに来たのだ。

「なにをしてるの。この、ばかたれ。早くそこからあがってきなさい」

きょうの雨が、まさにあのときの状況と同じだった。まるで姉が引き合わせてくれたみたいに、あのときと同じ土砂降りになっている。雨の壁が襞のようなうねりを見せながら野面を渡っていく。そして視界が真っ白になった。あれから五十年、その後も土砂降りの雨は何度か経験しているが、きょうほど強い雨に出遭ったことはなかった。雷の音があのときと同じように近づいてきつつあった。

だれかの声がしたかと思うと、弥一が客間に入ってきた。車の用意ができたことを鈴に告げにきたのだった。弥一はわたしたちを見ると、瞬間ぎょっとした顔になった。ふたりが異様な雰囲気でも漂わせていたのかもしれない。

「ちょっと待ってね。この夕立をもうすこし見て行きたいから」

「いいですよ。時間はまだありますから」

「どうしてあにきは運転しないんだ」

わたしがたずねると、弥一はいくらか意地の悪そうな顔になった。

「おやじ、いわなかったんですか」

「なにも」

弥一は後を振りかえって口許に手を当て、小声でいった。

「取り消しになったんです」

「取り消し？　なにをやったんだ」

弥一は飲酒のジェスチュアをした。

「二回目なんです。それも免停中につかまっちゃったんだからどうしようもありません。すこし懲りてくれたらいいんですけど、全然学習しないんだもの。そのうちまた乗ると思いますよ。いまはまだXほとぼりがさめてないから、おとなしくしてるんです」

兄が入ってきたので弥一はあわててでて行った。

「なんだ。開け放してるのか。水しぶきが入ってくるじゃないか」

「いいじゃないの、すこしくらい。おねえちゃんを思いだしているところなんだから黙っててよ」

鈴がつよい剣幕でいったので兄は黙った。そしてわたしたちを交互に見おろした。わたしは庭を指さした。兄に意味が伝わったようには思えなかった。しかしそれ以上説明するのも面倒で、わたしは兄から目を離

はぬかを米粒で煉ってだんごにしたもの。浮きは先に兄がつくってくれたものを参考に、見よう見まねで自分でつくった。

　餌のだんごが大きすぎたり、軽くて沈まなかったり、はじめの日はまったく思うようにならなかった。それでつぎの日は親の目を盗んでメリケン粉を持ちだし、それを煉って餌を重くした。するとその日のうちに、夢にまで見た鯉を釣りあげることに成功したのだ。準備をはじめてからざっと二週間たっていた。釣りあげた鯉は、体長三十センチくらいとやや小ぶりだったが、それでも尾っぽを曲げなければバケツに入らないくらい大きかった。むろんゲンゴロウ鮒とは比較にならない。生まれてこの方、あのときくらいうれしかったことはなかった。いまでも鯉と力くらべをしたときのあの手応えが躰のなかにしっかりとしみこんでいる。

　大喜びで帰り支度をはじめた。天気がくずれ、夕立がきそうだったから急がなければならなかった。餌箱を取りにもどっていたときだ。突然、わたしを呼ぶ鈴の悲鳴が聞こえた。鯉が跳ねてバケツから飛びだしてしまったのだ。鈴があわてふためいて取り押さえようとしているが、小さな手には大きすぎた。一旦つかんだものの、鯉が暴れた[a]拍子にまた落とした。鯉はなおも跳ねて斜面を転がり、駆けつけたときは田の脇を流れる水路に落ちてしまっていた。

　田に水を引くための水路だから幅が三十センチくらいしかない溝といっていい小川だ。水の深さも膝下くらいまでしかなかった。わたしは必死になって鯉を追い、下流へ先回りした。そして退路を断つと、同じように鈴を上流に立たせてその上まで逃がさないように足踏みしろと命じた。そのうえでわたしは水のなかに入って鯉を追いはじめた。水はそのときまだ澄んでいた。しかしすぐに濁ってしまい、目で鯉を確認することはできなくなった。わたしは両手両足で水中を探りながら鯉を上流へ上流へと追いつめていった。鈴が悲鳴に近いさけび声をあげた。足に触ったというのだ。たしかに一瞬だが背びれが見えた。わたしは這いつくばって手を伸ばし、手で押さえつけるようにして鯉を捕らえた。取った、とさけんで腕のなかに抱えあげようとした瞬間、鯉はまた跳躍して手からすべり落ちた。逃がすまいとして尻餅をつき、その段階でわたしは全身ずぶ濡れになった。

　もう一回下流へ走った。水が濁ってなにも見えなくなっていた。しかしこのときは、鯉が一気に下流まで突っ走る魚でないことを見抜いていた。右往左往しながらもこの一か月の経験で、魚の習性がなんとなくわかりかけていたのだ。

「[1]大丈夫。逃げてない。そこで足踏みして、手で水を掻きまわせ。絶対捕まえるから」

　わたしは脇の山に分けいり、雑木を何本か折り取ってもどってきた。それを水中に立てたり沈めたりして、鯉が下流まで逃げられないよう障害物をつくった。同じように鈴のところにも雑木を運んだ。それからふたたび生けどりにかかった。そのときは雨が猛烈な勢いで降りはじめており、さらにもっと強くなろうとしていた。そういうことがまったく目に入らなかった。あれほど苦労して釣りあげた鯉だ。絶対に逃がすものか、という一心でわれを忘れていた。

　しかしなにも見えない濁った水路のなかでの手探りは、思ったほど簡単なことではなかった。しかも降った雨が流れこみはじめ、水嵩が急速に増して膝を越す高さになってきた。流れも速くなってくるばかりだ。

られていないこと。

ウ　周産期センターでは、早産の赤ちゃんのお母さんしか相手にしないこと。

エ　周産期センターには、狭義の心理療法からすれば心理療法家と呼べる人が全くいないこと。

問四　傍線部２「時間と場所と料金を決めてやったほうが効率的だ」とあるが、どのような点を指して「効率的」と述べているのか。説明しなさい。

問五　本文中の［A］に当てはまる語句として適当なものを次から選び、記号で答えなさい。

ア　試行錯誤　　イ　優柔不断　　ウ　一触即発　　エ　臨機応変

問六　傍線部３「そこがむずかしいところですが」とあるが、ここで「むずかしい」と言えるのはなぜか。その理由を説明しなさい。

問七　本文に関する説明として適当なものを次から選び、記号で答えなさい。

ア　筆者は、ユングやフロイトの研究を丹念に追うことによって、治療者とクライエントの両方にとって効率的な心理療法のあり方を提唱している。

イ　筆者は、自身が過去にユング研究所にいた時の体験から、様々な心理療法の中でも、時間や場所や料金を決めないで行うものの危険性を示している。

ウ　筆者は、自身に寄せられた質問に答えるという形式を取って、心理療法とはどのようなものであるかや、その注意点などについて説明している。

エ　筆者は、過去に自身が行った心理療法が批判されたことから、現在の心理療法のやり方に転換したことを、読者に語りかける口調で表現している。

［二］　次の文章を読んで、後の問いに答えなさい。

「わたし」と「鈴」は子どもの頃、鮒釣りに熱中していたときのことを回想している。以下はそれに続く場面である。

それからは雨でも降らない限り毎日のようにでかけていた。かなりの時間と労力を費やし、総計五匹の大小ゲンゴロウ鮒を得た。そしてそのときは、つぎの新しい目標が芽生えていた。鮒を釣っているとき、遠くの水面で魚が跳ねるのを何回か目にしていたのだ。それは特別に大きな魚だった。はじめはそれが鮒の大きなものだとばかり思っていた。ところが何日目だかのとき、目の前の水が盛りあがったかと思うと、銀鼠色の魚が全身をしならせて水の上へばっと跳びあがったのを見てしまった。体長四十センチはあろうかという鯉だった。水が淀んでいるからわからなかったが、この池には鯉がいたのだ。

以来そのときの情景が目に焼きついて離れなくなった。なんとしてもあの鯉を釣りあげたい、と思いはじめるのにも時間はかからなかった。鯉は友だちの家の池にもいはしない。やつの高慢な鼻をへし折ってやるには、鯉を見せつけてやるのがいちばんだと思ったのである。

溜め池の鯉を釣るというと周囲にとめられるだろうから、人にはうっかり相談できなかった。自分で手探りしながら用意するしかない。針は買ってもらったセットのなかに大きなものが混じっていたが、テグスはなかった。それで凧揚げ用のいわゆる凧糸で試してみることにした。餌

ては、いつまでも座りこんだり、泊りこんだりということも起こってきます。

時間、場所、料金といった枠組みは、フロイトやユングらの試行錯誤の中から生まれてきたものですが、私たちがやりはじめたころにはその意義がなかなか理解されなくて、若い人たちからよく批判されたものです。

「ぼくなんか、困った子とずっと一緒に住んで、寝食をともにして診ているのに、先生なんか、一週間に一度会うだけで、ずいぶん楽でしょう」

そんな皮肉まじりの批判を受けたこともありますが、しかし、実際には私たちのやり方のほうがずっと効果があがりますから、結局は彼らもしだいに納得するようになります。

「こんな狭い汚い部屋で一時間会うくらいなら、集団で外で遊ぶほうがよほどいいではないか」

と言う人もいました。それはたしかに健康にはいいかもしれませんが、私たちは健康教室をやっているわけではありません。時間、場所、料金という枠組みについては、すごく批判されました。だから、私はその意義をわかってもらうためにわざわざ「時間、場所、料金について」という論文を書いたほどです。

もっとも、私自身、ユング研究所から帰ってきたばかりのころは、そんなにきっちりと決めてやっていたわけではありません。まだ心理療法自体が一般に知られていないころで、なにかＹうさんくさいものと思われていた時代ですし、また、誰もが「相談はただ」と思っていますから、そんなときにお金など取ったら誰も来てはくれません。

だから、はじめは無料でやったこともありますし、そのほかにもいろいろな方法を試しました。そういう中で、少しずつみんなを説得して、そうした枠組みを実施していったわけです。

京都大学で料金を取るということを決めたときでも、学生の中にはすごい抵抗がありました。人の苦しみを金儲けの道具にするなんてもってのほかだとか、お金を取ったら人助けにならないとか、いろいろ言われました。しかし、もともとフロイトやユングが体験の中からｅアみだした手法ですから、誰でも実際に体験を積んでいくうちに、自然にわかってきます。

（河合隼雄『人の心はどこまでわかるか』による）

問一　波線部ａ～ｅのカタカナを正しい漢字に直しなさい。（楷書でていねいに書くこと）

問二　二重傍線部Ｘ「セレモニー的」・Ｙ「うさんくさい」の意味として適当なものを次からそれぞれ選び、記号で答えなさい。

Ｘ「セレモニー的」

ア　厳かな雰囲気を持った様子　イ　一定の形式に沿った様子

ウ　伝統的手続きに則った様子　エ　祝祭の儀式と瓜二つな様子

Ｙ「うさんくさい」

ア　疑わしい　イ　ばかばかしい

ウ　恐ろしい　エ　とんでもない

問三　傍線部１「特殊な場」とあるが、どのようなことを指して「特殊」と述べているのか。その説明として適当なものを次から選び、記号で答えなさい。

ア　周産期センターでは、クライエントと時間や場所を決めないで心理療法が行われること。

イ　周産期センターには、心理療法家が常駐していることがあまり知

苦しい。だから、フロイトも、「誰でも治りたくないと思っている」と書いているほどです。治る苦しみ、治る悲しさ、治る怒り……そういったものに耐えられなくなると逃げたくなります。その場合、五十分なり一時間と時間が決まっていれば、つらいけれども、その時間内は我慢して頑張ろうという気になりやすい。時間が決まっていなければ、どうしても逃げてしまいます。

たとえば、クライエントが「私はだめな人間だと思います」と反省していたら、それ自体、苦しいことですが、さらに、「もう死んだほうがましです」と言うくらいのところまでいかないとなかなか変わりません。しかし、それを言うと、もっと苦しくなる。そこで、クライエントが「それはそれとして、いまの内閣はつまらんですね」などと話をそらしてしまう。こちらから無理に問いつめて相手を苦しめるのは危険ですから、その話を聴いています。

しかし、時間が来て面接が終わると、雑談もそこで切れますから、クライエントは帰りがけに考えるわけです。「あそこで反省していると言いながら、なんで内閣の話なんかしたんだろう。やっぱり自分は逃げているんだ」と、そのことに気がつく。つまり、時間を決めていることが、そのきっかけになるのです。自分が無駄話をしている間もお金をとられているんだと思えば、やはり集中度も違ってきます。

ところが、時間を決めず c エンエンとやっていたら、どんどん自分に甘くなっていって、問題に直面するのを避けてしまう。変わるときには自分で変わるわけですから、直面しなければ、いつまでたっても変わりません。したがって、面接の効果も薄れていきます。

ただ、とくに日本人はそうですが、枠にはまるのをいやがる人が多い。たとえば、スクール・カウンセラーでも、子どもに「一時間話しますから、相談室へ来なさい」などと言っても、なかなか来てはくれません。だから、運動場で話そうとか、一緒にハイキングをしようとか、その場その場で［A］に対応していかなければならない場合も出てきます。

橋本さんの場合でも、自分の部屋で向こうから来るのを待っているだけでなく、お母さんがどこで話しかけてきても聴いてあげなければいけないし、ガラスの保育器の中の自分の子どもをぼんやりと見つめているお母さんがいたら、声をかけて話を聴いてあげたり、一緒にいてあげたりしなければならない。

しかし、たとえどこで会っていても、心理療法家はある種の枠組みをきちんともっていないといけないでしょう。クライエントとは何時から何時までしか会わないと決めている場合はいいのですが、橋本さんのように、相手がいつカウンセリングを必要とするかわからないような職場では、なかなかそうもいかないでしょう。

3 そこがむずかしいところですが、自分なりの枠組みをもっていないと、心理療法家のほうがまいってしまいます。しかも、人の役に立ちたいという思いが強い人ほど、このことに気をつけなければならないでしょう。

心理療法を広義に解釈すれば、なにも外から見える枠はなくてもいい。運動場の d カタスミで会おうが、一緒に山登りしようが、やろうと思えばどこででもできます。病院の保育器の中がのぞけるようになっている廊下のところでもできます。しかし、そのときに心理療法家が心の中に枠をもたずにやっていると、すごく危険です。クライエントによっ

【国　語】（五〇分）〈満点：一〇〇点〉

一　次の文章を読んで、後の問いに答えなさい。

大学病院の周産期センターで、もう十年以上、臨床心理家としてaシンセイジの父母のカウンセリングをやってこられた橋本洋子さんは、ご自身の職場の性格と心理療法のあり方について、疑問を抱いておられるようです。

「なにをもって『心理療法』と呼ぶことができるのでしょうか。私は周産期という1特殊な場で臨床をしてきました。普通の『心理療法』とは枠組みが異なり、自分の臨床は『心理療法』と呼べるのだろうかと、ずっと疑問に思ってまいりましたので」

周産期センターというのは、産科にbヘイセツされた、生まれてまもない赤ちゃんのための集中治療室といった感じのところですが、そこで主として、赤ちゃんを産んだばかりで、その赤ちゃんがたとえば早産などで危険な状態にあるときに、橋本さんはそのお母さんのほうをケアされているわけです。

橋本さんは「特殊な場」と言っておられますが、たしかにそういうところに心理療法家が常駐していることは、一般にはあまり知られていないでしょう。

私たちはいろいろなタイプのクライエントに会いますが、橋本さんの場合は、特定の場における心理療法ということで、たしかに何時から何時までと時間を決めて会う一般の心理療法家とはかなり違うかもしれません。

心理療法という場合、狭義と広義があって、狭義で言うと、時間と場所と料金をきちんと決めてクライエントと会うというかたちになりますが、広義の意味では、根本のアイディアを生かしながら、いろいろな場面でクライエントと会っていくもので、橋本さんの場合はこちらに入ります。広義のケースを心理療法と呼ばない人もいますが、私は広義のものも心理療法に含まれると考えます。

心理療法というのは、単なる人生相談ではなく、人間の心の深いところにまで入りこんでいきますから、下手にやると、クライエントはおろか、治療者もおかしくなってしまうことにもなりかねません。それだけ危険をともないますので、そういうことを避けるためにも、現実的でXセレモニー的な枠をはめておく必要があります。その守りの枠が、時間と場所と料金です。

フロイトもユングも、はじめのころはむちゃなことをやっていました。ユングなど、クライエントと寝食をともにしてやっていました。一般的には、人のために一生懸命やるのなら、時間も場所も決めず、ずっと一緒にいるほうがいいし、お金なんか問題ではないと考えがちです。常識では誰でもそう思うでしょう。だから、彼らもはじめのころはそのやり方でやっていたわけです。ところが、不思議なことに、2時間と場所と料金を決めてやったほうが交率的だということがしだいにわかってきたのです。

一つには、人間の集中力には限界がありますから、そういう一定の枠が決まっているほうが集中しやすいし、深い世界に入っていきやすい。受験勉強でも、のんべんだらりと長時間やっているより、短時間に集中してやったほうが効果的です。

クライエントはすごく苦しい思いをしています。しかも、治ることは

MEMO

大切なことはメモしておこうネ！

2022年度

開智未来高等学校入試問題（第２回）

【数　学】（50分）　＜満点：100点＞

【注意】 コンパス，分度器，その他の定規類は使用しないでください。

１　次の各問いに答えなさい。

(1)　連立方程式 $\begin{cases} \dfrac{1}{x}+\dfrac{2}{y}=0 \\ \dfrac{2}{3x}-\dfrac{1}{2y}=\dfrac{5}{12} \end{cases}$ を解きなさい。

(2)　$(x^3-2x^2+3x)\div\dfrac{x}{3}-3(x-1)^2$ を計算しなさい。

(3)　$a^2-b^2+8b-16$ を因数分解しなさい。

(4)　$a=\sqrt{2}-3$ のとき，a^3+6a^2+8a+3 の値を求めなさい。

(5)　２次方程式 $x^2-4x+a=0$ の解の１つが $x=3$ であるとき，もう１つの解を求めなさい。

(6)　２点（３，０），（０，６）を通る直線に平行で，直線 $3x+2y=5$ と y 軸上で交わるような直線の方程式を求めなさい。

(7)　右の図形を直線 l を軸として１回転させてできる立体の体積を求めなさい。ただし，円周率を π とする。

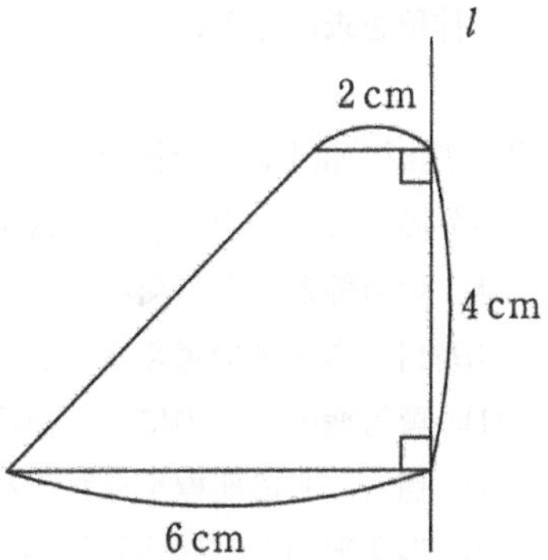

(8)　下図は長方形ABCDを頂点Aが辺BC上にくるようにFDで折り返した図形である。BF＝５，EF＝13のときBCの長さを求めなさい。

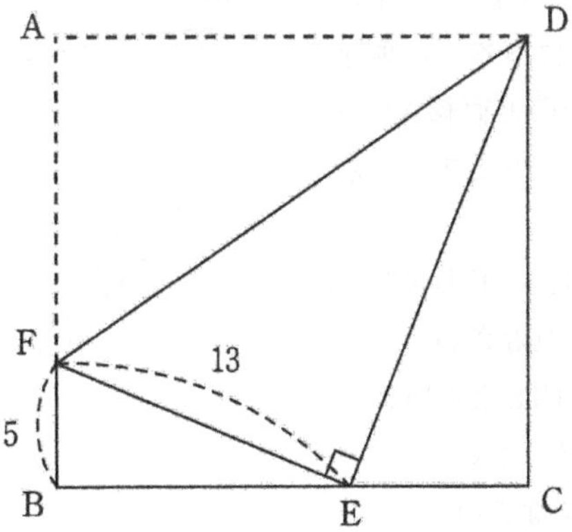

(9)　右図において $\overset{\frown}{\mathrm{BA}}:\overset{\frown}{\mathrm{AE}}:\overset{\frown}{\mathrm{ED}}$ を求めなさい。ただし，円の中心をＯとする。

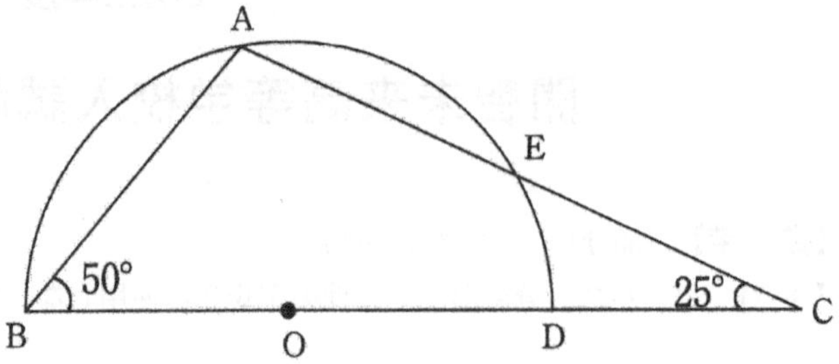

(10)　AB＝３，BC＝$3\sqrt{2}$，∠Ｂ＝45°の△ABCの面積を求めなさい。

2　次の各問いに答えなさい。

(1)　平日は１日に３ページ，祝日でない土曜日に６ページ，日曜日や祝日に７ページ問題集Ａを進める未来さんが，問題集Ａを60ページ進めるのにかかった期間が連続した14日であった。この期間に平日が何日あったか求めなさい。ただし，平日とは祝日でない月曜日から金曜日であるものとする。

(2)　下２けたが４の倍数である３けたの整数が，４の倍数であることを証明しなさい。

(3)　Ａ君，Ｂ君の２人がお互いに２回コインを投げて，より多く表を出した方を勝ちとするとき，Ａ君が勝つ確率を求めなさい。

(4)　１辺の長さが６の立方体ABCD－EFGHの各面の対角線の交点を結んでできる正八面体の体積を求めなさい。

3　座標平面上に，放物線$y=x^2$　…①がある。ここに，原点Ｏを通る傾きが１の直線をとり，原点Ｏ以外の①との交点をＡ，点Ａを通る傾き－１の直線と①との交点でＡ以外の点をＢ，点Ｂを通る傾き１の直線と①との交点で，点Ｂ以外の点をＣとし，同様の操作を続けて点Ｄ，Ｅ，Ｆ，…ととり，10番目の点Ｊまで考える。このとき，次の各問いに答えなさい。

(1)　解答欄の図の中に，放物線①および直線ＯＡ，直線AB，直線BCをかきいれなさい。

(2)　点Ａ，Ｂの座標をそれぞれ求めなさい。

(3)　四角形ＯABCの面積を求めなさい。

(4)　点Ｊの座標を求めなさい。

4　AB＝３，BC＝５，AC＝７の△ABCにおいて，点Ａから直線BCに下ろした垂線をＤとし，△ADCの外接円Ｏと直線ABの交点のうち，点Ａでない方を点Ｅとするとき，次の各問いに答えなさい。

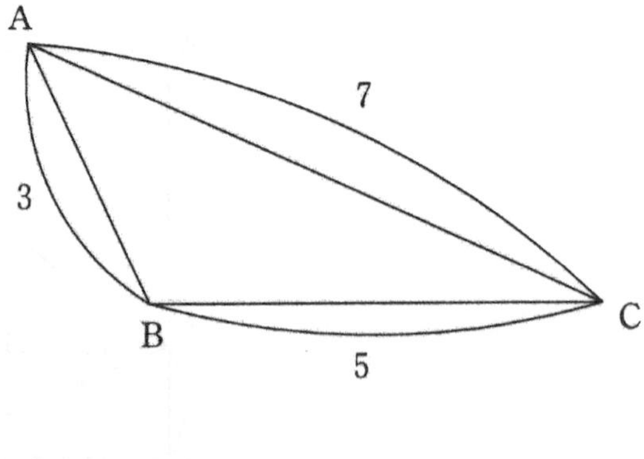

(1)　解答欄の図の中に，点Ｄ，Ｅおよび外接円とその中心Ｏをかき入れなさい。

(2)　△ADB∽△CEBを証明しなさい。

(3)　AD，ECの長さを求めなさい。

(4)　∠BCEの大きさを求めなさい。

【英　語】（50分）　＜満点：100点＞　　※リスニングテストの音声は弊社HPにアクセスの上，音声データをダウンロードしてご利用ください。

1　放送を聞いて，Part 1 ～ Part 3 の問いに答えなさい。途中でメモをとってもかまいません。

Part 1 Conversation Listening

対話を聞き，下の(1)～(2)の質問に対する最も適切な答えをａ～ｃの中から一つ選び，記号で答えなさい。英文は一度だけ読まれます。

(1) Which sentence is true about the conversation?

ａ．One of the speakers is having a birthday soon.

ｂ．The girl will bring some things to eat.

ｃ．The boy will bring some things to eat.

(2) What is the next thing the girl and boy will plan?

ａ．Where the party will be held.

ｂ．Who will come to the party.

ｃ．Who will get the cake for the party.

Part 2 Paragraph Listening

下の(1)～(3)の英文が，これから放送される英文の内容と一致している場合はＴ，異なっている場合はＦを解答欄に記入しなさい。英文は二度読まれます。

(1) Humans are needing robots more and more for their daily lives.

(2) Robots can't bring things to people's homes.

(3) It will be more difficult for some people to find work if there are more robots.

Part 3 Communication Response Questions

これから読まれるNo. １～３の質問を聞き，それぞれに対する応答として最も適切なものを，放送で読み上げられる選択肢ａ～ｃの中から一つ選び，記号で答えなさい。英文は二度読まれます。

No. 1 ______________________

ａ．

ｂ．

ｃ．

No. 2 ______________________

ａ．

ｂ．

ｃ．

No. 3 ______________________

ａ．

ｂ．

ｃ．

2　次のＡ・Ｂの問いに答えなさい。

Ａ　次の英文の（　）に入れるのに最も適切な語，または語句を，ア～エの中から一つ選び，記号で答えなさい。

(1) The students (　　) in that room were the first-year students.

ア study　　イ to study　　ウ studied　　エ studying

(2) Please (　　) me your e-mail address.

ア speak　　イ say　　ウ talk　　エ tell

(3) Look at that train (　　) at the platform No.3.

ア is arriving　　イ that have arrived

ウ which has just arrived　　エ which was arrived

Ｂ　（　）内の語，または語句を並べ替えて，日本語の意味を表す正しい英文を完成させなさい。ただし，文頭に来るべき語もすべて小文字で書かれている。

(1) 机の上にある茶色のかばんは，私の友人のものです。

The (my / is / on / bag / brown / friend's / the desk).

(2) 今年の２月は何日ありますか。

(in / are / how / there / days / many / February) this year?

(3) 富士山は，日本の他のどの山よりも高い。

No (in / is / than / other / Japan / higher / mountain) Mt. Fuji.

3　次のＡ・Ｂの問いに答えなさい。

Ａ　次のページの動物園のウェブサイトを読み，次の(1)～(3)の問いに答えなさい。

(1) You are planning a visit to the zoo with your friend. First, you want to see animals that can fly. After that, you want to see animals that live in water. Finally, you'll eat lunch. Which plan is best?

ア African Safari Zone → Australian Outback → Food Court

イ African Safari Zone → Ocean Adventure → Food Court

ウ Australian Outback → African Safari Zone → Picnic Area

エ Australian Outback → Ocean Adventure → Picnic Area

(2) Your family is going to the zoo. You are 15 years old. Your brother is 3 years old. You and your brother already have one year passes. Your mother and father are 45 years old. How much will it cost for your family to enter for this visit?

ア $20　　イ $30　　ウ $190　　エ $200

(3) If you want to see animals at night, what should you do?

ア Visit the zoo on a Friday night.

イ Visit the zoo on December 25th.

ウ Visit the zoo on a Saturday at 7am.

エ Visit the zoo on a Saturday night.

www.rivercityzoo.com/info/mapaccess

River City Zoo

Main | Access | Events | FAQs

- Address - 9127 East Cliffside Road, River City (tel. 032 - 182 - 2000)

- MAP - *Click the animals on the map to learn more about them!

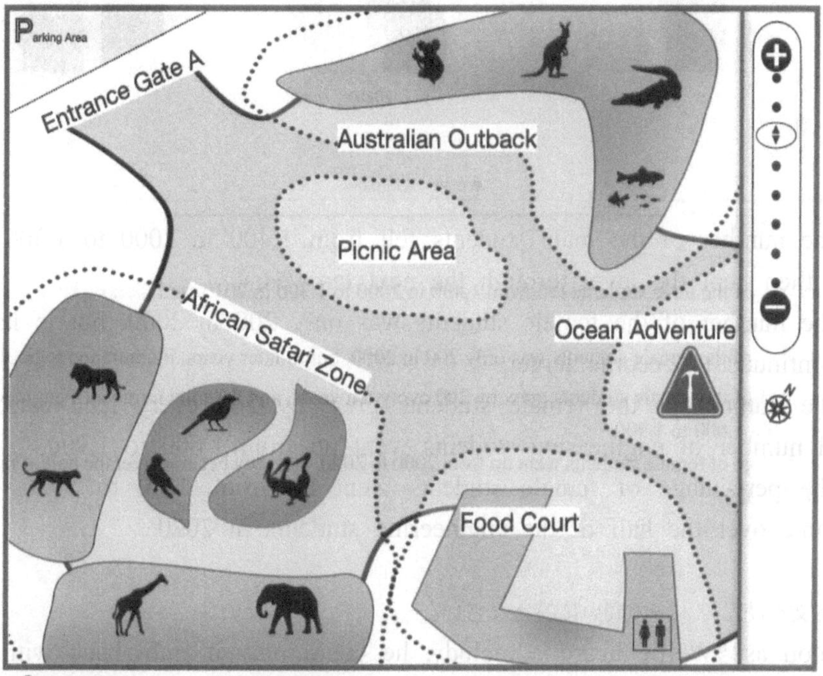

We are sorry. But until September of this year, the Ocean Adventure Zone is under construction. We appreciate your patience.

- Entry Costs -

Age	Daily Cost	One Year Pass*
Children 0-2	FREE	FREE
Children 3-16	$10	$80
Adults 17 and up	$15	$120
Seniors (65 and over)	$12	$90

*If you have a One Year Pass you do not have to pay the Daily Cost.

- Opening / Closing Times -

Sun. - Fri. 9am to 4:30pm

Sat. 9am to 5:30pm
Saturday Night Time hours 7pm to 9pm
*You can join a night zoo tour only on Saturdays.

Closed Dec. 24th - 26th

B　次のグラフは，ある大学で engineering（工学）を専攻する学生の人数を男女別にまとめたものである。グラフが示す内容と**一致しないもの**を，選択肢ア～エから一つ選び，記号で答えなさい。

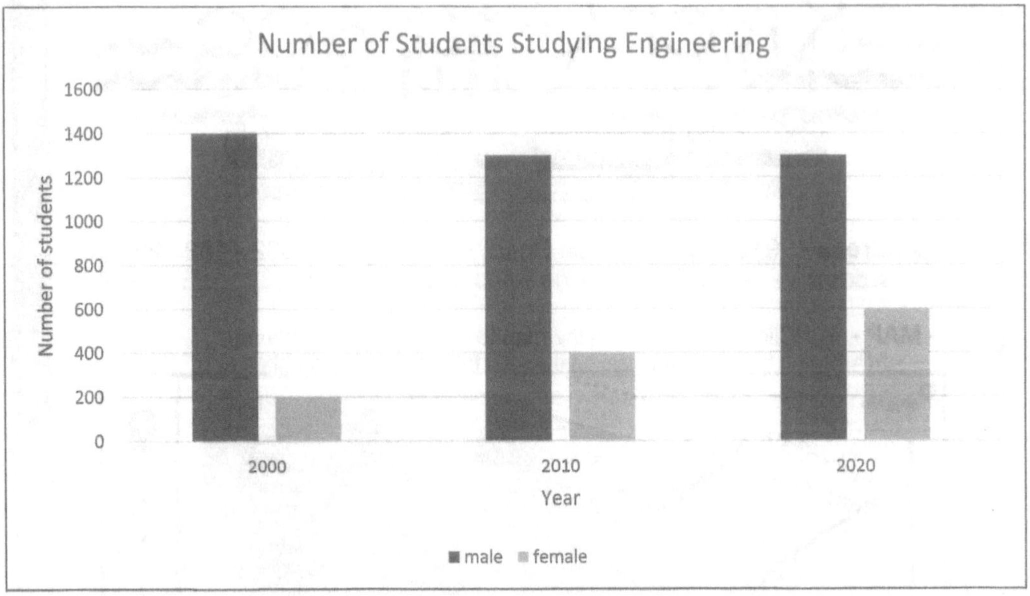

ア The number of the male students fell from 1,400 in 2000 to 1,300 in 2010, and then kept the level through the next ten years.

イ The number of the female students was only 200 in 2000, but in later years, it continued to become larger.

ウ The number of the female students grew by 200 every ten years, and the total number of engineering students went up from 1,600 to 1,900.

エ The percentage of female students went up from 2000 to 2020, and they became over the half of the engineering students in 2020.

4　次の英文を読んで，後の問いに答えなさい。

As soon as *Wolfie heard a melody, he could play it right back with a piano. His father, *Leopold could not believe ①it. ②He made notes on [the / how / boy / music / easily / little / learned]. When Wolfie was about four, Leopold saw a sheet of "music" that the boy was working on.

At first, Leopold laughed because he thought that it was nonsense. But when he looked more carefully, he found that it was *a musical work. He stopped (③ laugh) and asked Wolfie about it. Wolfie said that it was difficult. He said, "You must practice *until you can get it right." And then he showed his father how it should be (④ play).

When he was five, Wolfie made two more musical works for the piano. This means that he heard melodies in his head and played them. Leopold found that his son had a *rare gift. Wolfie was writing music even before he learned to write words.

Leopold was *strict with music lessons. Wolfie's mother, Anna Maria, was not as strict as his father. Her father was a professional singer, so she knew about music. She sometimes tried to guard Wolfie from his father's *anger, but she never openly *went against him. She usually followed Leopold.

When Wolfie was seven, Leopold invited some musicians to his house. ⑤They were going to practice the music that Leopold made for violins. When Wolfie came into the room, he was holding a small, half sized violin (⑥ give) to him by Leopold. Wolfie had no chance to learn how to play it from Leopold before that. Wolfie wanted to play with his father and his friends. But Leopold said, "No." Wolfie could not wait until he learned how to play the violin. Wolfie began to cry. (⑦) of the musicians was Leopold's friend, *Johann Schachtner. He felt sorry for the little boy. He told Wolfie to come and play next to him. He said to Leopold, "If Wolfie plays quietly, no one will hear his sound, and he will not *disturb the practice." Leopold said, ⑧"OK." The musicians started playing. Schachtner stopped playing after a few minutes. But Wolfie went on. His performance was as beautiful as the one by professional musicians! ⑨Everyone was surprised. Wolfie could play the violin without learning how from his father.

［語注］*Wolfie：ウォルフィ（モーツァルトの幼少時の愛称）　*Leopold：レオポルト
*a musical work：音楽作品　*until：～が…するまで　*rare：たぐいまれな，稀少な
*strict：厳しい　*anger：怒り　*go against ～：～に反対する
*Johann Schachtner：ヨハン・シャヒトナー（音楽家の名前）　*disturb：～を妨げる

（出典："Who was Wolfgang Amadeus Mozart?"
by Yona Zeldis McDonough, Grosset & Dunlap 一部改変）

問１　下線部①の it が指す内容を，30字以内の日本語で説明しなさい。

														15
				20					25					30

問２　下線部②が「彼は，その幼い男の子が，いかに容易に音楽を習得したかについて書き記した。」という意味を表す正しい英文となるように，［　］内の語を並べ替えなさい。

問３（③ laugh）（④ play）（⑥ give）を適切な形に直しなさい。

問４　下線部⑤を日本語に直しなさい。

問５（⑦）に入る適切な語を，次のア～エの中から一つ選び，記号で答えなさい。

ア　Some　イ　Out　ウ　A lot　エ　One

問６　下線部⑧について，ウォルフィが「どのような条件で」「何をすること」をレオポルトが承諾したのかを説明する文となるように，次の（　）に適切な日本語を入れなさい。

ウォルフィが，（　　　　　　　　　　　　　　　　　　　　　）という条件で，

（　　　　　　　　　　　　　　　　　　　　　　　　　　　　　　　　　　　　）を承諾した。

問７　下線部⑨について，全員が驚いた理由として最も適切なものを，次のア～エの中から一つ選び，記号で答えなさい。

ア　演奏を始めて数分後に，シャヒトナーが演奏するのをやめてしまったから。

イ　演奏途中で，ウォルフィが部屋を出て，どこかに行ってしまったから。

ウ　演奏者の一人に楽器の弾き方を教えようとして，ウォルフィが途中で演奏を止めたから。

エ　バイオリンの弾き方を教わってもいないのに，ウォルフィの演奏があまりにも見事であったから。

問８　本文と内容が一致する文を，次のア～キの中から二つ選び，記号で答えなさい。

ア　When Wolfie was four, his father was surprised at his rare talent of writing words early.

イ　Before Wolfie began to write words, he could write music.

ウ　Leopold was a gentle father when he was giving music lessons.

エ　Wolfie's mother understood music well, because she was a daughter of a professional singer.

オ　When Wolfie was seven, he played the violin with some musicians in a concert.

カ　When Wolfie knew he could not play the violin with his father's friends at his house, his mother felt sorry for him.

キ　Wolfie couldn't play the violin very well before he was taught how to play it by his father.

5　次の対話は，高校生のYumiとMasamiが，放課後に教室で話している場面である。（１）～（５）に入れるのにふさわしい英文をそれぞれ５語以上で考え，解答欄に書きなさい。

Yumi:　Wow, Masami!　（　1　）?　It's five fifty now, and we have to leave classrooms by six o'clock.

Masami: Oh, Yumi!　I didn't notice it's already around six.　I am preparing for my presentation.　I have to do it the day after tomorrow.

Yumi:　You always work on something so hard.　（　2　）?

Masami: It's about global warming.

Yumi:　That sounds difficult, but（　3　）.　Why did you choose the topic?

Masami: Because I watched a documentary TV program about global warming.　It said that there is a lot of ice and snow on the high mountains and in the North and South Poles, but it is melting very quickly.

Yumi:　What will happen if the ice or snow continues to melt?

Masami: Some cities near the sea like Venice will go under water in the next 50 years.

Yumi:　I can't believe it.　That's too bad!　（　4　）?

Masami: Well, one of the causes of global warming is the release of a lot of

CO_2 into the air. CO_2 in the air makes the temperature hotter and hotter.

Yumi: We have to stop it somehow. What can we do to stop giving off CO_2?

Masami: (5). We should be more careful about the actions in our daily lives.

Yumi: I'm sure we'll be able to stop global warming if everybody keeps making small efforts.

とて、ａすなはち召して見せられければ、よくよく２見て、「ｂめでたくは書きてさぶらふが、難少々Ｂさぶらふ。これほどすまひたる犬の首縄は、下腹の下よりよく引き過ごされてさぶらふべきなり。これは犬はすまひて、首縄普通なる体に見えさぶらふなり。また木切りたる男めでたくさぶらふ。ただしこれほどの大木を半《なか》ら過ぎ切り入れてさぶらふに、ただ今散りたるこけら注4ばかりにて、前に散りつもりたるなし。これ３大きなる難にさぶらふ。」と申しければ、法皇仰せらるることもなくて、絵ををさめられにけり。

（『古今著聞集』巻第一一・三九八による）

（語注）
注１　難…難点。　注２　絵本…絵の手本。
注３　法皇…後白河院のこと。　注４　こけら…木くず。

問一　傍線部Ａ「さぶらひ」・Ｂ「さぶらふ」の読み方をそれぞれ現代仮名遣いで答えなさい。

問二　二重傍線部ａ「すなはち」本文中での意味として適当なものを次から選び、記号で答えなさい。

ア　つまり　**イ**　しかし　**ウ**　唐突に　**エ**　すぐに

問三　二重傍線部ｂ「めでたく」の本文中での意味を答えなさい。

問四　傍線部１「これをば絵難坊も力及ばじものを。」とあるが、このように法皇が言ったのはなぜか。その理由として適当なものを次から選び、記号で答えなさい。

ア　絵難坊の力量ではまったく描けないだろう絵だと思ったから。
イ　絵難坊の身分では見ることができない貴重な絵であったから。
ウ　絵難坊といえども文句のつけようのない佳作だと思ったから。
エ　絵難坊ほどの博識でも知らないだろう古い絵であったから。

問五　傍線部２「見て」の主語を本文中から探し、抜き出して答えなさい。

問六　傍線部３「大きなる難」について、次の各問いに答えなさい。

ⅰ　犬の絵について、絵難坊は何が不自然だと言っているのか。本文中から十六字で探し、抜き出して答えなさい。

ⅱ　木を切る男の絵について、絵難坊はどのような点を批判しているか。簡潔に説明しなさい。

適当なものを次から選び、記号で選びなさい。

ア　本や教科書に載っている内容を覚えることに集中すると、得た知識を応用することのできない、自己認識の歪んだ優等生を生む危険性があること。

イ　本や教科書に載っている内容を覚え、知識として吸収することは上手であっても、自ら新しいものを生み出すことは難しい場合もあること。

ウ　本や教科書の内容を疑ってしまうと知識を身につける妨げとなるから、内容を信用しながら素直に読み進めていくことが大事であること。

エ　本や教科書の内容を長い時間をかけてでもじっくりと知識として吸収しなければ、自分自身の能力を発揮することは難しいということ。

問四　本文中の［Ａ］に当てはまる言葉を本文中から探し、四字で抜き出して答えなさい。

問五　傍線部２「刺戟的」とあるが、筆者は本を読むうえではどういうときが「刺戟的」だと考えているか。説明しなさい。

問六　傍線部３「圧倒されそうな影響をもっているものには不用意に近づかないことである」とあるが、それはなぜか。その理由を説明しなさい。

問七　本文の内容と合致するものとして適当なものを次から選び、記号で答えなさい。

ア　本とうまく付き合うために、書かれている内容をすべて肯定するのではなく、自分の考えとは異なることにはしっかりと否定をしながら、「あなたらしく」読み進めていくことで創造力が培われる。

イ　学校の学習では、教科書に書かれている知識の習得に時間がかかり、無意識に受け身の学びしかできない生徒や学生を生んでいるため、能動的な姿勢の育成を重視した学習法をとるべきである。

ウ　創造的な本の読み方とは、何も考えず勝手気ままに読むことではなく、自分の考えを確かめながら読み進めていくことであるため、読む速度を意識しながらの丁寧で慎重な姿勢が求められる。

エ　自分の新しい考えを創造していくためには、本を最後まで丁寧に読み進めていくことよりも、もっと読みたいと思える面白くなりそうなところで、思い切って読むのをやめることが有効である。

二　※問題に使用された作品の著作権者が二次使用の許可を出していないため、問題を掲載しておりません。

（出典：木内昇「染井の桜」による）

三　次の文章を読んで、後の問いに答えなさい。

絵難坊といふ者Ａさぶらひけり。いかによく書きたる絵にも必ず難[注1]を見いだす者なりけり。ある時、ふるき上手どもの書きたる絵本[注2]の中に、人の犬を引きたるに、犬すまひて行かじ《逆らって行くまい》としたる体《てい》、まことに生きてはたらくやうなり《働いている》。また男の肩ぬぎて《肩を出して》、たつぎふりかたげて《斧を振り上げて》大木を切りたるありけり。法皇[注3]の仰せに、「１これをば絵難坊も力及ばじものを。」

読むと、さっぱりおもしろくなくなってしまう。そういう経験はすくなくない。やはり、読む速度が関係しているように思われる。さっと読んだときは、適当に脱線して、勝手なことを想像しながら読む。あちらこちらで自分の考えを触発される。それが〝おもしろい〟という印象になる。ていねいに読めばいっそうおもしろくなるように考えるのは誤解で、スピードにともなうスリルが消えると、さっぱり刺戟的でなくなってしまうのである。

　本は気軽に読んだときもっとも創造的でありうる。しかし、すぐれた本は、そういう気ままな読み方をdコバむ。ぐんぐん引き入れようとする引力をもっている。それに抵抗するには、さきにのべたように途中でやめるしか手がない。たとえ中止することが不可能なときでも、なるべく脱線を大切にして、自分の考えをたしかめながら進むことである。そうでないと、本を読めば読むほど自分の考えがはっきりしなくなってしまうというようなことになる。

　大きな木の下には草も育たない、という。大木はすばらしい。Y寄らば大樹のかげ、という言葉もあるくらいである。近づきたいと思うのは人情であろう。すぐれた本も大木のようなところがある。その下に立っては手も足も出ないで、ただ、大著名著であることを賛嘆するにとどまる。大木は遠くから仰ぎ見るべきものと思って、早くその根もとから離れる必要がある。

　これは本だけではなく、すぐれた指導者についてもいうことができる。すぐれた影響力をもっている点にのみ着目していると、その下にいて、個性を失う人間が育ちやすい危険を見落しがちになる。亜流になりたくなかったら、敬遠して影響を受ける必要がある。それを勘違いして、すぐれた先生にはなるべく近づきたいという気持にひかれて、せっかくの師の薫陶を台なしにしてしまうことが、いかにしばしば起っていることであろうか。すぐれた師匠の門下にかならずしも偉才傑物ばかりが。eハイシュツするとは限らないのは、大木の枝の下で毒されて伸びるべきものまで伸びないでしまうからであろう。だいいち、門下という言葉からして感心しない。心ある門弟はあえて門外に立つ勇気がいる。

　3圧倒されそうな影響をもっているものには不用意に近づかないことである。近づいてもながく付き合いすぎてはいけない。

（外山滋比古『知的創造のヒント』による）

問一　波線部a～eのカタカナを正しい漢字に直しなさい。（楷書でていねいに書くこと）

問二　二重傍線部X「脱兎の勢い」・Y「寄らば大樹のかげ」の意味として適当なものを次からそれぞれ選び、記号で答えなさい。

X　「脱兎の勢い」

ア　非常に素早い速さ　**イ**　自分なりの歩み方

ウ　止まることのない姿勢　**エ**　中途半端な想い

Y　「寄らば大樹のかげ」

ア　そばにいるならば、信頼出来るほうを選ぶ

イ　どうせならば、夢の実現が可能なほうを選ぶ

ウ　頼るならば、大きくて力のあるものを選ぶ

エ　迷っているならば、魅力的なものを選ぶ

問三　傍線部1「グライダーとして優秀であっても、自力で飛ぶのはまた別であること」とあるが、これはどういうことか。その説明として

本を読むときにも慣性がはたらいている。本のはじめの部分は多少とも読みにくいが、なれるにつれて、だんだん読みやすく、すらすら進むようになる。途中でやめるのが惜しくて先を読みたいとも思う。X脱兎の勢いで終りの部分を読んで読了すると、あとに余韻が生じる。もっとも大規模な慣性の現象といってよい。心理的には本を追おうとしているのに、本はもう終ってしまっている。対象を失った読者の心理はそれまで進んできた方向の延長線上を走る。そうして起るのが余韻で、ことに文学作品において顕著であるが、文学に限るものではない。すぐれた書物は読み終えたとき何らかの残影をもつのが普通である。

中絶読書は、読み切らないで、おもしろくなりそうなところで、つまり、スピードが出たところで、本から離れ、そこに生じる慣性を利して自分の考えを浮び上らせようとすることにほかならない。芸術作品なら全部を読み通したうえでの余韻でなくては困るが、知的な文章では最後まで付き合っては、あまりに多く影響を受けすぎることになっておもしろくない場合もある。本はきっかけになればよいし、走り出させてくれればそれでりっぱな働きをしたことになる、そういう読書もある。

おもしろすぎて先を読むのがこわくなるような本がときどきあるというのは、途中で切って、そこに創造的慣性の作用を起すことを、われわれが心のどこかで期待しているからかもしれない。

文章を読んでいて、いっていることが全面的に肯定されるのではない、また、当面、必要なことでもないけれども、じっとしていられないような興奮を覚えることがあって、そういうとき、〝2刺戟的〟という形容詞が使われる。

〝刺戟的〟とはどういうことか。かりに、本を円周のようなものだと考えてみる。読者はゆっくりその円に添って走り出す。だんだん速度が加わってくると、はじめのように円に即しているのが困難になり、カーヴでは外へふくらみ飛び出そうとするかもしれない。〝刺戟的〟とは、そういうカーヴをたくさんもった本ということになろう。

読者がこちらの予期するようなところへ展開するなら、快感はあっても、刺戟はすくない。逆に、読者の意表をつくようなことがつぎつぎあらわれると、読者はその都度、タンジェントの方向へ飛び出そうとして、そこに緊張をかもし出す。それが刺戟的と感じられる。

脱線しかけると、創造のエネルギーが生まれる。直線レールの上を静かにおとなしく走っていれば脱線の危険もないかわり、軌道の外へ出たくても出られない。無理なカーヴを大きなスピードで走り抜けようとすれば脱線するかもしれないが、そこに、新しい道のできるチャンスもある。安全な軌道を選ぶか、危険なカーヴの多い道を選ぶかは好みにもよるが、発見に便利なのは脱線の可能性の大きなルートを走ることである。

かりに大きなカーヴがあってもスピードがなければ脱線しない。安全運転だけを目標とするのなら脱線しないのは喜ぶべきことだが、新しい道をつくるには、軌道の上だけ走っていたのでは話にならない。無理なカーヴなら脱線して、より合理的な近道を発見することができるかもしれない。脱線するにはスピードを出している必要がある。これは自動車の運転とは違う。

寝ころがって読んだときに、たいへんおもしろいと思ったから、ひとつ本腰を入れて読んで何かまとめてみようか、などと考えて机に向って

【国　語】（五〇分）〈満点：一〇〇点〉

一　次の文章を読んで、後の問いに答えなさい。

本との付き合いも人間との付き合いに似ているように思われる。

はじめは仲よくしていてやがて意見が合わなくて別れ別れになる――そういうことが読書にも交友にもおこる。友人との付き合いはともかく、本でまったくこちらの意見をさしはさむ余地のないということは珍しい。どんなにおもしろいものでも、どこかに不満がおこる。その点を押していって自説を展開すれば、そこに批判、批評が生まれる。この場合はどうしても、本を否定する立場をとらなくてはならない。批評はしたがって否定的創造活動ということになる。新しいものを生み出すひとつの方法ではある。ただ、何となく喧嘩腰で本を読んでいるようで哀れな気がする。

もうひとつの本との付き合いは、どこまでも書いてあることを信用し、おとなしくいわれるがままについていくやり方である。欠陥があるのではないか、間違ったところはないかと目を光らせているのではなく、大体においてすべてを肯定してかかる読み方である。すぐれた教科書に対する態度はこれに近い。教科書を疑っていては知識を身につけるのに妨げとなる。下手な懐疑をしないですっぽり受け入れる。それが抵抗なくできる人が優等生といわれるのだ。

優等生は従順であるから書いてあることはよく頭に入る。知識にはなるが、新しいものを生み出すきっかけをとらえることはかえって難しい。試験の成績ではすぐれている学生が、論文やレポートを書くと何ともいえない妙なものになるのは、1グライダーとして優秀であっても、自力で飛ぶのはまた別であることを示している。

学校の教育は本により添い、そのいわんとするところを正しく解することを目標に行なわれるから、いわゆる優等生が生まれ、それがもっとも望ましい学習者であるという常識が確立する。もちろん、何もわからずに理屈だけこねまわすのは危険である。まず、必要な知識を身につけよと学校が要求するのは誤ってはいない。ただ、知識習得ということがなかなか簡単にははこばないから、長い期間を要する。そのうちに、受容一方の姿勢が固定してしまう。本を読んでいるうちに、本に読まれるようになる。ショーペンハウエルの読書論はこの間の事情について aコキミよく、するどい批判を加えている。

第三の道は、おもしろい本とすこし付き合い、おもしろくてたまらなくなりそうなところで、あえて、その本と別れる方法である。もちろんこれでは知識を得ることはできない相談である。その代り、自然に新しい考えをもつことは可能である。第一の方法のように本のいっていることを否定し、ときには破壊して、そのあとへ修正意見を出すのは、平和ではない。それに比べると、［　A　］なら批判によらずして、わが道を往かれる。

運動している物体は、外からの作用を受けないかぎり、その運動を続けようとする性質をもっている。動いているものが急に停止すると、それまで動いていた方向へのめり込もうとする。電車が急停車すると、乗客が bショウギ倒しになるのもこの性質による。慣性の作用である。

物体に認められるこの慣性の法則は心理現象にも適用できるように思われる。親しいものが傍からいなくなって感じる〝淋しさ〟の感情も、慣性が cザセツさせられたところで意識されるものと解釈できる。

第1回　**2022年度**

解　答　と　解　説

《2022年度の配点は解答欄に掲載してあります。》

＜数学解答＞

1　(1) $\frac{1}{3}$　(2) $x^4+2x^3-2x^2-3x+2$　(3) $a=-6$　(4) $x=\frac{\sqrt{7}}{2},\ -\sqrt{7}$
(5) $y(x-3)(x+2)$　(6) -6　(7) $\angle x=80°$
(8) AD=12　(9) $\frac{37}{216}$　(10) 48π

2　(1) 3π　(2) 解説参照　(3) $x=12,\ y=7$
(4) 9

3　(1) $a=\frac{1}{2}$　(2) 右図　(3) t^2-4t
(4) $t=-1$

4　(1) ∠BAC=36°　(2) 解説参照
(3) $\mathrm{BE}=\frac{1+\sqrt{5}}{2}$　(4) $\mathrm{T}=\frac{7-3\sqrt{5}}{2}\mathrm{S}$

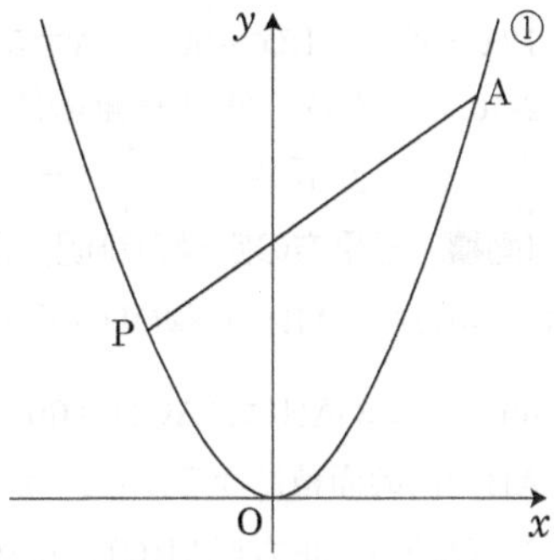

○配点○
1　各4点×10　2～4　各5点×12　計100点

＜数学解説＞

基本　1　**(平方根の計算，式の展開，連立方程式，2次方程式，因数分解，式の値，角度，三角形の相似，確率，回転体の体積)**

(1)　$\left(-\frac{4}{\sqrt{2}}\right)^2\div(\sqrt{3})^5\div\left(\frac{2}{\sqrt{3}}\right)^3=\frac{16}{2}\times\frac{1}{9\sqrt{3}}\times\frac{3\sqrt{3}}{8}=\frac{1}{3}$

(2)　$x^2+x=\mathrm{X}$とおくと，$(x^2+x-1)(x^2+x-2)=(\mathrm{X}-1)(\mathrm{X}-2)=\mathrm{X}^2-3\mathrm{X}+2=(x^2+x)^2-3(x^2+x)+2=x^4+2x^3+x^2-3x^2-3x+2=x^4+2x^3-2x^2-3x+2$

(3)　$x+2y-1=0$　$x=-2y+1$…①　$3x-ay+5=0$…②　②に①を代入して，$3(-2y+1)-ay+5=0$　$-6y+3-ay+5=0$　$ay+6y=8$　$y(a+6)=8$　$a+6=0$のとき，解をもたないので，$a=-6$

(4)　$2x^2+\sqrt{7}x-7=0$　二次方程式の解の公式から，$x=\frac{-\sqrt{7}\pm\sqrt{(\sqrt{7})^2-4\times2\times(-7)}}{2\times2}=\frac{-\sqrt{7}\pm\sqrt{63}}{4}=\frac{-\sqrt{7}\pm3\sqrt{7}}{4}=\frac{2\sqrt{7}}{4},\ \frac{-4\sqrt{7}}{4}=\frac{\sqrt{7}}{2},\ -\sqrt{7}$

(5)　$x^2y-xy-6y=y(x^2-x-6)=y(x-3)(x+2)$

(6)　$x+y=1-\sqrt{2}+1+\sqrt{2}=2$　$xy=(1-\sqrt{2})(1+\sqrt{2})=1^2-(\sqrt{2})^2=1-2=-1$
$x^2+y^2=(x+y)^2-2xy=2^2-2\times(-1)=4+2=6$　よって，$\frac{x^2+y^2}{xy}=\frac{6}{-1}=-6$

(7)　円の中心をO，AEとCHの交点をPとして，補助線ACを引く。円周角の定理から，$\angle\mathrm{CAE}=\frac{1}{2}\angle\mathrm{COE}=\frac{1}{2}\times360°\times\frac{2}{9}=40°$　∠ACH=∠CAE=40°　△ACPにおいて，内角と外角の関係から，∠x=∠CAP+∠ACP=40°+40°=80°

(8)　2組の角がそれぞれ等しいことから，△ABC∽△DAC　よって，AB：DA=AC：DC

$15 : \mathrm{DA} = 20 : 16 = 5 : 4$　　$\mathrm{DA} = \dfrac{15 \times 4}{5} = 12$

(9)　サイコロの3回の目の出方は全部で，$6 \times 6 \times 6 = 216$(通り)　　3回のうち1回だけ4で，他の2回は3以下になる場合は，何回目で4が出るかが3通り，それぞれに他の目の出方は$3 \times 3 = 9$(通り)あるので，$3 \times 9 = 27$(通り)　　3回のうち2回4が出て，他の1回が3以下になる場合は，何回目で3以下が出るかが3通り，それぞれに3通りの目の出方があるので，$3 \times 3 = 9$(通り)　　3回とも4が出る場合は1通り　　よって，出た目の数の最大値が4になる場合は，$27 + 9 + 1 = 37$(通り)　したがって，求める確率は，$\dfrac{37}{216}$

(10)　点Bから直線ℓへ垂線BHを引く。$\mathrm{AH} = x$とすると，$\mathrm{HC} = 6 - x$　　△ABHと△CBHにおいて，BH^2の関係から，$\mathrm{AB}^2 - \mathrm{AH}^2 = \mathrm{BC}^2 - \mathrm{CH}^2$　　$7^2 - x^2 = 5^2 - (6 - x)^2$　　$49 - x^2 = 25 - 36 + 12x - x^2$　　$12x = 60$　　$x = 5$　　$\mathrm{BH} = \sqrt{7^2 - 5^2} = \sqrt{24} = 2\sqrt{6}$　　求める体積は，底面が半径$2\sqrt{6}$の円で高さが5の円錐の体積と底面が半径$2\sqrt{6}$の円で高さが1の円錐の体積の和になるから，$\dfrac{1}{3} \times \pi \times (2\sqrt{6})^2 \times 5 + \dfrac{1}{3} \times \pi \times (2\sqrt{6})^2 \times 1 = 40\pi + 8\pi = 48\pi$

2　**(面積，三平方の定理の証明，連立方程式の応用問題，指数の問題)**

基本　(1)　点OからABへ垂線OHを引くと，△OABは二等辺三角形だから，$\angle \mathrm{AOH} = \angle \mathrm{BOH} = \dfrac{120^\circ}{2} = 60^\circ$　　△OAHは$\angle \mathrm{AOH} = 60^\circ$の直角三角形だから，$\mathrm{AH} = 2 \times \dfrac{\sqrt{3}}{2} = \sqrt{3}$　　求める面積は，半径AHの円の面積になるから，$\pi \times (\sqrt{3})^2 = 3\pi$

(2)　〈証明〉　正方形ABCDの面積を2通りの方法で表すと，$(a + b)^2 = c^2 + a \times b \times \dfrac{1}{2} \times 4$　　$a^2 + 2ab + b^2 = c^2 + 2ab$　　よって，$a^2 + b^2 = c^2$

(3)　10%の食塩水の食塩の量は，$300 \times \dfrac{x}{100} + 200 \times \dfrac{y}{100} = 3x + 2y$　　食塩水の量は，$300 + 200 = 500$　　よって，$\dfrac{3x + 2y}{500} \times 100 = 10$　　$3x + 2y = 50$…①　　残りの食塩水Aの量は，$500 - 300 = 200$　　食塩の量が24gであることから，$200 \times \dfrac{x}{100} = 24$　　$2x = 24$　　$x = 12$　　これを①に代入して，$3 \times 12 + 2y = 50$　　$2y = 14$　　$y = 7$

(4)　$7^1 = 7$，$7^2 = 49$，$7^3 = 343$，$7^4 = 2401$，$7^5 = 16807$から，7^nの1の位の数は，7，9，3，1の4つの数が繰り返される。$2022 \div 4 = 505$余り2から，余りが2より，72022の1の位の数は，9

3　**(図形と関数・グラフの融合問題－グラフの作成)**

(1)　①に点Aの座標を代入して，$8 = a \times 4^2$　　$16a = 8$　　$a = \dfrac{8}{16} = \dfrac{1}{2}$

(2)　(4, 8)，(0, 0)，(−4, 8)を通るy軸に対して対称な放物線①をかき，(4, 8)の点をAとする。$y = \dfrac{1}{2}x^2$に$x = -2$を代入して，$y = \dfrac{1}{2} \times (-2)^2 = 2$　　(−2, 2)の点をPとする。最後に線分APをかく。

重要　(3)　$\mathrm{P}\left(t, \dfrac{1}{2}t^2\right)$　　直線APの式を$y = px + q$として点A，Pの座標を代入すると，$8 = 4p + q$…①　$\dfrac{1}{2}t^2 = tp + q$…②　　①－②から，$8 - \dfrac{1}{2}t^2 = 4p - tp$　　$(4 - t)p = 8 - \dfrac{1}{2}t^2 = \dfrac{1}{2}(16 - t^2) = \dfrac{1}{2}(4 + t)(4 - t)$　　$t < 0$から，$p = \dfrac{4 + t}{2}$　　これを①に代入して，$8 = 4 \times \dfrac{4 + t}{2} + q$　　$8 = 2(4 + t) + q$　　$q = -2t$　　よって，$\triangle \mathrm{OAP} = \dfrac{1}{2} \times (-2t) \times \{(-t) + 4\} = -t(-t + 4) = t^2 - 4t$

重要　(4)　$y = mx$に点Aの座標を代入して，$8 = 4m$　　$m = 2$　　よって，直線OAの式は，$y = 2x$　　$y = nx$に点Pの座標を代入して，$\dfrac{1}{2}t^2 = nt$　　$t^2 = 2nt$　　$t^2 - 2nt = 0$　　$t(t - 2n) = 0$　　$t \neq 0$から，$t = 2n$　　$n = \dfrac{t}{2}$　　よって，直線OPの式は，$y = \dfrac{t}{2}x$　　$2 \times \dfrac{t}{2} = -1$となるとき，$\angle \mathrm{AOP} = 90^\circ$となるから，$t = -1$

4 (平面図形の計量問題－角度，三角形の相似の証明，面積比)

基本 (1) 正五角形の一つの角度の大きさは，$\frac{180^\circ\times(5-2)}{5}=\frac{540^\circ}{5}=108^\circ$　△BACは二等辺三角形だから，$\angle BAC=\frac{180^\circ-108^\circ}{2}=\frac{72^\circ}{2}=36^\circ$

(2) 〈証明〉 △ABEと△FBAにおいて，共通な角より，∠ABE＝∠FBA…①　(1)より，∠AEB＝∠FAB＝36°…②　①，②より2組の角がそれぞれ等しいので，△ABE∽△FBA

重要 (3) △AEFにおいて，∠EAF＝108°－36°＝72°　△ABFにおいて内角と外角の関係より，∠EFA＝36°＋36°＝72°　よって，△AEFは二等辺三角形になるから，FE＝AE＝1　BF＝xとすると，BE＝$x+1$　△ABE∽△FBAから，AB：FB＝BE：BA　$1:x=(x+1):1$　$x(x+1)=1$　$x^2+x-1=0$　二次方程式の解の公式から，$x=\frac{-1\pm\sqrt{1^2-4\times1\times(-1)}}{2\times1}=\frac{-1\pm\sqrt{5}}{2}$　$x>0$から，$x=\frac{-1+\sqrt{5}}{2}$　よって，$BE=\frac{-1+\sqrt{5}}{2}+1=\frac{1+\sqrt{5}}{2}$

重要 (4) $JE=BF=\frac{-1+\sqrt{5}}{2}$　$FJ=BE-BF-JE=\frac{1+\sqrt{5}}{2}-\frac{-1+\sqrt{5}}{2}\times2=\frac{1+\sqrt{5}+2-2\sqrt{5}}{2}=\frac{3-\sqrt{5}}{2}$　五角形FGHIJも正五角形だから，(正五角形ABCDE)∽(五角形FGHIJ)で相似比は，AB：FJより，$S:T=1^2:\left(\frac{3-\sqrt{5}}{2}\right)^2=1:\frac{9-6\sqrt{5}+5}{4}=1:\frac{14-6\sqrt{5}}{4}=1:\frac{7-3\sqrt{5}}{2}$

よって，$T=\frac{7-3\sqrt{5}}{2}S$

★ワンポイントアドバイス★

3(3)で，グラフ上の面積を求めるとき，点Pのx座標は負の数なので，$-t$として計算することに注意しよう。

＜英語解答＞

1 Part 1 (1) c　(2) b　Part 2 (1) F　(2) T　(3) F
Part 3 No.1 a　No.2 b　No.3 c

2 A (1) ウ　(2) ア　(3) イ　B (1) what sport Hitoshi likes to play
(2) ask my students to keep the door open　(3) We were surprised at the news announced by the journalist.

3 A (1) イ　(2) エ　(3) ウ　B エ

4 問1 ① going　② attacked　④ fell　問2 was not so far from Picasso's hometown　問3 イ　問4 聞こえないように，大声で歌を歌いながら　問5 エ
問6 エッフェル塔を見ること／ピカソに会うこと　問7 ピカソは平和のために働くことがいかに重要なのかを知っていた。　問8 イ，キ

5 (1) How many babies were there ?　(2) I would like to have a pet at our house.　(3) Why can't I have a pet ?　(4) you have to walk them every day　(5) What kind of animal do you like the best ?

〇配点〇

[1] 各2点×8 [2] A 各2点×3 B 各3点×3 [3] 各4点×4
[4] 問1・問6 各2点×5 問2・問8 各3点×3 問3・問5 各4点×2 問4 5点
問7 6点 [5] 各3点×5 計100点

＜英語解説＞

[1] (リスニング)

Part 1 Conversation Listening「会話の聞き取り」

Andy: Hi, Yuna. Summer vacation is coming soon. Are you excited?
Yuna: Yes. I am. But I'm also a little worried.
Andy: Really? Why's that?
Yuna: For Mrs. Cooper's science class, we have to do a summer research project. I don't know what I want to research yet.
Andy: I see. Hmmm. How about this idea? You like flowers right?
Yuna: Sure?
Andy: Well, how about collecting and researching the different flowers that grow in summer?
Yuna: That sounds interesting. I am going hiking in the mountains with my family this summer. Maybe I can search for flowers then.
Andy: Perfect!
Yuna: Thanks, Andy!
Andy: You're welcome. Now please help me think of ideas for my history class project.

(1) What kind of homework does Yuna have to do this summer?
a. Learn about the history of her home town.
b. Learn outdoor skills like hiking and camping.
c. Research a topic for science class.

(2) Why does Yuna thank Andy in the end?
a. She will help him with his history project.
b. He gave her a helpful idea for her homework.
c. He gave her flowers.

(全訳) アンディ：やあ，ユナ。夏休みはもうすぐだね。ワクワクしている？
ユナ　　：うん，ワクワクしているわ。でも少し不安もある。
アンディ：本当？　それはどうして？
ユナ　　：クーパー先生の理科の授業で，私たちは夏休みの研究課題をしなくてはいけないの。まだ自分で何を調べたいかわからない。
アンディ：なるほど。うーん。このアイデアはどう？　君は花が好きだよね？
ユナ　　：もちろん。
アンディ：じゃあ，夏に育つ様々な花を集めて調べるのはどう？
ユナ　　：それは面白そう。今年の夏，私は家族と山にハイキングに行くことになっているの。その時に花について調べられるかもしれない。

アンディ：完璧だね！
ユナ　　：ありがとう，アンディ！
アンディ：どういたしまして。今度は僕の歴史の授業の課題についてアイデアを考えるのを手伝ってよ。

質問

(1)　今年の夏，ユナはどんな種類の宿題をしなくてはいけないか。

a　自分の地元の町の歴史について学ぶ。
b　ハイキングやキャンプのようなアウトドアの技術を身に着ける。
c　理科の授業のために，ある題材について調べる。

(2)　なぜユナは最後にアンディに感謝するか。

a　彼女は彼の歴史の課題を手伝う。
b　彼は彼女に，宿題に役立つアイデアを与えた。
c　彼は彼女に花をあげた。

Part 2　Paragraph Listening「文章の聞き取り」

When we are hungry, we eat. Everyone needs food. For most people in Japan, getting the food they need each day is not hard. In fact, in Japan a lot food is thrown away. About 20% of that food can still be eaten.

However, there are some people in Japan who need food but can't get it.

How can we help these people and reduce food waste? One way to solve this problem is food banks. A food bank collects unused food that people don't need, and gives it to hungry people. In 2008, there were only a few food banks in Japan. But now there are more than 100 active food banks in the country.

Food banks are a good way to stop food waste and help the people who need food. But the problem of wasted food is still very big in Japan and around the world. So please think about giving to a food bank to change this situation.

True or false

(1)　About 20% of food in Japan is given to food banks.
(2)　There are more food banks in Japan now than there were in 2008.
(3)　There is no food waste in Japan now because of food banks.

(全訳)　私たちはおなかがすくと食べる。誰もが食べ物を必要とする。日本のほとんどの人にとって，毎日必要な食べ物を手に入れることは大変なことではない。実際，日本では多くの食品が捨てられている。その食品の約20%はまだ食べることができる。

しかし，食べ物が必要だが手に入れることができない人が日本にもいる。どうしたら私たちはこのような人々を助け，食品の廃棄を減らすことができるだろうか。この問題を解決する方法の1つがフードバンクだ。フードバンクは人が必要としない未使用の食品を集め，それを空腹の人に渡す。2008年には日本にフードバンクはわずかしかなかった。しかし今では国内で活動中のフードバンクは100以上ある。

フードバンクは食品廃棄を食い止め，食べ物を必要としている人々を助ける良い方法だ。しかし廃棄食品の問題は日本や世界中でいまだに非常に大きい。この状況を変えるために，フードバンクへ寄贈することを考えてほしい。

(1)　日本の約20%の食品がフードバンクへ寄贈されている。

(2) 現在，日本には2008年よりもたくさんのフードバンクがある。

(3) フードバンクのおかげで現在日本には食品廃棄がない。

Part 3　Communication Response Questions「受け答えを選ぶ問題」

1. How hot is it outside?
   a. It's about 30 degrees today.
   b. It's cloudy and will rain soon.
   c. I have a cold now.
2. How was your weekend?
   a. I'm going to go shopping.
   b. It was good. I stayed home and relaxed.
   c. I don't have any plans.
3. When did you start learning English?
   a. I had English lessons twice a week.
   b. I enjoyed learning foreign languages.
   c. When I was in elementary school.

(1)「外はどのくらい暑いですか」
 a 今日は30℃くらいです。
 b 曇りで，まもなく雨が降るでしょう。
 c 私は今，かぜをひいています。

(2)「週末はいかがでしたか」
 a 買い物に行くつもりです。
 b よかったです。家にいてのんびりしました。
 c 何も予定がありません。

(3)「いつ英語を学び始めましたか」
 a 週に2回英語の授業がありました。
 b 外国語を学ぶのを楽しみました。
 c 小学生の時です。

2 **(語句補充・選択，語句整序：現在完了，前置詞，分詞，間接疑問，不定詞，文型)**

A (1)「ニックはもうレポートを書きましたか」 現在完了<Have +過去分詞>の疑問文。

(2) 「彼女は今月末に祖母を訪問する予定だ」 at the end of ～「～の終わりに」

(3) 「昼食を食べている少年はタクヤだ」 形容詞的用法の現在分詞句 eating lunch「昼食を食べている」が boy を後ろから修飾する。

B (1) know の後ろは間接疑問で<疑問詞+主語+動詞>の語順。<what +名詞>「どんな～」 <like to +動詞の原形>「～するのが好き」

(2) <ask+人+to+動詞の原形>「(人)に～するよう頼む」 <keep+目的語+形容詞>「～を…に保つ，～を…のままにしておく」

(3) be surprised at ～「～に驚く」 形容詞的用法の過去分詞句 announced by the journalist「そのジャーナリストによって発表された」が news を後ろから修飾する。

重要 **3** **(長文読解・資料読解：英問英答，内容吟味)**

(全訳)　　リバー市　ボランティアプログラム　2022～2023

新しい人との出会い！　　素晴らしい経験！　　町のために役立つ！

植樹

リバー市を緑豊かにするのを手伝ってください！　川沿いに木や花を植えるため，すべての年代のボランティアが必要です。　・年3回

市内清掃

私たちの市をきれいに保つのを手伝ってください！　町内の公園や道路のごみを拾うため，すべての年代のボランティアが必要です。　・各地域で月に1，2回

本の読み聞かせ

楽しい話を読みましょう！　町の図書館で4，5歳の子供たちに本を読みきかせるため，12歳～18歳のボランティアが必要です。　・毎週土日

ボランティアは2022年1月から2023年3月まで参加できます。

ボランティア活動に参加し，もっと情報を得るには，ウェブを確認するかあなたの地域の事務所に電話してください。

連絡先

リバー市北部地区事務所
032－182－0429
リバー市南部地区事務所
032－164－7281

A　(1)「あなたはできるだけ頻繁に屋外で活動する機会のあるボランティア活動をするつもりだ。あなたにとって最適なプログラムはどれか」「市内清掃」。屋外の活動として「植樹」と「市内清掃」があるが，活動回数が多いのは「市内清掃」である。

(2)「本の読み聞かせボランティアプログラムについて，当てはまるのはどれか」「手伝うには12歳から18歳でなければならない」

(3)「ボランティアプログラムに参加するためには何をすべきか」「2023年4月以前に市の事務所に電話をする」

B　ア「学生たちは4つの主要な機器を回答した。スマートフォン，ノートパソコン，タブレット，デスクトップパソコンだ。そしてその他の機器を好んで使う学生はわずかだった」(○)　イ「4つの主要な機器のうち，学生がインターネットを閲覧するのに最も不人気なものはデスクトップパソコンだ」(○)　ウ「スマートフォンを好んで使う学生とデスクトップパソコンを使う学生の割合の差は19％だ」(○)　エ「ノートパソコンとデスクトップパソコンの割合を足すと，スマートフォンとタブレットの合計より大きくなる」(×)

4 (長文読解・伝記：語形変化，進行形，受動態，時制，語句整序，熟語，語句解釈，語句補充・選択，英文和訳，間接疑問，不定詞，内容一致)

(全訳)　多くの芸術家はある1つの題材に取り組み，ある1つの様式で活動する。しかしピカソはそれらを常に変化させた。ピカソの絵画は自分の生活に①起きていることだけでなく外の世界で起きていることに関するものだった。1939年，スペイン内戦が勃発した。ピカソはその時パリに住んでいたが，スペインの戦争について深く考えた。彼は何と言ってもスペイン人なのだった。

スペインではフランシスコ・フランコ総統が1975年に死去するまでスペインを支配した。フランコ総統が原因で，ピカソは祖国に二度と帰らなかった。1937年4月，スペイン北部のゲルニカという町は，フランコ総統と彼の軍を援助するドイツ人たちによって②攻撃された。③ゲルニカはピカソの故郷の町からそれほど離れていなかった。爆弾が市場の日に④落ちた。1600人以上が死亡した。さらにおよそ900人が負傷した。その攻撃には特に理由がなかった。

ピカソはこれらの無実な人々を殺害したことに対して非常に怒った。すべての感情を込めて，彼は縦12フィート横26フィートの非常に大きな絵を描いた。彼はそれをわずか3週間で仕上げた。その絵には叫んでいる馬，倒れている兵士，赤ちゃんを抱いて泣いている女性が描かれている。切断された腕や頭部もある。⑤ゲルニカは戦争の恐怖を描いたとても力強く感動的な絵だ。ピカソはそ

の絵について尋ねられた時,「画家は自分の作品の象徴について明確に説明すべきではない。もし画家がそれらを説明したいなら,多くの言葉で書くほうが良いだろう」と言った。

1939年,ドイツがポーランドを攻撃し,第二次世界大戦が始まった。ピカソはフランスの小さな町に引っ越した。1940年,ドイツはパリを占領した。ピカソはパリのアトリエに戻った。もしかしたらピカソは自分自身がフランス解放の誇り高き象徴になることを望んだのかもしれない。⑥ピカソは描き続けた。彼は作品に取り組む間,砲撃の音が聞こえないよう,大声で歌を歌った。

1944年,ドイツはついにパリから駆逐された。ドイツ人がいなくなるとすぐにパリはお祝いをした。街は再び⑦自由になった。⑧多くのアメリカ人がパリにやってきた。彼らの中には,最もしたい2つのことは,エッフェル塔を見ることとピカソに会うことだ,という人もいた! ピカソは喜んで自分のアトリエを案内した。誰もが歓迎された。彼らはとても疲れた状態で到着したので,そこで寝てしまった人もいた。

第二次世界大戦が終わった。⑨ピカソは平和のために働くことがいかに重要なのかを知っていた。1948年,彼はポーランドの平和集会に行った。翌年,彼はその平和集会のためにハトのポスターを制作した。ピカソによって,ハトは世界中で平和の象徴になった。

問1 ① go on は「(物事が)起きる」という意味。直前の was に着目し,過去進行形にする。 ② 直後の by「~によって」に着目し,受動態<be 動詞+過去分詞>にする。 ④ fall「落ちる」 過去形にする。fall－ fell－ fallen

問2 far from ~「~から離れている」 not so far で「それほど離れていない」となる。

やや難 問3 ピカソはフランコ体制を嫌い,フランコに協力的なドイツがゲルニカを攻撃したことに対して激怒した。

重要 問4 直後の文参照。sang はsing「歌う」の過去形。 loudly「大声で」 <not to+動詞の原形>「~しないように」

問5 free「自由な,解放された」

問6 直後の文参照。to see the Eiffel Tower「エッフェル塔を見ること」と to meet Picasso「ピカソに会うこと」と述べられている。

やや難 問7 how important は「どれほど重要か」。その後の it は形式主語で,to 以下が真主語である。

やや難 問8 ア 「ピカソの描き方は様式や題材において,他の芸術家と変わらなかった」(×) イ 「ピカソはフランシスコ・フランコ総督と彼がスペインで1600人以上も殺害したことに強く反発した」(○) ウ 「ゲルニカの絵はピカソの故郷で起きた出来事に対する個人的な関心から制作された」(×) エ 「ピカソは自分がゲルニカの絵の良い点を言葉ではっきりと説明すべきだと信じていた」(×) オ 「ピカソはもともとポーランド出身だが,生涯においてスペイン,フランス,ドイツに住んだ」(×) カ 「パリにあるピカソのアトリエに来た人の中にはすぐに寝てしまう人もいた,なぜなら彼のアトリエが非常に退屈だったからだ」(×) キ 「ピカソによって平和会議のために描かれたポスターはハトを平和の象徴にした」(○)

重要 **5** **(会話文読解:英作文,疑問詞,助動詞,不定詞)**

(全訳) タクヤ:ただいま,母さん!

母　:おかえりなさい,タクヤ! 今日の午後はどこへ行ったの?

タクヤ:マサキの家に行ったよ。彼はメス犬を飼っていて,その犬が先週赤ちゃんを産んだ。彼は僕を招いて赤ちゃんを見せてくれたよ。

母　:それはいいわね! (1)何匹の赤ちゃんがいたの?

タクヤ:4匹いたよ。

母　　：彼らについてどう思った？

タクヤ：彼らはとてもかわいく見えたよ。ペットと一緒の生活はとても楽しいに違いない。(2)僕はうちでペットを飼いたいよ。

母　　：あなたの気持ちはわかるけど，うちでペットを飼うことは許可できないわ。

タクヤ：そう聞いてとても悲しいよ。(3)どうして僕はペットを飼うことができないの？

母　　：ペットはたくさん世話をする必要があるからよ。例えば(4)あなたは毎日彼らを散歩させないといけない。彼らのトイレをきれいに保たなくてはいけない。さらに，彼らが病気になったら動物病院に連れて行かなくてはいけない。

タクヤ：うーん。ペットを飼うことはたくさんの喜びを与えてくれるけれど，僕たちの生活も大変になるっていうのは本当だね。

母　　：そうね。今回はペットを飼うのをあきらめたほうがいいわ。でももちろん，私も動物が大好きよ。

タクヤ：(5)どんな種類の動物が一番好きなの？

母　　：私はうさぎが一番好き。彼らの動き方は本当にかわいいわ！

(1)　次にタクヤが There were four.「4匹いた」と答えていることに着目し，<How many ＋複数名詞＋ were there ?>「いくつ～がいましたか」とする。

(2)　次に母が「私たちの家でペットを飼うことは許可できない」と言っていることから，タクヤがペットを飼いたがっていると推測できる。<would like to ＋動詞の原形>「～したい」

(3)　次に母が Because ～ と答えているので，Why ～？「なぜ」という疑問文が入る。

(4)　ペットの世話について，具体的な文章を入れる。walk「～を散歩させる」

(5)　母が「うさぎが一番好き」と答えているので「どんな種類の動物が一番好きか」という文が適当。What kind of ～「どんな種類の～」

★ワンポイントアドバイス★

3Aは案内チラシの読み取りの問題で，毎年出題されている。今年は例年に比べて読みやすい内容だった。

＜国語解答＞

一　問一　a　新生児　b　併設　c　延々　d　片隅　e　編　問二　X　イ　Y　ア
問三　ア　問四　(例)　一定の枠を設けた方が集中しやすく，かつ自己の内省を促すこともできるという点。　問五　エ　問六　(例)　心理療法家を守るためには時間などの枠組みをしっかり決めておく必要があるが，橋本さんの場合は時間という枠組みを決めづらいから。　問七　ウ

二　問一　a　ひょうし　b　いなびかり　c　とどろ　d　えりくび　e　せんこう
問二　X　ア　Y　エ　問三　ウ　問四　イ　問五　(例)　高慢な友だちの鼻をあかすために苦労して釣った鯉を逃がしてしまい，捕まえることに熱中していた様子。
問六　(例)　姉が死んだ日を思い起こさせるような土砂降りと雷の中，姉の姿と重なって見えたから。　問七　エ

三 問一 A つぎあえず　B ろうがわし　問二 1 自然と　2 趣深い　3 ひどく
問三 (教養がある人)人が大勢いても，一人に向かって話す。 (教養がない人)大勢いる相手に向かって話し，大声で騒ぎ合う。 問四 イ

○配点○

一 問一・問二 各2点×7　問四 6点　問六 8点　他 各4点×3
二 問一・問二 各2点×7　問五 6点　問六 8点　他 各4点×3
三 問三 各4点×2　他 各2点×6　計100点

＜国語解説＞

一 **(論説文—漢字の読み書き，語句の意味，文脈把握，脱文・脱語補充，熟語，内容吟味)**

問一 a 「新生児」は，生まれたばかりの赤ん坊のこと。 b 「併設」は「他のものと一緒に設置すること」。「並設」と書き間違えないように注意。 c 「延々」は「物事がいつまでも長く続くさま」。「永遠」と混同しないように注意。 d 「片隅」の「隅」は「偶」と混同しないように注意。 e 「編みだす」は「方式や技術を新しく生み出すこと」。

問二 X 「セレモニー」とは，「儀式，式典」という意味。そうすると一見どれも正しそうだが，二重傍線部Xの直後にある「その守りの枠が，時間と場所と料金です。」から，何か一定の取り決めを設けることを筆者は「セレモニー的」と表現していることがわかる。よってイが適当。
Y 「うさんくさい」とは，「何となく疑わしい」という意味。語義に合うものはアのみである。

問三 「特殊な場」があるということは，特殊でない「一般的な場」があるということである。では，「一般的な場」での心理療法とはどのようなものかと考えると，第五段落に「橋本さんの場合は…違うかもしれません。」とあることから，時間を決めていないという点で「特殊」としているということがわかる。よって，それに言及のあるアが適当。

やや難 問四 まずは第九段落「一つには，…入っていきやすい。」から，集中しやすいということを挙げる必要がある。そのうえで，「深い世界」については，第十二段落「クライエントは帰りがけに…きっかけになるのです。」，第十三段落「時間を決めず…避けてしまう。」から，問題に直面しやすい，あるいは反省しやすいということも加えておくとよい。

基本 問五 空欄A直前の「その場その場で」に注目。この言葉に続くのは,「その場のなりゆきに応じて，適切な手段をとったり対応を変えたりすること」という意味のエ「臨機応変」のみ。 ア 「試行錯誤」は「試みと失敗を繰り返しながら次第に見通しを立てること」で，「—する」と続くのが一般的。 イ 「優柔不断」は「気弱で，いつまでも決定が下せずに悩んでいるさま」。 ウ 「一触即発」は,「ちょっと触れただけで暴発・爆発してしまうような，非常に緊迫した状態」。

重要 問六 まずは傍線部3にある指示語「そこ」の指示内容が，直前の「橋本さんのように，…そうもいかないでしょう。」であること,「そうもいかない」の指示語「そう」の指示内容が，直前の「クライエントと何時から何時までしか会わないと決めている場合」であること，と指示語を二回たどって把握する必要がある。そのうえで，傍線部3直後に「自分なりの…まいってしまいます。」とあることから，枠組みがないと心理療法家にダメージがあるが，橋本さんは時間という枠組みを決めづらいといった内容を記述できていればよい。

問七 ア 「丹念に追うことによって」が誤り。ユングやフロイトの研究については第八・十九段落で触れられるのみであり,「丹念に追」っているとは言えない。 イ 「決めないで行うものの危険性を示している」が誤り。第十八段落によれば，場所については「やろうと思えばどこででもできます」とある。しかし,「心理療法家が心の中に枠をもたずにやっていると，すごく危険

です。」とあることから，場所を決めないで行うこと自体は危険ではないが，その際の心理療法家の心構えによっては危険な場合もあるということがわかる。　エ 「過去に…批判されたことから，現在の…やり方に転換した」が誤り。第十九段落以降の内容をまとめると，「はじめは批判を受けたが，時間・場所・料金を決めることについて徐々に認められていった」ということになる。したがって，批判を受けたから時間・場所・料金を決めるように変わったというわけではない。第二十四段落では，はじめのうちは無料でやったこともあると述べられているが，それについて批判を受けたかどうかは記述がない。

二 (小説—漢字の読み書き，語句の意味，文脈把握，情景・心情，段落・文章構成)

問一　a 「拍子」とは，「何かが行われたちょうどその時」。　b 「稲光」とは，雷の光のこと。「稲妻」とも。　c 「轟く」とは，「大きな音が鳴り響くこと」。また，そこから転じて「広く世間に知れ渡ること」も指す。　d 「襟首」は，首筋のこと。　e 「閃光」とは，「瞬間的に明るくきらめく光」。

問二　X 「ほとぼりがさめる」は，「興奮が収まったり，関心が薄れたりするさま」を意味する。語義に合うものはアのみである。「ほとぼり」は余熱のこと。　Y 「たけなわ」とは，「物事の一番の盛りのこと」。こちらも，語義に合うものはエのみである。

問三　傍線部1直前の「もう一回下流へ走った。…なんとなくわかりかけていたのだ。」をもとに解答する。　ア 「すでに逃げられた可能性もあった」が誤り。「鯉が一気に下流まで突っ走る魚でないことを見抜いていた」のであれば，逃げた可能性は低いと考えているはずである。　イ 「正確に鯉の位置が分かっていた」が誤り。「鯉が一気に下流まで突っ走る魚でないことを見抜いていた」のみであり，正確な位置を把握していた根拠はない。　エ 「余裕を見せている」が誤り。「右往左往しながらも」とあることから，焦って必死になっている様が読み取れる。

問四　ア 「自己主張を…」以下が誤り。姉は悪天候の中での釣りという危険な行為を叱ったのであり，自己主張ではなく正当な避難指示をしている。　ウ 「自分の不安が伝わらないように」が誤り。姉自身が何かを不安に思っているがそれを隠すような描写は本文中にない。「心配した姉がわたしたちを探しに来たのだ」から，姉は純粋な心配から二人を叱責していたと考えられる。エ 「物静かな」が誤り。姉に関しては「はげしく叱りつける声」，「怒ったときの母そっくりの怖い声」，「足の遅いわたしたちを叱りつけて」など二人を叱責する様子が繰り返し描写されており，物静かと断じるには無理がある。

やや難　問五　まずは傍線部2から，悪天候にも気付かないほど鯉釣りに夢中だったことを把握しておく。そのうえで，「鯉を一度逃がしてしまい，捕まえるのに必死だった，熱中していた」こと，それほどまでに鯉に執着する理由としては第二段落をもとに「高慢な友だちの鼻をあかす，あっと言わせる」目的があったことをともに記述できていればよい。

重要　問六　まずは，傍線部3が回想ではなく現在の出来事である点を把握しておく。そのうえで，「きょうの雨が，まさにあのときの…同じ土砂降りになっている。」から，「きょう」が姉が死んだ日と同じような土砂降りであるということ，それが「まるで姉が引き合わせてくれたみたいに」と姉を思い出させる様子であることをおさえる。加えて，「少女の立像のような…十二歳だった。」から，「白い影」を姉に重ねていること，また「庭の木の向こうに…ふわっと揺れ，」から，「白い影」の正体は水煙であることもおさえて記述できていればよい。

問七　ア 「意図して語られなかった…」以降が誤り。意図して語られなかった部分としては姉の死を明言するような記述が挙げられるが，「姉の持っていた釣り竿に…知らされた。」，「姉はいまでも十二歳だった。」などから，姉が死んだことはある程度容易に断定できる。したがって，「自由に想像する余地」があるとは言えない。　イ 「複数の人物の視点から描かれる」が誤り。一貫して「わたし」という一人の人物の視点から描かれている。悪天候の中の釣りの場面は「わたし」の幼少期の回想,「弥一」らと会話しているのは現在の「わたし」と,回想と現在が織り交ざった作品である。　ウ 「現在の場面よりも回想場面の方に会話文が多い」が誤り。回想場面での会話文は姉の「『なにをしてるの。…あがってきなさい』」のみである。

三 (古文―仮名遣い,語句の意味,文脈把握,大意・要旨)

〈口語訳〉 長い間,離れていて,久しぶりで会った人が,自分の方にあったことを,あれもこれも一つ残さず話し続けるのは,面白くない。分け隔てなくなじんでしまった人も,しばらくたって会うときは,恥ずかしくないことがあろうか(いや,恥ずかしいはずだ)。教養のない人は,つい,ちょっと出かけても,今日あったことだといって,息をつくひまもなく話して,面白がるものである。教養のある人が物語をするのは,人がたくさんいても,その中の一人に向かって言うのを,自然と他の人も聞くのである。教養がない人は,誰にともなく,大勢の中に乗り出して,目の前に,今見ていることのようにしゃべりちらすので,皆が同時に笑って大騒ぎする(のだが,これは),ひどく騒々しい(ことだ)。面白いことを言っても,やたらに面白がらないのと,面白くないことを言っても,むやみに笑うのとで,品位の程度ははかられてしまうのだろう。

基本 問一 古典的仮名遣いでは,語頭以外の「はひふへほ」は「わいうえお」と読む。また,「au」は「o」で伸ばす。したがって,Aは「つぎあえず」,Bは「ろうがわし」と読む。

問二 1 「おのづから」は「自然と」,という意味。「自分で」という意味の「みづから」と混同しないように注意。 2 「をかしき」は,基本形は「をかし」であり,「趣がある,面白い,素晴らしい」という意味。 3 「いたく」は「ひどく」という意味。基本形は「いたし」であるが,連用形「いたく」が頻出。

やや難 問三 「よき人の物語するは,…皆同じく笑ひののしる」の部分で教養がある人と教養がない人で明確に比較になっているので,ここをもとに解答する。「よき人」は教養がある人,それに対して「よからぬ人」は教養がない人のことである。「物語」という古文単語については「何かを話す」という意味であることも覚えておこう。すると,教養がある人については「人あまたあれど,ひとりに向かひて言ふ」とある。「あまた」は「たくさん」という意味なので,「人が大勢いても,一人に向かって話す」ということが言える。教養がない人については「誰ともなく,あまたの中にうち出て,見ることのやうに語りなせば,皆同じく笑ひののしる」とある。「あまた」ということを軸にして比較すると,教養のない人は大勢に向かって話し,かつ大声で騒ぐということがわかる。比較の問題では,比較すべき軸となるポイントを見定めるようにしよう。

問四 ア 教養の有無や品位ということを中心に人の話し方について述べている文章なので,教養や品位に言及がない時点で不適当。 ウ 「注意点」が誤り。具体的にどのような話し方をするかによって人の品位が判断できる,という内容であり,品位を判断する際に気を付けるべきことが書かれているわけではない。 エ 「話のおもしろさ」が誤り。教養がある人のする話の内容はおもしろい,という内容ではない。「をかしきことを言ひても,…計られぬべき。」とあるように,おもしろいことを言ったとしても教養のある人はやたらにおもしろがらない,騒がないということである。

★ワンポイントアドバイス★

論説文は,筆者の意見や主張の内容だけでなく,その根拠もしっかりと把握しておこう。小説は,登場人物の心情や言動にどのような背景や流れがあるのかを順を追って読み取ろう。古文は,知らない単語であっても全体の文脈から推測することを心がけよう。

第2回

2022年度

解 答 と 解 説

《2022年度の配点は解答欄に掲載してあります。》

＜数学解答＞

1 (1) $x=\frac{11}{5}$, $y=-\frac{22}{5}$ (2) 6 (3) $(a+b-4)(a-b+4)$ (4) $\sqrt{2}$

(5) $x=1$ (6) $y=-2x+\frac{5}{2}$ (7) $\frac{208}{3}\pi\ \text{cm}^3$

(8) $\text{BC}=\frac{39}{2}$ (9) $\overset{\frown}{\text{BA}}:\overset{\frown}{\text{AE}}:\overset{\frown}{\text{ED}}=8:7:3$

(10) $\frac{9}{2}$

2 (1) 9日 (2) 解説参照

(3) $\frac{5}{16}$ (4) 36

3 (1) 右図1

(2) A(1, 1), B(−2, 4)

(3) 18

(4) J(−10, 100)

4 (1) 右図2

(2) 解説参照 (3) $\text{AD}=\frac{3\sqrt{3}}{2}$, $\text{EC}=\frac{5\sqrt{3}}{2}$ (4) $\angle\text{BCE}=30°$

図2

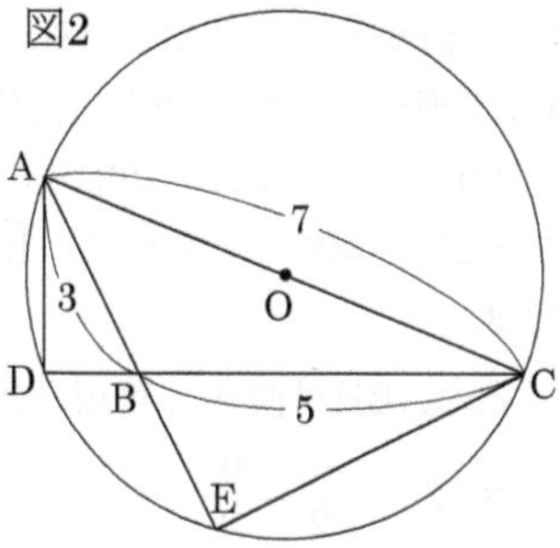

図1

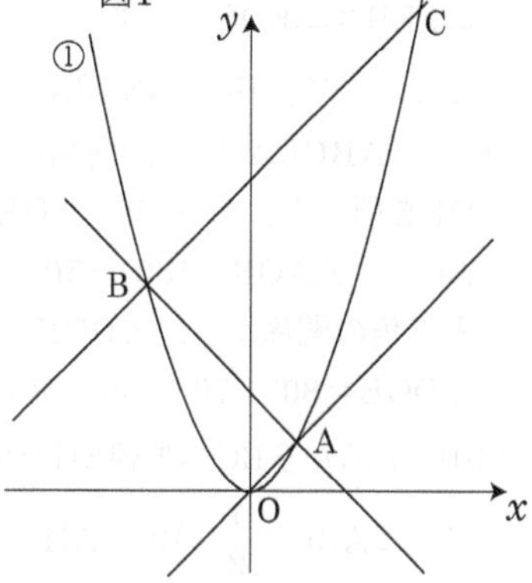

○配点○

1 各4点×10 2～4 各5点×12 計100点

＜数学解説＞

基本 1 (連立方程式, 式の計算, 因数分解, 式の値, 2次方程式, 1次関数, 平面・空間図形の計量問題)

(1) $\frac{1}{x}=a$, $\frac{1}{y}=b$とおくと, $a+2b=0$…① $\frac{2}{3}a-\frac{1}{2}b=\frac{5}{12}$ 両辺を12倍して, $8a-6b=5$…② ①×3+②から, $11a=5$ $a=\frac{5}{11}$ これを①に代入して, $\frac{5}{11}+2b=0$ $2b=-\frac{5}{11}$ $b=-\frac{5}{22}$ よって, $x=\frac{11}{5}$, $y=-\frac{22}{5}$

(2) $(x^3-2x^2+3x)\div\frac{x}{3}-3(x-1)^2=(x^3-2x^2+3x)\times\frac{3}{x}-3(x^2-2x+1)=3x^2-6x+9-3x^2+6x-3=6$

(3) $a^2-b^2+8b-16=a^2-(b^2-8b+16)=a^2-(b-4)^2=(a+b-4)(a-b+4)$

(4) $a^3+6a^2+8a+3=a(a^2+6a+8)+3=a(a+2)(a+4)+3=(\sqrt{2}-3)(\sqrt{2}-1)(\sqrt{2}+1)+3=(\sqrt{2}-3)\times1+3=\sqrt{2}-3+3=\sqrt{2}$

(5) $x^2-4x+a=0$…① ①に$x=3$を代入して, $9-12+a=0$ $a=3$ ①にこれを代入して, $x^2-4x+3=0$ $(x-1)(x-3)=0$ $x=1, 3$ よって, もう1つの解は, 1

(6) 2点(3, 0), (0, 6)を通る直線の傾きは, $\frac{6-0}{0-3}=\frac{6}{-3}=-2$ $3x+2y=5$ $2y=-3x+5$ $y=-\frac{3}{2}x+\frac{5}{2}$ よって, 求める直線の傾きは−2で, 切片は$\frac{5}{2}$となるから, $y=-2x+\frac{5}{2}$

(7)　各点を右の図のように定めて，直線BAと直線lとの交点をOとする。OD=$x$cmとすると，三角形と比の定理から，$x:2=(x+4):6$　$6x=2x+8$　$4x=8$　$x=2$　求める立体の体積は，底面がBCを半径とする円で高さがOCの円錐の体積から，底面がADを半径とする円で高さがODの円錐の体積をひいたものになるから，$\frac{1}{3}\times\pi\times6^2\times6-\frac{1}{3}\times\pi\times2^2\times2=72\pi-\frac{8}{3}\pi=\frac{208}{3}\pi\ (\mathrm{cm}^3)$

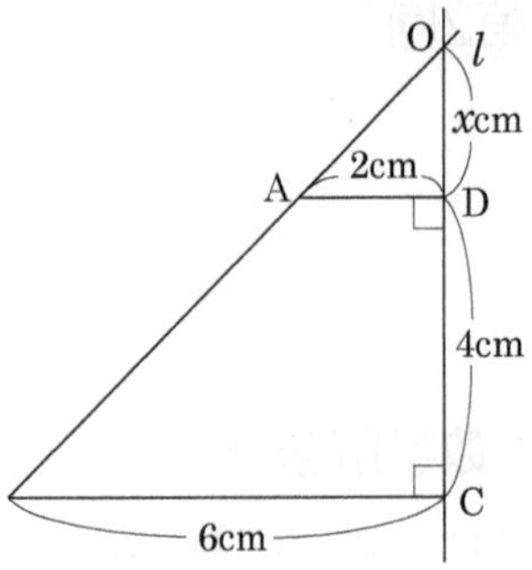

(8)　△FBEにおいて三平方の定理を用いると，$\mathrm{BE}=\sqrt{13^2-5^2}=\sqrt{144}=12$　AF=EF=13　DC=AB=AF+FB=13+5=18　2角が等しいことから，△FEB∽△EDC　よって，FB：EC=EB：DC　5：EC=12：18　$\mathrm{EC}=\frac{5\times18}{12}=\frac{15}{2}$
したがって，$\mathrm{BC}=\mathrm{BE}+\mathrm{EC}=12+\frac{15}{2}=\frac{39}{2}$

(9)　△ABCにおいて，内角の和の関係から，∠BAC=180°−(50°+25°)=105°　補助線OA，OEを引くと，△OAB，△OEAは二等辺三角形だから，∠OAB=50°　∠OAE=105°−50°=55°　∠AOB=180°−50°×2=80°　∠EOA=180°−55°×2=70°　△EOCにおいて内角と外角の関係から，∠DOE=55°−25°=30°　よって，$\overset{\frown}{\mathrm{BA}}:\overset{\frown}{\mathrm{AE}}:\overset{\frown}{\mathrm{ED}}$=∠AOB：∠EOA：∠DOE=80°：70°：30°=8：7：3

(10)　点AからBCへ垂線AHを引くと△ABHは直角二等辺三角形になるから，$\mathrm{AH}=\frac{3}{\sqrt{2}}$　よって，$\triangle\mathrm{ABC}=\frac{1}{2}\times\mathrm{BC}\times\mathrm{AH}=\frac{1}{2}\times3\sqrt{2}\times\frac{3}{\sqrt{2}}=\frac{9}{2}$

2　**(文章問題，式の計算の利用，確率，空間図形の計量問題)**

(1)　連続した14日のうち，土曜日と日曜日は2日ずつある。この間に祝日が1日もないとき，平日は14−2×2=10から10日になるので，進めたページ数は，3×10+6×2+7×2=56(ページ)　60−56=4から，4ページ足りない。7−3=4から，祝日が1日あることになるので，求める平日は，10−1=9(日)

(2)　〈証明〉　百の位，十の位，一の位をそれぞれa，b，cとすると下2ケタが4の倍数より$10b+c=4k$(kは整数)と表せるので，この3ケタの整数は，$100a+10b+c=100a+4k=4(25a+k)$　$25a+k$は整数なので，$4(25+k)$は4の倍数である。

(3)　A君，B君それぞれのコインの出し方は，2×2=4(通り)　よって，A君，B君の2人のコインの出し方は，4×4=16(通り)　そのうち，A君が勝つ場合は，(A1回目，A2回目，B1回目，B2回目)=(表，表，表，裏)，(表，表，裏，表)，(表，表，裏，裏)，(表，裏，裏，裏)，(裏，表，裏，裏)の5通り　よって，求める確率は，$\frac{5}{16}$

(4)　正八面体の1辺の長さは，$6\times\frac{\sqrt{2}}{2}=3\sqrt{2}$　正八面体の体積は，底面が1辺の長さが$3\sqrt{2}$の正方形で高さが3の正四角錐の2つ分になるから，$\frac{1}{3}\times3\sqrt{2}\times3\sqrt{2}\times3\times2=36$

3　**(図形と関数・グラフの融合問題－グラフの作成，面積)**

(1)　(−1，1)，(0，0)，(1，1)を通るy軸に対して対称な放物線①をかく。原点を通り傾き1の直線を引き①との交点をAとする。点Aを通り傾き−1の直線を引き①との交点をBとする。点Bを通り傾き1の直線を引き①との交点をCとする。

(2)　①と$y=x$を連立して解くと，$x^2=x$　$x^2-x=0$　$x(x-1)=0$　$x=0,\ 1$　よって，点Aの座標は(1，1)　$y=-x+b$に点Aの座標を代入すると，$1=-1+b$　$b=2$
①と$y=-x+2$を連立して解くと，$x^2=-x+2$　$x^2+x-2=0$　$(x+2)(x-1)=0$

$x=-2,\ 1$　　$y=-(-2)+2=4$から，B$(-2,\ 4)$

重要　(3)　$y=x+c$に点Bの座標を代入すると，$4=-2+c$　　$c=6$　　①と$y=x+6$を連立して解くと，$x^2=x+6$　　$x^2-x-6=0$　　$(x+2)(x-3)=0$　　$x=-2,\ 3$　　$y=3+6=9$から，C$(3,\ 9)$　直線BCとy軸との交点をPとすると，P$(0,\ 6)$　　BC//OAから，(四角形OABC)＝△OAB＋△ABC＝△OAP＋△OBC$=\frac{1}{2}\times6\times1+\frac{1}{2}\times6\times(2+3)=3+15=18$

重要　(4)　点A，B，Cのx座標の変わり方から，点A，B，C，D，E，F，G，H，I，Jのx座標は，1，−2，3，−4，5，−6，7，−8，9，−10となることがわかる。よって，点Jのx座標は−10　　これを①に代入して，$y=(-10)^2=100$　　したがって，J$(-10,\ 100)$

4　(平面図形の計量と証明問題－作図，三角形の相似の証明，三平方の定理，角度)

(1)　点Aから直線BCへ垂線を引き，直線BCとの交点をDとする。線分ACの垂直二等分線を作図し，ACとの交点をOとする。点Oを中心とし半径OAの円をかく。直線ABと円Oの交点をEとする。

(2)　〈証明〉　△ADBと△CEBにおいて，対頂角は等しいので，∠ABD＝∠CBE…①　∠ADB＝∠CEB＝90°…②　　①，②より2組の角がそれぞれ等しいので，△ADB∽△BEC

重要　(3)　DB＝xとすると，DC＝$x+5$　　直角三角形ABDと△ACDにおいて，AD^2について方程式を立てると，$AB^2-DB^2=AC^2-DC^2$　　$3^2-x^2=7^2-(x+5)^2$　　$9-x^2=49-x^2-10x-25$　$10x=15$　　$x=\frac{15}{10}=\frac{3}{2}$　　$AD=\sqrt{9-\left(\frac{3}{2}\right)^2}=\sqrt{9-\frac{9}{4}}=\sqrt{\frac{36-9}{4}}=\sqrt{\frac{27}{4}}=\frac{3\sqrt{3}}{2}$　△ADB∽△CEBから，AD：CE＝AB：CB　　$\frac{3\sqrt{3}}{2}$：CE＝3：5　　$CE=\frac{3\sqrt{3}}{2}\times5\times\frac{1}{3}=\frac{5\sqrt{3}}{2}$

(4)　直角三角形BCEにおいて，BC：EC＝5：$\frac{5\sqrt{3}}{2}$＝2：$\sqrt{3}$　　よって，∠BCE＝30°

★ワンポイントアドバイス★

3(3)のようなグラフ上の面積を求める問題は，うまく等積移動を利用し，x軸とy軸が底辺や高さになるようにして求めよう。

<英語解答>

1　Part 1　(1)　b　　(2)　c　　Part 2　(1)　T　　(2)　F　　(3)　T　Part 3　No. 1　a　　No. 2　c　　No. 3　b

2　A　(1)　エ　　(2)　エ　　(3)　ウ　　B　(1)　brown bag on the desk is my friend's　　(2)　How many days are there in February　　(3)　other mountain in Japan is higher than

3　A　(1)　ア　　(2)　イ　　(3)　エ　　B　エ

4　問1　ウォルフィが，ある曲を聞くとすぐにそれをピアノで弾けたこと。　問2　how easily the little boy learned music　　問3　③　laughing　④　played　　⑥　given　　問4　彼らは，レオポルトがバイオリンのために作った曲を練習することになっていた。　　問5　エ　　問6　バイオリンを静かに弾く／ヨハン(演奏家)の隣で一緒に練習すること　　問7　エ　　問8　イ，エ

5 (1) What are you doing now? (2) What is the topic of your presentation? (3) I'm very interested in your presentation. (4) What is the cause of global warming? (5) We should not use cars so often.

○配点○

1 各2点×8　2 A 各2点×3　B 各3点×3　3 各4点×4

4 問1 5点　問2・問6 各3点×3　問3・問8 各2点×5　問4 6点

問5・問7 各4点×2　5 各3点×5　計100点

＜英語解説＞

1 (リスニング)

Part 1 Conversation Listening「会話の聞き取り」

Boy Student: Our friend Ryo's birthday will be next week.

Girl Student: That's right. How about having a party?

Boy Student: OK. Let's plan it. We need snacks, drinks, and of course, a cake. Which do you want to bring to the party?

Girl Student: Ummm, I can bring the snacks. What will everyone want to eat?

Boy Student: Maybe some chips, cookies and fresh fruits like grapes and strawberries.

Girl Student: Yeah that sounds good.

Boy Student: I'll bring many kinds of drinks, then. What do you think is good?

Girl Student: Tea, juice, soda and anything you like.

Boy Student: OK. I'll do that then.

Girl Student: Good. So, what about the cake?

(1) Which sentence is true about the conversation?

a. One of the speakers is having a birthday soon.

b. The girl will bring some things to eat.

c. The boy will bring some things to eat.

(2) What is the next thing the girl and boy will plan?

a. Where the party will be held.

b. Who will come to the party.

c, Who will get the cake for the party.

(全訳) 男子生徒：僕たちの友達のリョウの誕生日は来週だよ。

女子生徒：そうね。パーティーを開くのはどう？

男子生徒：いいよ。計画を立てよう。お菓子，飲み物，そしてもちろんケーキが必要だよ。君はパーティーにどれを持ってきたい？

女子生徒：うーん，私はお菓子を持って来られるわ。みんなが食べたいものは何かな？

男子生徒：ポテトチップス，クッキー，ブドウやイチゴのような果物とか。

女子生徒：うん，良さそうね。

男子学生：じゃあ，僕はいろいろな種類の飲み物を持ってくるよ。何がいいと思う？

女子学生：お茶，ジュース，炭酸飲料，後はあなたが好きなものを何でも。
男子学生：わかった。それならそうするよ。
女子学生：良かった。じゃあ，ケーキはどうする？
質問
(1) 会話についてどの文が当てはまるか。
 a 話者のうちの1人はもうすぐ誕生日だ。
 b 少女は何か食べ物を持ってくる。
 c 少年は何か食べ物を持ってくる。
(2) 少女と少年が次に計画を立てるものは何か。
 a パーティーをどこで開くか。
 b 誰がパーティーに来るか。
 c 誰がパーティーにケーキを用意するか。

Part 2 Paragraph Listening「文章の聞き取り」

Have you ever met a robot? Maybe you think robots are something from the movies or the future. But robots are becoming an important part of our every day life.

For example, when you order some goods from a website like Amazon, robots help human workers to find and package those goods. And in some cities, robots even deliver those goods to people' s homes.

In the near future, some jobs that humans do will be done by robots instead.

This means that many jobs will change or go away. There is both good and bad parts to this. The good part, is that many things will be faster, easier and safer thanks to robots. The bad part is that some people may not be able to find new jobs to earn money and live.

So, when students think about what they want to be in the future, they also need to think about how technology will change the world.

True or false
(1) Humans are needing robots more and more for daily life.
(2) Robots can't bring things to people's homes.
(3) It will be difficult for some people to find work if there are more robots.

(全訳) あなたは今までにロボットに会ったことがあるだろうか。ロボットは映画か未来のものだと思っているかもしれない。しかしロボットは私たちの毎日の生活で重要な部分になりつつある。

例えば，あなたがアマゾンのようなウェブサイトで商品を注文すると，人間の従業員がそれらの商品を見つけて梱包するのをロボットが手伝う。そしていくつかの都市では，ロボットがそれらの商品を人々の家に配達する。

近い将来，人間がする仕事のうちのいくつかは，代わりにロボットがするだろう。これは，多くの仕事が変わったりなくなったりするということだ。これには良い部分と悪い部分の両方がある。良い部分は，ロボットのおかげで多くのことが早く，簡単に，安全になるということだ。悪い部分は，お金を稼いで生活するための新しい仕事を見つけられない人がいるかもしれない，ということだ。

そこで，学生たちが将来，何になりたいか考える時，科学技術が世界をどのように変えるかについても考える必要がある。

(1) 人間は毎日の生活のためにますますロボットを必要としている。

(2) ロボットは人々の家にものを運ぶことはできない。

(3) ロボットが増えると，仕事を見つけるのが難しくなる人たちもいるだろう。

Part 3 Communication Response Questions「受け答えを選ぶ問題」

1. That is a nice watch. Where did you get it?
   a. My father gave it to me.
   b. It cost about $300.
   c. I will give it to my friend.
2. Did you watch the new episode of “Super Team” last night?
   a. I like watching TV shows, too.
   b. When will it be on TV?
   c. No. Unfortunately, I missed it.
3. Which club are you in at your school?
   a. Many students play baseball at my school.
   b. Actually, I’m not in a club now.
   c. There are both sports and culture clubs at my school.

(1)「それは素敵な腕時計ですね。どこで買ったのですか」
 a 父が私にくれました。
 b 値段は300ドルくらいでした。
 c 私はそれを友達にあげるつもりです。

(2)「あなたは昨日の夜，『スーパーチーム』の新しい放送回を見ましたか」
 a 私もテレビ番組を見るのが好きです。
 b それはいつテレビでやる予定ですか。
 c いいえ。運悪く見逃しました。

(3)「あなたは学校で何のクラブに入っていますか」
 a 私の学校では多くの生徒がバスケットボールをします。
 b 実は今，私はクラブに入っていないのです。
 c 私の学校には運動部と文化部の両方があります。

2 **(語句補充・選択，語句整序：分詞，動詞，関係代名詞，前置詞，疑問詞，比較)**

A (1)「あの部屋で勉強している生徒たちは1年生だ」 形容詞的用法の現在分詞句 studying in that room「あの部屋で勉強している」が students を後ろから修飾する。

(2)「あなたのメールアドレスを教えてください」 <tell＋人＋もの>「(人)に(もの)を教える，伝える」

(3)「3番ホームにちょうど今到着した電車を見てください」 which は主格の関係代名詞。動詞の has just arrived は現在完了形。

B (1) on ～「～の上に」 ～’s は「～の」だけでなく「～のもの」も表す。

(2) <How many＋複数名詞＋are there ?>「いくつ～がありますか」

(3) 完成した英文を直訳すると「富士山より高い山は日本には他にない」となる。「<No other＋単数名詞＋比較級＋ than ～>「～より…な(名詞)はない」

3 **(長文読解・資料読解：英問英答，内容吟味)**

(全訳) リバー市 動物園

住所 リバー市，イーストクリフサイド通り9127(電話 032－182－200)

地図　マップ上の動物をクリックして，それらの動物たちについてもっと学びましょう！
△申し訳ありませんが，今年の9月まで「海の冒険ゾーン」は工事中です。しばらくお待ちください。

入場料

年齢	1日	年間パス
子供　0－2歳	無料	無料
子供　3－16歳	10ドル	80ドル
大人　17歳以上	15ドル	120ドル
高齢者(65歳以上)	12ドル	90ドル

開園／閉園　時間

日曜－金曜	午前9時から午後4時半
土曜	午前9時から午後5時半
土曜夜間営業	午後7時から9時
＊土曜のみ夜間ツアーに参加可能	
休園日	12月24日－26日

＊年間パスを持っている人は1日料金を払う必要がありません。

A　(1)「あなたは友達とその動物園に行く計画を立てている。最初にあなたは飛ぶことのできる動物を見たい。その後，あなたは水中にすむ動物を見たい。最後に昼食を食べる。どの計画が最適か」「アフリカのサファリゾーン－オーストリア奥地－フードコート」 地図より，「アフリカのサファリゾーン」には鳥がいるとわかるので最初に行く。水中の動物を見るには「海の冒険ゾーン」は工事中なので「オーストラリア奥地」に行く。

(2)「あなたの家族はその動物園に行くつもりだ。あなたは15歳だ。弟は3歳だ。あなたと弟はすでに年間パスを持っている。父母は45歳だ。今回の訪問であなたの家族は入園にいくらかかるか」「30ドル」 年間パスを持っていると1日料金が不要なので，父母の分として15ドル×2＝30ドルが必要。

(3)「もし夜に動物を見たいなら，何をすべきか」「土曜日の夜に動物園を訪問する」

B　ア「男子学生の数は2000年の1400人から2010年の1300人に減少し，その後の10年間は同水準を維持した」(○)　イ「女子学生の数は2000年にわずか200人だったが，その後は増え続けている」(○)　ウ「女子学生の数は10年ごとに200人ずつ増え，工学専攻の学生の総数は1600人から1900人になった」(○)　エ「女子学生の割合は2000年から2020年にかけて増え，2020年には工学専攻の学生の半分を超えた」(×)

4 (長文読解・伝記：指示語，語句整序，間接疑問，語形変化，動名詞，受動態，分詞，英文和訳，関係代名詞，語句補充・選択，語句解釈，内容一致)

(全訳) ウォルフィはメロディを聞くとすぐにそれをピアノで演奏することができた。彼の父レオポルトは①それを信じられなかった。②彼は，その幼い男の子が，いかに容易に音楽を習得したかについて書き記した。ウォルフィが4歳の時，レオポルトはその子が取り組んでいる「音楽」の紙を見た。

最初，レオポルトはそれが意味をなさないと思ったので，笑った。しかし注意して見ると，それが音楽作品であることがわかった。彼は③笑うのをやめ，それについてウォルフィに尋ねた。ウォルフィは，それは難しいと言った。彼は「きちんとできるようになるまで，練習しなきゃだめだよ」と言った。そして彼は父にそれがどうやって④演奏されるべきか見せた。

ウォルフィは5歳の時，ピアノのための音楽作品をさらに2つ作った。これは，彼が頭の中でメロディを聞き，それを演奏したということだ。レオポルトは息子にたぐいまれな才能があるとわかった。ウォルフィは言葉を書けるようになる前に作曲した。

レオポルトは音楽のレッスンに厳しかった。ウォルフィの母，アナ・マリアは父親ほど厳しくなかった。彼女の父親はプロの歌手だったので彼女は音楽について知っていた。彼女は時々，ウォルフィを彼の父親の怒りから守ろうとしたが，彼女が彼に対して大っぴらに反対することは決してなかった。彼女はたいていレオポルトに従った。

ウォルフィが7歳の時，レオポルトが家に数名の音楽家を招いた。⑤彼らは，レオポルトがバイオリンのために作った曲を練習することになっていた。ウォルフィが部屋に入ってきた時，彼はレオポルトから⑥与えられた半分の大きさのバイオリンを抱えていた。ウォルフィはその時より前に，レオポルトからバイオリンの弾き方を習う機会がなかった。ウォルフィは父や父の友人たちと一緒に演奏したかった。しかしレオポルトは「だめだ」と言った。ウォルフィはバイオリンの弾き方を習うのを待ちきれなかった。ウォルフィは泣き出した。その音楽家たちの⑦1人は，レオポルトの友人であるヨハン・シャヒトナーだった。彼はその幼い少年をかわいそうに思った。彼はウォルフィに彼の隣に来て演奏するように言った。彼はレオポルトに「もしウォルフィが静かに演奏したら，誰も彼の音が聞こえないし，彼が練習を妨げることはないよ」と言った。レオポルトは⑧「わかった」と言った。音楽家たちは演奏を始めた。シャヒトナーは数分後に演奏するのをやめた。しかしウォルフィは続けた。彼の演奏はプロの音楽家の演奏と同じくらい美しかった！　⑨誰もが驚いた。ウォルフィは父親から演奏の仕方を習わなくてもバイオリンが弾けたのだった。

問1　この it は直前の文の内容を指す。As soon as ～, …「～するとすぐに…」

やや難 問2　並べ替える箇所は間接疑問で<疑問詞＋主語＋動詞>の語順になる。疑問詞の部分は how easily「いかに容易に」とする。

重要 問3　③　stop ~ing「～するのをやめる」　④　直前の be に着目し，受動態<be 動詞＋過去分詞>の文だと判断する。how it should be played は「それ(ウォルフィが作った曲)がどのように演奏されるべきか」ということ。　⑥　過去分詞にして given to him by Leopold「レオポルトによって彼に与えられた」とする。

問4　<be going to ＋動詞の原形>「～するつもりだ」 that は目的格の関係代名詞で，that Leopold made for violins「レオポルトがバイオリンのために作った」が music を後ろから修飾する。

問5　<one of the ＋複数名詞>「～の中の1人，1つ」

問6　下線部⑧の直前の2文参照。

問7　下線部⑨の前後の文参照。

やや難 問8　ア 「ウォルフィが4歳の時，彼の父親は彼が早くも単語を書くことができるというたぐいまれな才能に驚いた」(×)　イ 「ウォルフィは単語を書く前に，作曲できた」(○)　ウ 「レオポルトは音楽のレッスンをしている時，優しい父親だった」(×)　エ 「ウォルフィの母は音楽をよく理解していた，なぜなら彼女はプロの歌手の娘だったからだ」(○)　オ 「ウォルフィは7歳の時，コンサートで何人かの音楽家とともにバイオリンを演奏した」(×)　カ 「ウォルフィが家で父親の友人たちとバイオリンを弾くことができないと知った時，彼の母は彼のことをかわいそうに思った」(×)　キ 「ウォルフィは父親からバイオリンの弾き方を教わるまで，バイオリンをあまり上手には弾けなかった」(×)

重要 5 **(会話文読解：英作文，疑問詞，熟語，助動詞)**

(全訳) ユミ　：わあ，マサミ！　(1)あなたは今何をしているの？　もう5時50分よ，私たちは6時までに教室を出ないといけないわ。

マサミ：ああ，ユミ！　もう6時ごろだなんて気がつかなかった。私は発表の準備をしているの。私はそれを明後日にしないといけないの。

ユミ　：あなたはいつも何かに一生懸命に取り組んでいるのね。(2)あなたの発表の題材は何？

マサミ：地球温暖化についてよ。

ユミ　：それは難しそうだけど(3)私はあなたの発表にとても興味があるわ。どうしてその題材を選んだの？
マサミ：地球温暖化に関するテレビのドキュメンタリー番組を見たからよ。高い山や北極，南極には大量の氷や雪があるけれど，急速に解けていると言っていたわ。
ユミ　：氷や雪が解け続けたらどうなるの？
マサミ：ヴェニスのように海に近い都市のいくつかは今後50年の間に水に沈んでしまう。
ユミ　：信じられない。それはひどい！　(4)地球温暖化の原因は何？
マサミ：地球温暖化の原因の1つは，空気中にたくさんのCO_2が排出されるからよ。空気中のCO_2は気温をどんどん高くしてしまうの。
ユミ　：私たちは何とかしてそれを食い止めなきゃ。CO_2排出を止めるには何ができる？
マサミ：(5)私たちは車をあまり頻繁に使うべきではない。私たちは毎日の生活の行動について，もっと注意したほうがいいわ。
ユミ　：みんなが小さな努力を続ければ，きっと地球温暖化を食い止めることができるよ。

(1)　マサミが次の言葉の中で I am preparing for my presentation.「私は発表の準備をしている」と今の状況を説明しているので，ユミが What are you doing now?「あなたは今，何をしているの？」と尋ねたと考えられる。
(2)　次にマサミが It's about ～「それは～に関するものだ」と答えていることから，What is your presentation about?「あなたの発表は何に関するものか」や What is the topic of your presentation?「あなたの発表の題材は何か」などが適切。
(3)　ユミはこの後，マサミの発表について様々な質問をしていることから，I'm very interested in your presentation.「私はあなたの発表にとても興味がある」が適当。
(4)　次にマサミが one of the causes of global warming is ～「地球温暖化の原因の1つは～」と答えていることから，What is the cause of global warming?「地球温暖化の原因は何？」が適切。この場合の cause は名詞で「原因」だが，動詞として用いて What causes global warming ?「何が地球温暖化を引き起こすか」という文でもよい。
(5)　前のユミの What we can do to stop giving off CO_2 ?「CO_2排出を止めるには何ができる？」に対して，We should not use cars so often.「私たちは車をあまり頻繁に使うべきではない」と具体案を出す。

★ワンポイントアドバイス★

[4]はモーツアルトの幼少期に関する伝記。モーツアルトの天才ぶりを示す逸話を知っていると読みやすいだろう。

＜国語解答＞

[一]　問一　a　小気味　　b　将棋　　c　挫折　　d　拒　　e　輩出　　問二　X　ア　Y　ウ　　問三　イ　　問四　中絶読書　　問五　(例)　読者の意表をつくような内容であり，かつ，さっと読むことによって読者が勝手な想像をすることで，新しい発見をもたらすようなとき。　　問六　(例)　影響力を持つものについていけば優秀な人物になれると思われがちであるが，実際は影響を受けすぎて個性を失うことにつながりうるから。

問七　エ

二　問一　a　かたく　b　つ　c　やぼ　d　こころね　e　ぎきょうしん

問二　X　ウ　Y　ア　問三　イ　問四　エ　問五　(例)　染井吉野を安値で売り，自分の名も冠しなかったばかりか，世に広めることを考えて他人にかけ合わせの方法を教えるなどしていたから。　問六　(例)　植木屋仲間が徳造を救いたい一心でお慶の針道具を動かしてしまったが，それは徳造がお慶を思う気持ちゆえにあえてそのままにしておいたものであり，結果として徳造の意に反する行動となってしまったから。　問七　ア

三　問一　A　さぶらい　B　さぶらう[さぶろう]　問二　エ　問三　立派に[見事に・素晴らしく]　問四　ウ　問五　絵難坊　問六　i　首縄普通なる体に見えさぶらふなり　ii　以前切った時に出たはずの木くずが積もっていない点。

○配点○

一　問一・問二　各2点×7　問五　8点　問六　6点　他　各4点×3

二　問一・問二　各2点×7　問五　6点　問六　8点　他　各4点×3

三　問五・問六 i　各3点×2　問六 ii　4点　他　各2点×5　計100点

＜国語解説＞

一　(論説文―漢字の読み書き，ことわざ・慣用句，文脈把握，脱文・脱語補充，内容吟味)

問一　a「小気味よく(小気味よい)」とは，「行動ややり方などが鮮やかで気持ちがよい」こと。b「将棋倒し」とは，「次々に折り重なって倒れること」。c「挫折」とは，「中途で失敗しだめになること」，また「そのために意欲・気力をなくすこと」。d「拒む」とは，「はねつける，受け入れをかたく断る，拒否する」こと。e「輩出」とは，「すぐれた人物が続いて世に出ること」。

問二　X「脱兎」は逃げるウサギのことであり，「非常に速いこと」のたとえ。したがってアが適当。Y「大樹」は大木のことであり，身を寄せるならば大木の下が安全であることから，同じ頼るならば，大きく力のある人のほうがよいということのたとえ。したがって，ウが適当。

問三　第三～第五段落をもとに解答する。まずは，「グライダー」は「試験の成績ではすぐれている」ことおよび「知識」の，「自力で飛ぶ」が「論文やレポートを書く」ことおよび「新しいものを生み出す」ことの，それぞれたとえになっているということをおさえておく必要がある。したがって，「知識はあっても新しいものを生み出せない」という内容になっているイが適当。アは「自己認識の歪んだ」が誤り。知識と，いわば創造力の話であり，自己認識についてはこの話題において言及されていない。ウは全体として「疑ってしまう」ことがよくなく，「素直に読み進めていくこと」を推奨している時点で誤り。「素直に読み進めていくこと」は「グライダー」にあてはまるが，筆者はそれを「新しいものを生み出す」力に欠けるとして危惧している。エは「知識として吸収しなければ」が誤り。「知識」は「グライダー」にあてはまるが，ウ同様筆者はそれを「新しいものを生み出す」力に欠けるとして危惧している。

問四　まず，空欄Aは第六段落冒頭にある「第三の道」であり，その特徴としては直後の「批判によらずして，わが道を往かれる」ものであるということをおさえておく。「第三の道」とは，「おもしろい本とすこし付き合い，……別れる方法である。」とあるが，この部分と同じ内容になっているのが第九段落の「中絶読書は，……本から離れ，」であり，「わが道を往かれる」と同じ内容になっているのが，同じく第九段落の「自分の考えを浮び上らせようとすること」である。つまり，「第三の道」＝「中絶読書」と言い換えることが可能になるため，空欄Aには「中絶読書」

があてはまる。

重要 問五　第十三～十七段落をもとに解答する。筆者は本を円周にたとえているが，その中でも，第十四段落「読者の意表をつくような……感じられる。」，第十五段落「無理なカーヴを大きなスピードで……走ることである。」，第十七段落「さっと読んだときは，……触発される。」というところに注目し，読者の意表をつくような内容であり，かつ，さっと読むことによって読者が勝手な想像をすることで，新しい発見をもたらすようなときといった内容を記述できていればよい。

やや難 問六　第十九・二十段落をもとに解答する。特に第二十段落の「その下にいて，個性を失う人間が育ちやすい危険」，「すぐれた先生には……起こっていることであろうか」，「大木の下で毒されて伸びるべきものまで伸びないでしまう」というところから，影響力を持つものについていけば優秀な人間になれると思われがちであるが，実際は影響を受けすぎて個性が失われてしまうものだということを記述できていればよい。

問七　筆者が大事にしている本の読み方とは，第十八段落にある「なるべく脱線を大切にして，自分の考えをたしかめながら進むこと」であるということをまずおさえておく。アは「しっかりと否定をしながら」が誤り。これは第二段落で述べられているような「批判，批評」のことを指しているが，筆者はそれについて「何となく喧嘩腰で本を読んでいるようで哀れである」と述べ，否定的な立場をとっているので不適当。イは読書について一切触れていない時点で不適当。学習の話題はあくまでも例であり，本文で主に述べられているのは読書法である。ウは「丁寧で慎重な姿勢が求められる」が誤り。第十七段落に「ていねいに読めばいっそうおもしろくなるように考えるのは誤解で,」とあるように，筆者は丁寧に読むことについては否定的な立場をとっている。

二 (小説一漢字の読み書き，語句の意味，文脈把握，情景・心情，表現技法)

問一　a「頑な」とは，「意地を張って自分の主張や態度を変えないさま」。　b「接ぎ木」とは，「枝などを切り取って，同種または近縁の他の植物の幹に接ぐこと」。　c「野暮」とは，ここでは「言動や趣味などが洗練されていないこと・無風流なこと」。　d「心根」とは，「心の奥底・本当の心」のこと。　e「義侠心」とは，「義侠(正義を重んじて強い者をくじき，弱い者を助けること)を積極的に行おうとする心・気性」のこと。

問二　X「一心不乱」とは，「一つの事に集中して，他の事のために心の乱れることがないこと」なので，ウが適当。　Y　ここでの「極めて」は「残るところなく尽くすこと」なので，アが適当。植木屋仲間が口をそろえて諫めたということである。

問三　アは「こっそりと徳造を応援しようとしていた」が誤り。お慶は徳造の前で「『あたしは，どこかで，しくじったんだね』」ともらしており，その他の家事も手を抜くなどといった非協力的な態度からも応援の意志は認められない。ウは「徳造についての悪い評判が立つようにあえて仕向け」が誤り。「気が良くてまじめで几帳面で……大間違いだ」とあるように，お慶には悪い評判が立っているが，徳造にはむしろ良い評判が立っていると言える。エは「長屋の住人と関わる時間を持てない」が誤り。お慶は家事も手を抜くようになり，「彼が仕事を終えて……しばしばだった。」にもあるように早く寝入ってしまうこともあったため，むしろ自由な時間は多かったと考えられる。

問四　徳造の「『今度はうまくいきそうだ。そうすれば万事元通りになるんだよ』」に注目して解答する。「万事元通り」という言葉から，この徳造の発言は桜のことだけでなく，以前の快活な姿とはうって変わってしまったお慶のことも内包していると考えられる。よって，まずはお慶に変化が生じるというまとめ方になっているイ・エに絞られる。しかし，イは「儲けることで」が誤り。染井吉野をつくり出した後の徳造は，「誰にでもほんのわずかな値で分けてしまっていた」

など，儲けることを自ら遠ざけている。

問五　傍線部3直後の「金回りが…浴びるわけでもなかった。」から，徳造が染井吉野を安値で売ったことや，自分の名を冠しなかったこと，染井吉野を広めるために他人にかけ合わせの方法を教えていたことなどといった具体的なことを記述できていればよい。

重要　問六　「先走る」とは，「他に先んじようとして，勝手な判断をすること」。したがって，植木屋仲間が徳造を案じる気持ちからとった行動が，結果として徳造の意に反するものであったということが考えられる。すると，植木屋仲間が妻に先立たれた身の徳造を救おうと針道具を持ち上げてしまったが，それは徳造がお慶を思慕する気持ちからあえてそのままにしておいたものであり，結果として徳造の意に反したというすれ違いが生まれたということを記述できていればよい。

問七　イは「動作や発言を描くことを極力控え」が誤り。特にお慶については動作が，徳造や植木屋仲間については発言が多く描かれている。ウは「他者に助言することの不可能性という，普遍的な問題を提起している」が誤り。徳造が仲間の助言を受け入れなかった理由は徳造自身の考えや美学に基づくものであり，普遍的な，つまりは誰にでもあてはまるよう一般化されているとは言えない。「問題を提起」についても，徳造は徳造なりの思いを持っていたというだけであり，問題視されているわけではない。あくまで徳造という人物を描いた作品である。エは「擬音語や擬態語を多く用いた」が不適当。擬音語や擬態語と言えるものは「ゾッとする」，「ジッと」，「トントンと」，「ひっそり」，「しんしんと」といったあたりであろうが，これは「多く用い」ているとは言い難い。

三　(古文―仮名遣い，語句の意味，文脈把握)

〈口語訳〉　絵難坊という者がおりました。どんなに素晴らしく描いてある絵にも必ず難点を見出す者でありました。ある時，昔の絵の達人たちが描いた絵の手本の中に，人が犬を引いている絵がありましたが，(それは)犬が逆らって行くまいとしている様子が，本当に生きて動いているようなのです。また，男が肩を出して，斧を振り上げて大木を切っている絵もありました。後白河院が「これぱかりは絵難坊も(その難点を見出す)力が及ばない(ほど素晴らしい絵)だろうよ。」とおっしゃって，すぐに(絵難坊を)お呼びになって(絵の手本を)お見せになったところ，(絵難坊は)よくよく見て，「素晴らしく描いてありますが，難点が少々ございます。これほど逆らっている犬の首縄は，下腹の下から引っ張られているべきです。これ(手本)は犬は逆らっていても，首縄は普通の状態に見えます。また，木を切っている男(の絵)は素晴らしいものです。ただし，これほどの大木を半分以上切っておりますのに，たった今散った木くずばかりで，以前(切った時に出た木くずが)切り積もっていません。これは大きな難点でございます。」と申し上げたので，後白河院は何もおっしゃることができずに，絵を片付けなさってしまいました。

基本　問一　古典的仮名遣いでは，語頭以外の「はひふへほ」は「わいうえお」と読む。また，「au」は「o」で伸ばす。したがって，Aは「さぶらい」，Bは「さぶろう」と読む。ただし，Bは「さぶらう」も可。

問二　「すなはち」は漢字では「即ち」と書き，「すぐに」という意味。漢字を知っていると意味の想像がつきやすい単語である。ウの「唐突に」と混同しやすいが，「唐突に」は「にはかに」が適訳である。

問三　「めでたし」は「素晴らしい，見事だ，立派だ」という意味なので，この三つのうちいずれかの意味を解答できていればよい。「めでたし」という単語自体を知らない場合でも，二重傍線部bの直後に「が，難少々さぶらふ。」とあることから，逆接の「が」が用いられたうえで難点があると述べているので，「難」の逆の意味となるように「素晴らしい」などと解答することは可能である。

問四　ア　絵難坊は絵を描く人ではなく，絵の難点を見つける，つまり批評家であるため不適当。

イ　絵難坊がどのような身分の人なのかを判断する材料がなく，したがって身分ということを基準に考えることはできないため不適当。　エ　絵難坊は絵の手本を見て難点を挙げていて，それをふまえて後白河法皇は「仰せらるることもなくて，絵ををさめにけり。」ということなので，絵自体について知っているか知らないかが問題なのではなく，絵難坊でも非難できないほど優れた絵だということが傍線部1の発言につながっているため不適当。

問五　傍線部2の直前に「見せられければ」と後白河院が絵を見せたと書かれているため，傍線部2の主語は後白河院によって絵を見せられた人物である。また，この人物は「めでたくは書きて……難にさぶらふ。」と絵の難点を挙げていることから，絵難坊だとわかる。

重要　問六　i　犬の絵の難点として，「『これほどすまひたる……さぶらふなり。』」とあることから，これほど逆らっている犬の首縄は，通常下腹を通るのにこの絵は普通の状態で，そこが不自然だと指摘している。したがって抜き出すべき箇所は，不自然なポイントである「首縄普通なる……さぶらふなり」が適当。　ii　「ただし……散りつもりたるなし。」から，大木を半分以上切っていたら，以前切った時に出た木くずが積もっているはずなのに，この絵ではたった今出た木くずしか積もっていない点を非難している。「以前切った時に出たはずの木くずが積もっていない」という内容が記述できていればよい。

★ワンポイントアドバイス★

論説文は，言い換えやたとえが用いられている場合，それが具体的に何を表したものなのかを必ずおさえておくようにしよう。たとえられているものの特徴に注目するとよい。小説は，登場人物の発言だけでなく，動作にも心情が表れるということを忘れず，細かい描写も見落とさないようにしよう。

MEMO

大切なことはメモしておこうネ！

2021年度

★★★★★★★★★★★★★★★★★★★★★★★★

入　試　問　題

2021年度

開智未来高等学校入試問題（第１回）

【数　学】（50分）　＜満点：100点＞

【注意】 コンパス，分度器，その他の定規類は使用しないでください。

1 次の各問いに答えなさい。

(1) $\left(-\frac{5}{2}x^3y^2\right)^4 \div \left(-\frac{2}{3}x^2y\right)^2 \times \left(-\frac{4}{5}x^4y^3\right)^3$を計算しなさい。

(2) $\frac{(2a+b)(a-b)}{4}+\frac{(a+2b)(a-b)}{2}+\frac{(a-b)^2}{8}$を計算しなさい。

(3) 連立方程式 $\begin{cases} 0.2(7x-2y)=4 \\ \frac{1}{2}(x+2)-\frac{1}{3}y=3 \end{cases}$ を解きなさい。

(4) $(x+y-1)^2+(x+y)-7$を因数分解しなさい。

(5) $x+y=-3$，$xy=-2$のとき，x^2+xy+y^2の値を求めなさい。

(6) ２次方程式$(x-1)^2-(x+3)(x-3)=-2x^2+14$ を解きなさい。

(7) 右の図のような四角形ABCDを辺CDを軸に１回転させてできる立体の体積を求めなさい。

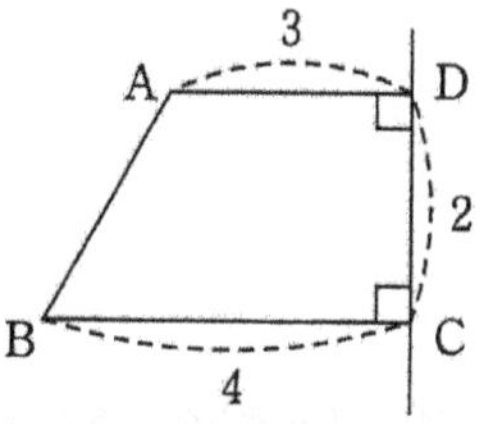

(8) 右の図において，△ABCはAB＝ACの二等辺三角形である。辺AB上に点Dを∠ACD＝２∠BCDとなるようにとる。∠ADC＝88°のとき，∠BACの大きさを求めなさい。

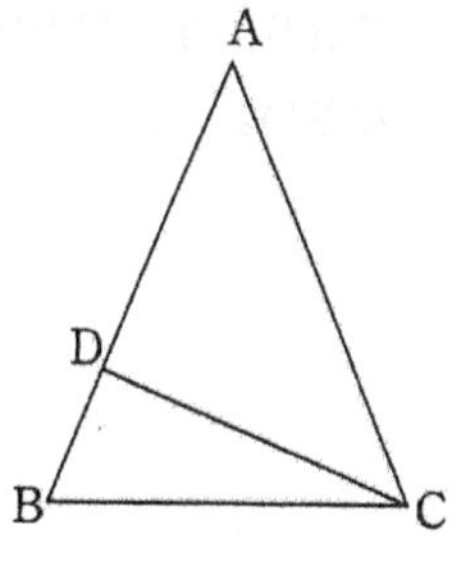

(9) 右の図において，AD＝２㎝，BC＝８㎝，AD // BCの台形ABCDがある。DE：EB＝４：１，AF：FC＝４：１となるように，点E，Fをとる。このとき，線分EFの長さを求めなさい。

(10) M，I，R，A，Iの５文字のうち，３文字を使って左から順に並べるとき，並べ方は全部で何通りありますか。

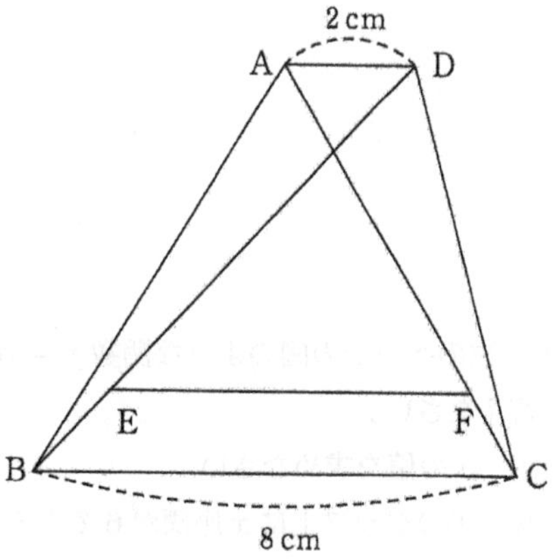

2 次の各問いに答えなさい。

⑴　３けたの数の各位の数の和が３の倍数のとき，その数も３の倍数であることを証明しなさい。

⑵　横の長さが縦の長さより10㎝長い長方形の紙がある。この紙の４隅から１辺が２㎝の正方形を切り取り，直方体の容器を作ったら，容積が112㎤となった。もとの紙の縦の長さを x ㎝として求めなさい。

⑶　２つの直線 $y=-x+4$…①，$y=-2x+b$…②がある。ただし，$b>4$ とする。直線①と x 軸，y 軸との交点をそれぞれA，B，直線②と x 軸，y 軸との交点をそれぞれC，Dとし，直線①，②の交点をEとする。△ACEの面積と△DBEの面積が等しくなるときの b の値を求めなさい。

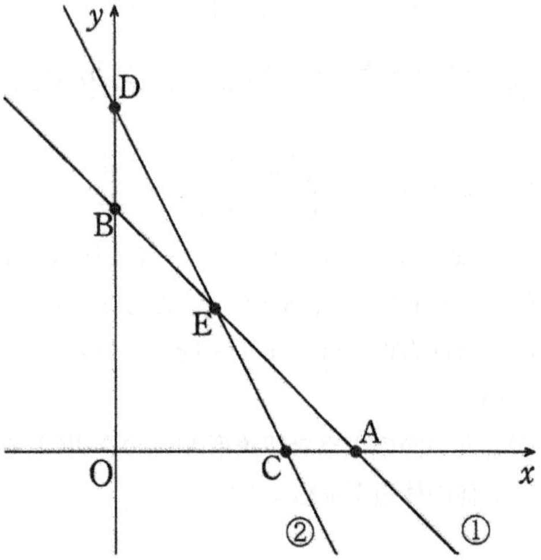

⑷　下の図のような１辺の長さが８の立方体ABCD－EFGHがある。辺AB，AD，BFの中点をそれぞれS，T，Uとする。点S，T，Uを通る平面で立方体を切断するとき，切断面の面積を求めなさい。

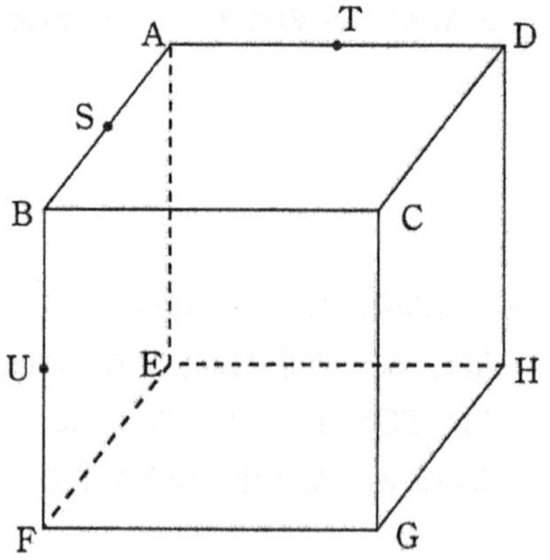

3 次のページの図のような関数 $y=ax^2$…①のグラフ上に点A（－３，３）がある。次の各問いに答えなさい。

⑴　a の値を求めなさい。

⑵　①のグラフ上に x 座標が６である点Bをとる。このとき直線ABの式を求めなさい。

(3)　y 軸上に点C（０，15）をとる。このとき△ABCの面積を求めなさい。

(4)　直線ＡＢに関して点Ｃと反対側に点Ｄをとる。四角形ADBCが平行四辺形であるとき，点Ｄの座標を求めなさい。

(5)　①のグラフ上に x 座標が－６である点Ｅをとる。点Ｅを通り，平行四辺形ADBCの面積を二等分する直線の式を求めなさい。

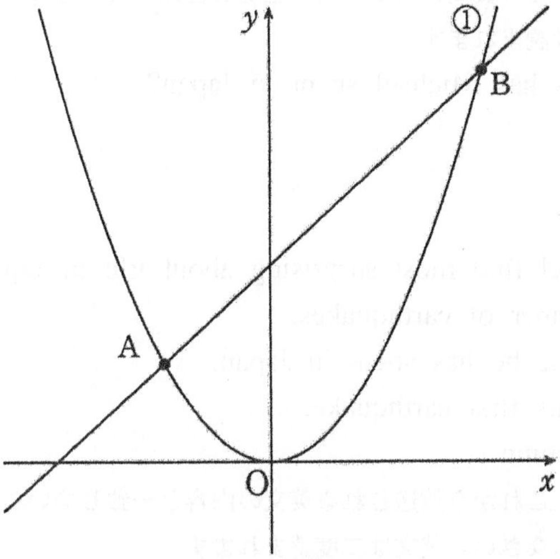

4　下の図のように，直線AB，BC，CAはそれぞれ点Ｐ，Ｑ，Ｒで円Ｏに接している。AB＝４，BC＝５，CA＝６とする。このとき，次の各問いに答えなさい。

(1)　AP＝ARを証明しなさい。

(2)　BP＝x，CR＝y として x，y の値を求めなさい。

(3)　△ABCの面積を求めなさい。

(4)　円Ｏの半径を求めなさい。

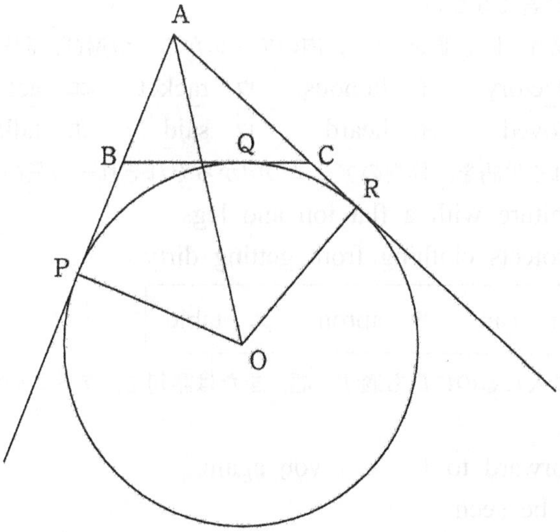

【英　語】（50分）　＜満点：100点＞　※リスニングテストの音声は弊社HPにアクセスの上，音声データをダウンロードしてご利用ください。

1　放送を聞いて，Part 1 ～ Part 3の問いに答えなさい。途中でメモをとってもかまいません。

Part 1 Conversation Listening

対話を聞き，下の(1)～(2)の質問に対する最も適切な答えをａ～ｃの中から一つ選び，記号で答えなさい。英文は一度だけ読まれます。

(1) How many years has Michael spent in Japan?

ａ．two years
ｂ．five years
ｃ．ten years

(2) What did Michael find most surprising about life in Japan?

ａ．The small number of earthquakes.
ｂ．How much time he has spent in Japan.
ｃ．Experiencing his first earthquake.

Part 2 Paragraph Listening

下の(1)～(3)の英文が，これから放送される英文の内容と一致している場合はＴ，異なっている場合はＦを解答欄に記入しなさい。英文は二度読まれます。

(1) Pollen are small seeds that plants make.
(2) Pollen allergies can make your eyes red and itchy.
(3) More than half of the Japanese population has pollen allergies.

Part 3 Communication Response Questions

これから読まれるNo．1～3の質問を聞き，それぞれに対する応答として最も適切なものを，放送で読み上げられる選択肢ａ～ｃの中から一つ選び，記号で答えなさい。英文は二度読まれます。

2　次のＡ～Ｄの問いに答えなさい。

Ａ　次の語と下線部の発音が同じ語を，（　）内のア～エから一つ選び，記号で答えなさい。

(1) patient　（ア　factory　イ　famous　ウ　racket　エ　act）
(2) liked　（ア　loved　イ　heard　ウ　said　エ　talked）

Ｂ　次の英文で定義される単語を，枠内のア～エの中からそれぞれ一つ選び，記号で答えなさい。

(1) a piece of furniture with a flat top and legs
(2) a thing that protects clothing from getting dirty

ア　hanger	イ　cap	ウ　apron	エ　table

Ｃ　次の英文の（　）に入れるのに最も適切な語，または語句を，ア～エの中から一つ選び，記号で答えなさい。

(1) I'm looking forward to (　　　) you again.

ア　see　イ　be seen
ウ　seeing　エ　be seeing

⑵ He looks like (　　　).

ア honest

イ a honest man

ウ man an honest

エ an honest man

⑶ Can you see the spider (　　　) the wall?

ア on　イ of　ウ beyond　エ into

D （　）内の語，または語句を並べ替えて，日本語の意味を表す正しい英文を完成させなさい。ただし，文頭に来るべき語もすべて小文字で書かれている。

⑴ あなたはなぜそんなに怒ったのですか。

(made / angry / so / you / what)?

⑵ あなたがその犬の世話をする必要はありません。

You (of / to / care / have / take / don't / the dog).

⑶ リョウは，彼のクラスの他のどの生徒よりも速く走ることができます。

No (as / in / ran / can / other / fast / student / his class) as Ryo.

3 次のA・Bの問いに答えなさい。

A 次のページの校内カフェテリアの案内チラシを読み，次の⑴～⑶の問いに答えなさい。

⑴ You would like to meet some friends at the cafeteria but you're too busy during your lunch time. When can you meet?

ア 12:00 pm

イ 1:00 pm

ウ 4:15 pm

エ 5:00 pm

⑵ You don't like any of the food on the menu. What should you do?

ア Order a prepared lunch box

イ Contact the cafeteria management by phone

ウ Send a message to the cafeteria's email address

エ Try one of the daily specials

⑶ On Monday through Thursday you brought your own lunch box to school. On Friday you had a cheeseburger, French fries, and a large drink in the school cafeteria. On Saturday you had the daily special in the cafeteria.
How much money did you spend in total?

ア ￥1,060

イ ￥1,090

ウ ￥1,140

エ ￥2,240

Greenview International High School Cafeteria

Hello, Greenview High students and staff! We are proud to serve you delicious and healthy food in our cafeteria. As an international school, Greenview High support the learning of students from all over the world. And so, our menu also represents an international range of tastes and flavors. Enjoy something different every day, or choose your favorite dish and eat it for every lunch. We are open 6 days a week. We serve a full menu from 11:30 am to 1:30 pm. We serve drinks and side dishes from 3:50 pm to 4:50 pm.

~ Denise Fairbanks
(Cafeteria Chief Staff)

THIS WEEK'S DAILY SPECIALS:
Each day we offer a special meal based on intercultural food themes. Explore something new and delicious each day! Each special comes with a main dish, side dish and small drink bar choice, all for ¥500.

Macaroni Monday	Taco Tuesday	Wok Wednesday	Curry Thursday	Deep Fried Friday	Sushi Saturday
• Choice of pasta or pizza	• Choice of beef taco or bean burrito	• Choice of chicken or tofu stir fry	• Choice of vegetable or meat curry	• Choice of fried fish or chicken	• Set of 6 different rolled sushi
• Green salad	• Spicy salsa Nachos	• Egg drop soup	• Nan	• French fries	• Miso soup
• Garlic bread			• Sweet yogurt	• Green salad	• Pickled vegetables

EVERYDAY MENU ITEMS:

Main Dishes ¥300 each
- Hamburger
- Cheeseburger (¥330)
- Chicken Sandwich
- Fish Fillet Sandwich
- 4 Cheese Pizza (large slice)

Side Dishes ¥150 each
- French Fries
- Potato Salad
- Green Salad
- Fruit Salad
- Soup of the day

Drink Bar
- small ¥100
- medium ¥130
- large ¥160

Choose from a selection of popular teas, juices, and sodas

Attention!!
Starting next month, we will offer pre-made lunch boxes of the Daily Special meals for ¥550.

For more information stop by the school office or contact the cafeteria management by phone (788-925-4848)

Enjoy discounts on these Everyday Menu Items on Deep Fried Fridays!
- French Fries ~~¥150~~ → ¥100
- Chicken Sandwich ~~¥300~~ → ¥250
- Fish Fillet Sandwich ~~¥300~~ → ¥250

Not satisfied?
If there is something you would like us to add to our menu, send us an email to GVCafe@Foodmail.com with the subject: REQUEST, and we'll be happy to see if we can add it to our menu.

B　次のグラフは，ある学校の生徒の血液型の割合をまとめたものである。グラフから読み取れる内容として最も適切なものを，選択肢ア～エから一つ選び，記号で答えなさい。

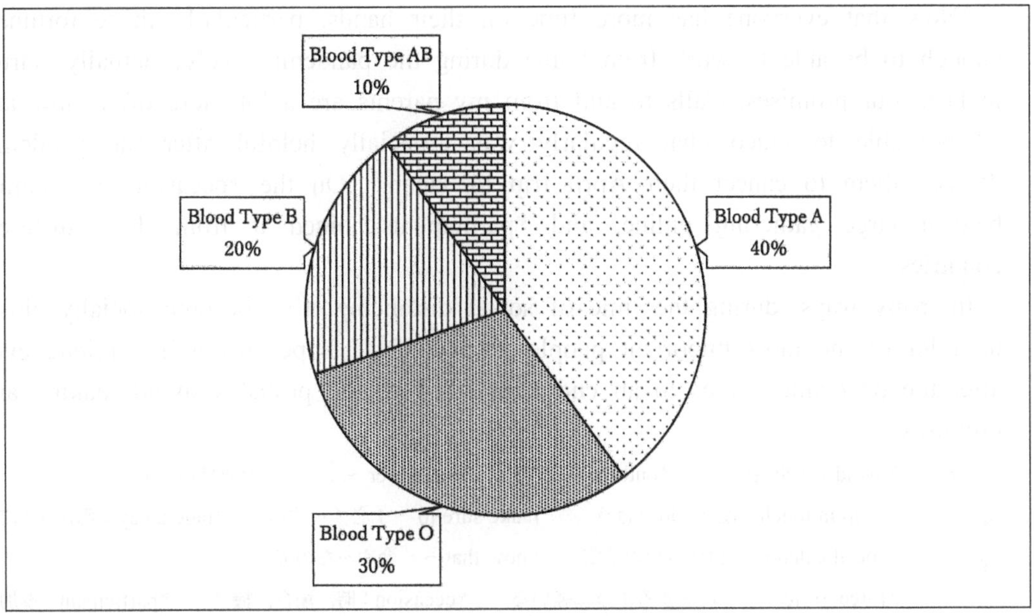

ア　Blood Type B has the highest percentage in the graph.

イ　The percentage of Blood Type A is twice that of Blood Type B.

ウ　The percentage of Blood Type AB is not as low as that of Blood Type A.

エ　If you add the percentage of Blood Type AB to that of Blood Type O, it's more than half of the total.

４　次の英文を読んで，後の問いに答えなさい。

Since the start of the coronavirus pandemic, medical experts have regularly told everyone to wash their hands, *avoid (① close) places, and try (② keep) social distance.

For me, that last part has always seemed like the wrong phrase. Of course ③[important / physical distance / keep / between / is / each other / to / it] to avoid spreading the virus. But with all of the modern world's technology, that doesn't mean that we can't be social!

Needless to say, ④one of the difficult parts about living abroad is being apart from family and friends. Even before the *outbreak of the virus, visits back home were (⑤) for me — once a year at the most. *Whenever it was time to say goodbye to our friends or family members, we would always tell each other to *keep in touch and that we would *make sure to video chat soon.

But then I would return to Japan, get busy with work and planning going out with friends here, and ⑥those promises of keeping in touch would slowly *fade away.

All of that has changed for the better since the start of the pandemic and the cancellation of everyone's 2020 *social calendar.

*Now that everyone has more time on their hands, particularly those fortunate enough to be able to work from home during the pandemic, we've actually started to keep our promises. Calls to and from my parents are a lot more often now and (⑦ be) able to video chat regularly was especially helpful after the pandemic *forced them to cancel their April trip to Japan. On the *occasion, my family held a large gathering online, and *participants joined it from three different countries.

In many ways, during the time of social distancing, I've become socially closer to a lot of the most important people in my life. I hope ⑧it will continue even after the pandemic comes to an end although I should probably avoid making any promises!

〔語注〕 *avoid：～を避ける　*outbreak：流行　*whenever ～：～するときはいつでも
*keep in touch：連絡を取り合う　*make sure to ～：必ず～する　*fade away：影が薄れる
*social calendar：付き合いの予定　*now that ～：今や～なので
*force … to ～：…に～するように強いる　*occasion：時，場合，機会　*participant：参加者

（出典：The Japan Times *Alpha*, Friday, August 21, 2020 "Closing the social distance" 一部改変）

問１ (① close) (② keep) (⑦ be) を適切な形に直しなさい。

問２ 下線部③の［ ］内の語，または語句を，「お互いに物理的距離を保つことは重要だ」という意味になるように並べ替えなさい。

問３ 下線部④を日本語に直しなさい。

問４ (⑤) に入る適切な語を，ア～エの中から一つ選び，記号で答えなさい。

ア common　イ easy　ウ rare　エ interesting

問５ 下線部⑥の理由として最も適切なものを，次のア～エの中から一つ選び，記号で答えなさい。

ア コロナウイルスによる自粛要請の影響で日本へ戻れなくなったから。
イ 在宅勤務が増えたことによって，時間に余裕がなくなったから。
ウ 仕事が忙しくなったり，日本の友人と出かける計画を立てたりするのに忙しくなったから。
エ みんなの付き合いの予定が，パンデミックによりキャンセルされるようになったから。

問６ 下線部⑧が指す内容を表す文となるように，次の（ ）に15字～20字の日本語を入れなさい。

人生で，（　　　　　　　　　　　　　　　　　　）こと。

														15					20

問７ 本文と内容が一致する文を，次のア～エの中から一つ選び，記号で答えなさい。

ア コロナウイルスの影響で，友人と連絡を取り合う約束は果たされなくなった。
イ コロナ禍においては，物理的な距離を保たねばならず，人と関わることはできない。
ウ コロナ禍の中で時間に余裕ができたことで，友人や家族と連絡を取る約束を果たし始めた人もいる。
エ 医療専門家による３つの提言は，筆者にとって疑わしいものである。

5　次の対話は，高校生の Hanae と Mami が部活動について話している場面である。（１）～（５）に入れるのにふさわしい英文をそれぞれ５語以上で考え，解答欄に書きなさい。

Hanae: What club are you going to join, Mami?　(　1　)?
Mami: Yes, I have.　I'm going to join the badminton club.
Hanae: (　2　) when you were in junior high school?
Mami: No, I wasn't.　I belonged to the tennis club then.
Hanae: I see, but why are you going to join the badminton club?
Mami: I watched the Rio Olympic games.　Japanese athletes were performing well there.　I wanted to be able to play like them while watching it.　So I started playing badminton as a hobby.
Hanae: Nice!　(　3　)?
Mami: No, it isn't.　I got better at it soon.
Hanae: Really?　Now I am interested in playing badminton.
Mami: I am going to play badminton with Toshiki next Sunday.　(　4　)?
Hanae: Let me check my schedule... (　5　)?　I am going to visit my uncle that morning.
Mami: Don't worry!　We are going to meet in front of Toshiki's house at 2 p.m.
Hanae: I can get there that time! I am relieved!
Mami: I hope you will feel that playing badminton is interesting and join our club!

問五　傍線部４「たちまちに」の意味として適当なものを次から選び、記号で答えなさい。

ア　おもむろに　**イ**　唐突に

ウ　素早く　**エ**　毎度

問六　顕宗の笛の音は、本文でどのように評価されているか。十字以上二十字以内で抜き出して答えなさい。

問七　本文の趣旨に合うことわざとして適当なものを次から選び、記号で答えなさい。

ア　河童の川流れ

イ　塞翁が馬

ウ　知らぬが仏

エ　馬の耳に念仏

オ　立て板に水

問七　本文の内容や表現に関する説明として適当なものを次から選び、記号で答えなさい。

ア　本文ではなかじんやラブや深瀬らの性格の違いが複数描かれている。これはバンドのメンバーの中の良好な関係が表面的なものにすぎないことが示唆されている。

イ　本文では「ぱりり」や「もぐもぐ」といった擬音語や擬態語が用いられている。これによってその場の臨場感が引き立てられたり、描写のイメージがしやすくなったりしている。

ウ　本文では深瀬のセリフにはかぎかっこ（「」）が付されるのに対して、なかじんやラブのセリフには付されない。これによってそのセリフが誰のものかが分かりやすくなっている。

エ　本文には「歪ませた」や、「生ぬるい」といった言葉が登場する。これらの言葉によって「私」が、今いるバンドに違和感を覚えていることが暗示されている。

三　**次の文章を読んで、後の問いに答えなさい。**

堀河院の御時、勘解由次官顕宗《かげゆのすけあきむね》とて、いみじき笛吹きありけり。ゆゆしき心おくれの人にてぞありける。院、笛聞こしめさむ《お聞きになろう》とて、召したり《お呼びになると》ければ、帝の御前と思ふに、臆して、わななきて、1え吹かざりけり。2本意なし《残念だなあ》とて、相知る《よく知る》女房に仰せられて、「わたくしに《個人的に》、局のほとりに呼びて、吹かせよ。」と仰せられければ、月の夜、Aかたらひ契りて《約束して》、吹かせけり。女房の聞くと思ふに、はばかる方なく、思ふさまに吹きける、世にたぐひなく、めでたかりけり。

帝、感に堪へさせたまはず。日ごろも上手とは聞こしめしつれど、かばかりはおぼしめさず。「3いとこそめでたけれ。」と仰せられたるに、「さは《さては》、帝の聞こしめしけるよ。」と、4たちまちに臆して、さわぎける《慌てているうちに》ほどに、縁より落ちにけり。さて、「安楽塩」[注1]といふBいみやうをばつきにけり。

（『十訓抄』巻一ノ三八による）

（語注）

注1　安楽塩…笛の曲名の形を書かれた顕宗のあだ名。「縁から落ちた」ということで、「楽塩」に「落縁」の意味がこめられている。

問一　二重傍線部Ａ「かたらひ」・Ｂ「いみやう」の読み方をそれぞれ現代仮名遣いで答えなさい。

問二　傍線部１「え吹かざりけり」とは「吹くことができなかった」という意味であるが、顕宗はなぜ笛を吹くことができなかったのか。簡潔に答えなさい。

問三　傍線部２「本意なし」とあるが、これは誰の心情を表したものか。適当なものを次から選び、記号で答えなさい。

ア　堀河院　**イ**　顕宗　**ウ**　女房　**エ**　作者

問四　傍線部３「いとこそめでたけれ」とあるが、帝がこのように言った時の心情として**適当でないもの**を次から選び、記号で答えなさい。

ア　驚嘆　**イ**　感慨　**ウ**　興奮　**エ**　感謝

なっていたが、コンビニに出かけるという久しぶりの外出の機会を得て、気分が快活になったから。

問四　傍線部２「正直なところ、私は楽曲制作をしていると息苦しくなることがある」とあるが、「私」が「楽曲制作をしていると息苦しくなることがある」のはなぜか。その理由を説明しなさい。

問五　傍線部３「深瀬とは違った意味で音楽のことをいつも考えているのは、なかじんも同じだ」とあるが、二人が「音楽のこと」を「考え」る姿勢の違いについて説明したものとして適当なものを次から選び、記号で答えなさい。

ア　深瀬は楽曲を書き上げるのが早い分、その構想を得るまでの時間が長いが、なかじんは楽曲の着想を得るのも、それを形にしてしまうのも早いという違いがある。

イ　深瀬はその場の状況を顧みない程に音楽のことを考え、つい場の空気を険悪にしてしまうことがあるが、なかじんは「私」の誕生日に曲のアレンジを送ったりして常に他者のことを顧みている。

ウ　深瀬は楽曲の構想を考えたり、それを書き出したりする際に用いる機材が携帯という身近なものであるのに対して、なかじんは大きなヘッドフォンなどのより本格的な機材を用いている。

エ　深瀬はふとした時にさりげなく楽曲のアイデアを考えたり書いたりしているように見えるが、なかじんはどんな時でもパソコンに向かい合い音楽ソフトを操作している。

問六　傍線部４「私は再びスタジオの扉を開けて、静かに息を吸った」とあるが、ここに至るまでの「私」の心情を説明したものとして適当なものを次から選び、記号で答えなさい。

ア　「私」は、深瀬の言葉によって、「大変だ」という状態と「苦しい」という状態とを混同してしまっているかもしれないことに気づかされる。また、ラブが楽しそうにライブに普段取り組んでいる姿を思い出し、大変なことを苦しまずにやることが可能なことにも気づかされる。そのうえで、「大変」なことを楽しんでできる自分になるべくまた新たな一歩を踏み出そうと決意している。

イ　「私」は、深瀬の言葉によって、「大変だ」という状態と「苦しい」という状態とを完全に同一視してしまっていることに気づかされる。そして、スタジオに戻ってからバンドの三人の姿を見て、普段彼らが大変なことを苦しまずにやっていることにも気づかされる。そのことによって、自分が彼らに比べると自分が劣っているように思えて、明日も行われる楽曲制作に気乗りしないでいる。

ウ　「私」は、深瀬の言葉によって、「大変だ」という状態と「苦しい」という状態とを同一視してしまっているかもしれないことに気づかされる。さらには、外出をきっかけにして自分がこの夏のほとんどの時間を地下の閉鎖的な空間で終えようとしていることにも気づかされる。深呼吸をすることによって、そのような息苦しい環境に自分をおいて夏を終えることへの覚悟を強くしている。

エ　「私」は、深瀬の言葉によって、「大変だ」という状態と「苦しい」という状態とを同一視してしまっていることに気づかされる。そして、制作中の楽曲が不十分な状態な状態であることにも気づかされた。それによって、「私」が絶対的なものだと過信していたメンバーの能力が思っていたよりも低く、自分の能力との大差がないことに気づかされ、ほっと胸をなでおろしている。

か。

　ポップコーンを口の中に入れると、濃厚なバターの味がとろりと舌の上で溶けて喉の奥へと滑っていった。

　夜の十一時に差し掛かった頃、私たちは録音した音源を聞いた。ソファにもたれかかって聞くと、音が沈み込んでバランスが悪くなるので出来るだけ姿勢を正して耳を傾ける。聞いていてざわざわと胸騒ぎのするうちは、まだやるべきことが残っている印だ。

「また明日やろうか」

　一旦天井を見てから、深瀬がソファから立ち上がった。なかじんがパソコンから様々なケーブルを抜いて、丁寧にリュックにしまっていく。誰よりも大きな荷物を持っているラブは、ipadの画面を閉じる。荷物の中には大きな一眼レフやベイブレードのケースなどが覗いている。

　アルバムが完成したら、夏は終わっているかもしれない。ほとんどの時間を室内で過ごした今年の夏を、私はどんな風に記憶していくのだろう。

　この胸の中にある「大変」を、「楽しかったよね」という言葉に変換出来るほど頑張ることが出来たら、この息苦しさから解放されるのだろうか。

　それともこの胸の中にある「大変」を、「苦しい」という言葉と間違わずにいられる自分になれたら、この息苦しさから解放されるのだろうか。

「また明日やろう」

4私は再びスタジオの扉を開けて、静かに息を吸った。

（藤崎彩織『読書間奏文』による）

問一　波線部ａ～ｅの漢字の正しい読みをひらがなで答えなさい。

問二　二重傍線部Ｘ「ノスタルジックな」・Ｙ「茶化す」の意味として適当なものを次からそれぞれ選び、記号で答えなさい。

Ｘ　「ノスタルジックな」

ア　異国の雰囲気をあたえる　**イ**　どこか懐かしさを感じる

ウ　予言者の生誕を匂わせる　**エ**　近未来的な印象を与える

Ｙ　「茶化す」

ア　からかう　**イ**　冷遇する　**ウ**　さげすむ　**エ**　賞讃する

問三　傍線部１「すうっと新しい空気を吸っただけで、固まっていた血が身体中を巡っていくのを感じた」とあるが、それはなぜか。その理由を説明したものとして適当なものを次から選び、記号で答えなさい。

ア　地下室は閉鎖的な空間で、空気のみならずエンジニアやスタッフたちの鬱屈した雰囲気までもが山積する空間であるが、外出によってそこから逃れられるから。

イ　防音扉を開けたことで新鮮な空気がスタジオに入り、地下のよどんだ空気が入れ替えられることで、地下空間の閉塞した雰囲気からの解放感を覚えたから。

ウ　長時間レコーディングが始まらず、同じ姿勢で待ち続けたため血のめぐりが悪くなっていたが、外出するために動いたことで、血のめぐりが改善したから。

エ　楽曲制作のため長時間地下室に籠り続けたことで陰鬱な気分に

音源と共にそんなメッセージが届いていたのは、朝の五時。
そんなにやって、嫌になったりしないの。私が聞くと、なかじんはいつも決まって、楽しいよ、と答える。勿論大変なこともあるけど、曲が出来ていくのは楽しいよ、と。
いくら楽しくても、シャンパンを飲んでケーキを食べて日付が変わった後にまたパソコンに向き合うなんて、私には考えられない。
「私だって二人みたいに出来たらいいって思うけど……」
そう呟いて、小さくため息をつく。
彼らと肩を並べていたいけれど、彼らと同じようには頑張れない。自分には無理だと諦めてしまえば楽なのに、二人の後ろ姿を見ていると息が苦しくなってしまう。役に立ちたい、でも立てない。
そんなことばかり繰り返しているうちに、夏がどんどん過ぎていく。
コンビニの灯りがアスファルトを照らしていた。店内に入ると、蛍光灯の明るさが目に痛かった。
「俺も楽曲制作が大変だと思うことはあるよ。でも大変っていうのを苦しいって意味だと思ってるなら、さおりちゃんはいつまでも息苦しいままなんじゃないかな」
深瀬がポップコーンを手にとりながら言った。店内はc閑散としていて、ビニールを触る音がぱりりと大きな音で鳴った。
私は深瀬の言ったことがすぐには理解出来ずに、レジに並ぶ彼の後ろ姿を見つめていた。
「ポップコーンいただきまーす」
スタジオに戻ると、封を開けたポップコーンにラブが手を伸ばした。彼は楽器をd弾けないので、スタジオでは漫画を読んだりネットニュースを見たりしている。
スタジオの合間に時折中国語のレッスンを受けては
「ふう……」
とため息をついているが、自ら予習復習をしている所は見た事がない。あまりに物案じしない姿はまるで動物のようだとも思う。
ラブがもしゃもしゃとポップコーンを食べる姿を眺めながら、私は深瀬に言われたことを考えていた。
大変っていうのを苦しいって意味だと思っているなら。
確かに私の胸の中では、無意識のうちに「大変」と「苦しい」の境界線はほとんどなくなっていたような気がする。
薬指を動かそうとすると他の指まで動いてしまうように、大変だと思えばそれは苦しいと同じことだと、気づかないうちに混同していたのかもしれない。
目の前でもぐもぐと口を動かしているラブの仕事だって、本当はとても大変だ。レコーディング中は能天気にも見えるけれど、炎天下、マスクで何時間もライブをするなんて、私だったら悲鳴をあげてしまうのに、彼はいつでも陽気に仕事をこなしてきた。
彼が大変なことを、むしろ楽しみながらやってきた事に今更気づいて、頬を膨らませながらポップコーンを食べている姿に少しだけ羨望のe眼差しを向ける。
そうか、大変なことを苦しまずにやることも出来るのか……
頬杖をついて、私は三人の姿を見渡した。今までそんなことを考えたことはなかったけれど、彼らにとっては当たり前のことだったのだろう

アルバム制作の為にスタジオで過ごしている。

2正直なところ、私は楽曲制作をしていると息苦しくなることがある。

深瀬となかじんの二人は

「制作はミュージシャン活動の中で一番楽しい」

と言うが、私は心からそう思うことが出来ない。

深瀬がもっと無機質な感じにしたいんだよねと言えば、なかじんがヴィンテージのリズムマシンでドラムを打ち込み、深瀬がもっとXノスタルジックな感じにしたいんだよと言えば、なかじんがクリーンなギターをフルボリュームにして歪ませた音を録音する。

深瀬がアイディアを出し、なかじんが形にする。その完璧なフォーメーションを前にすると、私はその場で浅い呼吸を繰り返すだけになってしまうのだ。

「スタジオにいると何も出来ずに二人の背中ばかり見ている気がして、苦しくなることがあるよ。ああ、自分は必要ないかもしれないって。深瀬くんみたいに何でも早く出来たら良いんだけど、私って何をするにも時間がかかるから……一曲作るだけで何十日もかかるし、小説なんて五年もかかったし」

商店街の明かりの中を歩きながら私は言った。焼き鳥屋から出ている煙の匂いが、あつあつの食事を思い出させる。スタジオで食べる食事はいつもプラスチックのお皿に乗っていて、生ぬるい。

「本当さおりちゃんって真面目だよね」

深瀬はY茶化すように笑ったが

「でも俺だって書くのが早いだけで、考えてる時間は長いんだよ」

人差し指でトントンと頭を叩きながら答えた。彼は作詞でも作曲でも、書き始めてから数時間で完成させてしまうことが多い。

机にも向かわず、部屋にも籠らず、ふらふらと散歩でもしながらスピーディに楽曲を作り上げる姿を見ていると、彼がただ自由気ままに歌を作っているように見えることがある。

でもその反面、みんなで遊んでいる時にも真剣な表情を見せて黙り込み、何かを携帯に打ち込み始めることもある。

こんな時にまで音楽のことを考えているのかと面食らったb情景をいくつも思い出して

「そうなんだよねえ……」

私は頷いた。

商店街にある薬局の前で、制服を着た男性が大売り出しのトイレットペーパーを片付けていた。その前を通ると、荷台に子供を乗せた母親が急いだ様子で店内へと入っていく。

3深瀬とは違った意味で音楽のことをいつも考えているのは、なかじんも同じだ。

彼の場合は分かりやすく、どんな時でもパソコンを開いて音楽ソフトを立ち上げている。

新幹線では大きなヘッドフォンをパソコンに繋ぎ、飛行機ではベルト着用サインが消えた直後にテーブルにパソコンを載せ、ライブ直前まで控え室で画面に向かっている。

私の三十二歳の誕生日を祝ってくれた後にも、なかじんは新しい楽曲のアレンジを送ってくれた。

「ちょっと新しいことをやってみたよ、聞いてみて！」

で答えなさい。

ア　後世の人によって変えられたり、自らの死とともに失われたりするという性質を持つ知識に依拠せずに自らの人生を語ることはできないが、それを試みるところに人生の醍醐味があるとも言える。

イ　死とはどういうものなのか我々にはわからないので、生きているときに得た知識によって人生を意味づけることはできず、我々が身体を持っているということだけが確固たる事実として存在する。

ウ　誰にでも訪れる死というものは、学ばずとも人間に本能的に備わっている感覚であり、人間は自らの死を遠ざけながら、生きる中で得たさまざまな知識を構成して人生を一篇の物語と見なして生きていく。

エ　人間は自らが得た知識の永遠性を保つため、それを記録して後世に残そうとするが、その知識はどれも最終的には予期せぬ破滅的災害にあって失われるので、知識に人生の意義を見出すことはできない。

二　**次の文章を読んで、後の問いに答えなさい。**

レコーディングスタジオは、冷蔵庫のようにひんやりとしている。録音機材が熱を持つので冷やさなくてはいけないのだ。慣れているスタジオエンジニアはいつも薄い長袖を着ている。私もカーディガンを羽織っているけれど、それでも朝から晩まで作業をしていると、次第に身体が冷えてくる。

「さおりちゃん、コンビニに行かない？」

ソファで丸まっていた私の隣で、深瀬が立ち上がった。防音ガラスの向こうではエンジニアがギターアンプの前にマイクをセッティングして音量を確かめている。数十分同じ姿勢で待っていたが、まだ始まりそうにない。

「いいよ。ちょっと寒かったし、散歩でもしたいな」

私は帽子をかぶり、携帯をポケットに入れて立ち上がった。

スタジオの重い防音扉に手をかけると、パシュッという音がして密閉されていた空気が一気に解放される。[1]すうっと新しい空気を吸っただけで、固まっていた血が身体中を巡っていくのを感じた。

私たちは都内にある七つほどのレコーディングスタジオを転々としながら新曲を録音している。スタジオの多くは地下にあり、広いところも狭いところも[a]贅沢なところもアットホームなところもあるが、どこにいても窓のない空間というのは閉塞的だ。

地下、録音機材、楽器、エンジニア、ミュージシャン。

美しいハーモニーを奏でているはずのその組み合わせが作り出す空気は、決して澄んでいるとは言えない。待合室でロボットのようにパソコンのキーをタイプし続けるスタッフや、地底人のようなエンジニアが廊下でぷかぷかと煙草の煙を吐いているのもよく見かける。

「もう夜の八時なのに、まだ外はこんなに暑いんだね」

私はカーディガンを脱いでリュックにしまった。今年の夏は災害レベルの酷暑だとアナウンサーが神妙な顔で言っているのをテレビで見たけれど、長い時間地下にいると、そんなことが現実に起きていることを忘れてしまう。

「きっとこの制作が終わったら涼しくなっているんだろうね」

影絵のように見える住宅地の中で深瀬が言った。私たちはこの夏を、

は思いついたように松葉のごとき火花を散らし、やがては赤く光る妖しい小さな玉となって転がり落ちる3線香花火のように、われわれの人生もまたあるように思われる。死は、その後に訪れる深い静謐の闇のようなものなのであろうか。

状況とともに改竄されていく「客観的な歴史」、有限性によってしか支えられない「永遠の知識」、それらに依拠することなく、われわれは人生について何かを語ることができようか。ともあれ、それを試してみることにしよう。

（船木亨『人生論考』による）

問一 波線部ａ～ｅのカタカナを正しい漢字に直しなさい。（楷書でていねいに書くこと）

問二 二重傍線部Ｘ「爾来」・Ｙ「恣意的に」の意味として適当なものを次からそれぞれ選び、記号で答えなさい。

Ｘ「爾来」

ア それからのち　**イ** 今までずっと

ウ これから先も　**エ** このまま変わらず

Ｙ「恣意的に」

ア 無作為に　**イ** 悪意をもって

ウ 思うままに　**エ** 偏りをもって

問三 傍線部１「『現象的身体』」とあるが、これはどのようなものか。その説明として適当な部分を本文中から二十字程度で抜き出し、最初の五字を答えなさい。

問四 傍線部２「幻想を生産しているだけなのではないか」とあるが、ここで筆者が「幻想」と述べるのはなぜか。その理由として適当なものを次から選び、記号で答えなさい。

ア 確かな実感を伴う回想を記述し、歴史として保存していくことが人間に必須の営為である中で、実際にはなかったこともあったかのように記述されてしまう可能性があるので、それを事実ということはできないから。

イ 生きるということが多くの記憶の集積である中で、それらが失われないために記録することで歴史として保存しても、後世の人によって削除されたり改変されたりする可能性があるという点で、事実とは言えないから。

ウ 多くの回想ができてはじめて自分がこれまで生きてきたことが実感されるのが人生だが、その実感を記述し、保存することで成り立つ歴史も、あくまで回想を基にしている以上正確性は保証できず、事実と断定できないから。

エ 生きるということは確かな実感を伴った回想に基づくが、それらを失わないように記録し、歴史として保存する中で、記録する人によって差があるため、事実そのものを歴史に写し取ることはできるとは言えないから。

問五 本文中の［Ａ］に当てはまる語句として適当なものを次から選び、記号で答えなさい。

ア 生成消滅する　**イ** 生産され続ける

ウ ただ消え去る運命を持つ　**エ** 刻まれつつある

問六 傍線部３「線香花火のように、われわれの人生もまたあるように思われる」とあるが、筆者が「人生」のどのような点をこのように述べているのか。八十字以内で説明しなさい。

問七 本文の内容と合致するものとして適当なものを次から選び、記号

き初めて人生の旅のすべてが出発した。

いいかえると、生きてきたとは、産声を上げて以来の呼吸の回数のことではない。心臓の拍動の回数のことではない。膨大な記憶を持つに至ったということである。

折にふれてひょっこりと顔を出し、「あゝそういうこともあったな」と、確かな実感を伴って回想される記憶。そんな回想の種がどれほどあるのか、その膨大さは自分にも分からないほどであるが、しかし死んだらそのすべてが失われる。

それゆえに、それらを「歴史」として、時系列に従って言葉で記録し保存しようとする人たちも出てくるのだが、しかし、「秀吉」のような歴史上の名が残されたにしても、それは所詮後世の人たちがY恣意的に意味を割り振る記号に過ぎない。歴史はやがてdサンイツして失われ、あるいはのちの歴史によって書き直されてしまうであろうというばかりでなく、それ自体が一つの作業として、2幻想を生産しているだけなのではないか。

歴史とは、「夢の島（東京都のゴミeタイセキ島）」なのである。断片化した記憶と理論の廃棄物の山。人はその中を渉猟して、新たな夢を見るばかり……。

ヘーゲルは、人々が次の世代に受け渡していく知識の永遠性について語ったが（『精神現象学』）、それは人々がさらなる世代へと繋げていって、支え続けている限りでの永遠性に過ぎない。なるほど、身体は絶えず再生してその姿を保ち、束の間の生存ばかりでなく、新たな身体を産出する。その身体が知識を身につけることによって精神となり、それによって知識も世代を超えて維持される。そこに知識の仮初の永遠性もあるわけだが、それにしても、しかし知識の多くがなお、人の死とともに消える。

現代の、身体もそこから生起するような物質の宇宙の誕生の物語も、それも精神の中で生起し、その中で公式化された諸理論が人々の生において有効な限りにおいて、あたかも諸身体相互のおいたにある現実なるものを描写しているかのように解されるのであるが、魂が永遠ではない限り、それを真理と呼ぶことはできないだろう。何らかのカタストロフ（破滅的災害）によって、やがては文明は崩壊し、われわれの知識はもはや思い出されることもなくなってしまうだろう。知識は、永遠なるものとして「存在」のもとにあるのではなく、歴史の中に A のである。

人生を一篇の物語にするのも生であるが、その人生においていかに多くの知識を得ようとも、ソクラテスのいうように死が何であるかが分からない以上（『ソクラテスの弁明』）、人はそれらの知識によって自分の人生を意味づけることはできない。

むしろ私が本当に知っているといえるのは、マルセルのいった意味で、私が身体を持っているということだけだ（『存在と所有』）。それによって私が生きているのだからである。とはいえ、どんなにみずみずしい姿をもち、どんなに生き生きと動き回っていようと、身体はみな滅び、腐敗し、溶解し、砕け散る。樹齢数百年の大樹とて、おなじである。

私を眠らせて夢を見させ、そしてまた現実へと覚醒させてくるこの身体——しかしその死によって、私が人生で得た知識はすべて消え、夢の中へと還っていく。

線香花火——光の中に産まれ、激しく燃え、ちりぢりに光り、あるい

【国　語】（五〇分）〈満点：一〇〇点〉

一　次の文章を読んで、後の問いに答えなさい。

死はいつでも、誰にでも訪れる。それは、ものごころついてすぐに学ばされることである。

X爾来、人は自分が死に至ることをふまえつつ、死を遠ざけながら生きていく。九十歳過ぎても普通に活動し、仕事すらしている元気な人もいるが、しかし、五十歳を過ぎた頃から、われわれは戦場のような場所に投げ出される。次の銃弾が誰に当たるのか、一人また一人と倒れていく。死に至る病に、種は尽きない。死を前にして人は考える——「生きる」とは、どのようなことなのか、と。

思えば三島由紀夫『金閣寺』aボウトウで描写されたような、産道の暗闇を通って光の中に産み落とされた身体——すべてはそこから始まったのであった。諸身体のあいだの身体。母の身体、父の身体。街をゆく無数の身体の群れ。そのあいだに私の身体もある。

あるときは私の身体は三六〇度見渡せる魚眼を持つ生物たちのように透明な点となり、無数の身体を、意識することもなく右によけ、左によけして、思うがままに進んでいく。メルロ＝ポンティのいう1「現象的身体」（『知覚の現象学』）——私は身体そのものである。

メルロ＝ポンティは、意識が捉える他人の身体、自然科学的対象としての身体、医師から見た臨床的身体に対し、——その意識が自分の行動をちぐはぐにしてしまうのであって、——意識が忘れ、そこから意識も生まれてくる身体をそう呼んだのだった。

だからこそ逆に、しかしまた身体は、あるときは病み、あるいは傷つき、否応なく身体が意識されるようになってしまって、私は、思うままにならない身体をズダ袋のように引きずりながら進行。さまざまな物体や他人の身体にぶつかって、擦れあい、それらを巻き込み、共倒れにまで導くことすらある。

それにしても、そのような身体を引きずってわれわれはどこへと行こうとしているのか。何を目指しているのか。莫大な富と強大な権力か？——しかし、無からそのすべてを得たといわれる秀吉も、「なにわのことも夢のまた夢」というbジセイの句を残して死んでいった。すべては夢のようでもあり、生きている以上、その生をただ繋げるほかはない、そこに生じる喜怒哀楽を、その都度cキョウジュしているほかはない……ということか。

芭蕉は、「月日は百代の過客にして行き交う人もまた旅人なり」と書いている（『奥の細道』）。

おなじ土地に留まって、百年一日のような暮らしをしていたとしても、人生とはやはり旅だというのである。そして「夢は枯野を駆け廻る」。パスカルが説き明かすように、旅とは、みずからがいずこかへと進んでいきながら、すべての経験が一回限りの出来事として記憶の中に沈み込んでいく、夢のようなものなのであろうか（『パンセ』）。死とは、旅先で客死した芭蕉のように、もはや帰ることのできない遠くにまで出かけていく旅を始めるようなものなのであろうか。

とすれば、われわれが生きているのは、母の胎内から生まれてきたからではない。一個の生物としてではない。ものごころついてあるとき、自分が生きていることを知り、その起源を尋ねて母の胎内をその始発とするのだが、その起源をどう受け取るかということをも含めて、そのと

MEMO

大切なことはメモしておこうネ！

2021年度

開智未来高等学校入試問題（第２回）

【数　学】（50分）　　＜満点：100点＞

【注意】 コンパス，分度器，その他の定規類は使用しないでください。

1 次の各問いに答えなさい。

(1) $2021^2-2020\times2022$を計算しなさい。

(2) $(a^2b)^3\times(-3a^2b)^2\div\frac{1}{3}a^5b^4$を計算しなさい。

(3) $(a+1)(a+3)(a-1)(a-3)$ を展開しなさい。

(4) ２次方程式$2x^2-3x+5=x^2+3$を解きなさい。

(5) $\sqrt{72n}$が整数となるような自然数nを小さい方から３つ求めなさい。

(6) x，yが $\begin{cases} x+3y=3 \\ x-2y=4 \end{cases}$ を満たすとき，$x^2+xy-6y^2$の値を求めなさい。

(7) $\sqrt{3}+\sqrt{5}$と４の大小関係を不等号を用いて表しなさい。

(8) 右の図において，xの値を求めなさい。ただし，点Oは円の中心とする。

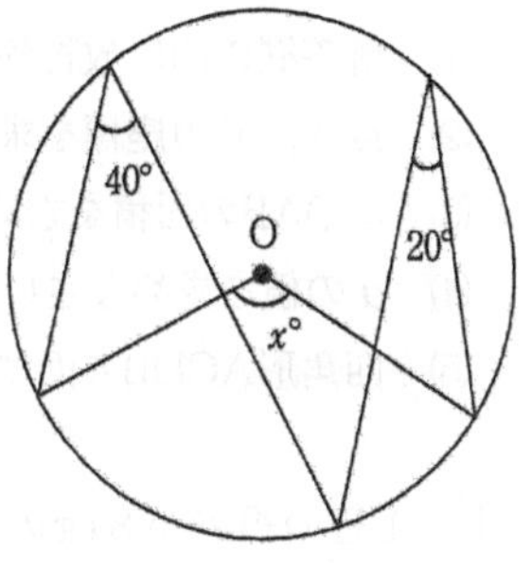

(9) 右の図において，長さxを求めなさい。

(10) 半径が４㎝の半球の表面積を求めなさい。ただし，円周率はπとする。

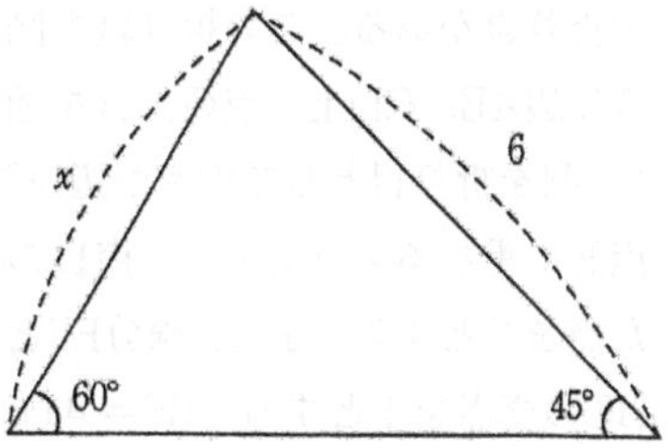

2 次の各問いに答えなさい。

(1) ２つの連続する自然数の平方の和は，４で割ると余りが１になることを証明しなさい。

(2) １個のサイコロを２回投げたとき，出た目の和が素数になる確率を求めなさい。

(3) ＫＭ高等学校は40問のクイズに挑戦した。前半の20問は（$10-2x$）割正解し，後半の20問は前半の問題の正解数に$2x$割増しの問題に正解し，合計25問正解することができた。xの値を求めなさい。

⑷　右の図のような直方体ABCD－EFGHにおいて点Ｂから対角線AGに垂線BPを引くとき，APの長さを求めなさい。

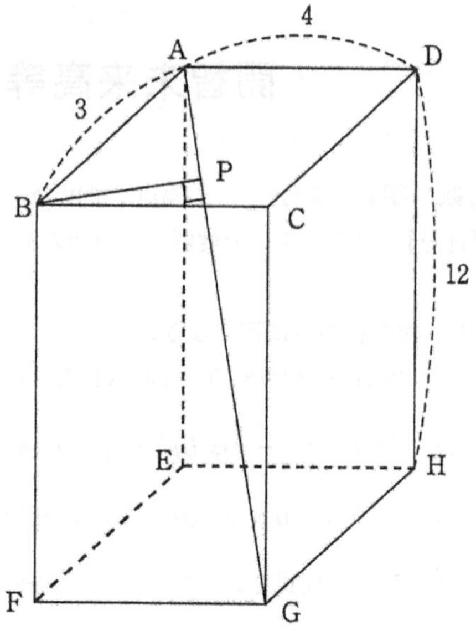

3　点Oを原点とする座標平面上に２つの放物線$y=\frac{1}{2}x^2$…①，$y=-x^2$…②と２直線$y=\frac{1}{2}x+3$…③，$y=\frac{1}{2}x+a$…④（$a<0$）がある。①と③との交点のうち，x座標が小さい方を点A，大きい方を点Bとし，②と④との交点のうち，x座標が小さい方を点C，大きい方を点Dとする。また，３点A，O，Dは同一直線上にある。このとき，次の各問いに答えなさい。

⑴　解答欄の図に放物線①，②，直線③，④および点A，B，C，Dをかき入れなさい。

⑵　点A，Bの座標を求めなさい。

⑶　△OABの面積を求めなさい。

⑷　aの値を求めなさい。

⑸　四角形ACDBの面積を求めなさい。

4　１辺の長さが８㎝の正方形ABCDの折り紙がある。この折り紙を図のように辺AB，CD上の点G，Hを通る線分GHを折り目として点Aが辺BC上の点Eに重なるように折り，点Dの移った点をFとする。また，線分EFと線分HCの交点をＩとする。BE＝４㎝のとき，次の各問いに答えなさい。

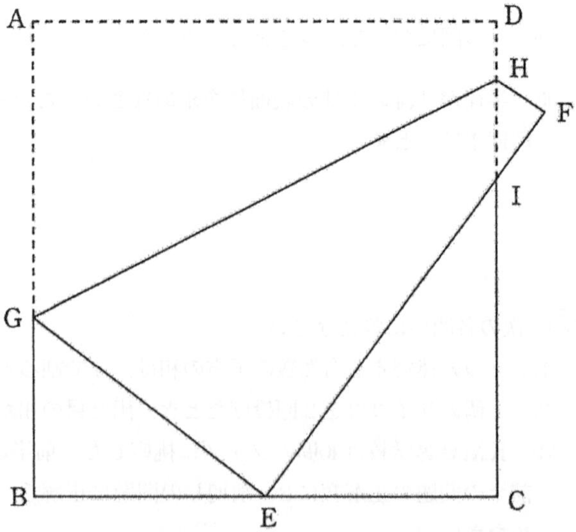

⑴　BGの長さを求めなさい。

⑵　△GBE∽△ECIを証明しなさい。

⑶　ICの長さを求めなさい。

⑷　FIの長さを求めなさい。

⑸　DHの長さを求めなさい。

【英　語】（50分）　＜満点：100点＞　　**※リスニングテストの音声は弊社HPにアクセスの上，音声データをダウンロードしてご利用ください。**

1　放送を聞いて，Part 1 ～ Part 3 の問いに答えなさい。途中でメモをとってもかまいません。

Part 1 Conversation Listening

対話を聞き，下の⑴～⑵の質問に対する最も適切な答えをａ～ｃの中から一つ選び，記号で答えなさい。英文は一度だけ読まれます。

⑴ What did Rika enjoy most about Dragons & Dreams?
　ａ．The cover art of the book.
　ｂ．The storyline.
　ｃ．The characters in the story.

⑵ What does Rika want to borrow from Kyle next?
　ａ．a book.
　ｂ．a manga.
　ｃ．a DVD movie.

Part 2 Paragraph Listening

下の⑴～⑶の英文が，これから放送される英文の内容と一致している場合はＴ，異なっている場合はＦを解答欄に記入しなさい。英文は二度読まれます。

⑴ Regular exercise can help to protect you from dying from sickness.
⑵ Exercise is great for the body, but it does not help you to remember things.
⑶ To improve your health, you should only do hard exercise.

Part 3 Communication Response Questions

これから読まれるNo．1～3の質問を聞き，それぞれに対する応答として最も適切なものを，放送で読み上げられる選択肢ａ～ｃの中から一つ選び，記号で答えなさい。英文は二度読まれます。

2　次のＡ～Ｄの問いに答えなさい。

Ａ　次の語と下線部の発音が同じ語を，（　）内のア～エから一つ選び，記号で答えなさい。

⑴ abroad（ア goal　イ local　ウ boat　エ brought）
⑵ refuse（ア useful　イ newspaper　ウ secret　エ street）

Ｂ　次の英文で定義される単語を，枠内のア～エの中からそれぞれ一つ選び，記号で答えなさい。

⑴ another word for taxi
⑵ a side of a building or a room or a fence

ア wall	イ palace	ウ cab	エ stadium

Ｃ　次の英文の（　）に入れるのに最も適切な語，または語句を，ア～エの中から一つ選び，記号で答えなさい。

⑴ Paper is made（　　）wood.
　ア from　イ of　ウ into　エ by

⑵ I (　　) you to close the door.

ア spoke　イ asked　ウ said　エ talked

⑶ The apples (　　) to me by my uncle in Aomori were very sweet.

ア sent　イ send　ウ to sent　エ have send

D （　）内の語，または語句を並べ替えて，日本語の意味を表す正しい英文を完成させなさい。ただし，文頭に来るべき語もすべて小文字で書かれている。

⑴ 私に駅へ行く道を教えて下さい。

Please (me / to / the station / the way / tell).

⑵ 彼は一週間以上学校を休んでいる。

He (school / more than / has / from / for / been / absent) a week.

⑶ リサはなんて速く泳ぐのだろう。

(swimmer / what / is / Lisa / a / fast)!

3 次のA・Bの問いに答えなさい。

A 次のページの案内文を読み，次の⑴～⑶の問いに答えなさい。

⑴ You don't have much experience but you want to learn a new art skill. Which date will you most likely visit the community center?

ア October seventh

イ October fifteenth

ウ October twentieth

エ October thirtieth

⑵ You want to have a group of more than 20 people meet and talk about your project. You will need to rent a space for 3 to 5 hours. How much money should you prepare?

ア $24 to $40

イ $36 to $60

ウ $44 to $60

エ $56 to $80

⑶ Which is true about the community center?

ア It closes at the same time each day.

イ Renting the Arts and Crafts Room costs less than either of the meeting rooms.

ウ Different special events are scheduled for each month of the year.

エ You must have a credit card to rent a room or item.

River City North Community Center Newsletter (Oct. 2021 Ed.)

For 30 years, the North Community Center has been serving River City. We are happy to provide the space and support for the people of River City to come together and enjoy various activities. As always, this autumn season, we will continue to serve the community. Please join us for some of the special events we have planned for the month of October.

-WEEKLY SCHEDULE-

Mon. ~ Fri.
open: 8:50 am
close: 5:30 pm

Sat.
open: 8:50 am
close: 7:30 pm

* Closed Sundays and National Holidays

-OCTOBER SPECIAL EVENTS-

10/3 (Sat) - Jessie's Swinging Jazz Concert
10/7 (Wed) - After School Stories (Scary Tales)
10/10 (Sat) - Young Writer's Club (Poetry Night)
10/15 (Thur) - Water Color Painting for Beginners
10/17 (Sat) - Freddie's Magic Show for Kids
10/20 (Tue) - Solo Violin Concert by Sophie Miller
10/24 (Sat) - Halloween Costume Making Workshop
10/30 (Sat) - "The Night Before Halloween" Costume Contest

* **For details on event times and costs, check our website. The URL is listed at the bottom of this page.**
* **The November events schedule will be posted online on 10/22.**

-RENTAL ITEMS AND COSTS-

* To make a reservation for a service or room rental, visit the office help desk in the community center or use the online reservation system on our website (URL listed below).
* To reserve online you must provide a credit card number.
* When renting a room you must pay a basic early reservation fee of $20 for each room payable by cash or credit.

Rental items and costs:

- Small meeting room (seats 18 people)	$8 an hour
- Medium meeting room (seats 36 people)	$12 an hour
- "Stepping Stone" Performance hall	$50 an hour
- Arts and Crafts Room	$15 an hour
- Speaker system and microphone (cannot be used outside of the center)	$8 an hour

-CONTACT INFORMATION-

1023 N. Oakwood Street, River City

PHONE: 032 - 281 - 0429
rcncenter@rivercitymail.com
www.rivercitylife.com/comcenter/north

B　次のグラフは，ある日のロンドン地下鉄のA駅における，時間帯別の利用者数の推移を表したものである。グラフから読み取れる内容として最も適切なものを，選択肢ア～エから一つ選び，記号で答えなさい。

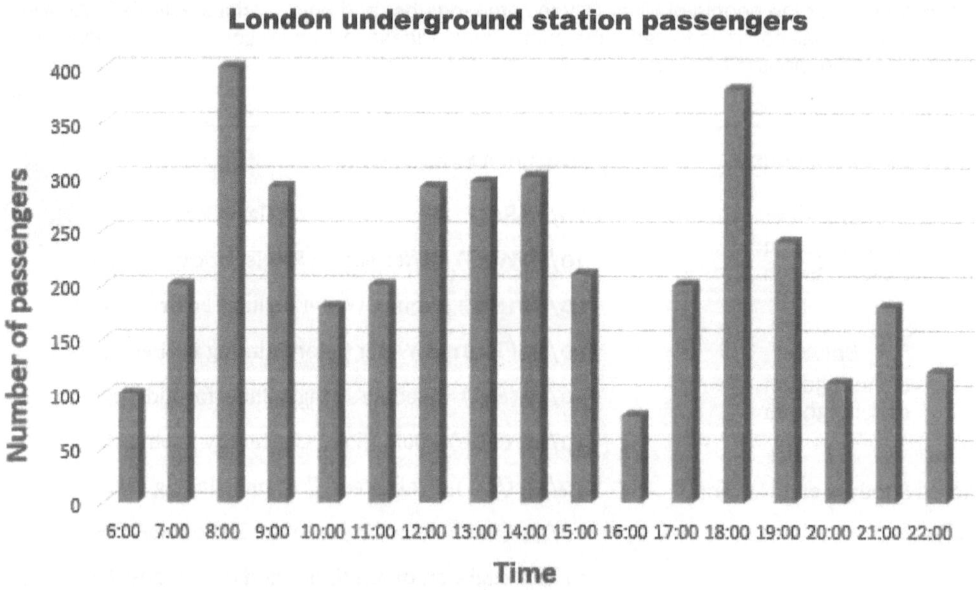

ア　The quietest time of the day at this station is in the morning.

イ　The numbers of the passengers at this station at noon and 9 pm are almost equal.

ウ　The number of the passengers at this station continues to increase between 10 am and 4 pm.

エ　After the second peak at 6 pm, the number of the passengers quickly falls to about 100 at 8 pm.

4　次の英文を読んで，後の問いに答えなさい。

Thomas Alva Edison was born in 1847. ①[Al / his / him / called / family]. Little Al wanted to find out everything about the world around him. He didn't just ask questions; he liked to find out the answers himself.

Once Al watched birds eat *worms and fly off. So ②Al made a mixture out of water and mashed worms. Then he gave it to a girl living next door to drink. He wanted to see if eating worms would make her fly. However, it just made her sick.

When Al was seven, the family moved to a new home in Port Huron, Michigan, and lived in a big house on the St. Clair River. Al's father did lots of things to make a living. He worked as a carpenter. He ran a *grocery store. He had a vegetable garden. He tried farming. He even built a 100-foot ③tower overlooking the river. For twenty-five cents, anyone could climb up and watch the boats go by.

In those days trucks and cars were not yet *invented and trains didn't come to his place. But one day a railroad line was (④ build). Trains started going into the town and ⑤the river wasn't so important any more. The railroads were faster and easier to use for carrying things around the country.

After the Edisons lived in Port Huron for a short time, Al caught *scarlet fever. It was a serious illness back then without the medicines (⑥ use) today. *Fortunately, Al got (⑦ good) but he found that he couldn't hear as well as he once did, probably because of the scarlet fever. In school the teacher often got angry because Al didn't listen to his classes. Maybe he was bored or maybe he just couldn't hear everything. One day eight-year-old Al heard his teacher telling someone that Al's brain was no good. When Al told it to his mother, she was very angry. She took him out of school and began teaching him at home. Al loved to read books about history, nature and science. He read them just ⑧as (X) as (Y)(Z). His most favorite was a science book. It talked about *electricity, batteries, electrical toys, and a lot more. It had simple experiments, too.

Al got excited. He started doing experiments all over the house. His bedroom was full of jars and bottles. Finally, his mother sent him to the basement to set up his own lab — the room for studying and experiments. The Edisons had three other children but their youngest, Al, was the most *curious. ⑨Al strongly believed that inventions could make everyday life more convenient and happier.

〔語注〕 *worm：虫　* grocery store：食料雑貨店　* invent：～を発明する
*scarlet fever：しょう紅熱　*fortunately：幸いなことに　*electricity：電気
*curious：好奇心旺盛な

（出典："Who Was Thomas Alva Edison?" by Margaret Frith. GROSSET & DUNLAP, New York, 2005.）

問１　下線部①の［　］内の語を並べ替え，自然に文意が通る正しい英文を完成させなさい。ただし，文頭に来るべき語もすべて小文字で書かれている。

問２　下線部②の行動を Al が行った理由を，本文の内容に即して40字以内の日本語で答えなさい。

									10										20
									30										40

問３　下線部③の tower について述べた文として本文の内容に合うものを，次のア～エの中から一つ選び，記号で答えなさい。

ア　有料で登ることができ，船が川を行き交う様子を眺めることができた。

イ　約25メートルの高さで，頂上から町全体を一望することができた。

ウ　大工としての経験と腕前を活かして，Al の父親自らがたった一人で建てた。

エ　Al の父親が営む農園の見張り用に建てられたものであった。

問４　(④ build) (⑥ use) (⑦ good) を適切な形に直しなさい。

問５　下線部⑤の理由を40字以内の日本語で答えなさい。

									10										20
									30										40

問６　下線部⑧が「できるだけ速く」という意味の表現となるように，（Ｘ）～（Ｚ）に適する語を一語ずつ入れなさい。

問７　下線部⑨を日本語に直しなさい。

問８　本文と内容が一致する英文を次のア～エの中から一つ選び，記号で答えなさい。

ア　Edison was always asking many questions because he soon wanted to be taught the answers by adults.

イ　The serious illness Edison caught when he was a little boy took his hearing and speaking ability.

ウ　Edison did many experiments in his bedroom and all over his house so his mother got angry and sent him to a small underground room.

エ　Al was the youngest and most curious of the four children in his family.

5　次の対話は，高校生の Mami と Ryo が，彼らの学校の校内に設置されている生徒用コピー機の前で話している場面である。（１）～（５）に入れるのにふさわしい英文をそれぞれ５語以上で考え，解答欄に書きなさい。

Mami: Excuse me, Ryo. Have you got a minute? I'll be really happy (1).

Ryo: Sure, Mami. What is your problem?

Mami: (2). It suddenly stopped working and I can't copy my document anymore.

Ryo: Ok, let's have a look... Oh, I've got it.

Mami: Is it anything serious?

Ryo: No, it's nothing to worry about. You can see this red light flashing on and off, can't you?

Mami: Yes. (3)?

Ryo: It means there is no paper in the tray.

Mami: (4)?

Ryo: All you have to do is to put some more paper in the tray.

Mami: (5)?

Ryo: You can get it at the teachers' office. You should ask your homeroom teacher to give you a new paper package.

Mami: I see. I will do so right now. Thanks a lot, Ryo!

記号で答えなさい。

ア 貧乏生活でも文句ひとつ言わずに自分に寄り添ってくれる妻を見るつらさ。

イ 仕事がなかなか見つからず、貧しい生活をずっと続けざるを得ない悲しさ。

ウ 住む場所が見つからず、身の周りに頼ることができる人もいない寂しさ。

エ 飢え死にすることは仕方ないが、妻だけでも生き残ってほしいという願い。

問四 傍線部３「試みむ」とあるが、何を試みようというのか。簡潔に説明しなさい。

問五 傍線部４「げに」の本文中の意味として適当なものを次から選び、記号で答えなさい。

ア 薄情なことだ　**イ** そのとおりだ

ウ 悲しいことだ　**エ** 滑稽なことだ

問六 傍線部５「言ひ契りて」とは、「口約束して」という意味であるが、二人はどのようなことを口約束したと考えられるか。二十字以内で答えなさい。

生えたから。

エ　自分たちでもここまでの力をもつチームになるとは予想しておらず戸惑う部分もあるが、成し遂げてきたことには確かな自信を持ったから。

問七　本文の内容と合致するものとして適当なものを次から選び、記号で答えなさい。

ア　三枝が本塁に向けて行ったヘッドスライディングは、早くても危険なのでチームでは禁止されていることだったが、三枝はここでは効果的だと判断してあえて強行した。

イ　始は、グラウンドを前にしてかつて自分が選手として甲子園出場に挑戦した時のことを思い出したが、それは当時のチームが実力で相手に及ばなかった苦い記憶である。

ウ　エースである辺見があと一人アウトを取れば勝てるという場面で動揺したことで、実力者の集まる英明高校もチームが崩れ、結果として北園高校に逆転を許した。

エ　始は、「ハズレ」と呼ばれた今回の世代をどう扱っていいか悩んでいたが、そのことがチームにも暗に伝わったことで、かえってメンバー全員が結束することになった。

三　次の文章を読んで、後の問いに答えなさい。

今は昔、京に極めて身貧しき1生者《なまもの》ありけり。相知りたる人もなく、父母《ぶも》・類親もなくて、行き宿る所もなかりければ、人のもとに寄りて使はれけれども、それもいささかなる覚えもなかりければ《そこでもわずかばかり目をかけられることもなかったので》、もしよろしき《もしかしたら他に》所々もあると《もっとふさわしい所もあるかと》、所々に寄りけれども、ただ同じやうにのみありければ、宮仕へをもえせで、すべきやうもなくてありけるに、その妻《め》年若くしてかたち・ありさまよろしくて、心風流《優しい》なりければの貧しき夫に従ひてありけるほどに、夫よろづに2思ひわづらひて、妻にA語らひけるやう、「世にあらむ限りは、かくてもろともにこそは思ひつるに、日に添へては貧しさのみ増さるは、もし共にあるが悪しきかと、各々3試みむと思ふを、いかに」と言ひければ、妻、「我はさらにさも思はず。《私はいっこうにそうは思いません。》ただ前《さき》の世の報《はう》なれば、互ひにB飢ゑ死なむことを期《ご》すべしと思ひつれども、それに、かく言ふかひなくのみあれば、まことに共にあるが悪しきかと、別れても試みよかし」と言ひければ、男、「4げに」と思ひて、互ひに5言ひ契りて、泣く泣く別れにけり。

（『今昔物語集』巻三〇―五による）

問一　二重傍線部Ａ「語らひけるやう」・Ｂ「飢ゑ死なむ」の読み方をそれぞれ現代仮名遣いで答えなさい。

問二　傍線部１「生者」とあるが、この「生者」の本来の仕事は何か。本文中から五字以内で抜き出して答えなさい。

問三　傍線部２「思ひわづらひて」とあるが、男は何について「思ひわづらひて」いるのか。その説明として**適当でないもの**を次から選び、

のベンチでは、選手たちが今か今かと飛び出す瞬間を待っている。

彼らは今、どんな思いでこちらを見ているのだろう。そして試合が終わった後、それはどんなふうに変化しているだろう。

号令がかかる。

ベンチからいっせいに選手が飛び出した。

今日また、奇跡が始まる。

（須賀しのぶ『夏の祈りは』による）

問一　波線部ａ～ｅの漢字の正しい読みをひらがなで答えなさい。

問二　二重傍線部Ｘ「大言壮語」・Ｙ「功を奏した」の意味として適当なものを次から選び、記号で答えなさい。

Ｘ「大言壮語」

ア　真実味を持たせるべく厳かに話すこと。

イ　大きな声ではっきりと述べること。

ウ　欺くために大げさなことを言うこと。

エ　口先ばかりで実行の伴わないこと。

Ｙ「功を奏した」

ア　策が見事に成功した。　イ　効率的に実行された。

ウ　互いの意図が合致した。　エ　思わぬ成果をもたらした。

問三　傍線部１「そしてその直後、激しくおのれを恥じた」とあるが、それはなぜか。その理由として適当なものを次から選び、記号で答えなさい。

ア　これまで、どんな時でも諦めてはいけないと教えてきたはずの始が、相手選手の状況を考えて真っ先に諦めてしまっていたことを自覚したから。

イ　相手選手の状況から、この状況で勝つのは難しいのが分かり、自分が諦めてしまっていたが、選手は誰も諦めていないことがわかったから。

ウ　相手選手の実力がどのくらいかは知っていたため、自らのチームのメンバーがこの状況からの逆転を目指しているのが信じられなかったから。

エ　相手選手の状況を考えれば、逆転は難しいと考えたが、それでは自分でこの世代のチームを「ハズレ」だと認めたことになると思ったから。

問四　傍線部２「この光景を見て、予感は確信に変わった」とあるが、それはどういうことか。説明しなさい。

問五　傍線部３「もはや、何かに憑かれているとしか思えなかった」とあるが、これはどのような点を「何かに憑かれているとしか思えなかった」と述べているのか。四十五字以内で説明しなさい。

問六　傍線部４「どの顔も、まっすぐ目を見つめ返してくる」とあるが、北園高校野球部のメンバーがこのようにできるようになったのはなぜか。その理由として適当なものを次から選び、記号で答えなさい。

ア　自分たちがこれまでにチームとして成し遂げてきたことに自信を持ち、メンバーが始の言葉に正面から向き合えるようになったから。

イ　自分たちの実力を認めてくれた始の言葉に奮起したメンバーが、それに応えようとする姿勢を態度で示すようになったから。

ウ　ここまでの力を持つとは予想していなかったという始の言葉を聞いて、メンバーに始の期待を上回ることができたという気持ちが芽

常に手強い相手だが、今の北園に怖いものはない。例によって先取点を取られはしたが、その裏に逆転し、そのまま3－2で勝利した。3もはや、何かに憑かれているとしか思えなかった。

そして今日この日、とうとう決勝に辿りついた。
かつて自分が到達できなかった場所。
北園の野球部員たちにとっての悲願が、この先にある。
「もう二十年以上この仕事をやってるが、それでも未だに、君たちがもつ力に驚かされることがしばしばある」
試合前のわずかな時間、始はベンチに選手たちを集めて言った。
「高校生の爆発力はすごいってことは、わかってるつもりだった。身にしみて知ってるってな。だが、君たちはいつも、前に見たことよりさらにその上のものを見せてくる。はっきり言って今の君たちは、バケモンだ。きっと埼玉じゅうが、そう思ってるぞ」
彼の言葉に、選手たちが笑う。
ベンチ入りメンバー二十名。そして記録員。三年生は五人、二年生は十三名、一年生二人。みな等しく真っ黒に灼けて、気合いの入った五分刈りだ。大会前にいっせいに刈った髪は少し伸びていたが、決勝を前に、昨日また全員で刈ったのだ。先にスタンドにいる面々が刈ってきたので、ベンチ入りメンバーも一緒に刈ってきたらしかった。
始を見る目は、みな輝いている。早く試合をしたくてうずうずしているのが、手に取るようにわかる。
なぁおい、信じられるか。この中に、「ハズレ」って呼ばれてた連中が何人もいるなんて。始は心の中で語りかける。過去の光景の中に息づく全ての自分に。こいつらをどう扱っていいかわからんと頭を抱えていた自分に。
「覚えておいてほしいのは、そのとんでもないものは全部、君たちが自分で生み出したってことだ。春の時点で、誰もこんなチームになるなんて予想してなかっただろう。君たち自身でもそうだろう。俺もな、正直言って予想してなかった。俺は、君たちのことをよく理解してなかった。そのかわりに君たちは、互いのことを理解して、きっちり支え合った。これは、大人になってもできる奴なんざほとんどいない。だから奇跡なんだ。君たちは、その奇跡をやり遂げた」
一人一人の顔を見つめる。4どの顔も、まっすぐ目を見つめ返してくる。以前は自信なさそうに、あるいは不満そうにすぐに逸らしてしまう者も多かった。
「それは、今の三年生だけでも、二年生だけでも、一年生だけでも絶対にできなかっただろう。いいか、皆。北園史上最強の世代は、間違いなく君たちだ。それを、今から証明しにいこう」
何十年も北園高校に受け継がれてきた悲願。それをようやく果たせるチームが出来たと、高らかに宣言しにいくのだ。ずっとかなわなかった何百人の、いや何千人の祈りを、この子どもたちが今日、叶えてみせる。
「気負うことはないぞ。今まで通り、楽しんで遊んでこい。夏の祈りってのは、基本お祭りだからな。これが終われば、次は甲子園だ。最高の夏休みを過ごそう！」
「はい！」
明るい声が、唱和する。
輝くグラウンドに、審判たちが現れる。決勝の相手、埼玉学院チーム

「はい！　必ず！」

一瞬浮かんだ疑問の色は、すぐに歓喜と誇りに輝いた。その笑顔に、懐かしい顔が重なる。

溝口の主将。決してチームの主力ではなかったにも拘わらず、常に勝利に貢献し続けたあの男。

大声援に見送られて悠々と打席に向かう巽を見て、辺見が軽く土を蹴る動作をした。いらだっているのが手に取るようにわかる。

割れんばかりの声援。太陽さえ弾くような、きらびやかな金管の音。それが不思議と一瞬、無音になった。そんなはずはないのに、始の耳からは音が消えた。

辺見が投げた、一球目だった。

キィン、と鳴った。

球場を覆う見えざる壁が砕けるような。あるいは、凱旋の鐘が高らかに鳴るような。おそろしく澄んだ音が、夏の空に高らかに響いた。

次の瞬間、それは割れんばかりの歓声にかき消される。白球は、まっすぐライト線を抜けていた。必死のd形相の中松が、戦車のごとき勢いでホームに還る。そして焦った右翼手がクッションボールの処理に手間取っている間に、三枝も猛然と三塁を蹴る。コーチャーは必死に止めているのに、全く目に入っていないのか、いっさいためらわずホームを目指す。

強肩で知られる右翼手が、全身をバネのようにしならせてボールを投げる。中継なしの、素晴らしい返球。

アウトだ、と誰もが思った。

「うおりゃあ！」

三枝は、飛んだ。渾身のヘッドスライディングだった。

「あのバカ！」

悲鳴があがる。北園では基本的にヘッスラは禁止している。普通に駆け抜けるほうが早いし、なにより危険だ。ただ、気合いを入れるためにやる場合は、あまり。e咎めないようにはしている。

それをまさか本塁で、しかも投手が。ありえない。

だが、そのありえなさがY功を奏した。キャッチャーも、まさか相手エースが吹っ飛んでくるとは思わなかったのだろう。カバーに入った辺見ともども、一瞬ぎょっとしたように三枝を見た。その一瞬が命取りだった。

ミットからボールが零れ、三枝の両手はホームに見事滑りこんでいた。

２－３。大歓声に、悲鳴じみた声がまじっていた。返球の隙に三塁まで進んだ巽のガッツポーズを見た後、マウンドにのろのろと戻る辺見を見やる。

――ああ、折れたか。

敵チームとはいえども、投手が心折れる瞬間を見るのは、辛いものだ。スコアではまだ英明がリードしている。それでもこうなってしまったらもう、立て直せない。北園の応援がマウンドを押し潰す。

予想通り、辺見の球には力が残っていなかった。次のタイムリーで同点、四球、内野安打、そして今日は全くいいところのなかった並木の走者一掃ツーベースで６－３。その裏、ヘッスラがたたったのか三枝は一点を失うが、結局６－４で北園が勝った。

次の準決勝清明館戦は、はるかに楽だった。私学四強の一角だし、非

この大会、英明の辺見から三点以上とったチームはない。今日も、前半は多少制球が乱れていたが、出塁を許しても決して三塁を踏ませない。この状態で、どうやって？

だが不思議だ。それがただのX大言壮語だとも思えない。彼らの中には、たしかに自信がある。そして、わくわくしている。打てなくてどうしよう、ビハインドでヤバイ。そうではない。どうやって打ち崩そう、どうすれば逆転できる？　そういう、漲る期待を感じるのだ。

声を張り上げるベンチの面々も、マウンドの三枝も、グラウンドで守備につく選手たちも、誰ひとり諦めていない。それどころか、楽しんでいる。

はっきりそう悟った時、始の中に電流が走った。

いける。こいつらは、本当にここから勝つ。予感というよりは霊感に近いひらめきだった。

そして実際、試合はその通りになった。

九回表、北園の攻撃。スコアは０－３のまま、ランナーなしツーアウトを迎えていた。

英明の選手たちは、すでに勝ちを確信した表情で、ツーアウトのサインを送り合う。それでも油断は見せないのはさすがだった。

最後の打者は、七番・中松。ラッキーボーイの登場に、静まりかけていた北園応援団がワッと沸いた。

「よっしゃ！　ケツにまっすぐ来い！」

打席に入る直前、中松はマウンド上の辺見にバットを向けて叫んだ。本人は、ラッキーボーイの役目を果たそうと大まじめだったらしいが、ベンチ内は爆笑の渦に包まれた。そしておそらくは、辺見も無心ではいられなかったのだろう。魅入られたように、ケツにまっすぐ来てしまった。中松はとっさに避けたが、腿をかすった。痛かったはずだが、大きなガッツポーズをして、万雷の拍手に送られて一塁へと走る。

2この光景を見て、予感は確信に変わった。長年監督をしていると、試合の臍が現れた瞬間がはっきりとわかることがある。今、まさに無防備な臍が現れた。

次の打者・三枝は四球を選んだ。七回からほとんど隙を見せなかった辺見が、ここに来てほころび始める。

どんなに怪物と騒がれる投手でも、高校生だ。あと一人アウトをとれば勝利という時に、心が揺らがぬ者はいない。

絶対的エースの動揺は、彼を中心に成立していたチームにも影響する。英明高校はどの選手も非常に能力が高いが、やはり辺見が突出しており、ワンマンチームに近い。そういう場合は、エースが崩れればどうしてもC瓦解しやすいのだ。

「伝令、巽呼んでこい。おまえがボックス入ってくれ」

気がつけば、始は目の前にいる二年生に呼びかけていた。巽は今、コーチャーボックスで全身全霊で打者を鼓舞している。そうだ、彼ほど、辺見をよく見てきた者はいない。

「巽、代打だ。おまえが決めてこい」

全力疾走でやってきた主将に告げると、彼は大きく目を見開いた。なぜ、という声なき声が聞こえた。そんなものはわからない。これはもう、直感だ。

仕掛けるのはここしかない。そしてそれは、こいつでなければならない。そう思った。

　自分は昔、同じ光景を見た。グラウンドの水撒きならばそれこそ何百回、いや何千回と見てきただろう。それでも今、懐かしいと感じるのは、この光景があのころの——自分が主将だった時代の最後の試合を思い出すからだ。

　場所はここではない。まだ屋根がつく前の、それどころかスタンドの形も全く違う西武球場だった。

　その昔、ベーブ・ルースもプレーしたというここ県営大宮球場は、昔から埼玉の高校球児にとっては聖地だったが、なにぶん老朽化が激しく、当時の準決勝は西武球場で行われた。

　相手は溝口高校。同じノーシードから勝ち上がってきた公立高校どうし。地力は完全にこちらのほうが上だったのに、対戦前から言いしれぬ恐怖を抱いていた。

　当時、溝口高校はこう呼ばれていた。「逆転の溝口」と。

　二十数年を経て、それは今、北園高校をあらわす称号となった。初戦から準決勝に至るまで、全てが逆転によって勝利を飾っている。

　準々決勝の英明戦は、文字通り死闘だった。当初、英明は決勝の埼玉学院戦に照準を合わせ準々決勝ではエース辺見を温存するのではないかと思われていたが、蓋を開けてみれば、先発は辺見、そしてスターティングメンバーも完全に「甲子園モード」だった。

　甲子園経験のあるチームを前に、北園もさすがに攻めあぐねた。春に当たった時よりも辺見はさらにスライダーに磨きをかけており、こちらは面白いぐらいくるくる振り回された。監督が見かねて指示を出しても、えぐすぎるスライダーと容赦のない直球の落差に追いつけず、凡打の山を築くほかなかった。

　ほぼ一人で投げてきた三枝もさすがに疲れが見えて、三回まではなんとか抑えていたが、四回に四球とヒットで二人ランナーをおいた状態で、バックスクリーン直撃のホームランを打たれた。

　ああ、これは駄目だな。真っ先に、始の胸に浮かんだのは、諦めだった。1そしてその直後、激しくおのれを恥じた。

「これでランナーなしだ！　ここから試合始まるで！」

「三点ぐらい必ず取り返せるからハンデだハンデ！」

　強気な言葉が、ベンチから飛び交う。はっと我に返って、すぐさま伝令を出そうとすると、「待ってください」と声をかけられた。主将の巽だった。

「三枝、今ので切り替わりました。今、集中してます。伝令はもっと後にとっておいてほしいです」

　真剣な表情で、彼は言った。あっけにとられてマウンドを見やる。三枝は帽子をb目深に被っていて表情は見えない。

　だがたしかに、何かびしりと芯が通ったような気がする。深く、何度か呼吸をする。さきほどまで肩のあたりにどうしようもなく漂っていた疲労の気配が、消えていた。

「スリーラン打たれて集中するとは変わった趣味だな」

「今やっと起きた感じじゃないですかね」

はは、と笑って、巽は再び前を向いた。

「あとは俺たちが、助けるだけだ」

　その声は静かだったが、よく響いた。

　彼らは全く諦めていない。自分が反射的にダメだと思ってしまったことを恥じる以上に、それに驚いた。

ウ　ビクティニが使う技が「かえんだん」や「いのちがけ」といった自分やそれ以外の者を無差別に攻撃するものであるという事実が、核戦争を想起させるから。

エ　ビクティニが大富豪により幽閉されプレイヤーにより解放されたことが、原子力が寡占されるものから広く利用されるものへ変化した歴史を想起させるから。

問四　本文中の［A］、［B］、［C］、［D］にはそれぞれ「クリティカ」か「トピカ」のいずれかが当てはまる。その組み合わせとして適当なものを次から選び、記号で答えなさい。

	A	B	C	D
ア	クリティカ	トピカ	クリティカ	トピカ
イ	クリティカ	トピカ	トピカ	クリティカ
ウ	トピカ	クリティカ	クリティカ	トピカ
エ	トピカ	クリティカ	トピカ	クリティカ

問五　傍線部２「それは現代社会において一層切迫した形で必要とされている」とあるが、それはなぜか。その理由を八十字以内で説明しなさい。

問六　傍線部３「ビクティニだって決して馬鹿にできない」とあるが、ここで筆者がこのように述べるのはなぜか。その理由を八十字以内で説明しなさい。

問七　本文の内容と合致するものとして適当なものを次から選び、記号で答えなさい。

ア　原子力を表象するビクティニが、ゲームにモンスターとして登場していることは、現代の人々が原子力というものをモンスターという自分より下等の存在とみていることの現れである。

イ　科学技術の使われ方やそれが及ぼす影響が将来どのようなものになるかは、家族とはなにかという命題や愛とはなにかという命題を通じての具体的な思考によって可能となる。

ウ　筆者は、トピカというものはクリティカを「真実らしく」表現する知性であると評価すると同時に、「らしさ」によって詭弁になり得るという側面をもつものであるとし注意を促している。

エ　ハンス・ヨナスは、荒廃した未来になるための方法を発見するためには想像力という営みが大切だとし、それが責任をよりはっきりと想像させることにつながるのだと述べた。

二　次の文章を読んで、後の各問いに答えなさい。

香山始は北園高校野球部の監督で、自身も同校の出身である。香山率いる野球部は、自らの世代を「ハズレ」と呼ぶ周囲からの評価をよそに、甲子園を目指して県大会の予選を準々決勝まで勝ち進んだ。以下はそれに続く場面である。

七月も最終週に入り、太陽が最もａ苛烈に輝く季節がやってきた。グラウンドの土は多少の水ではたちまち蒸発していく有様で、試合前の整備の後は、水たまりができるほど念入りに水が撒かれる。

その黒々とした重たげな土を見て、香山始は腹の底から熱がこみあげてくるのを感じた。厭な感覚ではない。むしろ、周囲に生徒がいなければ、声をあげて泣いてしまいかねないほど愛おしい、だが少しばかり痛い記憶。

懐かしい。

か、あるいは、その社会で生きる人々が何を思うのかを、より具体的に想起させることができる。それによって私たちが現在の科学技術をどのように扱わなければならないのか、どんな責任を負わなければならないかをも、はっきりと感じさせるのだ。

ヨナスがその具体例として好んで取り上げるのは、オルダス・ハクスリーの『すばらしい新世界』である。その世界では、人間は官僚機構による徹底した支配のもとに囚われており、その支配は高度な科学技術によって支えられている。人間は子どもを産むことができなくなり、子どもの出生は装置に代替され、そして生まれてきた子どもはすぐに選別され、社会的な格差を再生産する教育を受けさせられる。

もっとも、そうした技術の運用方法そのものは、あるいは小説を介さずとも予測できるかもしれない。しかしこの物語は、そうした社会で生きる人間にとって家族がどのようなものなのか、他者を愛するということが何を意味するのかを問い直しているのであり、そしてそれは科学技術の本質に属す問題なのだ。

人間の生のそうした具体的なY相貌は、物語を介した想像力を喚起されることで、初めて予見できるようになる、とヨナスは考えていたのである。

そういうわけだから、3ビクティニだって決して馬鹿にできない。それは私たちにとっての原子力のある側面を表象している。ビクティニのデザインを決定しているのはクリティカではなくトピカである。だからこそ、科学的な合理性に基づく限り決して表現されえない原子力の本質を、ビクティニは体現することができるのだ。

幽閉されていたビクティニに見つめられたとき、あなたならどんな態度を取るだろうか、取るべきだろうか。私たちは原子力という科学技術からそう問いかけられているのかもしれない。

（戸谷洋志「科学技術と想像力―ビクティニとトピカ―」による）

問一 波線部a～eのカタカナを正しい漢字に直しなさい。（楷書でていねいに書くこと。）

問二 二重傍線部X「一蹴」・Y「相貌」の意味として適当なものを次からそれぞれ選び、記号で答えなさい。

X「一蹴」

ア 問題にもせずはねつけること

イ わずかながら気に留めること

ウ 再起不能な打撃を与えること

エ 卑劣なものだとあざけること

Y「相貌」

ア 物事の相場や決まり　**イ** 物事のあり方や本質

ウ 物事の有様や様子　**エ** 物事の趨勢や沿革

問三 傍線部1「ビクティニが原子力の表象である」とあるが、ここで筆者がこのように述べるのはなぜか。その理由として適当なものを次から選び、記号で答えなさい。

ア ビクティニが使う技が、核兵器の特性を連想させるだけでなく、そのポケモンが幽閉されていたという事実が、放射性廃棄物の地層処分をも想起させるから。

イ ビクティニが深くに幽閉されていたという事実が、人類が原子力というエネルギーを獲得するまでに多大な努力を必要としたという歴史を想起させるから。

紀遅れている。

近代イタリアの哲学者ジャンバティスタ・ヴィーゴは、科学的な知性を「クリティカ」と呼び、それに対して常識に立脚する知性を「トピカ」と呼んだ。クリティカが計算に基づいて真実を導き出すとしたら、トピカはその答えを「真実らしく」表現する知性である。計算に基づいて導き出された答えは、それがたとえｃゲンミツで正確であったとしても、私たちにとって「真実らしく」思えるとは限らない。それに対してトピカは、人々が理解できるような言葉遣いに習熟し、一瞬で人々を納得させられる表現を駆使する能力である。ただしそうした表現は、決して合理性に基づいては導き出せない。

ヴィーゴは、デカルトによってあらゆる学問のモデルが［Ａ］だけに求められ、［Ｂ］が軽視されていることを批判した。科学的な合理性だけが重視されるとき、それを語る人々から言語的なセンスは失われていき、およそ「真実らしい」とは思えない言葉が科学的な知識として流通する。しかし、結果的に、それは専門家に対する人々の不信感を加速させることになってしまう。むしろ、科学的な知識を重んじるためにこそ、それを表現するためのトピカが育まれなければならない。そして、ヴィーゴに拠れば、トピカを育むために必要なのは豊かな想像力に他ならない。

［Ｃ］に対する［Ｄ］の必要性は、言い換えるなら、科学技術に対する想像力の必要性でもある。そして２それは現代社会において一層切迫した形で必要とされている。

今日の科学技術の影響力は加速的に巨大化している。ときとしてその巨大さは人間の想像力を凌いでしまう。たとえば放射性廃棄物は、それが自然界に受容可能になるまで、およそ十万年の期間がかかるといわれている。十万年である。私たちはこの「十万」という数字をクリティカに基づいて算出することができる。しかし、十万年後がどんな世界になっているか、私たちには想像することさえもできない。だからこそ、十万年間の保管期間が必要だといわれても、私たちにはそれをうまく飲み込むことができないのである。

二〇世紀の哲学者であるハンス・ヨナスは、科学技術文明において、現在の世代は未来の世代に対して責任を負わなければならない、と主張した。しかし、その未来はあまりにも遠くまで及ぶため、この責任はあまりにも茫漠として、掴みどころのないもののように思えてしまう。それに対してヨナスは「恐怖に基づく発見術」をｄテイショウしている。そこで彼は、恐怖すべき未来をありありと思い浮かべることで、その未来には至らないための方策を発見する、という思考法の必要性を訴えている。重要なのは、その発見は想像力によって担われなければならない、と語られていることだ。

ヨナスに拠れば、未来世代への責任を担うとき、私たちはこれから訪れる未来を想像する努力をしなければならない。数万年後にこの場所がどうなっているのか、そこではどんな匂いがして、どんな風が吹いて、どんな音が聴こえるのか。それを想像することから責任は始まるのである。

ヨナスはそうした「恐怖に基づく発見術」を実践する上で、サイエンス・フィクションの有用性を指摘している。そうした文学作品において発揮される作家の豊かな想像力は、ただのｅゴラクとして消費されるだけではなく、テクノロジーが実装された社会がどのようなものになるの

【国　語】（五〇分）〈満点：一〇〇点〉

一　次の文章を読んで、後の問いに答えなさい。

ポケットモンスターに「ビクティニ」というキャラクターがいる。頭は大きなVの字に象られており、ご丁寧に左手でピースサインをしている。モンスターはいずれも「タイプ」という属性をもっており、それに応じた技を覚えるが、ビクティニのタイプは「エスパー」と「ほのお」である。ゲーム内では「ビクティニが無限に生み出すエネルギーを分け与えてもらうと全身にパワーがあふれだす」と説明されている。

『ポケットモンスター』は世界的な人気を誇るゲームシリーズである。プレイヤーは「ポケモン」と呼ばれるモンスターをaシイクし、戦わせることでゲームを進行する。なかには、簡単に捕獲できない「幻のポケモン」と呼ばれる特別な種類もいる。かくいうビクティニもまたそうした幻のポケモンの一匹だ。

ビクティニを捕獲するためには、ゲームの中の特別な場所に行かなければならない。それは「リバティガーデン島」と呼ばれる島の地下室である。ストーリー上では次のように説明される。かつて、無限のエネルギーを人々に与えるビクティニは、それを悪用しようとする輩に付け狙われていた。ビクティニがそうした悪党の手に渡れば大きな災厄が起きる。そうした事態を危惧したある大富豪は、二百年前に島の地下室にビクティニを幽閉した。時が経ち、ビクティニの存在を知った悪の組織が再びビクティニを奪取しようと動き出す。それを阻止するために、プレイヤーはこの悪の組織と戦い、ビクティニを自分のポケモンとして捕獲し、地下室から解放する。

技も強烈だ。たとえばビクティニは「かえんだん」という強力な炎タイプの技を使う。これは、自分以外のモンスターを無差別に攻撃するという特徴をもっている。「いのちがけ」という技も特徴的だ。この技を使うと、ビクティニ自身が戦闘不能にbオチイり、それと引き換えに相手に大きなダメージを与えられる。

1ビクティニが原子力の表象であることは明らかである。たとえばビクティニが覚える技は、いずれもあまりにも威力が巨大すぎて、自分の仲間や自分自身さえも破滅させかねないものであるが、それは、使用されれば必然的に核戦争を招き起こし、それによって人類全体を破滅させる、という核兵器の特性を連想させる。また、ビクティニが二百年間にわたって幽閉されている、という事態は、放射性廃棄物の地層処分を想起させもする。

ビクティニは核兵器であると同時に原子力発電所でもある。そこには原子力という科学技術に対する私たちの解釈が示されている。

しかし、ポケモンがなんだというのだろうか。そんなことは原子力をめぐる現実の問題に何の関係もないのではないか。科学技術の問題は、あくまでも科学技術によって解決されるのであって、そこでは想像力の働きなど役に立たないのではないか。

三・一一以降、そうした言説が日本社会を支配してきたように思える。市民は原子力に対する漠然とした不安を語るが、それに対してある種の行政担当者やある種の専門家は、そうした不安をあたかも妄想であるかのようにX一蹴し、合理的で科学的な知識を伝えることだけに囚われてきた。もちろんそうした知識は必要である。しかし、それだけで科学技術の問題を克服できると考えるなら、そうした考え方は少なくとも三世

MEMO

大切なことはメモしておこうネ！

T.G

第1回

2021年度

解 答 と 解 説

《2021年度の配点は解答欄に掲載してあります。》

<数学解答>

1 (1) $-45x^{20}y^{15}$ (2) $\dfrac{9a^2-9b^2}{8}$ (3) $x=2,\ y=-3$ (4) $(x+y+2)(x+y-3)$

(5) 11 (6) $x=-1,\ 2$ (7) $\dfrac{74}{3}\pi$ (8) $\angle BAC=48°$ (9) EF=6cm

(10) 33通り

2 (1) 解説参照 (2) 8cm (3) $b=4\sqrt{2}$ (4) $48\sqrt{3}$

3 (1) $a=\dfrac{1}{3}$ (2) $y=x+6$ (3) $\dfrac{81}{2}$ (4) D(3, 0) (5) $y=-\dfrac{3}{5}x+\dfrac{42}{5}$

4 (1) 解説参照 (2) $x=\dfrac{7}{2},\ y=\dfrac{3}{2}$ (3) $\dfrac{15\sqrt{7}}{4}$ (4) $\dfrac{3\sqrt{7}}{2}$

○配点○

1 各4点×10　2 各5点×4　3 各4点×5　4 各5点×4　計100点

<数学解説>

基本 1 (式の計算，連立方程式，因数分解，式の値，2次方程式，回転体の体積，角度，平行線と線分の比の定理，場合の数)

(1) $\left(-\dfrac{5}{2}x^3y^2\right)^4\div\left(-\dfrac{2}{3}x^2y\right)^2\times\left(-\dfrac{4}{5}x^4y^3\right)^3=\dfrac{5\times5\times5\times5\times x^{12}y^8}{2\times2\times2\times2}\times\dfrac{3\times3}{2\times2\times x^4y^2}\times\left(-\dfrac{4\times4\times4\times x^{12}y^9}{5\times5\times5}\right)=-45x^{20}y^{15}$

(2) $\dfrac{(2a+b)(a-b)}{4}+\dfrac{(a+2b)(a-b)}{2}+\dfrac{(a-b)^2}{8}=\dfrac{2(2a+b)(a-b)+4(a+2b)(a-b)+(a-b)^2}{8}=\dfrac{2(2a^2-ab-b^2)+4(a^2+ab-2b^2)+a^2-2ab+b^2}{8}=\dfrac{9a^2-9b^2}{8}$

(3) $0.2(7x-2y)=4$　両辺を5倍して，$7x-2y=20$…①　$\dfrac{1}{2}(x+2)-\dfrac{1}{3}y=3$　両辺を6倍して，$3x+6-2y=18$　$3x-2y=12$…②　①－②から，$4x=8$　$x=2$　これを②に代入して，$3\times2-2y=12$　$2y=-6$　$y=-3$

(4) $(x+y-1)^2+(x+y)-7$　$x+y$をMとおくと，$(M-1)^2+M-7=M^2-2M+1+M-7=M^2-M-6=(M+2)(M-3)=(x+y+2)(x+y-3)$

(5) $x^2+xy+y^2=(x+y)^2-xy=(-3)^2-(-2)=9+2=11$

(6) $(x-1)^2-(x+3)(x-3)=-2x^2+14$　$x^2-2x+1-x^2+9+2x^2-14=0$　$2x^2-2x-4=0$　$x^2-x-2=0$　$(x+1)(x-2)=0$　$x=-1,\ 2$

(7) 直線CDと直線BAの交点をOとする。平行線と線分の比の定理から，OD：OC＝AD：BC＝3：4　OD＝xとすると，$x:(x+2)=3:4$　$4x=3x+6$　$x=6$　OC＝6＋2＝8　求める体積は，底面の円の半径が4で高さが8の円錐の体積から，底面の円の半径が3で高さが6の円錐の体積をひいたものになるから，$\dfrac{1}{3}\times\pi\times4^2\times8-\dfrac{1}{3}\times\pi\times3^2\times6=\dfrac{128}{3}\pi-\dfrac{54}{3}\pi=\dfrac{74}{3}\pi$

(8) $\angle BCD=a$とおくと，$\angle ACD=2a$　$\angle ABC=\angle ACB=2a+a=3a$　△DBCにおいて内

角と外角の関係から，$\angle BCD+\angle DBC=\angle ADC$　$a+3a=88°$　$4a=88°$　$a=22°$
$\angle ABC=\angle ACB=3\times 22°=66°$　$\triangle ABC$において内角の和の関係から，$\angle BAC=180°-66°\times 2=48°$

(9)　ACとDBの交点をOとすると，平行線と線分の比の定理から，AO：OC＝DO：OB＝AD：BC＝2：8＝1：4　DO：OB＝1：4とDE：EB＝4：1から，DO：OE＝1：(4－1)＝1：3…①　AO：OC＝1：4とAF：FC＝4：1から，AO：OF＝1：(4－1)＝1：3…②　①と②から，AD：EF＝1：3　2：EF＝1：3　よって，EF＝2×3＝6(cm)

(10)　一番左をMとすると，3文字の並べ方は，(M, I, R)，(M, I, A)，(M, I, I)，(M, R, I)，(M, R, A)，(M, A, I)，(M, A, R)の7通り　一番左をR，Aにしたときも，同様にして7通り　一番左をIとすると，3文字の並べ方は，(I, M, R)，(I, M, A)，(I, M, I)，(I, R, M)，(I, R, A)，(I, R, I)，(I, A, M)，(I, A, R)，(I, A, I)，(I, I, M)，(I, I, R)，(I, I, A)の12通り　よって，求める並べ方は全部で，7×3＋12＝33(通り)

2　**(文字式の利用，2次方程式の利用，図形と関数・グラフの融合問題，切断面の面積)**

(1)　(証明)　3けたの整数の百の位をa，十の位をb，一の位をcとすると，3けたの整数は，$100a+10b+c$(…①)と表せる。仮定より，$a+b+c=3k$(kは整数)…②　①に②を代入すると，$100a+10b+c=99a+9b+a+b+c=99a+9b+3k=3(33a+3b+k)$　$33a+3b+k$は整数なので，①は3の倍数である。

(2)　長方形の横の長さは，$x+10$　容積の関係から，$(x-2\times 2)(x+10-2\times 2)\times 2=112$
$(x-4)(x+6)=56$　$x^2+2x-24-56=0$　$x^2+2x-80=0$　$(x+10)(x-8)=0$　$x>0$から，$x=8$(cm)

(3)　①に$y=0$を代入して，$0=-x+4$　$x=4$　A(4, 0)　B(0, 4)　②に$y=0$を代入して，$0=-2x+b$　$2x=b$　$x=\frac{b}{2}$　$C\left(\frac{b}{2},\ 0\right)$　D(0, b)　①と②からyを消去すると，$-x+4=-2x+b$　$x=b-4$　これを①に代入して，$y=-b+4+4=-b+8$　E($b-4$, $-b+8$)　$\triangle ACE=\triangle DBE$から，$\frac{1}{2}\left(4-\frac{b}{2}\right)(-b+8)=\frac{1}{2}(b-4)(b-4)$　$-4b+32+\frac{b^2}{2}-4b=b^2-8b+16$　$\frac{b^2}{2}=16$　$b^2=32$　$b>4$から，$b=\sqrt{32}=4\sqrt{2}$

(4)　AS＝AT＝8÷2＝4　△ASTは直角二等辺三角形だから，ST＝$4\sqrt{2}$　切断面は，1辺の長さが$4\sqrt{2}$の正六角形になる。よって，求める面積は，1辺の長さが$4\sqrt{2}$の正三角形の6つ分だから，$\frac{1}{2}\times 4\sqrt{2}\times 4\sqrt{2}\times\frac{\sqrt{3}}{2}\times 6=48\sqrt{3}$

3　**(図形と関数・グラフの融合問題)**

(1)　①に点Aの座標を代入して，$3=a\times(-3)^2$　$9a=3$　$a=\frac{3}{9}=\frac{1}{3}$

(2)　①に$x=6$を代入して，$y=\frac{1}{3}\times 6^2=12$　よって，B(6, 12)　直線ABの傾きは，$\frac{12-3}{6-(-3)}=\frac{9}{9}=1$　直線ABの式を$y=x+b$として点Aの座標を代入すると，$3=-3+b$　$b=6$　したがって，直線ABの式は，$y=x+6$

(3)　直線ABとy軸との交点をEとすると，E(0, 6)　CE＝15－6＝9　△ABC＝△ACE＋△BCE＝$\frac{1}{2}\times 9\times 3+\frac{1}{2}\times 9\times 6=\frac{27}{2}+\frac{54}{2}=\frac{81}{2}$

(4)　ABの中点をPとすると，$\frac{-3+6}{2}=\frac{3}{2}$，$\frac{3+12}{2}=\frac{15}{2}$から，$P\left(\frac{3}{2},\ \frac{15}{2}\right)$　CDの中点もPになることから，点Dの座標を$(d_x,\ d_y)$とすると，$\frac{0+d_x}{2}=\frac{3}{2}$，$\frac{15+d_y}{2}=\frac{15}{2}$　$d_x=3$，$d_y=0$
よって，D(3, 0)

重要 (5) ①に$x=-6$を代入して，$y=\frac{1}{3}\times(-6)^2=12$　E$(-6,\ 12)$　直線EPは平行四辺形ADBCの面積を2等分する。求める直線の式を$y=px+q$として点E，Pの座標を代入すると，$12=-6p+q$…②　$\frac{15}{2}=\frac{3}{2}p+q$…③　②－③から，$\frac{9}{2}=-\frac{15}{2}p$　$p=-\frac{3}{5}$　これを②に代入して，$12=-6\times\left(-\frac{3}{5}\right)+q$　$q=12-\frac{18}{5}=\frac{42}{5}$　よって，求める直線の式は，$y=-\frac{3}{5}x+\frac{42}{5}$

4 (平面図形の計量・証明問題－証明，三角形の合同，円と接線，三平方の定理，面積)

(1) (証明) △AOPと△AORにおいて，共通な辺より，AO＝AO…①　∠APO＝∠ARO＝90°…②　円Oの半径だから，OP＝OR…③　①，②，③より，直角三角形の斜辺と他の一辺がそれぞれ等しいので，△AOP≡△AOR　合同な図形の対応する辺は等しいので，AP＝AR

(2) AP＝ARより，AB＋BP＝AC＋CR　$4+x=6+y$　$x-y=2$…①　(1)の証明と同様に，BQ＝BP，CQ＝CR　BQ＋CQ＝5より，$x+y=5$…②　①＋②から，$2x=7$　$x=\frac{7}{2}$　これを②に代入して，$\frac{7}{2}+y=5$　$y=\frac{3}{2}$

重要 (3) 点AからBCへ垂線AHをひく。BH＝zとすると，HC＝$5-z$　AH^2の関係から，$AB^2-BH^2=AC^2-HC^2$　$4^2-z^2=6^2-(5-z)^2$　$16-z^2=36-25+10z-z^2$　$10z=5$　$z=\frac{1}{2}$　$AH=\sqrt{16-\left(\frac{1}{2}\right)^2}=\sqrt{\frac{63}{4}}=\frac{3\sqrt{7}}{2}$　よって，$\triangle ABC=\frac{1}{2}\times5\times\frac{3\sqrt{7}}{2}=\frac{15\sqrt{7}}{4}$

重要 (4) $AP=AR=4+\frac{7}{2}=\frac{15}{2}$　円Oの半径をrとすると，四角形APORの面積は，△APO＋△ARO$=\frac{1}{2}\times\frac{15}{2}\times r\times2=\frac{15}{2}r$…①　また，四角形APORの面積は，△ABC＋△BPO＋△BQO＋△CQO＋△CRO$=\frac{15\sqrt{7}}{4}+\frac{1}{2}\times\frac{7}{2}\times r\times2+\frac{1}{2}\times\frac{3}{2}\times r\times2=\frac{15\sqrt{7}}{4}+\frac{7}{2}r+\frac{3}{2}r=\frac{15\sqrt{7}}{4}+5r$…②　①と②から，$\frac{15}{2}r=\frac{15\sqrt{7}}{4}+5r$　$\frac{5}{2}r=\frac{15\sqrt{7}}{4}$　$r=\frac{3\sqrt{7}}{2}$

★ワンポイントアドバイス★

3(5)は，平行四辺形の2つの対角線の交点を通る直線は平行四辺形の面積を2等分することを利用する。

<英語解答>

1 Part 1 (1) b　(2) c　Part 2 (1) F　(2) T　(3) F
Part 3 No.1 b　No.2 c　No.3 b

2 A (1) イ　(2) エ　B (1) エ　(2) ウ　C (1) ウ　(2) エ　(3) ア　D (1) What made you so angry　(2) don't have to take care of the dog　(3) other student in his class can run as fast

3 A (1) ウ　(2) ウ　(3) イ　B イ

4 問1 ① closed　② to keep　⑦ being[to be]　問2 it is important to keep physical distance between each other　問3 海外で生活することについての難しい部分の1つは，家族や友人と離れてしまうことである。　問4 ウ　問5 ウ　問6 最も大切な人の多くと社会的により近づく　問7 ウ

5 (1) Have you decided it yet ? (2) Were you a member of the badminton club (3) Is it difficult to play it ? (4) Why don't you join us ? (5) What time are you going to play it ?

○配点○

1 各2点×8 2 D 各3点×3 他 各2点×7 3 各4点×4
4 問1 各2点×3 問2・問7 各3点×2 問3・問6 各5点×2 問4・問5 各4点×2
5 各3点×5 計100点

＜英語解説＞

1 (リスニング)

Part 1 S: Hi Michael. How are you doing?

M: Hi, Sakura. I'm doing great. And you?

S: Fine, thanks. By the way, congratulations on your 5 year anniversary of living in Japan!

M: Yeah, thanks. It's been a long time since I moved here from Canada. Time flies!

S: You're right about that. Actually, I have a question for you, Michael.

M: Ok, what is it?

S: What was something that surprised you about life in Japan?

M: Well there were a lot of things. But probably the biggest thing is the earthquakes. I mean, before moving here I knew that Japan had many earthquakes. But I had never experienced them where I lived before. So the first time I felt one, it was a big shock.

S: I see. After spending time here have you gotten used to them?

M: I guess so. But they still make me nervous.

S: Yeah. That's normal. Japanese people feel the same way, I think.

(1) How many years has Michael spent in Japan?

a. two years b. five years c. ten years

(2) What did Michael find most surprising about life in Japan?

a. The small number of earthquakes.

b. How much time he has spent in Japan.

c. Experiencing his first earthquake.

(全訳) サクラ ：こんにちは，マイケル。調子はどう？

マイケル：やあ，サクラ。すごくいいよ。君は？

サクラ ：いいよ，ありがとう。ところで，日本に住んで5周年おめでとう！

マイケル：うん，ありがとう。僕がカナダからここに引っ越してきてからずいぶん時間が経ったよ。時が経つのは早いね！

サクラ ：その通りね。実は私はあなたに質問があるのよ，マイケル。

マイケル：いいよ，何？

サクラ ：日本の暮らしについて，あなたを驚かせたものは何？

マイケル：たくさんあったよ。でも一番大きなものは地震かな。えーと，ここに引っ越してくる前，僕は日本では地震がよくあることを知っていた。でも以前住んでいたところでは経験したことがなかった。だから初めて地震を感じた時はすごくショックだったよ。

サクラ　：なるほど。ここで過ごしてから地震に慣れた？

マイケル：そう思う。でもまだ不安になるよ。

サクラ　：そうね。それが普通よ。日本人も同じように感じると思うわ。

質問　(1)　マイケルは日本で何年過ごしているか。

a　2年　　b　5年　　c　10年

(2)　マイケルは日本の暮らしについて何が一番驚きだと思ったか。

a　地震の少なさ　　b　日本でどのくらいの時間を過ごしたか

c　地震を初めて体験したこと

Part 2　In the spring, we can see many flowers and plants. Trees and flowering plants make a small powder called pollen. Pollen is carried by the wind from one plant to another. When pollen from one plant, touches a flower of the same kind of plant, new seeds can be made. And in this way, it helps new plants grow.

But pollen can also be a problem for people. When pollen enters a person's body through their nose or eyes, their body might become very active and have a negative reaction. This negative reaction is known as a pollen allergy. When a person has pollen allergies, they often have red, itchy eyes, a headache and a runny nose. It makes them feel very uncomfortable.

In Japan there are two kinds of trees that make a lot of this pollen. They are called sugi and hinoki. Because there are so many of these trees, more than 40% of Japanese people say that they have pollen allergies.

True or false

(1) Pollen are small seeds that plants make.

(2) Pollen allergies can make your eyes red and itchy.

(3) More than half of the Japanese population has pollen allergies.

(全訳)　春には多くの花や植物が見られる。木や花が咲く植物は，花粉と呼ばれる細かい粉を作る。花粉は風によって別の植物へと運ばれる。ある植物の花粉が同じ種類の植物の花に触れると，新しい種が作られる。そしてこのようにしてそれは新しい植物が育つのに役立つ。

しかし花粉は人にとって問題になりうる。花粉が鼻や目を通じて人の体に入ると，体が活発になり，良くない反応を起こすかもしれない。この良くない反応は花粉アレルギーとして知られている。花粉アレルギーの人は，目が赤くかゆくなり，頭痛がして鼻水が出る。そのためとても不快な気分になる。

日本には，このような花粉を大量に作る木が2種類ある。それらはスギとヒノキと呼ばれている。これらの木がとてもたくさんあるため，40%以上の日本人が自分は花粉アレルギーだと言う。

(1)　花粉は植物が作る小さな種だ。

(2)　花粉アレルギーは目を充血させ，かゆくさせる。

(3)　日本の人口の半分以上が花粉アレルギーを持っている。

Part 3　1. How many times have you visited that country?

a. I spent about 3 weeks there.

b. I have been there 4 times now.

c. I'm planning to go next year.

2. Could you help me with my math homework later today?
 a. My math teacher's name is Mr. Suzuki.
 b. No, I'll be too busy tomorrow.
 c, Sure. But it's not my best subject.
3. Excuse me. Does this bus go to the station?
 a. No. There is no bus service here.
 b. No. You'll need to get on the next one.
 c No. It's not free. It'll cost 300 yen.

(1) 「あなたはその国を何回訪問したことがありますか」
 a 私はそこで3週間過ごしました。 b 今では4回行ったことがあります。
 c 来年行く計画を立てています。
(2) 「今日あとで，数学の宿題を手伝ってくれませんか」
 a 私の数学の先生の名前はスズキ先生です。 b いいえ，明日はとても忙しいです。
 c もちろんです。でもそれは私が一番得意な教科ではありません。
(3) 「すみません。このバスは駅に行きますか」
 a いいえ。ここにはバスの運行がありません。 b いいえ。次のバスに乗る必要があります。
 c いいえ。無料ではありません。300円かかります。

2 **(発音，語彙，語句補充・選択，動名詞，冠詞，前置詞，語句整序，構文，助動詞，熟語，比較)**

A (1) 見出し語とイは[ei]，他は[æ]。 (2) 見出し語とエは[t]，他は[d]。

B (1) 「平らな上板と脚のある家具」→ table「テーブル」 (2) 「服が汚れるのを防ぐもの」→ apron「エプロン」

C (1) 「あなたにまた会えるのを楽しみにしています」 look forward to ~ing「~するのを楽しみにする」 この動詞句は問題文のように，現在進行形で用いられることが多い。
 (2) 「彼は正直な人のようだ」 honest[ ]「正直な」は母音で始まるので冠詞 an がつく。
 (3) 「壁にいる蜘蛛が見えますか」 前置詞 on ~「~の上に，~に」は接触を表す。

重要 D (1) 直訳は「何があなたをそんなに怒らせたのか」で，疑問詞 what が主語の文である。< make +目的語+形容詞>「~を…にする」
 (2) <don't have to +動詞の原形>「~する必要がない」 take care of ~「~の世話をする」
 (3) 直訳は「彼のクラスの他のどの生徒もリョウほど速く走らない」。<No other +単数名詞+ as … as ~>「他のどの(名詞)も~ほど…ない，~ほど…な(名詞)は他にない」

やや難 **3** **(長文読解・資料読解：英問英答，内容吟味)**

(全訳) グリーンビュー・インターナショナル・ハイスクール・カフェテリア

こんにちは，グリーンビュー高校の生徒・職員の皆さん！ 私たちはカフェテリアであなた方においしく健康的な食品を提供することに誇りを持っています。インターナショナルスクールとして，グリーンビュー高校は世界中から来た生徒たちの学びをサポートしています。そして私たちのメニューも世界の様々な味や風味を表しています。毎日違うものを味わったり，お気に入りの料理を選んで昼食のたびにそれを食べてください。私たちは週に6日営業しています。午前11時30分から午後1時30までは全てのメニューを提供いたします。午後3時50分から午後4時50分まではドリンクとサイドディッシュを提供します。

デニス・フェアバンクス
(カフェテリア主任)

今週の日替わり特別メニュー
各日とも私たちは料理の文化交流に基づいた，特別メニューをご提供します。どの日も，新しくておいしい料理を試してみてください！　どの特別メニューにもメインディッシュ，サイドディッシュ，ドリンクバーSサイズがついて，全て500円です。

月　マカロニ	火　タコス	水　中華	木　カレー	金　フライ	土　寿司
パスタかピザ	ビーフタコスか豆のブリトー	鶏肉か豆腐の炒めもの	野菜か肉のカレー	魚か鶏のフライ	巻き寿司6種セット
グリーンサラダ	スパイシーサルサナチョス	かきたまスープ	ナン	フライドポテト	みそ汁
ガーリックブレッド			スイートヨーグルト	グリーンサラダ	漬物

通常メニュー商品

メインディッシュ　各300円
－ハンバーガー
－チーズバーガー(330円)
－チキンサンド
－フィッシュサンド
－クワトロチーズピザ(大カット)

サイドディッシュ　各150円
－フライドポテト
－ポテトサラダ
－グリーンサラダ
－フルーツサラダ
－日替わりスープ

ドリンクバー
－Sサイズ　100円
－Mサイズ　130円
－Lサイズ　160円
人気のお茶，ジュース，炭酸飲料からお選びください

注意！！
来月から日替わり特別メニューのお弁当を550円でご提供します。詳しい情報は学校事務局へお立ち寄りいただくか電話でカフェテリア運営担当にご連絡ください。
(電話788－925－4848)

金曜日のフライの日にはこれらの通常メニューの商品が割引！
－フライドポテト
~~150円~~ → 100円
－チキンサンド
~~300円~~ → 250円
－フィッシュサンド
~~300円~~ → 250円

ご満足いただけない？
私たちのメニューに加えたいものがある場合はREQUESTという件名で GVCafe@Foodmail.com までメールを送信してください。私たちのメニューに加えることができるか検討いたします。

A (1)「あなたはカフェテリアで友人と会いたいが，ランチタイムは忙しすぎる。いつ会えるか」「4時15分」 チラシ冒頭部分より，ランチタイム以外の営業は3時50分から4時50分。

(2)「あなたはメニューにのっている食べ物がどれも好きではない。どうするべきか」「カフェテリアのメールアドレスにメッセージを送る」 チラシの最後の部分参照。

(3)「月曜日から木曜日まであなたは学校にお弁当を持ってきた。金曜日は学校のカフェテリ

アでチーズバーガー，フライドポテト，Lサイズのドリンクを買った。土曜日はカフェテリアで日替わり特別メニューを食べた。合計でいくら使ったか」 金曜日はチーズバーガー330円＋フライドポテト100円(割引価格)＋Lサイズのドリンク160円，土曜日は日替わり特別メニュー500円で，合計1090円。

B ア 「血液型B型はグラフで最も高い割合だ」(×) イ 「血液型A型の割合は血液型B型の割合の2倍だ」(○) ウ 「血液型AB型の割合は血液型A型の割合ほど低くない」(×) エ 「血液型AB型の割合を血液型O型の割合に足したら，合計の半分以上になる」(×)

4 **(長文読解・エッセイ：語形変化，分詞，不定詞，動名詞，語句整序，英文和訳，語句補充・選択，指示語，内容一致)**

(全訳) コロナウイルスのパンデミックが始まって以来，医療専門家たちは皆に手を洗い，①密閉された場所を避け，ソーシャルディスタンスを保つようにすべきだと常に言っている。

私にとって，その最後の部分がいつも間違っている文言のように思われる。もちろん，ウイルスの拡散を防止するために③お互いに物理的な距離を保つことは重要だ。しかし，現代のテクノロジーをもってすれば，私たちが社会的になれないというわけではない！

言うまでもなく，④海外で生活することについての難しい部分の1つは，家族や友人と離れてしまうことである。ウイルスの流行前でさえも里帰りは私にとって⑤めったになかった。多くても1年に1回だった。友人や家族に別れを言う時はいつでも，私たちはお互いに連絡を取り合おう，必ずすぐにビデオチャットしよう，といつも言ったものだった。

しかし私が日本に戻ってくると，仕事やここの友人と出かける計画で忙しくなり，⑥あの連絡を取り合おうとする約束はだんだんと影が薄くなっていくのだった。

パンデミックが始まり，誰もが2020年の付き合いの予定をキャンセルしてから，そのようなことは全て良いほうへ変わった。

今や誰もが，特にパンデミックの間，家で仕事をすることができる幸運な人々は，時間を持て余すようになったので，私たちは実際に約束を守るようになり始めた。両親へ電話をかけることや両親から電話がかかってくることはさらに頻繁になり，定期的にビデオチャットができる⑦ことは，パンデミックのせいで彼らが4月に日本に来るのが中止になってしまってから，特に役に立った。その時，私たち家族はオンラインで大人数の集まりを開き，参加者たちはそれぞれ3か国から参加した。

多くの方法で，ソーシャルディスタンスの期間に，私は人生で最も大切な人たちの多くに社会的に親密になった。私は⑧それがパンデミックが収束してからも続くことを願っている。約束するのは避けるべきかもしれないが。

問1 ① closed places「密閉された場所」 close「～を閉める」を過去分詞にして受け身の意味を表す。 ② < try to ＋動詞の原形>「～しようとする」 ⑦ 動名詞 being にして being able to video chat regularly「定期的にビデオチャットできること」とする。名詞的用法の不定詞 to be も可。

問2 形式主語構文< It is … to ＋動詞の原形>「～することは…だ」 distance between each other「お互いの間の距離」

やや難 問3 主語は one of the difficult parts about living abroad「海外で生活することについての難しい部分の1つ」。about ～ing は「～することについて」という意味。文の動詞は is で，文の補語は動名詞句 being apart from family and friends「家族や友人と離れてしまうこと」である。

問4 rare「まれな」

問5　直前の部分が下線部⑥の理由となっている。

やや難　問6　この it は直前の I've become socially closer ~ in my life までを指す。

問7　ウが最後から2番目の段落の内容と一致する。

重要 **5** **(会話文読解：英作文，現在完了，熟語，不定詞，口語表現，疑問詞)**

(全訳)　ハナエ：マミ，あなたは何部に入るつもり？ (1)<u>もう決めた</u>？

マミ　：うん，バドミントン部にはいるつもりよ。

ハナエ：中学生の時に(2)<u>バドミントン部の部員だったの</u>？

マミ　：いいえ。その時はテニス部に入っていたの。

ハナエ：そう。でもどうしてバドミントン部に入るつもりなの？

マミ　：私はリオオリンピックの試合を見たの。日本人選手はとてもよかった。私はそれを見ている間に彼らのようにプレーしたくなった。だから趣味としてバドミントンをし始めたの。

ハナエ：いいね！ (3)<u>それをプレーするのは難しい</u>？

マミ　：いいえ。私はすぐに上手になったよ。

ハナエ：本当？　私は今，バドミントンをすることに興味を持ったよ。

マミ　：今度の日曜日，私はトシキと一緒にバドミントンをする予定なの。(4)<u>一緒にやらない</u>？

ハナエ：予定を確認させて… (5)<u>何時にする予定なの</u>？　私はその日の午前中，おじを訪問することになっているよ。

マミ　：心配しないで！　私たちは午後2時にトシキの家の前で会うことになっているよ。

ハナエ：私はその時間には行ける！　安心したわ！

マミ　：あなたがバドミントンをするのはおもしろいと感じて私たちの部に入ってくれるといいな！

(1)　次にマミが Yes, I have. と答えているので，現在完了の疑問文で「もう決めたか」と尋ねる。現在完了の疑問文の文末の yet は「もう，すでに」を表す。

(2)　次にマミが No, I wasn't. と答えているので，Were you ~ ? という過去形の疑問文を入れる。be a member of ~「~の一員である，(会，グループなど)に入っている」

(3)　次にマミが No, it isn't. と答えているので，Is it ~ ? という疑問文が入る。

(4)　ハナエを誘う言葉を入れる。Why don't you join us ?「一緒にやらない？」や Do you want to join us ?「一緒にやりたい？」，Would you like to join us ?「一緒にいかがですか」なども良い。

(5)　マミが「2時に会うことになっている」と言っているので，時間を尋ねる疑問文を入れる。

★ワンポイントアドバイス★

3Aは案内チラシの読み取りの問題。チラシに書かれている情報量が多いが，問いは3問だけである。先に質問文を読んで，チラシから読み取るべき情報を事前に把握して，効率よく読もう。

＜国語解答＞

一　問一　a　冒頭　b　辞世　c　享受　d　散逸　e　堆積　問二　X　ア　Y　ウ　問三　意識が忘れ　問四　イ　問五　ア　問六　(例)　産道を通って光の中に生まれ，自らの記憶を記述することで歴史として人生を描くが，それらの知識はいつ訪れるかわからない死とともに失われ，永遠性を持たない点。　問七　イ

二　問一　a　ぜいたく　b　じょうけい　c　かんさん　d　ひ　e　まなざ　問二　X　イ　Y　ア　問三　イ　問四　(例)　深瀬やなかじんが完璧な連携で楽曲を完成させる様子を見ていると，自分の楽曲制作の能力が低いように感じられ，自分の存在が無用なものに思えてきてしまうから。　問五　エ　問六　ア　問七　イ

三　問一　A　かたらい　B　いみょう　問二　(例)　帝(堀河院)の前で笛を吹くことでとても緊張したから。　問三　ア　問四　エ　問五　イ　問六　世にたぐひなく，めでたかりけり(。)　問七　ウ

○配点○

一　問三～問五・問七　各4点×4　問六　10点　他　各2点×7

二　問三・問五・問七　各4点×3　問四　9点　問六　5点　他　各2点×7

三　問二　4点　問六・問七　各3点×2　他　各2点×5　計100点

＜国語解説＞

一　(評論―漢字の読み書き，語句の意味，文脈把握，脱文・脱語補充，内容吟味)

問一　a「冒頭」は「文章などのはじめの部分」という意味。　b「辞世の句」はまもなく死ぬだろうときに読む句や歌のこと。　c「享受」は「受け取って，自分のものにする」という意味。　d「散逸」は「集めていたものがばらばらになり，行方がわからなくなること」あるいは「ある物質系がもつエネルギーが主に熱となって失われること。」　e「堆積」は「物が幾重にも高く積み重なること」。

問二　X「爾来」は「じらい」と読み，「それからのち」という意味であるが，この語句の意味を知っている必要は必ずしもなく，前後文脈から推測可能である。X直前に「ものごころついてすぐ」，直後に「生きていく」とあるので，死について学んで以降の人生という長い時間の継続について述べていることから，アが正答。　Y「恣」は「ほしいまま」と読み，「自由・勝手に行動するさま」を表す。Yの二行後に「幻想を生産」とあるので，「幻想」につながりうるウが正答。

基本　問三　第五段落の「そう呼んだ」の「そう」の指す内容が「現象的身体」である。メルロ・ポンティは「意識が捉える他人の身体，自然科学的対象としての身体，医師から見た臨床的身体」の三つに対して，その逆である「意識が忘れ，そこから意識も生まれてくる身体」を「現象的身体」と呼んだということである。

問四　第十三段落～第十七段落の内容をふまえて解答する。　ア　第十三段落に「保存しようとする人たちも出てくる」とあることから，回想を歴史として保存することが「人間に必須の営為」とまではいえないため不適当。　ウ　歴史上の名について，第十三段落「後世の人たちが恣意的に意味を割り振る記号」とあることから，歴史とは自分がこれまで生きてきたことの実感を記述するものではないため不適当。　エ「人によって差がある」根拠は本文中にないため不適当。第十三段落「書き直されてしまう」，第十六段落「何らかのカタストロフ(破滅的災害)によって…思い出されることもなくなってしまうだろう」ということから，筆者は傍線部2のように述べ

ているのである。

やや難 問五　第十六段落全体の内容をまとめたものが［A］を含む一文である。知識が永遠でない理由は，第十六段落「何らかのカタストロフ(破滅的災害)によって……思い出されることもなくなってしまうだろう」であるため「消える」という要素のあるア・ウに絞られるが，一行目に「生起」とあるので，それもふまえたアが適当。

重要 問六　「線香花火」から「すぐに消えてしまう，儚いもの」というニュアンスをつかみ取ることが第一に重要である。そのうえで，なぜ儚いのかということについて第十六段落および第十九段落から「死があることから永遠性を持たないこと」，また死によって失われるものとは，同じく第十六段落および第十九段落で述べられているように「知識」であること，その「知識」の例として筆者が「歴史」を挙げていることをおさえられるとよい。

問七　ア　最終段落の内容に触れていると思われるが，最終段落には「ともあれ，それを試してみることにしよう」とあるのみで，「それを試みるところに人生の醍醐味がある」とまでは言えないため不適当。　ウ　「学ばずとも……備わっている」は，第一段落「ものごころついてすぐに学ばされる」と矛盾するため不適当。　エ　「知識の永遠性を保つため」という目的で「それを記録して後世に残そうとする」という根拠は本文中にないため不適当。第十五段落より，知識の永遠性を保つことが目的ではなく，知識が世代を超えて維持されることには「仮初の」，つまり「その場かぎりの」永遠性があるということであるが，筆者は「しかし知識の多くがなお，人の死とともに消える」としている。

二 **(随筆―漢字の読み書き，語句の意味，文脈把握，情景・心情，内容吟味，表現技法)**

問一　a　「贅沢」は「金銭や物を惜しまないこと」。「贅」には「余分」という意味があり，「贅肉」などの熟語にも使われている。　b　「情景」は「人の心の動きを通して味わわれる光景や場面」のこと。　c　「閑散」は「ひっそりと静かで物寂しいこと」，「暇なこと」，「取引などが少ないこと」。　d　「楽器を」から推測できる。　e　「羨望」は「うらやましく思うこと」，「眼差し」は「目つき，視線」のこと。

問二　X　「ノスタルジック」は「他郷にいて故郷を懐かしむ気持ち」という意味の「郷愁」の同義語。アは「エキゾチック」の説明である。　Y　「茶化す」は主に真面目な状況において用いられる語句である。

重要 問三　傍線部1は物理的に血が巡る様子に加え，傍線部1の後に「その組み合わせが作り出す空気は，決して澄んでいるとは言えない」とあることから，「血が巡る」ことはスタジオのよどんだ雰囲気から解放される比喩にもなっている。　ア　「外出によってそこから逃れられる」だけでは，「固まっていた血が身体中を巡っていく」までの理由にはならないため，不適当。
ウ　物理的な血の巡りのみについて述べているのではないため，不適当。　エ　よどみから解放されてはいるが，「気分が快活になった」と言えるまでの根拠はないため不適当。

やや難 問四　「息苦しくなる」という表現から，筆者が楽曲制作において何かネガティブな感情を持っていることがわかる。傍線部2直後～「ポップコーンいただきまーす」の直前までの内容をまとめて説明する。二重傍線部Xの後にある「深瀬がアイディアを出し……浅い呼吸を繰り返すだけになってしまう」，「彼らと同じようには頑張れない。……でも立てない。」が筆者の心情の核心である。筆者は楽曲制作において深瀬となかじんの完璧な連携を目の当たりにし，自分は二人よりも能力が低く，役に立たないものだと感じていることをおさえられるとよい。

問五　深瀬の姿勢については，二重傍線部Y直後「『でも俺だって……』……面食らった」で，なかじんの姿勢については傍線部3直後「彼の場合は……私には考えられない」で説明されている。
ア　なかじんはいつでも楽曲制作に向き合っていることは本文中からうかがえるが，「楽曲の着想を得るのも，それを形にしてしまうのも早い」根拠はないため不適当。楽曲制作のスピードについては深瀬に対してのみ言及がある。　イ　波線部bの直前から，深瀬が「みんなで遊んでいる時にも」音楽のことを考えており，それに対して筆者が「面食らった」という記述はあるが，あくまで筆者が意外に思ったという感想であり，「つい場の空気を険悪にしてしまう」と周囲を不快にさせる根拠はないため不適当。　ウ　「違った意味」で音楽のことを考えているので，使用機材の違いという物理的な話は無関係であるため不適当。

問六　「スタジオの扉を開けて息を吸う」は冒頭でも登場した描写であるが，冒頭ではスタジオ内の空気がよどんでいることからの解放，傍線部4では筆者が「大変」を「苦しい」と同一視してしまい，楽曲制作に対するよどんでこり固まった意識や姿勢からの解放と，それぞれ異なるよどみからの解放の比喩になっている。　イ　「気乗りしないでいる」のであれば，傍線部4の前にある「頑張ることが出来たら」，「間違わずにいられる自分になれたら」という前向きな表現を用いることは不自然なので不適当。　ウ　「息苦しい環境に自分をおいて夏を終える」は，傍線部4の前にある「この息苦しさから解放されるのだろうか」と矛盾するため不適当。筆者は息苦しさからの解放を望んでいるのである。　エ　「メンバーの能力が思っていたよりも低」い根拠は本文中にない。深瀬，なかじん，ラブの三人に対する記述は，彼らがそれぞれの姿勢で楽曲制作を楽しんでおり，高い能力を有すると筆者が感じていることを示すものである。

基本　問七　ア　ラブについては，本文中に「あまり物案じしない」と性格についての言及が見られるが，深瀬となかじんについては楽曲制作の姿勢について述べており，性格についての明確な言及とは言い切れない。また「メンバーの中の良好な関係が表面的なものにすぎない」根拠も本文中にないため不適当。　ウ　「ちょっと新しいことをやってみたよ，聞いてみて！」はなかじんのセリフ，「ポップコーンいただきまーす」はラブのセリフであり，どちらにもかぎかっこが付いているため不適当。　エ　「歪ませた」は深瀬が要求した音に対してなかじんが的確に応えたという出来事においての事実の記述にすぎないため不適当。また，傍線部4直前で「また明日やろう」という言葉が繰り返して用いられており，今後について筆者が前向きな姿勢であることを示唆しているため，「バンドに違和感を覚えている」という後ろ向きな姿勢ではない。

三　(古文一仮名遣い，文脈把握，情景・心情，語句の意味，ことわざ・慣用句)

〈口語訳〉　堀河院のご治世に，勘解由次官顕宗といって，素晴らしい笛吹きがいた。ひどく気後れする人であった。堀河院が，笛(の音)をお聞きになろうということで，(顕宗を)お呼びになると，(顕宗は)帝(＝堀河院)の御前だと思って，気後れして，手足が震えて，吹くことができなかった。(堀河院は)残念だなあと思って，よく知る女官に「個人的に，(あなたの)部屋の辺りに呼んで，(笛を)吹かせなさい。」とおっしゃったので，月夜に，(女官と顕宗は)話し合って約束して，(笛を)吹かせた。(顕宗は)女官が聞くのだと思って，気後れするところもなく，思うように(笛を)吹いた。世の中に比べるものがないほど，素晴らしいものであった。帝は，感動をこらえることがおできにならなかった。普段から上手(な笛吹きである)とはお聞きになっていたが，これほどまでとはお思いにならなかった。堀河院が「大変素晴らしいことよ」とおっしゃったところ，(顕宗は)「さては，帝がお聞きになっていたことだよ。」と，唐突に気後れして，慌てているうちに，縁側から落ちてしまった。そうして，「安楽塩」という異名が(顕宗に)ついたのだった。

問一　A　古典的仮名遣いでは，語頭ではない「はひふへほ」は「わいうえお」と読む。　B　古典的仮名遣いでは，「～au」は「～ou」と読む。例えば，古語「やうやう」は現代仮名遣いでは「ようよう」と読む。

問二　傍線部1直前に「帝の御前と思ふに，臆して，わななきて」とあるので，「帝の御前」であることが原因で「臆し」たということをまとめる。

基本 問三　顕宗が笛を吹くことができなかったことを受けて「本意なし」と思っているが，これは本文冒頭に「院，笛聞こしめさむ」とあることから，顕宗の笛の音を聞きたがっていた堀河院の心情である。

問四　「めでたし」は「素晴らしい」という意味である。傍線部3直前に「帝，……おぼしめさず。」とあり，顕宗の笛の音が堀河院の予想を超えて素晴らしいものであったということがわかるので，ア・イ・ウはすべてあてはまる。エは，顕宗は女官に笛を聞かせると思っていたのであり，堀河院のために笛を吹いたわけではないので「感謝」するのは不自然である。

やや難 問五　「たちまち」は「すぐさま，突然，実際」という意味である。　ア　「おもむろに」は漢字では「徐に」と書き，「ゆっくりと」という意味である。ゆっくりと気後れしたのであれば，傍線部4直後の「さわぎけるほどに，縁より落ちにけり。」と，縁側から落ちるほど慌てたこととつながらない。　ウ　「素早く」は語句の意味としては間違っていないが，「素早く」は「素早く動く」など動作動詞を修飾する副詞なので，「臆す」に対して用いるのは不自然である。　エ　実は堀河院が自分の笛の音を聞いていたということが判明して「たちまちに臆し」たということなので，限定的な原因に対する結果として「臆し」たということであり，「毎度」と繰り返されることではない。

問六　笛の音に対する評価なので，実際に笛の音を聞いている箇所が根拠として有力である。本文冒頭にも「いみじき笛吹き」とあるが，これは笛の音ではなく顕宗がどのような人物かということの説明であるため注意。実際に笛の音を聞いている箇所は「月の夜」以降であり，「吹きける」の後にその笛の音について「世にたぐひなく，めでたかりけり。」という評価が記されている。「たぐひなし」は「比べるものがない」という意味である。

重要 問七　ア　「河童の川流れ」は「名人でも時には失敗する」という意味であるが，顕宗の場合は気後れすると必ず失敗してしまうので「時には」にはあたらない。　イ　「塞翁が馬」は「幸不幸は予測できない」という意味の故事成語であるが，顕宗が演奏に失敗するのは気後れしてしまうことが原因であることは明らかなので，「予測できない」とは言えない。ウ　「知らぬが仏」は「知らなければ仏のように穏やかでいられる」という意味であり，実際に顕宗は堀河院が聞いていると知らないうちは素晴らしい演奏ができたので適当。　エ　「馬の耳に念仏」は「いくら意見しても全く効果がない」という意味であるが，「意見」「効果がない」にあたることは本文中にない。　オ　「立て板に水」は「すらすらと話す」という意味であるが，そのような描写は本文中にない。

★ワンポイントアドバイス★

論説文はキーワードに注目して筆者の考えや主張をとらえよう。記述問題もキーワードについての説明を簡潔に，かつ不足のないようにまとめることが大切だ。随筆は，小説は，心情を表す言葉が何についての心情なのかを正確に読み取ろう。比喩にも注目して筆者の心情を把握できるとよい。古文は，本文全体の流れを正しくとらえることを心がけよう。

第2回

2021年度

解 答 と 解 説

《2021年度の配点は解答欄に掲載してあります。》

＜数学解答＞

1 (1) 1 (2) $27a^5b$ (3) a^4-10a^2+9 (4) $x=1,\ 2$ (5) $n=2,\ 8,\ 18$
(6) 12 (7) $\sqrt{3}+\sqrt{5}<4$ (8) $x=120$ (9) $x=2\sqrt{6}$ (10) $48\pi\,\mathrm{cm}^2$

2 (1) 解説参照 (2) $\frac{5}{12}$ (3) $x=\frac{5}{2}$
(4) $\mathrm{AP}=\frac{9}{13}$

3 (1) 右図 (2) $\mathrm{A}(-2,\ 2)$, $\mathrm{B}\left(3,\ \frac{9}{2}\right)$
(3) $\frac{15}{2}$ (4) $a=-\frac{3}{2}$ (5) $\frac{135}{8}$

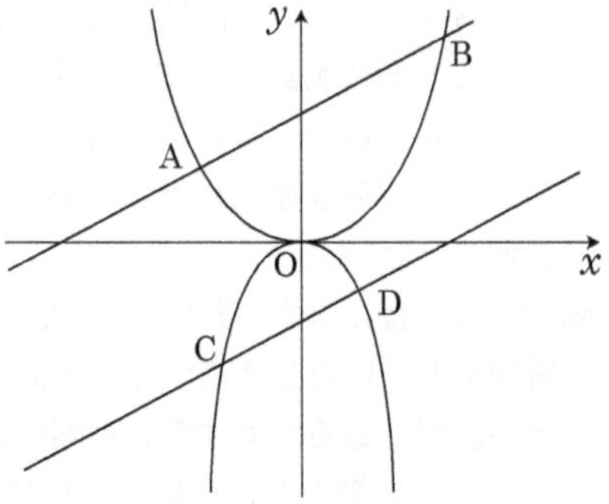

4 (1) BG＝3cm (2) 解説参照
(3) $\mathrm{IC}=\frac{16}{3}\mathrm{cm}$ (4) $\mathrm{FI}=\frac{4}{3}\mathrm{cm}$
(5) DH＝1cm

○配点○

1 各4点×10　2 各5点×4　3 各4点×5　4 各5点×4　計100点

＜数学解説＞

基本 1 (数・式の計算，式の展開，2次方程式，平方根，式の値，角度，平面・空間図形の計量問題)

(1) 2021をaとおくと，$2021^2-2020\times2022=a^2-(a-1)(a+1)=a^2-(a^2-1)=a^2-a^2+1=1$

(2) $(a^2b)^3\times(-3a^2b)^2\div\frac{1}{3}a^5b^4=a^6b^3\times9a^4b^2\times\frac{3}{a^5b^4}=27a^5b$

(3) $(a+1)(a+3)(a-1)(a-3)=(a+1)(a-1)(a+3)(a-3)=(a^2-1)(a^2-9)=a^4-10a^2+9$

(4) $2x^2-3x+5=x^2+3$　$x^2-3x+2=0$　$(x-1)(x-2)=0$　$x=1,\ 2$

(5) $\sqrt{72n}=6\sqrt{2n}$　$n=2\times k^2$(kは自然数)のとき，$\sqrt{72n}$は整数となる。$2\times1^2=2$，$2\times2^2=8$，$2\times3^2=18$から，$n=2,\ 8,\ 18$

(6) $x^2+xy-6y^2=(x+3y)(x-2y)=3\times4=12$

(7) $(\sqrt{3}+\sqrt{5})^2=3+2\sqrt{15}+5=8+2\sqrt{15}$　$4^2=16=8+8$　$2\sqrt{15}$と8の大きさを比べると，$2\sqrt{15}=\sqrt{60}$，$8=\sqrt{64}$から，$2\sqrt{15}<8$　よって，$(\sqrt{3}+\sqrt{5})^2<4^2$　$\sqrt{3}+\sqrt{5}<4$

(8) 円周角の定理から，$x=40\times2+20\times2=80+40=120$

(9) 三角形の頂点から底辺へ垂線を引き，2つの三角定規型の直角三角形に分けて考える。直角二等辺三角形の直角をはさむ2辺の長さは，$\frac{6}{\sqrt{2}}=\frac{6\sqrt{2}}{2}=3\sqrt{2}$　$x:3\sqrt{2}=2:\sqrt{3}$から，$x=\frac{3\sqrt{2}\times2}{\sqrt{3}}=2\sqrt{6}$

(10) $4\pi\times4^2\div2+\pi\times4^2=32\pi+16\pi=48\pi\,(\mathrm{cm}^2)$

2 (式の計算の利用，確率，2次方程式の応用問題，空間図形の計量問題)

(1) (証明) 2つの連続する自然数をx，$x+1$とすると，それらの平方の和は，$x^2+(x+1)^2=x^2+x^2+2x+1=2x^2+2x+1=2x(x+1)+1$　$x(x+1)$は連続する2つの自然数の積なので2の倍数である。よって，2つの連続する自然数の平方の和は，4で割ると余りが1になる。

(2)　サイコロを2回投げたときの目の出方は全部で，$6\times6=36$(通り)　そのうち，出た目の和が素数になる場合は，12以下の素数は，2，3，5，7，11なので，(1，1)，(1，2)，(1，4)，(1，6)，(2，1)，(2，3)，(2，5)，(3，2)，(3，4)，(4，1)，(4，3)，(5，2)，(5，6)，(6，1)，(6，5)の15通り　よって，求める確率は，$\frac{15}{36}=\frac{5}{12}$

(3)　前半の正解数は，$20\times\frac{10-2x}{10}=20-4x$　後半の正解数は，$(20-4x)\times\left(1+\frac{2x}{10}\right)=20+4x-4x-\frac{4}{5}x^2=20-\frac{4}{5}x^2$　合計25問正解することができたから，$20-4x+20-\frac{4}{5}x^2=25$　$\frac{4}{5}x^2+4x-15=0$　$4x^2+20x-75=0$　$(2x-5)(2x+15)=0$　$x>0$から，$x=\frac{5}{2}$

(4)　$\mathrm{AG}=\sqrt{3^2+4^2+12^2}=\sqrt{169}=13$　$\mathrm{BG}^2=4^2+12^2=160$　$\mathrm{AP}=x$とおくと，$\mathrm{PG}=13-x$　△BAPと△BGPにおいて，BP^2の関係から，$\mathrm{AB}^2-\mathrm{AP}^2=\mathrm{BG}^2-\mathrm{PG}^2$　$3^2-x^2=160-(13-x)^2$　$9-x^2=160-169+26x-x^2$　$26x=18$　$x=\frac{18}{26}=\frac{9}{13}$

3　(図形と関数・グラフの融合問題－グラフの作成)

基本　(1)　(−2，2)，(0，0)，(2，2)を通る放物線①をかく。(−1，−1)，(0，0)，(1，−1)を通る放物線②をかく。切片が3で傾きが$\frac{1}{2}$の直線③をかく。③に平行で，切片が負になるように④の直線をかく。①と③の交点のうち，x座標が小さい方を点A，大きい方を点Bとし，②と④の交点のうち，x座標が小さい方を点C，大きい方を点Dとする。

(2)　①と③からyを消去すると，$\frac{1}{2}x^2=\frac{1}{2}x+3$　両辺を2倍して，$x^2=x+6$　$x^2-x-6=0$　$(x+2)(x-3)=0$　$x=-2,\ 3$　これを①に代入して，$y=\frac{1}{2}\times(-2)^2=2$，$y=\frac{1}{2}\times3^2=\frac{9}{2}$　よって，A(−2，2)，$\mathrm{B}\left(3,\ \frac{9}{2}\right)$

(3)　③とy軸との交点をEとすると，E(0，3)　$\triangle\mathrm{OAB}=\triangle\mathrm{OAE}+\triangle\mathrm{OBE}=\frac{1}{2}\times3\times2+\frac{1}{2}\times3\times3=3+\frac{9}{2}=\frac{15}{2}$

(4)　直線AOの式は，$y=-x$…⑤　3点A，O，Dは同一直線上にあることから，点Dは②と⑤の交点である。②と⑤からyを消去すると，$-x^2=-x$　$x^2-x=0$　$x(x-1)=0$　$x=0,\ 1$　$x=1$を⑤に代入して，$y=-1$　よって，D(1，−1)　点Dは④上の点だから，④の式に点Dの座標を代入して，$-1=\frac{1}{2}\times1+a$　$a=-1-\frac{1}{2}=-\frac{3}{2}$

重要　(5)　②と④からyを消去すると，$-x^2=\frac{1}{2}x-\frac{3}{2}$　$-2x^2=x-3$　$2x^2+x-3=0$　$(2x+3)(x-1)=0$　$x=-\frac{3}{2},\ 1$　②に$x=-\frac{3}{2}$を代入して，$y=-\left(-\frac{3}{2}\right)^2=-\frac{9}{4}$　よって，$\mathrm{C}\left(-\frac{3}{2},\ -\frac{9}{4}\right)$　④とy軸との交点をFとすると，$\mathrm{F}\left(0,\ -\frac{3}{2}\right)$　$\mathrm{EF}=3-\left(-\frac{3}{2}\right)=3+\frac{3}{2}=\frac{9}{2}$　(四角形ACDB)$=\triangle\mathrm{ABC}+\triangle\mathrm{DCB}=\triangle\mathrm{ABF}+\triangle\mathrm{DCE}=\frac{1}{2}\times\frac{9}{2}\times(2+3)+\frac{1}{2}\times\frac{9}{2}\times\left(\frac{3}{2}+1\right)=\frac{45}{4}+\frac{45}{8}=\frac{90+45}{8}=\frac{135}{8}$

4　(平面図形の計量と証明問題－三平方の定理，三角形の相似の証明)

(1)　$\mathrm{BG}=x$とすると，$\mathrm{EG}=\mathrm{AG}=8-x$　△GBEにおいて三平方の定理を用いると，$x^2+4^2=(8-x)^2$　$x^2+16=64-16x+x^2$　$16x=48$　$x=3$(cm)

(2)　△GBEと△ECIにおいて，∠GBE＝∠ECI＝90°…①　∠BGE＝90°－∠BEG…②　∠CEI＝90°－∠BEG…③　②，③より，∠BGE＝∠CEI…④　①，④より，2組の角がそれぞれ等しいので，△GBE∽△ECI

(3)　CE＝8－4＝4　△GBE∽△ECIから，BG：EB＝CE：IC　3：4＝4：IC　$\mathrm{IC}=\frac{4\times4}{3}$

$=\frac{16}{3}$(cm)

(4) △IECにおいて三平方の定理を用いると，$IE^2=IC^2+CE^2=\left(\frac{16}{3}\right)^2+4^2=\frac{256}{9}+16=\frac{256+144}{3}$
$=\frac{400}{9}$　$IE=\sqrt{\frac{400}{9}}=\frac{20}{3}$　よって，$FI=FE-IE=8-\frac{20}{3}=\frac{4}{3}$(cm)

(5) △ECIと△HFIにおいて，∠ECI＝∠HFI＝90°…①　対頂角から，∠EIC＝∠HIF…②
①と②より，2組の角がそれぞれ等しいので，△ECI∽△HFI　よって，CE：IC＝FH：IF
$4:\frac{16}{3}=FH:\frac{4}{3}$　$FH=4\times\frac{4}{3}\div\frac{16}{3}=\frac{16}{3}\times\frac{3}{16}=1$　したがって，DH＝FH＝1(cm)

★ワンポイントアドバイス★

3(5)の台形ACDBの面積は，$\frac{1}{2}$×{(点Aと点Bのx座標の差)＋(点Cと点Dのx座標の差)}×EFで求めることもできる。$\frac{1}{2}\times\left\{3-(-2)+1-\left(-\frac{3}{2}\right)\right\}\times\left\{3-\left(-\frac{3}{2}\right)\right\}=\frac{135}{8}$

＜英語解答＞

1　Part 1　(1) c　(2) a　Part 2　(1) T　(2) F　(3) F
Part 3　No.1 a　No.2 b　No.3 c

2　A (1) エ　(2) イ　B (1) ウ　(2) ア　C (1) ア　(2) イ
(3) ア　D (1) tell me the way to the station　(2) has been absent from school for more than　(3) What a fast swimmer Lisa is

3　A (1) イ　(2) エ[イ]　(3) ウ　B エ

4　問1 His family called him Al　問2 虫を食べたら(鳥と同様に)隣の家の女の子が空を飛べるかを確かめたかったから。　問3 ア　問4 ④ built　⑥ used
⑦ better[well]　問5 川を利用する船よりも鉄道の方がより速く，容易に国中に物資を運べたから。　問6 X soon[fast]　Y he　Z could　問7 アルは，発明によって，日常生活がより便利で幸せなものになると固く信じていた。　問8 エ

5　(1) if you can help me　(2) There is something wrong with this machine.
(3) What does the light mean?　(4) What should I do to use it again?
(5) Where can I get the paper?

○配点○

1 各2点×8　2 D 各3点×3　他 各2点×7　3 各4点×4
4 問1 3点　問3・問4 各2点×4　問6 各1点×3　他 各4点×4
5 各3点×5　計100点

＜英語解説＞

1 (リスニング)

Part 1　K: Hey, Rika. Have you read any good books lately?
R: Yes, Kyle. Actually, I'm glad you asked. I was going to tell you that I finished reading the first book of Dragons & Dreams.

K: Oh, you did? That's great! What did you think about it?
R: Well, at first I didn't like the cover art of the book. But after I read it, I was really moved by the story. Most of all, I felt the characters were great. I could really feel their emotions. Thanks for lending it to me.
K: You're welcome. I'm glad you enjoyed it so much. Next you should watch the movie. I can let you borrow the DVD if you like.
R: Well, actually, I don't want to watch it yet. I want to read all the books in the series before I see the film version. So I might borrow your DVD later.
K: Wow. You're really hooked, huh?
R: Yeah. I can't wait to read the next one… So, can I borrow it from you?

(1) What did Rika enjoy most about Dragons & Dreams?
a. The cover art of the book. b. The storyline.
c. The characters in the story.

(2) What does Rika want to borrow from Kyle next?
a. a book. b. a manga. c. a DVD movie.

(全訳) カイル：やあ，リカ。最近何か良い本を読んだ？
リカ　：ええ，カイル。あなたが質問してくれてうれしいわ。『ドラゴン＆ドリームズ』の第1巻を読み終わったと，あなたに言おうとしていたのよ。
カイル：へえ，そうなの？　それはすごいね！　どう思った？
リカ　：最初，私はその本の表紙の絵が好きじゃなかった。でも読んだら，ストーリーに感動したわ。とりわけ，登場人物たちがすごいと思った。私は本当に彼らの気持ちを感じることができたわ。私にそれを貸してくれてありがとう。
カイル：どういたしまして。君がそんなに楽しんでくれてうれしいよ。次は映画を見るべきだ。もしよかったら，君にDVDを貸してあげるよ。
リカ　：えーと，実は，まだ見たくない。私は映画版を見る前にシリーズ全巻を読みたいの。だから後であなたのDVDを借りるかもしれない。
カイル：わあ。本当に夢中なんだね。
リカ　：そうなの。次を読むのが待ちきれない。あなたからそれを借りてもいい？

質問
(1) 『ドラゴン＆ドリームズ』に関してリカは何が一番楽しかったか。
a　その本の表紙の絵　　b　話の流れ　　c　作中の登場人物たち
(2) リカは次にカイルから何を借りたいか。
a　本　　b　マンガ　　c　映画のDVD

Part 2 Movement and exercise are very important for human health. Did you know that if you exercise regularly, you can lower your risk of dying from sickness? Exercise also helps you to live a longer life. Regular exercise each week could add 3 or 4 years to your life.

So exercise is very good for the health of the body. But it's also great for mental health. One way is that it helps to reduce stress. That means you will be happier more often. Another way exercise is great for the mind is that it helps to keep your brain stay young and active. That means you will have better concentration and better memory.

There are many different kinds of exercise and physical activities. Taking a walk, playing sports, muscle training, and dance are just a few examples. Some are easy, and some are hard. What's most important, is to find an activity that is enjoyable for you and get some exercise!

True or false

(1) Regular exercise can help protect you from dying from sickness.

(2) Exercise is great for the body, but it does not help you to remember things.

(3) To improve your health, you should only do hard exercise.

(全訳) 動くことと運動することは人間の健康にとって重要だ。定期的に運動をすれば，病気で死ぬリスクを減らすことができることを知っていただろうか。運動はあなたが長生きするのにも役立つ。毎週定期的に運動することは，寿命を3，4年伸ばすことができる。

だから運動は体の健康にとても良い。しかし心の健康にも良い。1つには，それはストレスを減らすのに役立つ。それはあなたがより頻繁に幸せになれるということだ。もう1つ，運動が精神にとって良いことは，それがあなたの脳を若く活動的に保つのに役立つということだ。それは集中力がより良くなり，記憶力もより良くなるということである。

様々な種類の運動や肉体的活動がある。散歩をする，スポーツをする，筋肉トレーニング，ダンスはほんの例にすぎない。簡単なものもあれば，ハードなものもある。最も大切なことは，あなたが楽しめる活動を見つけて，いくらかの運動をすることだ！

(1) 定期的な運動はあなたを病気で死ぬことから守ることができる。

(2) 運動は体にとって素晴らしいが，記憶することには役立たない。

(3) 健康を良くするために，あなたはハードな運動だけをするべきだ。

Part 3 (1) You don't look so good. Are you OK?

a. I'm fine, I just need to rest a minute.

b. It looks funny to me, too.

c. OK. I'll take a look at it.

(2) How can I contact you?

a. Yes, It's nice to meet you.

b. Here's my phone number. Call anytime.

c. Yes. Please get in touch with me later.

(3) What is your strongest subjject?

a. I like math but my scores are low.

b. I'm not a member of the science club.

c. I'm pretty good at English.

(1) 「あなたはあまり調子が良くなさそうです。大丈夫ですか」

a 大丈夫です，少し休みが必要なだけです。

b それは私にもおもしろく思えます。

c わかりました。私はそれを見てみます。

(2) 「私はあなたにどうやって連絡を取ればいいでしょうか」

a はい。初めまして。 b 私の電話番号をどうぞ。いつでも電話してください。

c はい。どうか後で私に連絡してください。

(3) 「あなたの最も得意な教科は何ですか」

a 私は数学が好きですが点数は低いです。 b 私は科学部の部員ではありません。

c 私は英語がかなり得意です。

2 **(発音, 語彙, 語句補充・選択, 熟語, 前置詞, 構文, 分詞, 語句整序, 命令文, 現在完了, 感嘆文)**

A (1) 見出し語とエは [ɔː], 他は [ou]。 (2) 見出し語とイは [z], 他は [s]。

B (1) 「タクシーを表す別の語」→ cab「タクシー」 (2) 「建物, 部屋, 塀の側面」→ wall「壁」

C (1) 「紙は木から作られる」 be made from ~「~から作られる」 (2) 「私はあなたにドアを閉めるよう頼んだ」 < ask +人+ to +動詞の原形>「(人)に~するように頼む」 この構文を作ることができるのは, 選択詞の中では ask のみである。 (3) 「青森のおじから送られたりんごはとても甘かった」 形容詞的用法の過去分詞句 sent to me by my uncle in Aomori「青森のおじによって私へ送られた」が apples を後ろから修飾する。

重要 D (1) < tell +人+物>「(人)に~を教える」 the way to ~「~へ行く道」 (2) 継続を表す現在完了の文にする。be absent from ~「~を休む」 < for +期間>「~間」「1週間」は for a week となり,「1週間以上」は for more than a week となる。 (3) 感嘆文< What a +形容詞+単数名詞+主語+動詞!> 英文の直訳は「リサはなんて早いスイマーなのだろう」となる。

やや難 **3** **(長文読解・資料読解:英問英答, 内容吟味)**

(全訳) リバー市・北コミュニティーセンター・ニュースレター(2021年10月版)

30年間, 北コミュニティーセンターはリバー市に奉仕しています。私たちは喜んで, リバー市の人々が集まり, 様々な活動をを楽しむことができるよう, 場所を提供しお手伝いいたします。いつも通り, この秋も私たちは地域に奉仕し続けます。私たちが10月に計画した特別イベントにぜひご参加ください。

週の予定

月~金

開館:午前8時50分

閉館:午後5時30分

土

開館:午前8時50分

閉館:午後7時30分

*日曜日と祝日は閉館

10月の特別イベント

10/ 3(土)	ジェシーのスイングジャズコンサート
10/ 7(水)	放課後のお話(怖い話)
10/10(土)	子供作家クラブ(詩の夕べ)
10/15(木)	初心者向け水彩画
10/17(土)	フレディの子供向けマジックショー
10/20(火)	ソフィー・ミラーによるソロバイオリンコンサート
10/24(土)	ハロウィンコスチューム製作ワークショップ
10/30(土)	「ハロウィン前夜」コスチュームコンテスト

*イベントの時間と費用の詳細はウエブサイトを確認してください。URLはこのページの下部にあります。

*11月のイベントのスケジュールは10月22日にオンライン公開される予定です。

ーレンタル品と費用ー

*サービスや部屋を予約するには, コミュニティーセンターのヘルプデスクにお越しください, またはウエブサイトのオンライン予約システムをご利用ください。(URLは下を参照)

＊オンライン予約するにはクレジットカードの番号を入力する必要があります。
＊部屋を借りる場合は，1部屋につき基本早期予約料金20ドルを現金またはクレジットカードでお支払いください。

レンタル品と費用

ー小会議室(18名収容)	1時間8ドル
ー中会議室(36名収容)	1時間12ドル
ー『踏み石』講堂	1時間50ドル
ー図工室	1時間15ドル
ースピーカーシステムとマイク	1時間8ドル
(センターの外では使用不可)	

ー連絡先ー
リバー市 北オークウッド通り1023
電話：032-281-0429
rcncenter@rivercitymail.com
www.rivercitylife.com/comcenter/north

A (1) 「あなたはあまり経験がないが，新しく美術の技能を身に着けたいと思っている。あなたはどの日にコミュニティーセンターに行く可能性が高いか」「10月15日」 初心者向けの水彩画のイベントがある10月15日が適切。

(2) 「あなたは20人以上のグループに会って，あなたのプロジェクトについて話したい。あなたは場所を3～5時間借りる必要がある。どのくらいの金額を用意すべきか」 中会議室を3～5時間借りた場合，費用は36ドル～60ドル。これに予約料金20ドルが加算され，エの56～80ドルとなる(予約料金20ドルの説明が不十分なためイの36ドル～60ドルも正答扱い)。

(3) 「コミュニティーセンターについて正しいものはどれか」 ウ 「1年の各月に異なる特別イベントが予定されている」

B ア 「この駅で一日のうち最も静かな時間は午前中だ」(×) イ 「この駅の乗客の正午と午後9時の人数はほぼ等しい」(×) ウ 「この駅の乗客の人数は午前10時から午後4時まで増え続ける」(×) エ 「午後6時の2回目のピークの後，乗客の数は急速に減り，午後8時に約100人になる」(○)

4 (長文読解・伝記：語句整序，構文，内容吟味，語形変化，受動態，分詞，比較，語句補充，英文和訳，助動詞，内容一致)

(全訳) トーマス・アルバ・エジソンは1847年に生まれた。①彼の家族は彼をアルと呼んだ。幼いアルは自分の周りの世界について全てを知りたがった。彼はただ質問をするのではなく，答えを自分自身で見つけるのが好きだった。

ある時，アルは鳥が虫を食べて飛び立つところを見た。そこで②アルは水とつぶした虫を混ぜたものを作り，隣に住んでいる少女に渡して飲ませた。彼は，虫を食べることで彼女が飛ぶのかどうか確かめたかったのだ。しかし，それは彼女の具合を悪くしただけだった。

アルが7歳の時，家族はミシガン州のポートヒューロンの新居に引っ越し，セントクレア川沿いの大きな家に住んだ。アルの父親は生計を立てるために様々なことをした。彼は大工として働いた。食料雑貨店を営んだ。野菜畑を持っていた。農業もやってみた。彼は川を見下ろす高さ100フィートの③塔を建てることさえもした。料金25セントで誰もがそこに登り，ボートが行き交うのを眺めることができた。

その当時，トラックや車はまだ発明されておらず，列車は彼のところには通じていなかった。しかしある日，鉄道の線路が④建設された。列車が彼の町に来るようになり，⑤川はもはやそれほど重要ではなくなった。鉄道のほうが物資を国中に運ぶために，速く容易に利用できた。

エジソン一家がポートヒューロンに住んでまもなく，アルがしょう紅熱にかかった。現在⑥使われている薬がないので，それは当時，深刻な病気だった。幸いなことにアルは⑦よくなったが，おそらくしょう紅熱のせいで，以前ほど耳がよく聞こえないことに気づいた。学校でアルは授業を聞かないので，先生がよく怒った。彼は飽きていたのかもしれないし，よく聞こえなかったのかもしれない。ある日8歳のアルは先生が誰かにアルは頭が悪いと言っているのを聞いた。アルが母親にそのことを言うと，彼女は非常に怒った。彼女は彼を学校から連れ出し，自宅で彼に勉強を教え始めた。アルは歴史，自然，科学についての本を読むのが大好きだった。彼は⑧できるだけ速く本を読んだ。彼の最も気に入っていた本は科学の本だった。それは電気，電池，電子おもちゃ，その他たくさんについて書かれていた。それには簡単な実験も載っていた。

アルはわくわくした。彼は家じゅうで実験をし始めた。彼の寝室はふた付き容器や瓶でいっぱいになった。ついに母は彼を地下室に行かせ，自分の研究室を作らせた。勉強と実験のための部屋だ。エジソン家には他に3人の子供がいたが，最年少のアルが最も好奇心旺盛だった。⑨アルは，発明によって，日常生活がより便利で幸せなものになると固く信じていた。

問1　call A B 「AをBと呼ぶ」

やや難 問2　下線部②の直後の文参照。see if ～「～かどうか確かめる」 eating worms would make her fly は直訳すると「虫を食べることが彼女を飛ぶようにするか」となる。アルは，鳥のように虫を食べたら人間も空を飛べるのか，確かめたかった。

問3　直後の文参照。 for twenty-five cents「25セントで」 < for +金額>「～円で，～ドルで」

問4　④　直前に was があることから過去分詞にして受動態の文にする。　⑥　形容詞的用法の過去分詞句 used today「現在使われている」が medicines を後ろから修飾する。　⑦　get well「具合が良くなる」 well を比較級 better にしてもよい。

やや難 問5　直後の部分が下線部⑤の理由となっている。

問6　< as … as +主語+ can >「できるだけ…に」 ここでは can を過去形 could にする。

やや難 問7　< make +目的語+形容詞>「～を…にする」

重要 問8　ア 「エジソンはいつもたくさんの質問をした，なぜなら彼はすぐに大人に答えを教えられたかったからだ」(×)　イ 「幼い頃にエジソンがかかった病気は彼の聴力と発語能力を奪った」(×)　ウ 「エジソンは自分の寝室や家じゅうで多くの実験をしたので，母親が怒って彼を小さな地下室へ行かせた」(×)　エ 「アルは一家の4人の子供たちの中で最年少で最も好奇心が強かった」(○)

やや難 5 **(会話文読解：英作文，接続詞，助動詞，熟語，疑問詞，不定詞)**

(全訳)　マミ　：ねえ，リョウ。ちょっと時間ある？ (1)私を手伝ってくれると本当にうれしいんだけど。

リョウ：いいよ，マミ。どうしたの？

マミ　：(2)この機械はどこかおかしいの。突然動きが止まってしまって，私は書類がコピーできなくなった。

リョウ：そう，ちょっと見てみよう。ああ，わかったぞ。

マミ　：深刻なこと？

リョウ：いや，心配することじゃないよ。この赤いライトが点滅しているのが見えるよね？
マミ　：うん。(3)そのライトはどういう意味？
リョウ：トレイに紙がないってことだよ。
マミ　：(4)また使うには何をしたらいいの？
リョウ：トレイに何枚か紙を入れるだけだよ。
マミ　：(5)どこで紙が手に入るの？
リョウ：職員室でもらえるよ。担任の先生に新しい紙の包みをくれるよう頼んだらいいよ。
マミ　：わかった。すぐにそうするわ。リョウ，どうもありがとう！

(1)　次にリョウが「どうしたの？」と聞いていることから，マミは何かに困っていて，リョウに助けを求めているとわかる。
(2)　There is something wrong with ～.「～はどこか具合がおかしい」
(3)　次にリョウが It means ～. と答えているので，What does it mean ? や What does the light mean ? などの疑問文が入る。
(4)　What should I do ?「私は何をすればいいですか」
(5)　話の流れから「紙はどこで手に入るか」という意味の疑問文を入れる。

★ワンポイントアドバイス★

4の長文読解はエジソンの伝記。有名な人物の伝記は長文読解問題に頻出である。

＜国語解答＞

一　問一　a　飼育　　b　陥　　c　厳密　　d　提唱　　e　娯楽　　問二　X　ア　　Y　ウ
問三　ア　　問四　ア　　問五　(例)　科学的な知性だけでは想像の及ばない部分を補完できるものである想像力が，科学技術の影響が及ぶ範囲が膨大になっている今日において，一層求められるから。　問六　(例)　ビクティニは，原子力の問題を考える際に，クリティカだけでは想像の及ばない範囲にまで我々の想像力を喚起し，原子力の問題の本質を浮かび上がらせるから。　問七　イ

二　問一　a　かれつ　　b　まぶか　　c　がかい　　d　ぎょうそう　　e　とが
問二　X　エ　　Y　ア　　問三　イ　　問四　(例)　中松の発言通りにボールが投げ込まれ，痛かったはずの中松がガッツポーズをしながら拍手に包まれる光景を見たことで，北園高校がここから逆転するのではないかという予感が，信じられるものに変わったということ。　問五　(例)　実力のある高校を相手に，先取点を取られても，最終的には試合に勝つということが続いた点。　問六　ア　　問七　ウ

三　問一　A　かたらいけるよう　　B　うえしなん(む)　　問二　宮仕へ　　問三　エ
問四　(例)　夫婦が別れて暮らすこと。　問五　イ　　問六　(例)　将来，互いに幸せな姿で再会を果たすこと。

○配点○

一　問三・問七　各4点×2　　問四　3点　　問五　7点　　問六　8点　　他　各2点×7

二　問三・問六・問七　各4点×3　　問四　8点　　問五　6点　　他　各2点×7
三　問一　各2点×2　　問六　4点　　他　各3点×4　　計100点

＜国語解説＞

一　(評論―漢字の読み書き，語句の意味，文脈把握，脱文・脱語補充，内容吟味)

問一　a「飼育」は「家畜やペットなどを飼って育てること」。 b「陥る」は「良くない状態に入り込む」こと。 c「厳密」は「細かいところまで見逃さず，厳しいさま」。 d「提唱」は「ある主張を掲げて人に唱えること」。 e「娯楽」は「仕事や勉強などの余暇にする遊びや楽しみのこと」，また「楽しませること」。

問二　X「一蹴」は「問題にもせずはねつける」，また「相手をあっさり負かしてしまうこと」という意味なのでア・イに絞られるが，「不安を一蹴」なのでアが正答。文脈からも，専門家は市民の不安をあたかも妄想であるかのようにして問題として真面目に向き合う姿勢がないことが読み取れる。 Y「相貌」は「顔や物事のありさま，様子」という意味である。二重傍線部Yを含む「人間の生のそうした具体的な相貌」の具体的内容は，直前の第十七段落で述べられている「そうした社会で生きる人間にとって家族がどのようなものなのか，他者を愛するということが何を意味するのか」という箇所なので，「家族がどのようなものなのか，他者を愛するということが何を意味するのか」に当てはまりそうなイ・ウに絞られるが，イの「本質」としてしまうと二重傍線部Y直前にある「具体的な」からはつながらないためウが正答。エの「趨勢」は「物事の今後のなりゆき」，「沿革」は「うつり変わり」という意味である。

問三　イ　第五段落に「また，ビクティニが二百年間にわたって……放射性廃棄物の地層処分を想起させもする」とあることから，「人類が原子力エネルギーを獲得するまでに多大な努力を必要とした」という箇所は誤りであるため不適当。 ウ　ビクティニの技に対してのみの言及では，第五段落「また，ビクティニが二百年間にわたって……放射性廃棄物の地層処分を想起させもする」，また第六段落の内容をおさえられておらず不十分なため不適当。 エ　筆者が傍線部1のように考える理由は第六段落に端的にまとめられているが，原子力の利用のされ方についての歴史には言及されていないため不適当。

重要　問四　第九段落の内容から，「クリティカ」は「計算に基づいて真実を導き出す」知性で，「私たちにとって『真実らしく』思えるとは限らない」ものであり，それに対して「トピカ」は「その答えを『真実らしく』表現する」知性で，「一瞬で人々を納得させられる」ものであることをおさえておく。そのうえで，[A]，[B]を含む第十段落全体の内容から，ヴィーゴはトピカを重視していることがわかるため，[A]にはクリティカ，[B]にはトピカが当てはまる。この時点でア・イに絞られる。[C]，[D]については，その必要性について第十一段落で筆者は「言い換えるなら，科学技術に対する想像力の必要性でもある。」としている。「科学技術」は「クリティカ」であると言え，「想像力」については第十段落でヴィーゴが重視していたものであることから，つまりは「トピカ」であると言える。

やや難　問五　「切迫」は「非常に差し迫ること，時がひどく近づくこと」という意味。第八段落「三・一一以降，そうした言説が日本社会を支配してきた」と，第十二段落の内容から，「現代社会」＝「今日」の「科学技術は加速的に巨大化している」ことをまずおさえる。第八段落「そうした言説」の具体的内容は，直前の「科学技術の問題は……役に立たないのではないか」である。そのうえで，第十九段落「科学的な合理性……本質」，第十五段落「作家の豊かな想像力は……はっきりと感じさせるのだ。」から，科学的な知性だけでは不完全であり，想像力がそれを補うことについて簡潔に触れられるとよい。

問六　第五・第六段落，および傍線部3以降の内容をまとめる。ビクティニは原子力の表象であり，物語を介して核兵器と原子力発電所を同時に想起させることによって「科学的な合理性に基づく限り決して表現されえない原子力の本質」を体現しているということである。

問七　ア　ビクティニに関しては第一段落～第六段落，および第十九段落～最終段落に言及があるが，「自分より下等の存在とみている」根拠はないため不適当。また，原子力についても第八段落に「市民は原子力に対する漠然とした不安を語る」とあるので，原子力そのものを現代の人々が下等の存在と見ているとは言えない。　ウ「詭弁」は「道理に合わないごまかし」という意味だが，第十九段落の内容から，筆者はトピカによってこそ科学的な本質を体現できると考えているため，トピカが「詭弁」とは言えず不適当。　エ「荒廃した未来になるための方法」とあるが，ハンス・ヨナスについては第十三段落に「そこで彼は，恐怖すべき未来を……その未来には至らないための方策を発見する，という思考法の必要性を訴えている」とあり，本文と矛盾するので不適当。

二　(小説一漢字の読み書き，語句の意味，文脈把握，内容吟味)

問一　a「苛烈」は「きびしく激しいさま」。　b「目深」は「帽子などを，目が隠れるくらい深くかぶること」。　c「瓦解」は「物事の一部の崩れから全体の組織がこわれてしまうこと。」「瓦」は「かわら」のことであり，屋根の瓦は一部がはがれてしまうと残りも崩れ落ちてしまうことから。　d「形相」は「普通ではない顔」のこと。　e「咎める」は「あやまちを指摘して非難する」，また「あやしんで問いただす」こと。ここでは「あやまちを指摘して非難する」意。

問二　X　二重傍線部Xの直前にある「それ」の指す内容は，高校生たちが，点数的には負けている状況にもかかわらず，勝利を諦めていないことであり，それに対して「彼らの中には，たしかに自信がある。……漲る期待を感じるのだ」と表現していることから，エが正答。ウは「欺く」対象が存在しない。　Y　二重傍線部Yの後の内容から，エースの三枝が通常ありえないヘッドスライディングをしたことでチームが得点できたという良い結果につながったことがわかる。エも近いように思われるが，「思わぬ成果」のように，三枝のヘッドスライディングによってチームが得点できたことが予想外であったとは言い切れない。

基本　問三　ア　始が「これまで，どんな時でも諦めてはいけないと教えてきた」描写は本文中にないため不適当。　ウ「その直後」とは傍線部1直前にあるように諦めが始の胸に浮かんだ直後だが，「逆転を目指しているのが信じられなかった」だけであれば，「激しくおのれを恥じ」ることにつながらないため不適当。また，「自分が反射的にダメだと思ってしまったことを恥じる」と「恥じ」の内容が端的に記されている。　エ「自分が反射的にダメだと思ってしまったことを恥じる」とあるが，「ダメだ」というのはホームランを打たれたことがきっかけであり，試合に負けるだろうという諦めなので「この世代のチームを『ハズレ』だと認める」こととは直結しないため不適当。

重要　問四「この光景」とは，中松がデッドボールを受け，痛いはずなのに大きなガッツポーズをし，大きな拍手に包まれて出塁したという光景，「予感」の具体的内容は中松が打席に入る前の「いける。こいつらは，本当にここから勝つ。予感というよりは霊感に近いひらめきだった」から，北園が逆転勝利するという予感である。

やや難　問五　傍線部3直前に北園が英明戦以降も非常に手強い相手から逆転勝利をおさめたとこが記されている。ただ，「次の試合も逆転勝利した」というだけでは「何かに憑かれている」という描写についての説明としては不十分なので，「強豪校を相手に逆転勝利することが続いた」といったような内容でまとめられるとよい。

重要 問六　傍線部4の直後「以前は自信なさそうに…すぐ逸らしてしまう者も多かった」とあることから，以前と比べて「自信」「満足」という点で高校生たちが変化したということがわかる。

イ　「自信」「満足」に無関係なので不適当。また，「始の言葉に奮起した」のであればまっすぐ目を見つめ返すのではなく，何かしら高揚感のある描写があるはずである。　ウ　傍線部4の直前にある始の言葉を聞いたからではなく，始の言葉に「君たちは，互いのことを理解して，きっちり支え合った」とあるように，これまでの自分たちの野球への取り組みという幅のある時間から生まれた「自信」「満足」から傍線部4が起きているため不適当。　エ　「戸惑う」のであれば「まっすぐ目を見つめ返してくる」ことは不自然なため不適当。以前と比べて生徒たちは「自信」「満足」を得ているということが読み取れる。

問七　ア　二重傍線部Yの前に「ただ，気合を入れるためにやる場合は，あまり咎めないようにはしている」とあるので，必ずしも「禁止されていること」とは言えないため不適当。　イ　始の思い出は「声をあげて泣いてしまいかねないほど愛おしい，だが少しばかり痛い記憶」とあり，基本的には「愛おしい」と感じているため「苦い記憶」とだけするのは誤りであり，不適当。

エ　始が悩んでいたことについては「こいつらをどう扱っていいかわからん」という描写があるが，「そのことがチームにも暗に伝わった」根拠はないため不適当。

三 (古文―仮名遣い，語句の意味，文脈把握，内容吟味)

〈口語訳〉　今となっては昔のことだが，京都にひどく貧しく，身分も半端な者がいた。知り合いの人もいなく，父母・親類もおらず，住むところもなかったので，他人の家に身を寄せて(使用人として)使われていたけれども，そこでもわずかばかり目をかけられることもなかったので，もしかしたら他にもっとふさわしい所があるかと，様々な所に身を寄せたけれども，ただ同じよう(に目をかけられない)なことばかりであったので，宮仕えもできず，どうしようもなくあったが，その(貧しい者の)妻は若くて外見が優れていて，心やさしかったので，この貧しい夫に付き従っているうちに，夫は何事につけても思い悩んで，妻に(語ったことには)，「生きている限りは，このように一緒にいようとは思っていたのだが，日が経つにつれて貧しさのみが増していっているのは，もしかしたら一緒にいることが悪いのだろうかと(思い)，各々別れて(それぞれの暮らしを)試みようと思うのだが，どう思うか」と言ったところ，妻は，「私はいっこうにそうは思いません。(貧しいことは)ただ前世の報いであるので，お互いに飢え死ぬことを覚悟するべきと思っていましたが，それなのに，このように言ってもしかたがないばかりですので，本当に一緒にいることが悪いのか，別れて試してごらんなさいな」と言うので，男(＝貧しい者)は，「そのとおりだ」と思って，将来お互いに幸せな姿で再会することを口約束して，泣く泣く別れてしまったのであった。

問一　A　古典的仮名遣いでは，語頭ではない「はひふへほ」は「わいうえお」と読む。　B　「ゑ」は「え」と読む。「む」については，「ん」と読んでも「む」と読んでもよい。

問二　男は様々な所に身を寄せて使われていたことはわかるが，それでは「本来の」と設問文にあることとつながらない。「本来の」とするのであれば，何かその時点ではしていないことを指すと思われる。すると，本文に「宮仕へをもえせで」とあるので，男の本来の仕事は宮仕えであることがわかる。「え～＋打消」は「～できない」という意味を表す頻出表現である。

基本 問三　「飢え死に」については妻の発言であり，男は飢え死ぬことについて言及していないためエが正答。

重要 問四　傍線部3の直前に「もし共にあるが悪しきかと」とあるので，男は妻と一緒にいることが悪いことなのではないかと思っていることがわかる。また「試み」については妻の発言に「別れても試みよかし」とあり，実際にその後「別れにけり」とあるので，別れることを試みようということである。

問五 「げに」は漢字で「実に」と書き，「本当に」という意味である。その点でもイが選択できるが，妻が「別れても試みよかし」と言ったことについて男が「げに」と思い，その後二人は別れてしまったことから，「別れても試み」ることに同意したということからも推測できるとよい。

やや難 問六 「泣く泣く別れにけり」とあることから，お互いに別れることはつらいと思っていることがわかる。また，別れることについては「試み」という言葉を使っており，「試しに～する」というニュアンスも含む。この2点から，二人は再会を約束したと推測できる。加えて，男の考えるように「共にあるが悪しき」が本当であるならば現在のような苦しい状況ではなく，幸せな姿で再会できるだろうということも解答に反映させられるとよい。

★ワンポイントアドバイス★

論説文はキーワードや対比関係に注目して，筆者の考えや主張をとらえよう。記述問題もキーワードや対比関係についての説明を簡潔にまとめることが大切だ。小説は，情景・心情描写についてなぜそう感じているのか，どのような変化があったのかを正確に読み取ろう。古文は，省略されている語が何かも考えつつ，本文全体の内容を正しくとらえることを心がけよう。

解答用紙集

○月×日 △曜日 天気（合格日和）

◆ご利用のみなさまへ

＊解答用紙の公表を行っていない学校につきましては、弊社の責任において、解答用紙を制作いたしました。

＊編集上の理由により一部縮小掲載した解答用紙がございます。

＊編集上の理由により一部実物と異なる形式の解答用紙がございます。

人間の最も偉大な力とは、その一番の弱点を克服したところから生まれてくるものである。——カール・ヒルティ——

東京学参株式会社

開智未来高等学校（第1回）　2024年度　◇数学◇

※ 149％に拡大していただくと，解答欄は実物大になります。

1

(1)	(2)	(3)

(4)	(5)	(6)
	$(x, y) =$	$a =$

(7)	(8)	(9)	(10)
	$\angle x =$ °	cm	cm^2

2

(1)		
<証明> (証明終わり)	(2)	
	(3)	
	(4)	cm

3

		(4)
(1)	$a =$, $b =$	
(2)		
(3)	(,)	

4

		(2)
(1)	BC＝ cm	<証明> (証明終わり)
(3)	cm^2	
(4)	cm^2	

開智未来高等学校(第1回)　2024年度

◇英語◇

※ 154%に拡大していただくと，解答欄は実物大になります。

1

Part 1	(1)		(2)		Part 2	(1)		(2)		(3)	
Part 3	No. 1		No. 2		No. 3						

2

A	(1)		(2)		(3)	
B	(1)	( ) for.				
	(2)	( ).				
	(3)	( ).				

3

A	(1)		(2)		(3)		B	

4

問1	①		⑦		⑧	
問2	Bats [ ] a healthy ecosystem,					

問3															15
															30
問4															
問5															
問6	(A)									10					
	(B)									10					15
						20				25					
問7															
問8															

5

(1)	( )?
(2)	( )?
(3)	( )?
(4)	( )?
(5)	My story idea is about ( ).

◇国語◇

開智未来高等学校（第１回）　２０２４年度

※１５９％に拡大していただくと、解答欄は実物大になります。

一

問一　a　b　c　d　e

問二　X　Y

問三

問四

問五

問六

問七

二

問一　a　b　c　d　e

問二　X　Y

問三

問四

問五

問六

問七

三

問一　A　B

問二

問三

問四　〜

問五

問六

問七

開智未来高等学校（第2回）　2024年度

◇数学◇

※ 152％に拡大していただくと，解答欄は実物大になります。

1

(1)	(2)	(3)
(4)	**(5)**	**(6)**
$x=$	$x=$　　　, $y=$	

(7)	(8)	(9)	(10)
通り	cm^2	$\angle x=$　　°	$x=$

2

(1)		
	(2)	$x+\frac{1}{x}=$　　　, $x^3+\frac{1}{x^3}=$
	(3)	EM=　　　cm
	(4)	P(　　　,　　　)

3

(1)

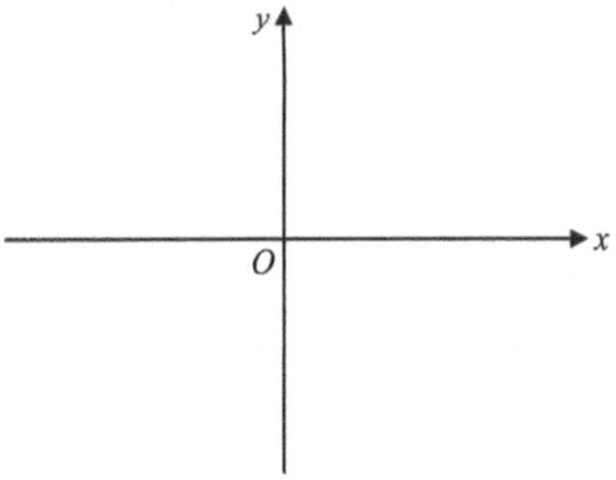

(2)	A(　　,　　), B(　　,　　)
(3)	
(4)	

4

(1)

<証明>

（証明終わり）

(2)

(i)	
(ii)	$a=$　　, $b=$　　, $c=$
(iii)	cm^3

開智未来高等学校(第2回)　　2024年度　　◇英語◇

※ 149%に拡大していただくと，解答欄は実物大になります。

1

Part 1	(1)		(2)		Part 2	(1)		(2)		(3)	
Part 3	No. 1		No. 2		No. 3						

2

A	(1)		(2)		(3)	
B	(1)	A lot ( ) in the country.				
	(2)	I ( ).				
	(3)	( ).				

3

A	(1)		(2)		(3)		B	

4

問1	It [ ] to help students ～									
問2										
問3	③			⑦			⑨			
問4										10
					15					20
問5										
問6										
問7										
問8										

5

(1)	( ).
(2)	( )?
(3)	( ).
(4)	( ).
(5)	( )?

２０２４年度　開智未来高等学校（第２回）

◇国語◇

※１４７％に拡大していただくと、解答欄は実物大になります。

一

問一	a		b		c		d		e	
問二	X		Y							
問三										
問四										
問五										
問六										
問七										

二

問一	a		b		c	
	d		e			
問二	X		Y			
問三						
問四						
問五						
問六						
問七						

三

問一	A		B	
問二				
問三				
問四				
問五				
問六				

開智未来高等学校(第1回)　2023年度

◇数学◇

※ 152%に拡大していただくと，解答欄は実物大になります。

1

(1)	(2)	(3)	(4)
			$x=$

(5)	(6)	(7)
		通り

(8)	(9)	(10)
	cm^3	cm^2

2

(1)		
(3)	$a=$　　　　　$,b=$	
(4)	cm^3	

(2)

<証明>

(証明終わり)

3

(1)	$a=$
(3)	
(4)	

(2)

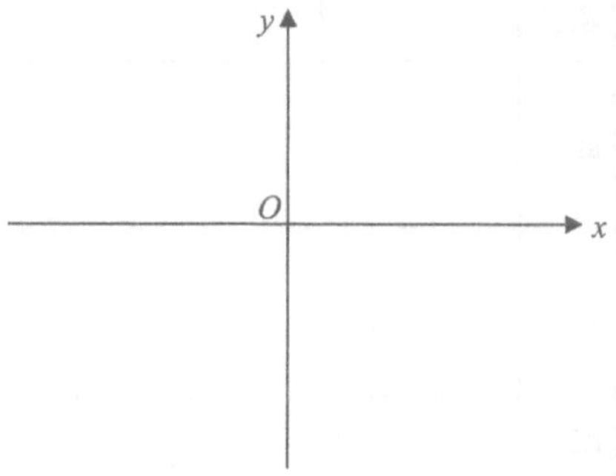

4

(1)	$BC=$　　　　　cm
(2)	cm^2
(4)	cm^2

(3)

<証明>

(証明終わり)

開智未来高等学校(第1回)　2023年度　◇英語◇

※ 149%に拡大していただくと，解答欄は実物大になります。

1

Part 1	(1)		(2)		Part 2	(1)		(2)		(3)	
Part 3	No. 1		No. 2		No. 3						

2

A	(1)		(2)		(3)	
B	(1)	(　　) yesterday ?				
	(2)	My son (　　) .				
	(3)	(　　) .				

3

A	(1)		(2)		(3)		B	

4

問1	Black and white giant pandas [　　] the world.									
問2	②		③		⑦					
問3										
問4										
問5										10
										20
問6										
問7	(ア)									10
	(イ)									10
問8										

5

(1)	(　　) ?
(2)	(　　) .
(3)	(　　) ?
(4)	(　　) ?
(5)	(　　) .

２０２３年度　開智未来高等学校（第１回）

◇国語◇

※１４９％に拡大していただくと、解答欄は実物大になります。

一

問一　a　b　c　d　e

問二　X　Y

問三

問四

問五

問六

問七

二

問一　a　b　c　d　e

問二　X　Y

問三

問四

問五

問六

問七

三

問一

問二　2　3

問三

問四

問五

開智未来高等学校(第2回)　2023年度　◇数学◇

※ 141％に拡大していただくと，解答欄は実物大になります。

1

(1)	(2)	(3)

(4)	(5)	(6)
$(a, b) =$	試合	cm^2

(7)	(8)	(9)	(10)
$CA =$　　cm	度	$AB =$　　cm	cm^3

2

(1) <証明> (証明終わり)	
(2)	$a =$
(3)	$s =$
(4)	$EH : ID =$

3

(1)

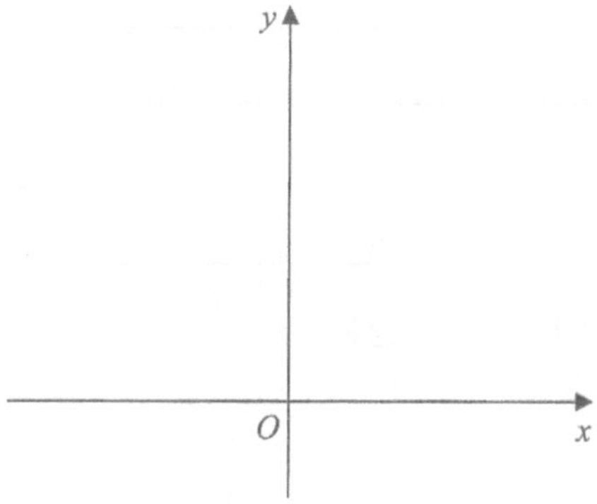

(2)	$A($　　,　　$)$, $B($　　,　　$)$
(3)	
(4)	
(5)	

4

(1)	(2)
cm^3	cm^2

(3)	(4)
cm^3	cm

開智未来高等学校(第2回)　2023年度

◇英語◇

※ 149%に拡大していただくと，解答欄は実物大になります。

1

Part 1	(1)		(2)		Part 2	(1)		(2)		(3)	
Part 3	No. 1		No. 2		No. 3					

2

A	(1)		(2)		(3)	
B	(1)	“( )?”				
	(2)	Please look at the bird ( ).				
	(3)	My father ( ).				

3

A	(1)		(2)		(3)	
B						

4

問1											
問2											
問3	③	[ ].									
	④	[ ] extend the span.									
問4					5					10	
問5	⑥				⑦				⑧		
問6					5					10	
問7											

5

(1)	Aya, ( )?
(2)	Sorry, but ( ).
(3)	( ).
(4)	( )?
(5)	( )?

２０２３年度　開智未来高等学校（第２回）

※１４７％に拡大していただくと、解答欄は実物大になります。

◇国語◇

一

問一　a　b　c　d　e

問二　X　Y

問三

問四

問五

問六

問七

二

問一　a　b　c　d　e

問二　X　Y

問三

問四

問五

問六

問七

三

問一

問二

問三

問四

問五

問六

開智未来高等学校(第1回)　2022年度

◇数学◇

※ 152%に拡大していただくと，解答欄は実物大になります。

	(1)	(2)		(3)
1				$a=$
	(4)	(5)		(6)
	$x=$			
	(7)	(8)	(9)	(10)
	$\angle x=$	AD=		

			(2)
2	(1)		<証明>
	(3)	$x=$　　　　, $y=$	
	(4)		(証明終わり)

			(2)
3	(1)	$a=$	
	(3)		
	(4)	$t=$	

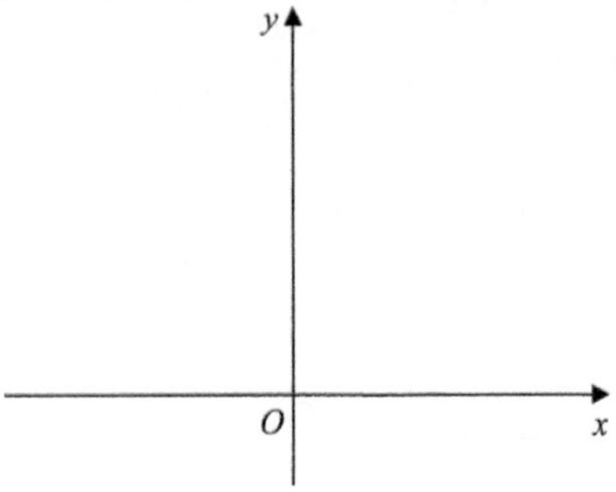

			(2)
4	(1)	∠BAC=	<証明>
	(3)	BE=	
	(4)		(証明終わり)

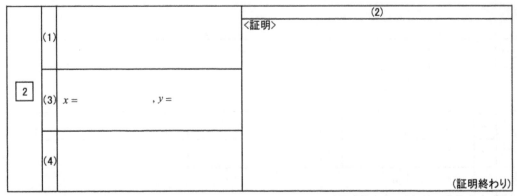

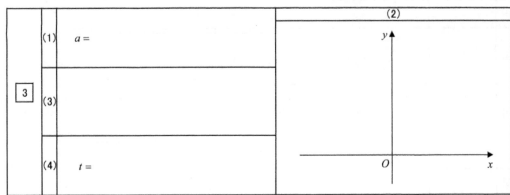

開智未来高等学校(第1回)　2022年度　◇英語◇

※ 159%に拡大していただくと，解答欄は実物大になります。

1

Part 1	(1)		(2)		Part 2	(1)		(2)		(3)	
Part 3	No. 1		No. 2		No. 3						

2

A	(1)		(2)		(3)	

B	(1)	I don't know ( ).
	(2)	Please ( ) after school.
	(3)	( ).

3

A	(1)		(2)		(3)	
B						

4

問1	①		②		④	
問2	Guernica [ ].					
問3						
問4	大砲の音が（ ）絵を描き続けていた。					
問5						
問6						
問7						
問8						

5

(1)	( )?
(2)	( ).
(3)	( )?
(4)	For example, ( ).
(5)	( )?

2022年度 開智未来高等学校(第1回)

※154%に拡大していただくと、解答欄は実物大になります。

◇国語◇

一

問一	a		b		c		d		e	
問二	X		Y							
問三										
問四										
問五										
問六										
問七										

二

問一	a		b		c	
	d		e			
問二	X		Y			
問三						
問四						
問五						
問六						
問七						

三

問一	A		B			
問二	1		2		3	
問三	教養がある人					
	教養がない人					
問四						

開智未来高等学校(第2回)　2022年度

◇数学◇

※ 152%に拡大していただくと，解答欄は実物大になります。

1

(1)	(2)	(3)
$x=$, $y=$		

(4)	(5)	(6)	(7)
	$x=$		cm^3

(8)	(9)	(10)
BC=	$\overset{\frown}{BA}:\overset{\frown}{AE}:\overset{\frown}{ED}=$: :	

2

		(2)
(1)	日	<証明> (証明終わり)
(3)		
(4)		

3

(1)		
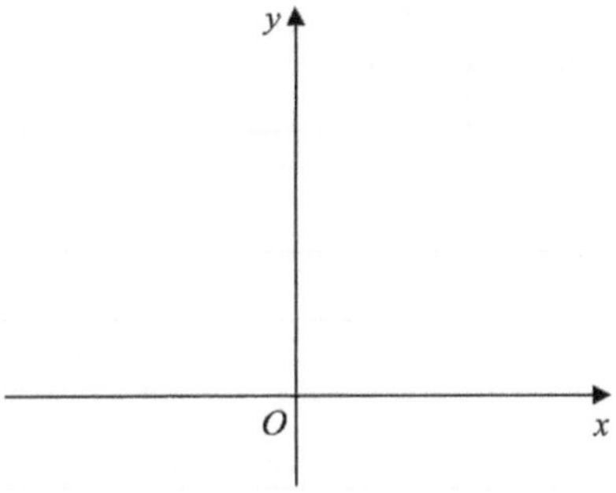	(2)	A(,), B(,)
	(3)	
	(4)	J(,)

4

(1)	(2)
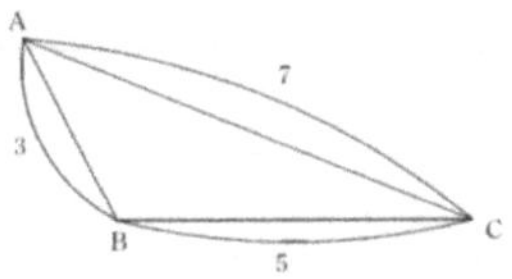	<証明> (証明終わり)

(3)	AD= , EC=	(4)	∠BCE=

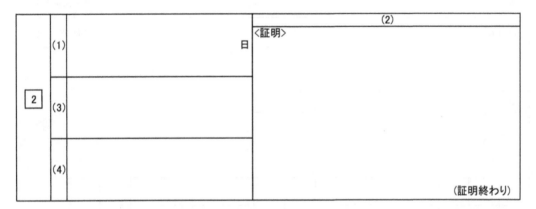

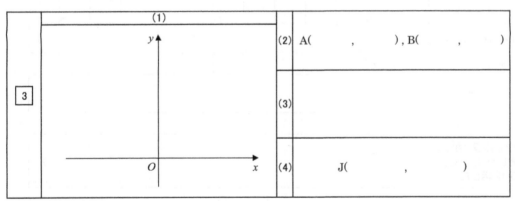

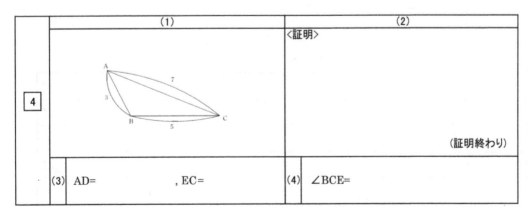

開智未来高等学校（第2回）　2022年度　◇英語◇

※ 159％に拡大していただくと，解答欄は実物大になります。

1

Part 1	(1)		(2)		Part 2	(1)		(2)		(3)	
Part 3	No. 1		No. 2		No. 3						

2

A	(1)		(2)		(3)	
B	(1)	The ( ).				
	(2)	( ) this year ?				
	(3)	No ( ) Mt. Fuji .				

3

A	(1)		(2)		(3)	
B						

4

問1	（15マス） 15					
	（15マス） 20 25 30					
問2	He made notes on [ ].					
問3	③		④		⑥	
問4						
問5						
問6	ウォルフィが、( ) という条件で、( ) を承諾した。					
問7						
問8						

5

(1)	( ) ?
(2)	( ) ?
(3)	( ) .
(4)	( ) ?
(5)	( ) .

◇国語◇

開智未来高等学校（第２回）　２０２２年度

※１５４％に拡大していただくと、解答欄は実物大になります。

一

問一	a		b		c		d		e	
問二	X		Y							
問三										
問四										
問五										
問六										
問七										

二

問一	a		b		c	
	d		e			
問二	X		Y			
問三						
問四						
問五						
問六						
問七						

三

問一	A		B	
問二				
問三				
問四				
問五				
問六	i			
	ii			

開智未来高等学校（第１回）　2021年度

◇数学◇

※ 145％に拡大していただくと，解答欄は実物大になります。

1

(1)	(2)	(3)
		$x=$ 　　　, $y=$

(4)	(5)	(6)
		$x=$

(7)	(8)	(9)	(10)
	∠BAC=　　　°	EF=　　　cm	通り

2

(1)		
＜証明＞ （証明終わり）	(2)	cm
	(3)	$b=$
	(4)	

3

(1)	(2)	(3)
$a=$		

(4)	(5)
D(　　　,　　　)	

4

(1)		
＜証明＞ （証明終わり）	(2)	$x=$ 　　　, $y=$
	(3)	
	(4)	

開智未来高等学校(第１回)　2021年度　　◇英語◇

※ 156%に拡大していただくと，解答欄は実物大になります。

1

Part 1	(1)		(2)		Part 2	(1)		(2)		(3)	
Part 3	No. 1		No. 2		No. 3						

2

A	(1)		(2)		B	(1)		(2)	
C	(1)		(2)		(3)				

D	(1)	(　　　　　　　　　　)?
	(2)	You (　　　　　　　　　　).
	(3)	No (　　　　　　　　　　) as Ryo.

3

A	(1)		(2)		(3)	
B						

4

問1	①		②		⑦	
問2	Of course [　　　　　　　　　　] to avoid …					
問3						
問4		問5				
問6	人生で、(　　　　　　　　　　)こと。					
問7						

5

(1)	(　　　　　　　　　　)?
(2)	(　　　　　　　　　　) when …
(3)	(　　　　　　　　　　)?
(4)	(　　　　　　　　　　)?
(5)	(　　　　　　　　　　)?

２０２１年度　開智未来高等学校（第１回）

◇国語◇

※１５６％に拡大していただくと、解答欄は実物大になります。

一

問一　a　b　c　d　e

問二　X　Y

問三

問四

問五

問六

問七

二

問一　a　b　c　d　e

問二　X　Y

問三

問四

問五

問六

問七

三

問一　A　B

問二

問三

問四

問五

問六

問七

◇数学◇

※ 152％に拡大していただくと，解答欄は実物大になります。

1

(1)	(2)	(3)	(4)
			$x=$

(5)	(6)	(7)
$n=$		

(8)	(9)	(10)
$x=$	$x=$	cm^2

2

(1)		
<証明> (証明終わり)	(2)	
	(3)	$x=$
	(4)	AP=

3

(1)		
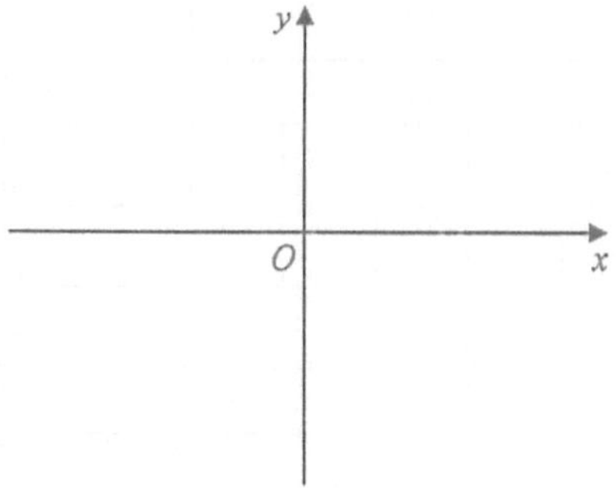	(2)	A(　　,　　), B(　　,　　)
	(3)	
	(4)	$a=$
	(5)	

4

		(2)
(1)	BG=　　　cm	<証明> (証明終わり)
(3)	IC=　　　cm	
(4)	FI =　　　cm	
(5)	DH=　　　cm	

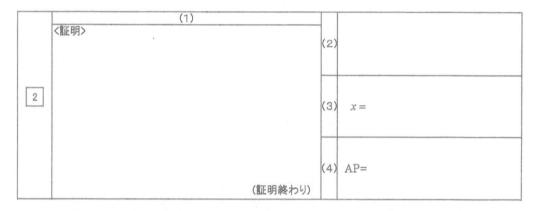

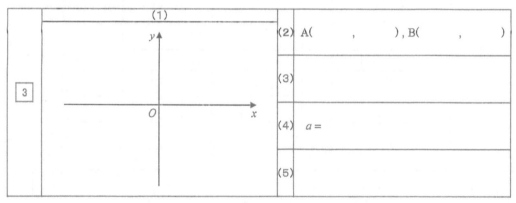

開智未来高等学校（第２回）　2021年度　◇英語◇

※ 164％に拡大していただくと，解答欄は実物大になります。

1

Part 1	(1)		(2)		Part 2	(1)		(2)		(3)	
Part 3	No. 1		No. 2		No. 3						

2

A	(1)		(2)		B	(1)		(2)	
C	(1)		(2)		(3)				
D	(1)	Please ( ).							
	(2)	He ( ) a week.							
	(3)	( )!							

3

A	(1)		(2)		(3)		B	

4

問1	[ ].				
問2	15 / 30 / 40			問3	
問4	④		⑥		⑦
問5	15 / 30 / 40				
問6	X		Y		Z
問7					
問8					

5

(1)	… really happy ( ).
(2)	( ).
(3)	( )?
(4)	( )?
(5)	( )?

２０２１年度　開智未来高等学校（第２回）

※１５９％に拡大していただくと、解答欄は実物大になります。

◇国語◇

一

問一　a　b　c　d　e

問二　X　Y

問三

問四

問五

問六

問七

二

問一　a　b　c　d　e

問二　X　Y

問三

問四

問五

問六

問七

三

問一　A　B

問二

問三

問四

問五

問六

東京学参の
中学校別入試過去問題シリーズ

＊出版校は一部変更することがあります。一覧にない学校はお問い合わせください。

東京ラインナップ

あ　青山学院中等部(L04)
麻布中学(K01)
桜蔭中学(K02)
お茶の水女子大附属中学(K07)
か　海城中学(K09)
開成中学(M01)
学習院中等科(M03)
慶應義塾中等部(K04)
啓明学園中学(N29)
晃華学園中学(N13)
攻玉社中学(L11)
国学院大久我山中学
　(一般・CC)(N22)
　(ＳＴ)(N23)
駒場東邦中学(L01)
さ　芝中学(K16)
芝浦工業大附属中学(M06)
城北中学(M05)
女子学院中学(K03)
巣鴨中学(M02)
成蹊中学(N06)
成城中学(K28)
成城学園中学(L05)
青稜中学(K23)
創価中学(N14)★
た　玉川学園中学部(N17)
中央大附属中学(N08)
筑波大附属中学(K06)
筑波大附属駒場中学(L02)
帝京大中学(N16)
東海大菅生高中等部(N27)
東京学芸大附属竹早中学(K08)
東京都市大付属中学(L13)
桐朋中学(N03)
東洋英和女学院中学部(K15)
豊島岡女子学園中学(M12)
な　日本大第一中学(M14)
日本大第三中学(N19)
日本大第二中学(N10)
は　雙葉中学(K05)
法政大学中学(N11)
本郷中学(M08)
ま　武蔵中学(N01)
明治大付属中野中学(N05)
明治大付属八王子中学(N07)
明治大付属明治中学(K13)
ら　立教池袋中学(M04)
わ　和光中学(N21)
早稲田中学(K10)
早稲田実業学校中等部(K11)
早稲田大高等学院中学部(N12)

神奈川ラインナップ

あ　浅野中学(O04)
栄光学園中学(O06)
か　神奈川大附属中学(O08)
鎌倉女学院中学(O27)
関東学院六浦中学(O31)
慶應義塾湘南藤沢中等部(O07)
慶應義塾普通部(O01)
さ　相模女子大中学部(O32)
サレジオ学院中学(O17)
逗子開成中学(O22)
聖光学院中学(O11)
清泉女学院中学(O20)
洗足学園中学(O18)
捜真女学校中学部(O29)
た　桐蔭学園中等教育学校(O02)
東海大付属相模高中等部(O24)
桐光学園中学(O16)
な　日本大中学(O09)
は　フェリス女学院中学(O03)
法政大第二中学(O19)
や　山手学院中学(O15)
横浜隼人中学(O26)

千・埼・茨・他ラインナップ

あ　市川中学(P01)
浦和明の星女子中学(Q06)
か　海陽中等教育学校
　(入試Ⅰ・Ⅱ)(T01)
　(特別給費生選抜)(T02)
久留米大附設中学(Y04)
さ　栄東中学(東大・難関大)(Q09)
栄東中学(東大特待)(Q10)
狭山ヶ丘高校付属中学(Q01)
芝浦工業大柏中学(P14)
渋谷教育学園幕張中学(P09)
城北埼玉中学(Q07)
昭和学院秀英中学(P05)
清真学園中学(S01)
西南学院中学(Y02)
西武学園文理中学(Q03)
西武台新座中学(Q02)
専修大松戸中学(P13)
た　筑紫女学園中学(Y03)
千葉日本大第一中学(P07)
千葉明徳中学(P12)
東海大付属浦安高中等部(P06)
東邦大付属東邦中学(P08)
東洋大附属牛久中学(S02)
獨協埼玉中学(Q08)
な　長崎日本大中学(Y01)
成田高校付属中学(P15)
は　函館ラ・サール中学(X01)
日出学園中学(P03)
福岡大附属大濠中学(Y05)
北嶺中学(X03)
細田学園中学(Q04)
や　八千代松陰中学(P10)
ら　ラ・サール中学(Y07)
立命館慶祥中学(X02)
立教新座中学(Q05)
わ　早稲田佐賀中学(Y06)

公立中高一貫校ラインナップ

北海道　市立札幌開成中等教育学校(J22)
宮　城　宮城県仙台二華・古川黎明中学校(J17)
市立仙台青陵中等教育学校(J33)
山　形　県立東桜学館・致道館中学校(J27)
茨　城　茨城県立中学・中等教育学校(J09)
栃　木　県立宇都宮東・佐野・矢板東高校附属中学校(J11)
群　馬　県立中央・市立四ツ葉学園中等教育学校・
市立太田中学校(J10)
埼　玉　市立浦和中学校(J06)
県立伊奈学園中学校(J31)
さいたま市立大宮国際中等教育学校(J32)
川口市立高等学校附属中学校(J35)
千　葉　県立千葉・東葛飾中学校(J07)
市立稲毛国際中等教育学校(J25)
東　京　区立九段中等教育学校(J21)
都立大泉高等学校附属中学校(J28)
都立両国高等学校附属中学校(J01)
都立白鷗高等学校附属中学校(J02)
都立富士高等学校附属中学校(J03)
都立三鷹中等教育学校(J29)
都立南多摩中等教育学校(J30)
都立武蔵高等学校附属中学校(J04)
都立立川国際中等教育学校(J05)
都立小石川中等教育学校(J23)
都立桜修館中等教育学校(J24)
神奈川　川崎市立川崎高等学校附属中学校(J26)
県立平塚・相模原中等教育学校(J08)
横浜市立南高等学校附属中学校(J20)
横浜サイエンスフロンティア高校附属中学校(J34)
広　島　県立広島中学校(J16)
県立三次中学校(J37)
徳　島　県立城ノ内中等教育学校・富岡東・川島中学校(J18)
愛　媛　県立今治東・松山西中等教育学校(J19)
福　岡　福岡県立中学校・中等教育学校(J12)
佐　賀　県立香楠・致遠館・唐津東・武雄青陵中学校(J13)
宮　崎　県立五ヶ瀬中等教育学校・宮崎西・都城泉ヶ丘高校附属中学校(J15)
長　崎　県立長崎東・佐世保北・諫早高校附属中学校(J14)

公立中高一貫校
「適性検査対策」
問題集シリーズ

総合編　作文問題編　資料問題編　数と図形編　生活と科学編　実力確認テスト編

私立中・高スクールガイド
THE《ザ》 私立
私立中学＆高校の学校生活がわかる！

東京学参の
高校別入試過去問題シリーズ

＊出版校は一部変更することがあります。一覧にない学校はお問い合わせください。

東京ラインナップ

あ　愛国高校(A59)
　　青山学院高等部(A16)★
　　桜美林高校(A37)
　　お茶の水女子大附属高校(A04)
か　開成高校(A05)★
　　共立女子第二高校(A40)★
　　慶應義塾女子高校(A13)
　　啓明学園高校(A68)★
　　国学院高校(A30)
　　国学院大久我山高校(A31)
　　国際基督教大高校(A06)
　　小平錦城高校(A61)★
　　駒澤大高校(A32)
さ　芝浦工業大附属高校(A35)
　　修徳高校(A52)
　　城北高校(A21)
　　専修大附属高校(A28)
　　創価高校(A66)★
た　拓殖大第一高校(A53)
　　立川女子高校(A41)
　　玉川学園高等部(A56)
　　中央大高校(A19)
　　中央大杉並高校(A18)★
　　中央大附属高校(A17)
　　筑波大附属高校(A01)
　　筑波大附属駒場高校(A02)
　　帝京大高校(A60)
　　東海大菅生高校(A42)
　　東京学芸大附属高校(A03)
　　東京農業大第一高校(A39)
　　桐朋高校(A15)
　　都立青山高校(A73)★
　　都立国立高校(A76)★
　　都立国際高校(A80)★
　　都立国分寺高校(A78)★
　　都立新宿高校(A77)★
　　都立墨田川高校(A81)★
　　都立立川高校(A75)★
　　都立戸山高校(A72)★
　　都立西高校(A71)★
　　都立八王子東高校(A74)★
　　都立日比谷高校(A70)★
な　日本大櫻丘高校(A25)
　　日本大第一高校(A50)
　　日本大第三高校(A48)
　　日本大第二高校(A27)
　　日本大鶴ヶ丘高校(A26)
　　日本大豊山高校(A23)
は　八王子学園八王子高校(A64)
　　法政大高校(A29)
ま　明治学院高校(A38)
　　明治学院東村山高校(A49)
　　明治大付属中野高校(A33)
　　明治大付属八王子高校(A67)
　　明治大付属明治高校(A34)★
　　明法高校(A63)
わ　早稲田実業学校高等部(A09)
　　早稲田大高等学院(A07)

神奈川ラインナップ

あ　麻布大附属高校(B04)
　　アレセイア湘南高校(B24)
か　慶應義塾高校(A11)
　　神奈川県公立高校特色検査(B00)
さ　相洋高校(B18)
た　立花学園高校(B23)
　　桐蔭学園高校(B01)
　　東海大付属相模高校(B03)★
　　桐光学園高校(B11)
な　日本大高校(B06)
　　日本大藤沢高校(B07)
は　平塚学園高校(B22)
　　藤沢翔陵高校(B08)
　　法政大国際高校(B17)
　　法政大第二高校(B02)★
や　山手学院高校(B09)
　　横須賀学院高校(B20)
　　横浜商科大高校(B05)
　　横浜市立横浜サイエンスフロンティア高校(B70)
　　横浜翠陵高校(B14)
　　横浜清風高校(B10)
　　横浜創英高校(B21)
　　横浜隼人高校(B16)
　　横浜富士見丘学園高校(B25)

千葉ラインナップ

あ　愛国学園大附属四街道高校(C26)
　　我孫子二階堂高校(C17)
　　市川高校(C01)★
か　敬愛学園高校(C15)
さ　芝浦工業大柏高校(C09)
　　渋谷教育学園幕張高校(C16)★
　　翔凜高校(C34)
　　昭和学院秀英高校(C23)
　　専修大松戸高校(C02)
た　千葉英和高校(C18)
　　千葉敬愛高校(C05)
　　千葉経済大附属高校(C27)
　　千葉日本大第一高校(C06)★
　　千葉明徳高校(C20)
　　千葉黎明高校(C24)
　　東海大付属浦安高校(C03)
　　東京学館高校(C14)
　　東京学館浦安高校(C31)
な　日本体育大柏高校(C30)
　　日本大習志野高校(C07)
は　日出学園高校(C08)
や　八千代松陰高校(C12)
ら　流通経済大付属柏高校(C19)★

埼玉ラインナップ

あ　浦和学院高校(D21)
　　大妻嵐山高校(D04)★
か　開智高校(D08)
　　開智未来高校(D13)★
　　春日部共栄高校(D07)
　　川越東高校(D12)
　　慶應義塾志木高校(A12)
さ　埼玉栄高校(D09)
　　栄東高校(D14)
　　狭山ヶ丘高校(D24)
　　昌平高校(D23)
　　西武学園文理高校(D10)
　　西武台高校(D06)
た　東京農業大第三高校(D18)
は　武南高校(D05)
　　本庄東高校(D20)
や　山村国際高校(D19)
ら　立教新座高校(A14)
わ　早稲田大本庄高等学院(A10)

北関東・甲信越ラインナップ

あ　愛国学園大附属龍ヶ崎高校(E07)
　　宇都宮短大附属高校(E24)
か　鹿島学園高校(E08)
　　霞ヶ浦高校(E03)
　　共愛学園高校(E31)
　　甲陵高校(E43)
　　国立高等専門学校(A00)
さ　作新学院高校
　　　(トップ英進・英進部)(E21)
　　　(情報科学・総合進学部)(E22)
　　常総学院高校(E04)
た　中越高校(R03)＊
　　土浦日本大高校(E01)
　　東洋大附属牛久高校(E02)
な　新潟青陵高校(R02)
　　新潟明訓高校(R04)
　　日本文理高校(R01)
は　白鷗大足利高校(E25)
ま　前橋育英高校(E32)
や　山梨学院高校(E41)

中京圏ラインナップ

あ　愛知高校(F02)
　　愛知啓成高校(F09)
　　愛知工業大名電高校(F06)
　　愛知みずほ大瑞穂高校(F25)
　　暁高校(３年制)(F50)
　　鶯谷高校(F60)
　　栄徳高校(F29)
　　桜花学園高校(F14)
　　岡崎城西高校(F34)
か　岐阜聖徳学園高校(F62)
　　岐阜東高校(F61)
　　享栄高校(F18)
さ　桜丘高校(F36)
　　至学館高校(F19)
　　椙山女学園高校(F10)
　　鈴鹿高校(F53)
　　星城高校(F27)★
　　誠信高校(F33)
　　清林館高校(F16)★
た　大成高校(F28)
　　大同大大同高校(F30)
　　高田高校(F51)
　　滝高校(F03)★
　　中京高校(F63)
　　中京大附属中京高校(F11)★
　　中部大春日丘高校(F26)★
　　中部大第一高校(F32)
　　津田学園高校(F54)
　　東海高校(F04)★
　　東海学園高校(F20)
　　東邦高校(F12)
　　同朋高校(F22)
　　豊田大谷高校(F35)
な　名古屋高校(F13)
　　名古屋大谷高校(F23)
　　名古屋経済大市邨高校(F08)
　　名古屋経済大高蔵高校(F05)
　　名古屋女子大高校(F24)
　　名古屋たちばな高校(F21)
　　日本福祉大付属高校(F17)
　　人間環境大附属岡崎高校(F37)
は　光ヶ丘女子高校(F38)
　　誉高校(F31)
ま　三重高校(F52)
　　名城大附属高校(F15)

宮城ラインナップ

さ　尚絅学院高校(G02)
　　聖ウルスラ学院英智高校(G01)★
　　聖和学園高校(G05)
　　仙台育英学園高校(G04)
　　仙台城南高校(G06)
　　仙台白百合学園高校(G12)
た　東北学院高校(G03)★
　　東北学院榴ヶ岡高校(G08)
　　東北高校(G11)
　　東北生活文化大高校(G10)
　　常盤木学園高校(G07)
は　古川学園高校(G13)
ま　宮城学院高校(G09)★

北海道ラインナップ

さ　札幌光星高校(H06)
　　札幌静修高校(H09)
　　札幌第一高校(H01)
　　札幌北斗高校(H04)
　　札幌龍谷学園高校(H08)
は　北海高校(H03)
　　北海学園札幌高校(H07)
　　北海道科学大高校(H05)
ら　立命館慶祥高校(H02)

★はリスニング音声データのダウンロード付き。

都道府県別 公立高校入試過去問 シリーズ

- 全国47都道府県別に出版
- 最近数年間の検査問題収録
- リスニングテスト音声対応

公立高校入試対策 問題集シリーズ

- 目標得点別・公立入試の数学(基礎編)
- 実戦問題演習・公立入試の数学(実力錬成編)
- 実戦問題演習・公立入試の英語(基礎編・実力錬成編)
- 形式別演習・公立入試の国語
- 実戦問題演習・公立入試の理科
- 実戦問題演習・公立入試の社会

高校入試特訓問題集 シリーズ

- 英語長文難関攻略33選(改訂版)
- 英語長文テーマ別難関攻略30選
- 英文法難関攻略20選
- 英語難関徹底攻略33選
- 古文完全攻略63選(改訂版)
- 国語融合問題完全攻略30選
- 国語長文難関徹底攻略30選
- 国語知識問題完全攻略13選
- 数学の図形と関数・グラフの融合問題完全攻略272選
- 数学難関徹底攻略700選
- 数学の難問80選
- 数学　思考力―規則性とデータの分析と活用―

2404A

〈ダウンロードコンテンツについて〉

本問題集のダウンロードコンテンツ、弊社ホームページで配信しております。現在ご利用いただけるのは「2025年度受験用」に対応したもので、**2025年3月末日**までダウンロード可能です。弊社ホームページにアクセスの上、ご利用ください。

※配信期間が終了いたしますと、ご利用いただけませんのでご了承ください。

高校別入試過去問題シリーズ

開智未来高等学校　2025年度

ISBN978-4-8141-3014-6

[発行所] 東京学参株式会社

〒153-0043　東京都目黒区東山2-6-4

書籍の内容についてのお問い合わせは右のQRコードから ⇒

※書籍の内容についてのお電話でのお問い合わせ、本書の内容を超えたご質問には対応できませんのでご了承ください。

2024年5月13日　初版